PARIS DÉMOLI

LIBRAIRIE DE E. DENTU, ÉDITEUR

L'Esprit des Autres, 7ᵉ édit., 1 vol. in-18, elzévir. 5
L'Esprit dans l'Histoire, 4ᵉ édition, 1 vol. in-18 elzévir. 5
Le Vieux-Neuf, 3 volumes grand in-18 jésus. . . 15
La Comédie de Jean de la Bruyère, 2 vol. in-18. . . 6
Paris-Capitale, 1 volume grand in-18 jésus. . . . 3 50
Histoire du Pont-Neuf, 2 volumes in-18. 6

ÉDOUARD FOURNIER

PARIS DÉMOLI

NOUVELLE ÉDITION

REVUE ET AUGMENTÉE, AVEC UNE PRÉFACE

PAR THÉOPHILE GAUTIER

> Quacumque ingredimur, in aliquam
> historiam vestigium ponimus.
> CICERO, *de Finib.*, lib. 5

PARIS

E. DENTU, ÉDITEUR

LIBRAIRE DE LA SOCIÉTÉ DES GENS DE LETTRES

PALAIS-ROYAL, 15-17-19, GALERIE D'ORLÉANS

1883

Tous droits réservés.

PRÉFACE

Paris démoli *est un livre tout à fait à l'ordre du jour. Il ne saurait arriver plus à propos. De profondes tranchées, dont plusieurs sont déjà de magnifiques rues, sillonnent la ville en tous sens; les îlots de maisons disparaissent comme par enchantement, des perspectives nouvelles s'ouvrent, des aspects inattendus se dessinent, et tel qui croyait connaître son chemin, s'égare dans des voies nées d'hier. La physionomie de Paris est en beaucoup d'endroits changée de fond en comble.*

Des monuments, dégagés des hideuses masures qui les masquaient, se montrent pour la première fois dans leur beauté complète; d'autres sortent de leurs ruines inachevés et se terminent enfin, ajoutant des assises blanches à leurs assises noires déjà. Des échafaudages aériens et compliqués, où circulent parmi les charpentes les frêles escaliers des travailleurs, enveloppent le Louvre de leurs réseaux, et de loin, dans la brume, ressemblent aux clochetons, aux colonnettes et aux arcs-boutants d'une immense cathédrale; tandis que de hautes murailles, zébrées de raies de bistre par les tuyaux des cheminées abattues, découvrent comme la coupe d'un plan d'architecture, le mystère des distributions intimes, et s'écroulent par larges pans sous l'effort des démolisseurs en rendant un bruit d'avalanche : car il faut que le pic fasse de la place à la truelle.

C'est un spectacle curieux que ces maisons ouvertes avec leurs planchers suspendus sur l'abîme, leurs papiers de couleur ou à bouquets marquant encore la forme des chambres, leurs escaliers qui ne conduisent plus à rien, leurs caves mises à jour, leurs éboulements bizarres et leurs ruines violentes; on dirait, moins le ton noirci, ces édifices effondrés, ces architectures inhabitables que Piranèse ébauchait dans ses eaux-fortes d'une pointe fiévreuse. Ce bouleversement n'est pas sans beauté; l'ombre et la lumière se jouent en effets pittoresques sur ces décombres, sur ces accidents de pierres et de poutres tombées au hasard; mais voici que les terrains se déblaient et s'aplanissent, que les constructions neuves s'élancent impatientes dans leur jeune blancheur, et que la vieille ville revêt une tunique de palais toute brodée de sculpture.

Sans doute le penseur sent naître en son âme une mélancolie, en voyant disparaître ces édifices, ces hôtels, ces maisons où les générations précédentes ont vécu. Un morceau du passé tombe avec chacune de ces pierres, où se lisait écrite sous la rouille du temps l'histoire de nos aïeux; l'alignement coupe en deux plus d'un souvenir qu'on eût aimé à garder. Une façade s'élève sur la place d'un grand événement; où maintenant passe une rue, habitait un homme illustre, l'honneur de la France et du genre humain. Parmi les plâtras vulgaires peut s'abîmer une œuvre d'art, un bloc que le génie avait touché. De chères mémoires se perdent au milieu de ce remue-ménage universel; mais qu'y faire? Comme le dit M. Édouard Fournier sur la couverture de son livre, par la bouche éloquente de Cicéron : Où que nous allions, nous posons le pied sur quelque histoire : Quacumquè ingredimur, in aliquam historiam vestigium ponimus. L'écorce terrestre n'est qu'une superposition de tombeaux et de ruines. Tout homme qui fait un pas foule la cendre de ses pères; tout édifice qui s'élève a dans ses substructions les pierres d'un édifice démoli, et le présent, quoi qu'il en ait, marche sur le passé.

Que de Paris se sont déjà stratifiés l'un sur l'autre depuis Philippe-Auguste seulement, s'enfonçant couche par couche au-dessous de la croûte où nous vivons aujourd'hui! Huit ou dix *villes différentes d'aspect et de grandeur ont fondu tour à tour sur la même place, ne laissant que de rares vestiges de leur existence. C'est une loi fatale que nul peuple ne peut éviter, quels que soient son sentiment de l'art et son respect de l'histoire. Mais pourquoi, dira-t-on, ne pas bâtir à côté? la terre est assez large. Que deviendraient alors ces monuments sans emploi, ces maisons d'un autre âge? Des nécropoles de souvenirs qui s'écrouleraient d'elles-mêmes, car les édifices vivent comme les corps, et lorsque l'âme s'en retire, ils s'affaissent et tombent.*

Chaque génération a ses habits et ses modes, a ses formes d'existence qui s'ajustent difficilement aux cités anciennes; le Paris moderne serait impossible dans le Paris d'autrefois. Où passaient la mule de l'homme de robe et le cheval de l'homme d'épée, entre deux murailles qui se touchaient presque, faites donc circuler l'omnibus, ce Léviathan de la carrosserie, et ces voitures si nombreuses s'entre-croisant avec la rapidité de l'éclair! La civilisation, qui a besoin d'air, de soleil, d'espace pour son activité effrénée et son mouvement perpétuel, se taille de larges avenues dans le noir dédale des ruelles, des carrefours, des impasses de la vieille ville; elle abat les maisons comme le pionnier d'Amérique abat les arbres. Dans son genre elle, aussi, défriche.

Heureusement il est des hommes érudits et patients qui prennent note de chaque pan de muraille renversé, et conservent l'histoire de chaque pierre célèbre, comme le fait M. Édouard Fournier; ils savent où étaient la vieille maison d'Héloïse et l'antique hôtel des Ursins habité par Racine, le logis qui vit s'exhaler l'âme romaine du grand Corneille, le pavillon sur lequel Beaumarchais avait mis une plume en guise de girouette et d'enseigne; tout ce qu'efface le progrès saintement profanateur, ils l'écrivent religieusement. Quand il voit le marteau se lever sur un souvenir, l'archéologue effaré s'écrie : « Mais Voltaire a composé là tel poème, mais Coligny mourut ici ! » et l'édile répond : « Le jour ne descendait *pas au fond de cette ruelle infecte, la peste noire et le choléra bleu s'accroupissaient dans cette ombre malsaine; maçons, faites votre devoir, un rayon de soleil luira où brillait le génie.* » Hélas! pour pouvoir vivre, les cités sont forcées souvent de balayer comme la fange des rues la poussière de leur histoire. Les siècles, qu'on n'enterre pas, ont leurs miasmes comme les cadavres.

M. Édouard Fournier, tout en reconnaissant ces nécessités, ne peut s'empêcher de pousser un soupir bien permis d'érudit et d'antiquaire, et son livre s'ouvre par quelques doléances archéologiques, auxquelles s'associeront de bon cœur les poètes et ceux qui ne vivent pas seulement dans la minute présente. Il nous conduit d'abord à l'Hôtel-de-Ville, agrandi, remanié, et dont les somptueuses décorations ont fait disparaître le cabinet vert, une chambre ainsi nommée, de la couleur de sa tenture, lieu formidable et sinistre, où s'est dénoué le drame de Thermidor, sous le pistolet du gendarme Méda, *et qui vit le sang de Robespierre tacher la signature qu'il mettait au bas d'une proclamation. Il nous promène ensuite à travers le vieux Paris, sur les pas de M. du Pradel, auteur du* Livre commode des adresses de Paris, *pour l'an 1691. — M. du Pradel est l'aïeul de Bottin, et ses indications, élucidées d'ingénieux commentaires par M. Édouard Fournier, vous font entrer intimement dans la vie familière du XVIIe siècle.*

A propos de la rue de Béthizy, qui vient d'être emportée par le prolongement de la rue de Rivoli, et où des assertions, répétées par tous les historiens, placent le meurtre de l'amiral Coligny, M. Éd. Fournier redresse cette légende, dont il explique et démontre la fausseté. C'est à l'hôtel de Ponthieu que l'amiral de Coligny fut assassiné, et cet hôtel, démoli maintenant, était situé rue des Fossés-Saint-Germain-l'Auxerrois. L'hôtel de Ponthieu, passé plus tard à la famille de Rohan-Montbazon, fut choisi pour théâtre de la romanesque histoire qui détermina la vocation de M. de Rancé, par des chroniqueurs plus inventifs que bien renseignés. Ce qu'il y a de vrai, c'est que l'hôtel Montbazon, devenu prosaïquement une auberge, sous le nom d'hôtel de Lisieux, a vu naître la spirituelle Sophie Arnould, précisément dans la même chambre où l'amiral tomba criblé de coups.

Les derniers murs noirs du collège de Montaigu, que le marteau vient d'atteindre, ne sont guère à regretter : c'était une sorte de bagne érudit, de geôle pédantesque où des cuistres bourreaux vous appliquaient la science comme on applique la torture. Les pauvres capettes de Montaigu furent l'objet de la pitié railleuse de tout le moyen âge; les repas des premiers ermites étaient des orgies à côté des leurs; la malpropreté fourmillait sous leurs capes brunes. Érasme, épouvanté, malgré son envie d'apprendre, s'enfuit à deux reprises de ce collège terrible que Rabelais anathématise, par la large bouche de Grandgousier, avec une verve pleine de rancune. Le collège de Montaigu s'appelait aussi le collège des Haricots; *et comme sous la Révolution on y enferma les gardes nationaux qui avaient manqué leur service, le nom d'*hôtel des Haricots *resta depuis à la prison disciplinaire de la milice citoyenne, quoique transportée ailleurs.*

Nous ne suivrons pas M. Éd. Fournier dans ses courses vagabondes à travers la vieille ville, il nous faudrait nous arrêter à chaque pas; mais nous parlerons avec quelques détails du chapitre très curieux et très actuel intitulé Les guichets du Louvre. *Le tableau que trace l'auteur de* Paris démoli, *de l'ancien Louvre, paraîtra tout à fait incroyable dans quelques années d'ici; et pourtant il ne faut pas être bien vieux pour savoir à quel point il est exact.*

Au siècle dernier, le Louvre était encore une sorte de rempart infranchissable, qui barrait le passage aux piétons et aux carrosses allant de la rue Saint-Honoré au faubourg Saint-Germain. Il fallait le contourner par une de ses extrémités, la place de la Concorde, non encore reliée à l'autre rive, ou par la rue de l'Arbre-Sec encombrée de matériaux et d'échoppes, qui vous rejetait au pont Neuf. Cette partie abandonnée du Louvre était devenue une espèce de Cour des Miracles et de lieu d'asile pour les débiteurs insolvables ; les voleurs avaient installé des cavernes dans les masures et les amoncellements de pierres de taille qui obstruaient les cours désertes. Les regrattiers envahissaient les colonnades, accrochaient leurs bouges à tous les angles, se faisaient des boutiques des niches préparées pour les statues : on regardait l'achèvement de ce palais colossal comme une chimère, et la question de le démolir fut sérieusement agitée en plein conseil des ministres sous le cardinal Fleury ; des rues immondes, habitées par le vice, la crapule et le crime, telles que les rues Pierre-Lescot et de la Bibliothèque, aboutissaient à cette grande ruine inachevée, sur les blocs de laquelle couraient comme des lézards des truands en guenilles.

En 1759, le percement d'un guichet fut accepté comme un bienfait par la population parisienne; d'Alembert le traversa plusieurs fois de suite, avec une satisfaction enfantine, dans le carrosse de la marquise de Créquy, se plaisant à entendre l'écho des roues sous les voûtes. Ce percement, fait quelques années plus tôt, eût rendu inutile la requête que Fontenelle, centenaire, adressa au roi par la bouche de Piron, pour lui permettre de traverser les Tuileries en chaise à porteur. Quelques enthousiastes parlaient même d'inscrire à côté du triple guichet, sur une plaque de marbre, le nom de M. de Marigny, le promoteur de cette mesure si simple.

Aujourd'hui « ce malheureux palais en ruine, voué aux démolisseurs, avec ses murs sans couvertures, abandonnés aux outrages du temps comme la masure la plus vile, les bâtiments destinés aux usages les plus abjects, qui l'entourent de toutes parts et qui ont pénétré jusque dans la cour, la galerie d'Apollon toute dégradée, » conme s'exprime Latour de Saint-

PRÉFACE XIII

Yenne, dans son dialogue intitulé l'Ombre du grand Colbert, *présente un aspect bien différent; et certes, l'auteur du pamphlet ne le reconnaîtrait plus.*

Le plan gigantesque qui a effrayé tant de dynasties se poursuit et s'achève avec une rapidité merveilleuse, et bientôt sera terminé le plus immense travail architectural qui ait jamais étonné le monde. Au vieux Louvre, restauré de la façon la plus intelligente et la plus délicate, va se raccorder harmonieusement le nouveau Louvre non moins beau, non moins riche; et, quoique la mort jalouse ait foudroyé Visconti sur son œuvre, sa pensée ne se continue pas moins : les assises s'étagent, les colonnes montent, les chapiteaux fleurissent, les architraves se posent, et bientôt Paris n'aura plus rien à envier aux merveilles antiques.

Autour du monument se tracent des voies triomphales où peut se mouvoir à l'aise cette immense population que les progrès de la science, des arts et de l'industrie amènent de tous les coins de la France et du monde. Dans cette ville géante, centre de l'univers, le genre humain, apporté et remporté par les veines et les artères des railways, comme le sang dans le cœur, circulera désormais sans embarras et sans confusion ; car ce n'est pas seulement le palais du souverain qui s'embellit ; la ville aussi s'aère, se nettoie, s'assainit et fait sa toilette de civilisation : plus de quartiers lépreux, plus de ruelles miasmatiques, plus de masures humides où la misère s'accouple à l'épidémie, et trop souvent au vice. Plus de tanières immondes, réceptacles du rachitisme et des scrofules. Les murailles pourries, salpêtrées et noires, sont marquées du signe purificateur et s'effondrent pour laisser surgir de leurs décombres des habitations dignes de l'homme, dans lesquelles la santé descend avec l'air, et la pensée sereine avec la lumière du soleil.

Si dans ce travail de régénération disparaissent des maisons consacrées par des souvenirs illustres, si l'on ne conserve pas les demeures de

Molière, de Corneille, de Racine, de Boileau, de Scarron, de Rousseau, est-ce que la mémoire de ces grands hommes est liée à des chambres obscures et vulgaires, déshonorées depuis longtemps par des habitants profanes? — Les curieux et charmants édifices privés du moyen âge et de la Renaissance n'existent plus : les grands hôtels de l'aristocratie de Louis XIV et de Louis XV ont été saccagés par la première révolution. Les démolitions modernes ne renversent donc que d'insignifiantes bâtisses, que des gravats sans cachet où l'artiste n'a rien à regretter; et d'ailleurs, quand elles rencontrent un monument, la Tour-Saint-Jacques-des-Boucheries par exemple, elles s'arrêtent, se détournent, ou l'entourent d'une place qui rehausse sa valeur et son effet ; ce qu'elles détruisent se retrouve dans des livres pleins d'érudition et de goût, comme celui de M. Édouard Fournier.

THÉOPHILE GAUTIER.

(*Moniteur universel* du 21 janvier 1854.)

INTRODUCTION

VOYAGE A TRAVERS LES NOUVELLES RUINES

Depuis un an que ce livre a paru, les ruines se sont tous les jours accumulées davantage dans l'ancien Paris, et tous les jours la ville nouvelle a continué d'en sortir plus à l'aise et plus superbe. A chaque monument qui tombait, à chaque vieille rue qui s'effaçait, elle se faisait une plus vaste place, et, du même coup, elle taillait à notre histoire une plus large page.

Le sillon de la rue de Rivoli s'est avant tout régularisé et prolongé. Du côté de la Grève, jusqu'au marché Saint-Jean, il était déjà tout frayé, il y a un an, et les maisons commençaient à y sortir de terre pour lui faire une riche bordure : maintenant ces maisons sont toutes élevées. Avec leurs façades neuves, leurs appartements bien étagés, élégamment disposés, sainement aérés, elles ont pris, au nom du dix-neuvième siècle, possession de ces places, que les siècles antérieurs avaient encombrées de masures insalubres. Pour le peuple, hôte fidèle de ces quartiers, et qui jusqu'alors n'y avait trouvé que des taudis et des gîtes sans nom, ce sont de véritables palais ; or, chose singulière ! dans sa royauté d'un jour, à peine avait-il pu se les rêver, et c'est le règne qui a suivi, ou plutôt renversé le sien, qui prend soin de les lui disposer !

La grande rue, pour se faire passage, a marché comme un torrent. Elle n'a pas seulement renversé ce qui se trouvait devant elle ; débordant sur les terrains aux alentours, elle y a jeté bas tout ce qui gênait sa ligne envahissante. Comme l'ouvrier dont les ciseaux peuvent tailler en pleine étoffe et à qui l'on ne reprochera pas la marge qu'ils se donnent, elle s'est permis de ci de là, sur cette rue voisine, puis sur cette autre, des dentelures, pour ne pas dire des brèches fortement accusées, des zigzags brutalement accentués.

Que de rues sont ainsi tombées, que d'impasses, de carrefours ainsi disparus, coudoyés par la grande voie qui passait et se faisait place ! Ici d'abord, tout près de la *Tixeranderie,* à qui est échu l'insigne bonheur de confondre quelques linéaments de sa ligne tortueuse dans cette ligne droite, et de ne pas ainsi disparaître tout entière, c'est la rue des *Mauvais Garçons* qui s'est presque complètement effacée : ruelle infecte, souvenirs immondes. A la fin du XIII⁰ siècle, Guillot qui l'appelle de son premier nom de rue *Chartron,* n'y avait trouvé que des filles.

De la viez *Tiesseranderie*
Alai droit en *l'Esculerie*

> Et en la rue *de Chartron*
> Où maintes dames en chartre ont
> Tenu...

Sous François Ier, la population y est en progrès de vices et de crimes, les voleurs s'y sont joints aux filles, et ce long coupe-gorge commence à porter le nom qu'il avait gardé depuis. Les *Mauvais Garçons*, qui ont d'autres asiles dans les carrières du faubourg Saint-Jacques, et tout près de la Porte-Bussy, dans les bouges avoisinant *l'Escorcherie* Saint-Germain, ont été ses patrons et ses parrains [1], et jusqu'à ces derniers temps, elle n'avait pas démérité de ce patronage, de ce baptême.

Tout près de là cependant, à l'époque même où elle était le plus infecte et le plus mal hantée, cette ruelle avait de quoi se purifier, se sanctifier par l'exemple. A deux pas, dans le cul-de-sac de *l'Esculerie*, dont Guillot vient de nous parler, les abbés de Saint-Faron avaient leur hôtel, et tout aussi près, de l'autre côté, le cimetière Saint-Jean, autrement appelé le *cimetière vert*, étalait ses pelouses célèbres [2] sur l'emplacement de l'hôtel de Pierre de Craon, démoli à la fin du XIVe siècle, par suite de la confiscation des biens du sire, son propriétaire.

Aujourd'hui, plus de trace de tout cela : quand un siècle passe sur un autre, il ne laisse pas même un nom pour souvenir. Du cul-de-sac Saint-Faron, dont

---

1. Voy. sur les *Mauvais Garçons* notre brochure *les Lanternes ou Histoire de l'ancien éclairage de Paris*, etc., pag. 17-18.
2. Le Laboureur, *Histoire de Charles VI*, liv, XII, chap. 1.

l'histoire ne s'arrêtait qu'aux temps de Thermidor [1], il ne subsiste plus rien ; la rue des *Mauvais Garçons* cache honteusement le dernier tronçon qu'on lui laisse, dans les ombres de la rue de la Verrerie; et le *cimetière,* devenu le *marché,* puis la *place Saint-Jean,* dépossédé déjà de deux de ses côtés, puis menacé par la rue qui s'avance pour le perforer dans le seul angle qui lui reste, attend le marteau qui doit achever sa ruine, la page d'histoire qui sera son épitaphe.

Une petite place de forme indécise, qui communiquait au marché Saint-Jean par l'imperceptible rue de *Regnault-Lefèvre,* la place *Baudoyer* a été plus promptement effacée. Elle s'est perdue dans le vaste périmètre de la caserne Napoléon, qui, en outre de ce terrain, a envahi celui de la rue du *Monceau* où l'on avait vu si longtemps, devant une maison qu'habita Voltaire, le fameux orme Saint-Gervais [2]; puis toute la partie gauche de *la rue du Pourtour,* dont la ruine a entraîné la disparition d'une aile entière du marché Saint-Jean et tout un côté de la rue *Regnault-Lefèvre.*

Cette rue du Pourtour n'avait été longtemps qu'un trait d'union entre deux cimetières, celui de Saint-Jean, dont je viens de parler, et celui de Saint-Gervais. En 1473, de ruelle triste et étroite qu'elle était, on l'avait élevée au rang de rue véritable, grâce à quatorze maisons d'apparence assez belle, dont l'emplacement avait été pris sur une partie du cimetière Saint-Gervais. Un siècle après environ, elle avait été

---

1. G. Duval, *Souv. Thermidor.* Tom. 1, pag. 5.
2. V. pour l'Orme Saint-Gervais, *Journal de Verdun,* mars 1751, page 207.

élargie de sept pieds, et depuis, les prévôts de l'Hôtel-de-Ville, ses voisins, ne s'étaient plus occupés d'elle. On n'y est revenu que dernièrement et ç'a été pour la biffer à tout jamais de la carte de Paris.

Si je m'arrête à ce coin, disparu d'hier, et que j'ai pourtant déjà peine à reconstruire, c'est qu'il ne s'agit pas seulement ici d'une masse de bicoques abattues, mais de tout un passé plein d'histoire qui vient de perdre son cadre, son théâtre, sa mise en scène. Combien de fois n'y avons-nous pas été ramenés, je ne dis pas seulement par les chroniques, mais par l'histoire des métiers, même par les livres de coutumes !

L'histoire de Paris commence là, tout aussi bien que dans la Cité et sur l'autre rive. Nous trouvons même, dans quelques-uns des noms qui y ont survécu jusqu'à ces derniers temps, la trace de souvenirs plus anciens que ceux qui sont rappelés par les noms encore écrits aux carrefours des autres quartiers primitifs. Pour découvrir, par exemple, l'origine de la dénomination donnée à la *Place Baudoyer*, il nous faut remonter jusqu'au déclin de la domination romaine dans les Gaules, jusqu'à cette guerre des *Bagaudes*, qui s'étendit des bords de la Loire jusqu'aux murs de Paris. Saint-Maur-des-Fossés, où ces paysans en révolte s'étaient fortifiés, fut longtemps leur quartier général. Ils faisaient de là jusqu'à la ville des incursions continuelles. La porte qui ouvrait sur la route de Saint-Maur et qui, par conséquent, était le plus souvent menacée, ne fut bientôt plus désignée que par le nom des bandes en haillons, qui l'assaillaient sans cesse. On l'appela *Porta Bagaudarum*, dénomination qui s'étendit ensuite à la petite place qui l'avoisinait, et qui, par suite des altérations successives de ce premier nom, arriva peu à peu à porter celui de place *Baudéer, Baudier, Baudez, Baudois, Baudayer* et enfin *Baudoyer*. Au XVIe siècle, le peuple, qui préfère toujours le nom qu'il croit comprendre à celui qui n'a pour lui aucun sens, appelait *Baudet,* l'ancienne porte et la place, bien que le marché aux ânes fût fort loin de là. C'était un plaisir pour les *gabeurs* du temps d'y renvoyer, comme à leur champ clos naturel, les sots et les ignorants, et je me souviens d'un vieux sermonnaire qui n'assignait jamais d'autres rendez-vous aux écoliers ignares de la rue du Feurre [1].

Le peuple, du reste, et notre sermonnaire, n'étaient peut-être pas trop mal avisés quand ils s'égayaient ainsi ; leur facétie touchait peut-être de plus près qu'on ne pense à l'étymologie du mot sur lequel ils jouaient. Voyez plutôt : sur cette place de la *Porte Bagaude* ou *Badaude,* devenue place de la *Porte Baudet,* s'assemblaient tous les oisifs, tous les jaseurs du quartier, notamment aux longues soirées d'été, puis le dimanche et les jours de fêtes, les maçons (*mortelliers*) de la rue de la *Mortellerie,* dont une place voisine, celle qui est au bas de la rue Louis-Philippe, est encore aujourd'hui le rendez-vous de prédilection ; les *foulons* venaient se faire louer dans un coin de la place Baudet ; enfin, l'on y voyait affluer, pour se mêler aux commérages, marchands et marchandes du vieux marché de la rue de la Mortellerie [2]. La place Baudet était donc

---

1. *Sermones Dominicales,* Paris, 1544, in-12, fol. 115.
2. Il en est parlé dans les gestes des *Quatre fils Aymon.* V. *Hist. litt. de la France,* tom. XXII, pag. 685. — La place Baudoyer avait

ainsi un vrai centre de concours populaire, le vrai quartier général des *badauds,* à ce point même que, sans m'étendre davantage, je vous dirai qu'à mon avis ce dernier mot peut bien ne pas avoir d'autre origine, d'autre patrie[1] ; songez ensuite que l'âne est le plus *badaud* des quadrupèdes, et peut-être ne serez-vous pas éloigné de savoir pourquoi on l'appelle *baudet.* Il y aurait ainsi, entre les deux noms, synonymie complète, sinon homonymie ; j'en demande pardon aux Parisiens, mais, encore une fois, je crois la chose très probable.

Ce qui ne dut pas peu contribuer à la réputation de badauderie que s'était acquise la place Baudoyer, c'est la coutume qui y faisait loi. Sitôt qu'une dispute s'y élevait, et Dieu sait si, sur un pareil terrain, elles devaient être rares ! une fois la contestation entamée, pour peu qu'il y eût pour amener la conciliation des difficultés d'arbitrage, il fallait aussitôt en venir aux mains. La coutume le voulait ainsi, et l'instinct des parties n'y répugnait point, au contraire. Le combat faisait la sentence, et jugez de sa justice ! Il en était

---

aussi son marché, « et à la porte Baudet vendoit-on moult de vivres », écrit Guillebert de Metz. — Bonnardot, *Étude sur Gilles Corrozet,* etc. Paris, 1848, in-8, page 32.

1. C'est l'opinion du P. Labbe et celle aussi du savant Toussaint-Duplessis, *Nouv. Annales de Paris,* 1753, in-4, pag. 72. — *Badaud,* pris comme nom générique des Parisiens, qui furent d'abord une population de mariniers, de *Nautes,* peut venir, comme on l'a dit, du celtique *badawr* ou *badwr* (batelier), mais pris comme surnom moqueur, il doit se rapprocher de l'étymologie que nous soutenons et emprunter quelque chose aux souvenirs de la place *Baudet.* Pour chaque acception, il y aurait ainsi une étymologie, ce qui n'est pas très rare.

là comme dans la fameuse juridiction de Lorris, dont Philippe le Bel avait octroyé la Charte : c'est le battu qui était déclaré avoir tort, et qui payait l'amende : « *Et le droit de la Porte-Baudoyer,* lisons-nous dans des lettres de rémission de 1374, *qui est battu, si l'amende* [1]. »

Les hôtelleries étaient nombreuses à la place Baudoyer aussi bien que dans les environs, et les arrivées, les départs de voyageurs y étaient ainsi matières quotidiennes de badauderie. La plus célèbre était celle de *l'Aigle,* placée tout près de la porte, à cet endroit qui fut plus tard réuni à la place, et qui s'appelait *carrefour des Champs.* C'est de ce point que partait la rue Saint-Antoine, qui d'abord même en prit son premier nom de rue de l'Aigle : *vicus de Aquila,* comme il est dit dans les Cartulaires, *per quem itur ad sanctum Antonium* [2].

L'hôtel de l'Aigle, selon le *Traité de la Police,* était une propriété de l'abbaye de Saint-Maur-des-Fossés [3] ; les moines, plus heureux que les Bagaudes, avaient ainsi pris pied au delà de la porte, tant de fois heurtée par les bandes furieuses. La qualité des propriétaires n'avait pas sanctifié l'auberge. Comme tous les gîtes de son espèce, elle était ouverte aux méfaits et aux crimes. Quand Jeanne de Divion vint à Paris pour créer au comte d'Artois, à l'aide de faux titres et de

---

1. Ce droit de la Porte Baudoyer avait été consacré par une ordonnance de Louis le Gros. V. Quitard, *Hist. des Proverbes,* pag. 40.
2. *Traité de la Police,* tom. II, liv. v., ch. 11. La place Baudoyer y est appelée *vicus Balœdri.*
3. *Ibid.*

sceaux altérés, le droit dont il avait besoin, c'est à l'hôtel de l'Aigle qu'elle établit son atelier de faussaire, en compagnie de Jean Oliete et de sa femme.

Une autre fameuse hôtellerie de ces quartiers, c'était l'auberge de *l'Ours* qui, selon une charte du XIVe siècle, s'ouvrait déjà à la place Baudoyer en 1377 [1]. Il en est parlé dans l'*Histoyre et plaisante Cronicque du Petit Jehan de Saintré*. Les Lombards à qui Jehan eut affaire, et qui vinrent à Paris « en très belle compagnie », ne prirent pas d'autre gîte. Antoine de la Salle nous les montre descendant rue Saint-Antoine « et logiés à l'hostel de *l'Ours* à la Porte-Baudoier. » L'hôtellerie finit par disparaître, mais la maison resta avec l'enseigne. Au siècle dernier, Gueulette, qui se fit l'éditeur de la *plaisante Cronicque*, et qui, à ce titre, cherchait à retrouver dans Paris la trace de ce qu'Antoine de la Salle a décrit, mit en note sous le passage que je viens de citer : « Il y a, à cent pas de Saint-Gervais, une très vieille maison qui porte encore pour enseigne un *Ours* [2]. »

Guidé par cette indication, nous avons nous-même, avant les dernières démolitions, cherché la vieille maison, la vieille enseigne, mais inutilement : leur disparition avait devancé celle du quartier tout entier. Pour combien de choses n'en a-t-il pas été ainsi, dans ces mêmes environs de l'Hôtel-de-Ville ! Nous n'y sommes, à bien voir, que des destructeurs attardés. Démolisseurs de 1852 à 1854, nous ne démolissons

---

[1]. Il en est parlé, sous cette dénomination, dans une charte, *ex archivo Camberiari*.

[2]. V. Monstrelet, t. 1, ch. 155.

que sur des ruines. Les quartiers que nous effaçons, et que nos enfants ne doivent pas connaître, se trouvent auprès d'autres quartiers, déblayés par nos pères, et dont nous avons à peine pu voir les restes.

Savons-nous seulement, égarés que nous sommes dans cet espace renouvelé, devenu place ou fait monument, savons-nous où se trouvait l'*Hôpital des Haudriettes,* cet asile des trente-deux veuves « *bonnes femmes de la chapelle d'Estienne Haudri ?* » L'Hôtel-de-Ville, agrandi, a trop bien enveloppé dans ses envahissements et l'hôpital et la chapelle. Savons-nous où était l'*Hôpital Saint-Gervais,* dont il sera parlé plus loin, en son lieu, à propos de Scarron son voisin ? ou, l'*Hôpital du Saint-Esprit*[1] ? car ce quartier des misères de toutes sortes, était aussi le centre des pieux asiles et des refuges. La trace de cet hospice-école, ouvert aux orphelins[2], que la couleur de leurs vêtements faisait appeler les *Enfants-Bleus,* a disparu comme le

---

1. Lors de la fondation de cet hospice, en 1362, on n'y avait admis que les enfants légitimes, natifs de Paris; mais le rude hiver de 1420 engagea les Parisiens à une générosité plus générale. « Ils firent tant, dit un contemporain, qu'ils achetèrent maisons trois ou quatre, dont ils firent hôpitaux, pour les pauvres enfants qui mouroient de faim parmi Paris, et avoient potaige et bons feux et étoient bien couchés. »

2. En 1756, dans son ouvrage, *Projet des embellissements de la ville et des faubourgs de Paris,* troisième partie, page 79, Poncet de la Grave avait proposé la construction d'un pont qui se serait appelé Pont du Saint-Esprit, et qui aurait occupé la place prise aujourd'hui par la passerelle d'Arcole, qui avant quelques mois, sera elle-même devenue un pont de pierre. Ce pont du Saint-Esprit, dans le projet de Poncet de la Grave, aurait abouti « ...de la place de Grève directement, à celle projetée devant l'église métropolitaine de Notre-Dame ».

reste, et si le cabaret qui fait le coin de la place de Grève et du quai n'avait encore un *Saint-Esprit* d'or pour enseigne, rien dans ces parages ne nous rappellerait sa pieuse invocation. Et la rue des *Vieilles-Garnisons* qui longeait cet hospice de l'enfance; et la rue du *Martroi,* à qui l'une des portes de l'Hôtel-de-Ville servait d'entrée en arcade, et qui pour cela n'en était pas moins des plus infectes et des plus mal peuplées; et cette fameuse rue *du Tourniquet-Saint-Jean;* et la petite église de Saint-Jean-en-Grève, sa voisine, dont les vitraux étaient encore célèbres au XVIIe siècle [1], et sur laquelle la rue avait si bien fini par empiéter; et, car je n'en finirais pas, cette fameuse tour du *Pet-au-Diable,* juiverie et cour des miracles, tout ensemble, prenant pied sur une pierre druidique [2]? Qui de nous se souvient encore de ces vieux noms, de ces vieilles choses? Passons donc vite, car si nous nous laissions aller à chercher tout ce qui fut par ici, les ruines d'hier nous distrairaient trop de celles d'aujourd'hui.

Revenons à la rue de la Tixeranderie, que les pre-

---

1. Ils représentaient l'histoire du Sauveur, avec des distiques au bas de chaque tableau. Ainsi sous celui des noces de Cana, on lisait :
   En Cana, nôces se célébroient,
   Architriclin, maître d'hostel estoit.
   (Vigneul-Marville, *Mélanges,* tom. II, p. 241.)

2. « Devant l'hostel de l'amiral, lez-Saint-Jehan, estoit une diverse grosse pierre de merveilleuse façon que l'on nomme le *pet au deable.* » Guillebert de Metz, cité par M. Bonnardot, *Étude sur Gilles Corrozet,* etc., pag. 32. — Le donjon à trois étages voûtés, qu'on appelait la *Tour du Pet-au-Diable,* et qui était derrière l'Hôtel-de-Ville, n'a complétement disparu qu'en mai 1844.

miers remaniements de l'Hôtel-de-Ville avaient effleurée à peine et n'avaient entamée que de trois maisons ; redescendons vers la place de Grève, si largement ouverte de ce côté, et qui, faisant sa brèche, n'a pas même épargné la merveilleuse tourelle qui prenait jour sur un dernier tronçon de la rue *du Mouton* [1], joyau du XVe siècle, serti dans l'un de ses angles ; rentrons enfin dans le vif des démolitions balayées par la rue de Rivoli.

D'abord, en prenant sur la droite, nous trouvons la rue *Jean-de-l'Épine,* singulièrement écornée au passage : pauvre rue, de pauvre industrie et de pauvre négoce, toute pleine autrefois de petits merciers, *à petits paniers,* — comme disait le proverbe mis en refrain par Charles d'Orléans en l'une de ses ballades, — et de petits couteliers faisant rage pour enlever quelques pratiques aux richards de la *Coustellerie,* la rue voisine. Depuis le XIIIe siècle, la population n'y avait pas changé. Jean de l'Épine, parrain de la pauvre rue, était déjà un des petits merciers, un des petits couteliers dont nous parlons, mais il n'était pas resté longtemps gagne-petit. En 1272, il passait acte avec son compère Gros-Perrin, et lui vendait une sienne

---

[1]. « La maison qui faisait l'angle de la place de Grève, vers la *rue du Mouton,* ayant été supprimée pour l'agrandissement de la place, la jolie tourelle du quinzième siècle qui la décorait a été démolie ; ce travail a fait reconnaître que toute la maison sur laquelle cette tourelle s'appuyait, était de la même période de l'art, mais modifiée, dans toutes ses dépendances et sa décoration, par des dispositions peu anciennes. Cette maison s'élevait sur un immense cellier du treizième siècle, dont les pierres étaient encore marquées des signes des tâcherons de cette époque... » *Rapport* de M. Albert Lenoir, août 1853.

maison, dans la rue de Saint-Martin-des-Champs [1]. Peut-être une partie, sinon la totalité des maisons de la rue qui avait pris son nom, lui appartenait-elle de même, car il en était généralement ainsi alors. A propos d'une rue, qui disait parrain disait propriétaire [2]. Sans sortir de ce quartier, par exemple, quand vous trouvez, au commencement du XIIIe siècle, le nom d'*André Malet,* donné à cette rue *du Coq,* située à cent pas de celle-ci, de l'autre côté de la rue de Rivoli qui l'a aussi mutilée au passage, soyez sûr qu'André Malet y possédait une bonne part des maisons, soit qu'il les eût acquises, soit plutôt encore qu'il les eût fait bâtir ; et lorsque, à cinquante ans de là, vous voyez la même rue s'appeler rue *de Lambert-de-Basle,* croyez que ce changement de nom vient d'un changement de propriétaire substitué au précédent par acquisition ou par héritage [3].

Quelquefois, tout un quartier prenait le nom du propriétaire, dont le terrain, vague et désert d'abord, s'était tout d'un coup bâti et peuplé : de champ ma-

1. *Archives du Baron de Joursanvault,* n. 1044.
2. Il en fut encore ainsi au XVIIe siècle ; exemples : la rue *Villedo,* la rue *Charlot,* qui durent leurs noms aux riches maçons leurs constructeurs, restés en partie leurs propriétaires. De notre temps, il en est encore de même, témoins surtout les passages *Delorme, Saucède, Vero-Dodat, Jouffroy,* etc.
3. Guillot, dans son *Dict. des rues de Paris,* donne à cette rue le nom d'André Malet. On y trouvait au XVIIe siècle un hôtel de Sully, dont le propriétaire, qui était de la famille du célèbre ministre, joua un grand rôle pendant la Fronde, comme partisan de Mazarin. Pendant la Terreur, le fameux Fabricius Catilina Salabert, peintre d'enseignes et jacobin, s'y installa, et en fit un centre révolutionnaire.

récageux, se faisant rues industrielles et marchandes ; de solitude, active cité. — Le vaste espace, limité d'un côté par les quartiers que nous quittons ; par la *Grève*, à fleur d'eau du fleuve, qui, de la place qui a gardé son nom, s'étendait jusqu'aux petits marais (*marivaux*), au milieu desquels s'éleva la haute tour Saint-Jacques [1] ; de l'autre côté par le port ou *siège aux Déchargeurs* [2], et par la ruelle d'Adam et de Guillaume Bourdon, qui devint plus tard l'opulente rue des Bourdonnais [3], tout cet immense terrain, dis-je, avait ainsi emprunté son nom au propriétaire du champ fangeux, à qui la ville, franchissant le fleuve et montant toujours, était venue prendre son héritage. Ce propriétaire, sans doute richement dédommagé, s'appelait Perrin Gasselin.

En parlant de fanges à propos de ce terrain, je n'exagérais point, au contraire ; c'était même plutôt encore une voirie qu'un marécage : « et emprez, dit Raoul de Presles [4], au *Perrin-Gasselin,* estoit une place où l'on

---

1. Ce quartier s'appelait aussi *Mibray,* par abréviation de *emmibray* (au milieu du *bray,* fange, marais). La rue *Planche-Mibray* devait son nom aux *planches* jetées en guise de pont sur ce marécage, et servant à le franchir.

2. Raoul de Presles l'appelle ainsi dans *les Commentaires sur la Cité de Dieu.* Liv. V, chap. 25.

3. Dans la seconde moitié du XIVe siècle, du nom de ces frères Bourdon, cette rue avait déjà pris le nom de *Bourdonnois.* On le voit par une charte de 1362, relative à la grande maison des *Cresnaux,* hôtel La Trémoille, vendue, cette année-là, à Philippe, fils du roi. *Archives Joursanvault,* pag. 184, n. 1057.

4. *Loc. cit.,* et *Mém. de l'Acad. des Inscript.,* tom. XIII, pag. 652. — La *Place aux Chats,* où les loups mangèrent un *enffent,* de nuit, pendant l'occupation de Paris par les Anglais, était aussi près de là. (V. *Journal du Bourgeois,* pag. 502). Au XVIIe siècle, on y vendait des dentelles !

gettoit les chiens mors, que l'on appeloit la *Fosse aux chiens;* et encore — ajoute notre chroniqueur qui écrivait au temps de Charles V, quand déjà tout avait changé de face — et encore, y a-t-il une ruelle, qui est ainsi appelée. » Cette ruelle, dont il parle, est le *cul-de-sac des Bourdonnais* ou *de la Fosse aux chiens,* située au carrefour de la rue de la Limace, c'est-à-dire tout au haut de la pente infecte que nous visitons, dans un endroit que les assainissements de la rue de Rivoli n'ont pu atteindre, et que, j'en ai peur, le tracé du boulevard du Centre respectera aussi sans doute. Si, à son extrémité supérieure, le Perrin-Gasselin était tel, qu'on ne le trouvait bon qu'à faire une voirie de la plus immonde espèce, jugez de ce qu'il devait être en avançant vers la Seine, en s'embourbant de plus en plus dans les grèves boueuses du fleuve, alors sans quai, sans rives certaines.

Le quartier qui prit la place du marécage ne valut guère mieux comme propreté et salubrité. Ce qui en a survécu jusqu'à ces dernières années : la ruellette humide et tortueuse, restée fidèle au nom de *Perrin-Gasselin,* et qui, épargnée par la rue de Rivoli, disparaîtra enfin dans le périmètre de l'hôtel des Postes, qui se prépare à l'un des côtés de la place du Châtelet; la rue *Planche-Mibray* complètement perdue dans l'élargissement de la rue Saint-Martin à son embouchure; la rue *du Pied-de-Bœuf,* la rue de la *Vieille-Place-aux-Veaux,* la rue de *la Tannerie,* celle de *la Tuerie,* celle de l'*Escorcherie* ou de la *Vieille-Lanterne*[1], qui atten-

---

[1]. La mort de ce pauvre Gérard de Nerval, dans la nuit du 26 janvier (1855), aura été le dernier sinistre de cette rue immonde et enfin

dent, pour disparaître, que l'Hôtel-de-Ville se soit fait jour jusqu'au Châtelet, par une large rue, magnifique parallèle de celle de Rivoli; tout ce quartier enfin, à l'inextricable et éternelle saleté, prouvait de reste qu'une ville peut s'emparer d'un marais et s'y installer, sans l'assainir.

Et pourtant, que de générations actives se sont succédé dans ce bourbier, dans cette ruche de boue; quels travaux, de toutes sortes et de toutes les heures, pendant des siècles infatigables, dans cette espèce de phalanstère fangeux, où manquent l'air et le soleil, où la fièvre du travail entretient seule la vie! Ici, dans la rue *Saint-Jacques-la-Boucherie,* dans la rue de *la Tuerie,* et à la *Vieille-Place-aux-Veaux,* c'est l'antique corporation des bouchers [1], formidable par le nombre, l'insolence et la richesse; ce sont les Legoix, dont les descendants trônent encore dans cet opulent commerce, ayant à leur tête M. Paul Legoix, avec son riche étal de la rue de la Verrerie, et M. Legoix Brenner, syndic de la boucherie de Paris; ce sont les Saint-Yons, plus riches et plus puissants encore, qui, leur fortune faite

---

proscrite. — Jusqu'au XVIe siècle elle ne s'appela que rue de *l'Escorcherie.*

1. « Ces vieilles familles de bouchers incorporés, dit M. Depping, ont continué, pendant plusieurs siècles, de fournir de la viande aux Parisiens; c'était comme la noblesse de l'état de boucherie. Elles étaient réduites au nombre de quatre, à l'époque où Lamare fit son *Traité de la Police,* c'est-à-dire, au commencement du XVIIIe siècle. Quoique leur nombre fût bien diminué depuis le XVIe, par suite des extinctions, elles prétendaient encore occuper tous les étals de la grande boucherie et du cimetière Saint-Jean, mais en les louant à des bouchers qui n'étaient pas de la corporation » *Introd. au livre d'Est. Boileau,* pag. 56.

sur cette *Vieille-Place-aux-Veaux* [1], longtemps désignée sous leur nom [2], quittèrent le commerce, achetèrent des charges, et se firent gens de ce parlement et de cette cour qu'ils avaient fait trembler à l'époque de Caboche et des Maillotins [3]. D'un autre côté, à l'ombre même de la haute tour Saint-Jacques [4], se ta-

1. Sous François Ier, après la construction de l'Hôtel-de-Ville, on avait pensé à remanier le quartier qui lui faisait face, jusqu'au Châtelet, et ainsi à déplacer ce Marché-aux-Veaux. Marot en fit le sujet de sa 83e épigramme :

> Le roi aimant la décoration
> De son Paris ; entr'autres biens ordonne,
> Qu'on y bâtisse avec proportion
> Et pour ce faire argent et conseil donne,
> Maison de ville y construit belle et bonne,
> Les lieux publics devise tous nouveaux :
> Entre lesquels, au milieu de Sorbonne,
> Doit, se dit-on, faire *la Place-aux-Veaux*.

En 1646 seulement, ce marché fut transféré au quai *des Ormes*. La place et surtout les environs furent occupés par un marché dont le marquis de Gesvres eut le privilège en 1685 (Voy. *Suppl. à Dangeau*, pag. 12), et depuis par le quai qui prit le nom du marquis, déjà porté par la rue de *Gesvres* ou *St. Jérôme*.

2. V. La Tynna, *Dict. des Rues de Paris*, pag. 588.

3. V. J. Pichon, *le Ménagier*, tome II, pag. 80, 84. — Saint-Yon, secrétaire du grand-maître des eaux-et-forêts, et collaborateur de Dancourt pour le *Chevalier à la mode*, était de cette famille. *Anecd. dramat.*, III, pag. 458.

4. La première église ou chapelle de Saint-Jacques-la-Boucherie remontait à l'époque carlovingienne, les découvertes faites lors des dernières fouilles l'ont prouvé (V. *Rapp. de M. Alb. Lenoir*, août 1853). Une église plus considérable remplaça la première, vers la fin du XIe siècle. Enfin une troisième ayant de plus grandes proportions fut commencée au XVe et finie au XVIe siècle. C'est celle dont l'abbé Villain s'est fait l'historien, et la même qui disparut à la Ré-

pit, dans des bouges à peine éclairés, la paisible et patiente corporation des écrivains et des enlumineurs [1], ces artistes de la calligraphie, à riches images et à belles dorures, dont le nom d'un seul, Nicolas Flamel [2], a survécu : encore est-ce pour rester fameux dans la Légende, plutôt que dans l'Histoire. La grande ruche, presque silencieuse de ce côté, s'anime et devient plus bruyante dans ses autres alvéoles. Dans la rue *d'Avignon* éclatent les mille bruits de la joie et de l'orgie, car c'est là que se trouve ce fameux cabaret de *la Galère,* qui lui imposera son nom pendant plusieurs années, et dont le maître, le fameux Rousseau, sera,

volution. La tour resta seule debout en dépit des menaces que, selon Mercier, les démolisseurs ne lui épargnèrent pas (*Nouv. tabl. de Paris,* tom. v, pag. 229). Elle fut commencée en 1508, c'est-à-dire lorsque le reste de l'église était achevé, sur l'emplacement de deux maisons léguées au chapitre par Jacques Thouynes curé de Sannois, chanoine de Montmorency, et enfin maître des écoles de la paroisse. (Villain, *Hist. de Saint-Jacques-la-Boucherie*, Paris, 1758, in-8, pag. 70-71.) L'histoire de cette belle tour serait curieuse à faire, mais n'ayant pas heureusement été comprise dans les démolitions, elle n'est pas de notre domaine. Rappelons, toutefois, les expériences thermométriques que Pascal fit à son sommet ; l'histoire tragique du curé de la paroisse qui se suicida en 1770 (V. *Corresp.* de Favart, II, pag. 240, 245), enfin l'incendie de 1819 qui faillit accomplir la destruction rêvée par les terroristes (*Moniteur,* 1819, pag. 1537). — Bourdaloue prêcha, à Saint-Jacques-la-Boucherie, le carême de 1679. Madame de Sévigné en parle dans ce passage de sa lettre du 27 février de cette année-là, qui ajoutera un trait de plus à la physionomie de la vieille paroisse : « Le père Bourdaloue tonne à Saint-Jacques-la-Boucherie. Il falloit qu'il prêchât dans un lieu plus accessible : la presse et les carosses y font une telle confusion que le commerce de tout ce quartier-là en est interrompu. »

1. V. mon *Histoire des Imprimeurs,* Paris, 1852, gr. in-8, pag. 37.
2. Voir pour une inscription de la tour Saint-Jacques, concernant Nicolas Flamel, *Rev. Archéologique*, tom. III, 2ᵉ part., p. 6.

au XVIIᵉ siècle, l'hôte de ces marquis, amis de la crapule, que Coulange a chantés, que Regnard et Dancourt ont mis en scène [1]. Tout près, dans la rue *de la Savonnerie,* dont les ruisseaux font dériver leurs eaux laiteuses et écumantes jusqu'à la Seine ; dans la rue *de la Joaillerie,* où la plupart des orfèvres, chassés du Pont-au-Change par l'incendie de 1621, ont établi leurs *forges* [2] ; plus haut encore, dans la rue *Aubry-le-Boucher,* où sont les chaudronniers [3] ; dans la rue *de la Heaumerie,* où se forgent les armures, on n'entend que le bruit du travail empressé et retentissant. Dans cette dernière rue surtout, quand la guerre menace, lorsqu'une expédition se prépare, c'est à en être assourdi. « J'ai, écrit Malherbe à Peiresc, le premier août 1609, c'est-à-dire, à un moment où tout commençait à s'échauffer pour la guerre avec le duc de Clèves et l'Empereur ; j'ai, ce matin, passé en la rue de la Heaumerie, où il ne fut jamais mené tant de bruit. Un doreur m'a dit que, pour sa part, il avait cinquante armures complètes à dorer, et qu'il y en avait deux cents de commandées. »

Quand on avait passé le Châtelet, en longeant la

---

1. V. notre *Histoire des Hôtelleries et des Cabarets,* etc., tom. II, pag. 332-333.

2. On appelait ainsi les ouvroirs ou boutiques des orfèvres, et par suite toutes les maisons du Pont-au-Change. V. Pierre Leroy, *Statuts et priviléges des orfèvres* (1734), page 106.

3. C'est dans cette rue que s'extasia le plus le sauvage d'Acadie que Razilly envoya en France, au XVIIᵉ siècle. Émerveillé de toute la *dinanderie,* si bien fourbie, qui s'y étalait, il demanda à son interprète, dit le voyageur Denys, si tous les gens qu'ils voyaient travailler n'étaient pas parents du roi, et si ce n'était pas l'occupation des plus grands seigneurs du royaume.

Grande et la Petite Saunerie infectées par les exhalaisons de la marée croupissante dans les auges ou *pierres à poisson;* quand on était arrivé aux limites du *Perrin-Gasselin*, et qu'on avait pris pied sur la terre du fameux *Fief Popin*, le labyrinthe se dégageait et s'assainissait un peu. On sentait que l'on s'approchait du Louvre, et qu'on était déjà dans la circonscription de la royale paroisse de Saint-Germain-l'Auxerrois. Les rues n'étaient pas plus larges peut-être ; mais, grâce aux gens de négoce qui s'y étaient peu à peu établis, elles étaient plus propres et plus tranquilles. — Il n'en avait pourtant pas été ainsi tout d'abord. Il faut attendre jusqu'au XVe siècle au moins, pour que cette différence entre le quartier que nous quittons et celui où nous venons d'entrer, devienne un peu plus sensible. Auparavant même, c'est plutôt en faveur du premier que tournerait la comparaison. On y travaille au moins, la vie s'y manifeste par la plus laborieuse activité, tandis que de l'autre côté du Châtelet, dans ces ruelles qui arrivent en serpentant jusqu'à la *Vallée de misère* [1], jusqu'au *Port au foin*, entre l'*Arche Marion* et l'*Abreuvoir Popin*, c'est le vol qui est la seule industrie. Les joueurs ont leur tripot dans la maison de ce Thibault, qui a laissé son nom à la rue *Thibault-aux-Dez ;* et à deux pas de là, dans toute l'étendue du quartier de la Vieille Monnaie et de celui de Sainte-

---

1. C'est aujourd'hui le quai de la Mégisserie. On l'appelait encore *Vallée de Pie*, comme fait Corrozet, ou *Vallée de la Poulaillerie*, parce qu'en effet le marché de la volaille y fut longtemps établi. — Quand il fut transféré au quai des Augustins, il garda son nom de *la Vallée* qu'il devait à son premier emplacement.

Opportune, surtout vers la rue *Tirechappe* [1], si bien nommée et qui mentit si rarement à son nom, les voleurs ont leurs coupe-gorges. Le centre en est la rue des *Deux Boules,* qu'on appelle alors la rue *Mauconseil,* en raison des mauvais coups qui s'y trament, et par opposition aussi à la rue sa parallèle, que le caquet des lavandières voisines a fait appeler rue des *Mauvaises Paroles.* Le vol commis, la proie saisie, on ne quitte point le quartier pour en faire le partage et se bien repaître ; on s'en va tout près, au cabaret qui a donné son nom à la rue, encore intacte, du *Plat d'étain.* C'est là que l'auteur des *Repues Franches* mène les hardis fripons ses *compaings,* dont il parle ainsi (2ᵉ part., v. 995) :

> Ils se boutèrent tous à bas,
> A l'enseigne du *Plat d'estaing*
> Où ils repurent par compas,
> Car ils en avoient grand besoing.

Pour avoir raison de tout ce grand cloaque de vices et de voleries, pensez-vous qu'on va procéder comme les échevins de 1778, qui au plus épais du dédale firent une éclaircie de deux rues, baptisées aussitôt du nom de deux d'entre eux, MM. Étienne et Boucher [2] ?

---

1. Selon d'autres ce nom viendrait des fripiers qui y *tiraient* l'habit (*chappe*) des passants pour les attirer à leur boutique. Un passage de Dufresny, cité plus loin, donnerait raison à cette étymologie.

2. Ces deux rues, qui ont perdu l'une et l'autre quelques maisons à être effleurées par la rue de Rivoli, avaient été percées sur l'emplacement de l'*Hôtel de la Monnoie* qui s'ouvrait, dans la rue de ce nom, en face de la petite rue Baillet. Cet hôtel, prédécesseur de

croyez-vous qu'on ait la moindre fantaisie de faire un peu, ce qu'on fait si largement aujourd'hui, en lançant à pleine volée, au travers du réseau, dont toutes les mailles éclatent, cette longue rue, dont la ligne est si inexorablement droite? Point du tout. Au quatorzième siècle, en plein règne du roi Jean, on se contente d'acheter à l'extrémité du *Perrin-Gasselin*, c'est-à-dire sur la limite mitoyenne du Paris industriel et turbulent et du Paris voleur, un assez vaste espace de terrain, on y bâtit avec fortes tourelles, épaisses murailles et créneaux, un assez beau logis, et l'on en fait la demeure du chevalier du Guet, dont on vient de reconstituer la milice.

La mesure, certes, n'était pas des plus osées, et l'on n'avait guère à en attendre, surtout si l'on songeait à ce que ce guet à cheval ou à pied avait de peu effrayant pour les voleurs et de peu rassurant pour les citoyens; cependant, l'effet fut produit. Ce voisinage gêna, je ne dis pas épouvanta, les bandes dangereuses, et peu à peu les fit déloger. Les gens de noblesse qui vinrent alors s'établir dans ces mêmes quartiers, pour se rapprocher du Louvre, devenu plus que jamais l'une des demeures royales, contribuèrent aussi, par le grand appareil qu'ils traînaient après eux, à écarter ces mauvais garçons.

Le maréchal de Boucicaut avait reçu en don de

---

celui du quai Conti, avait lui-même remplacé, vers le xive siècle, les divers établissements où l'on avait jusque-là battu monnaie, et dont deux se trouvaient dans ces quartiers : l'un entre la place de Grève et la rue Jean de l'Épine, comme on le voit par le rôle de la Collecte de 1313 ; l'autre où fut plus tard la rue de la *Vieille Monnaie*, entre celle des Écrivains et celle des Lombards.

Charles V l'hôtel de Ponthieu, dans cette rue de Béthizy dont nous reparlerons [1], et il en avait fait sa demeure à Paris ; le roi de Bohême, quittant ce magnifique *hôtel de Behaigne* (*Bohême*), qui fut plus tard l'hôtel de Soissons, puis la Halle au blé, se donnait pour *séjour,* en 1368, une maison de la rue du Chevalier-du-Guet, voisine de celle dont nous avons parlé tout à l'heure ; les amiraux de France, Jean de Vienne, tué en 1396 à la bataille de Nicopolis, et Pierre de Vienne, son frère, avaient leur hôtel rue Jean Lantier ; en 1363, comme nous l'avons dit déjà, Philippe, plus tard duc de Bourgogne, s'établissait, rue des Bourdonnais, dans cette magnifique maison *des Carneaux* [2], qui, vers la fin du même siècle, passait dans la famille des La Trémoille qui devait lui laisser son nom [3] ; à cette dernière

---

1. V. dans le volume, *le Logis de l'amiral Coligny.*

2. Au XVIIe siècle, elle portait encore ce nom, qu'elle avait même transmis à la rue des Bourdonnais (V. les Épigr. de G. Colletet, pag. 29). On l'appelait aussi *Maison des Grands Carneaux* (V. *Mémoires du P. Berthod*, collect. Petitot, 2e série, tom. XLVIII, pag. 321). Les six corps y tenaient leurs assemblées.

3. Au XVIIe siècle, cette maison de la Trémoille était passée dans la famille de Bellièvre et en avait pris le nom, sans cesser d'être, dit Sauval (liv. X, p. 125), l'hôtel seigneurial et le fief de La Trémoille, « dont relèvent quantité de maisons, tant de la rue des Bourdonnois que de celle de Béthisi. » Si l'on eût écouté Mme de Sévigné, cet hôtel, abattu il y a quinze ans, au grand scandale et aux vifs regrets des amis de l'architecture du moyen âge, dont c'était l'un des derniers et des plus charmants joyaux, n'aurait pas attendu, pour disparaître, la fin du XVIIe siècle. Voici ce qu'elle écrivait, le 10 juillet 1675, à propos des Bellièvre, qui, fidèles au culte de la maison patrimoniale, persistaient à conserver intact le vieil hôtel, et à ne pas commettre, quel que fût le prix qu'on leur proposât, la profanation accomplie de nos jours : « C'est dommage, dit-elle, que Molière soit mort, il feroit une très bonne farce de ce qui se passe à

époque, les orfèvres, que la crainte des voleurs eût tant effarouchés auparavant, se bâtissaient une chapelle sous l'invocation de saint Éloi, dans l'îlot de maisons compris, d'une part, entre la petite rue qui prit leur nom, et celles de *Saint-Germain-l'Auxerrois*, des *Lavandières* et de *Jean Lantier;* en un mot, tout le quartier se transformait, s'ennoblissait ; il n'y avait pas jusqu'à la place Sainte-Opportune, qui ne devînt d'une *hanterie* (fréquentation) plus sûre, pour nous servir d'un mot [1] qui justement la désignait alors, et dont on avait fait, par altération, le nom de la *harengerie*, l'un de ses affluents.

Plus on avance vers notre époque et plus la transformation s'étend et devient sensible, surtout pour la partie qui se rapproche de Saint-Germain-l'Auxerrois, des quais, et de la place du Chevalier-du-Guet. Au XVIIe siècle, la rue *Thibault-aux-Dez*, cette ruelle jadis aux mauvais lieux et aux tripots mal hantés, s'est transformée à ce point que les marchands de « garnitures de perles fines » ne craignent pas s'y établir et d'y com-

---

l'hôtel de Bellièvre. Ils ont refusé quatre cent mille francs de cette charmante maison, que vingt marchands vouloient acheter, parce qu'elle donne dans quatre rues et qu'on y auroit fait vingt maisons; mais ils n'ont jamais voulu la vendre, parce que c'est la maison paternelle, et que les souliers du vieux chancelier en ont touché le pavé, et qu'ils sont accoutumés à la paroisse Saint-Germain-l'Auxerrois, et, sur cette vieille radoterie, ils sont logés pour vingt mille livres de rente. Que dites-vous de cette manière de penser? » Les industriels de notre temps ne se doutaient guère qu'en abattant le regrettable hôtel, ils avaient pour eux l'applaudissement anticipé de Mme de Sévigné, et qu'ils réalisaient la belle spéculation qu'elle reprochait aux Bellièvre de ne pas vouloir faire !

1. V. Roquefort, *Glossaire*, à ce mot.

mercer[1]. Sa voisine, la rue *Bertin Poirée* s'est aussi donné des airs mondains et une sorte de renom chez les gens de toutes classes ; seulement le principal établissement auquel elle le doit prouve que les habitudes aléatoires ne sont pas tout à fait perdues dans le quartier du vieux Thibault-le-Joueur, et que, comme les jeux de hasard, ses complices ordinaires, le vol aussi ne s'en est pas autant éloigné qu'on pourrait le croire. Il n'a guère changé que de nom et de forme. La *Blanque royale*, ou, pour parler plus clairement, la loterie s'y est établie et y fait rage sous la direction du sieur Boulanger, émule ou plutôt successeur du grand Tonti, et comme lui subtil organisateur du hasard et de ses chances.

Une lettre que Sauval écrivit à Racan au sujet de cette Blanque de la rue *Bertin Poirée*, prouve que cet habile homme eut l'art d'enfiévrer tout Paris et d'attirer à la distribution de ses numéros, puis à leur tirage qui se fit « dans la salle du grand logis de la rue *Saint-Martin*, où pend pour enseigne Notre-Dame de Paix », la cour et la ville, gens de toutes sortes, de noblesse, de robe et de littérature[2]. Il eût fait beau voir que de notre temps on mît ainsi, dans ces rues perdues ou roturières, les bureaux de la loterie du lingot d'or ! Quand bien même elle eût annoncé, comme la *Blanque* de Tonti, que les fonds produits seraient employés à la construction d'un pont entre les Tuileries et la rue du Bac, — ce qui fut en effet exécuté ; —

---

1. V. plus loin le chapitre *Almanach des Adresses sous Louis XV*.
2. *Histoire de la Loterie en France*, 1er art., *Revue de Paris*, 25 sept. 1831, pag. 198.

quand bien même comme la loterie de Boulanger, elle eût promis, par ses affiches, l'établissement d'un nouvel hôpital — ce fut celui de la *Pitié;* — ou, comme d'autres blanques du même temps, la construction ou l'achèvement de quelque belle église, — les fonds nécessaires à la reconstruction de Saint-Roch n'eurent pas d'autre source ; — oui, quand même, au lieu de sa destination californienne, la loterie du fameux lingot eût eu en vue ces projets tout parisiens, je vous demande un peu ce qu'elle eût produit à Paris, si, comme celle dont nous parlons, elle eût pris pour siège de son établissement la rue Bertin Poirée ! Elle ne fût jamais arrivée à son premier million. Ce qui prouve qu'en fait de quartier, blasés que nous sommes par les boulevards et par les belles rues nouvelles, nous avons plus de dédain que nos pères.

Ils ne s'en tenaient pas, envers ces rues si maudites depuis, aux visites accidentelles que commandait l'engouement du jour. Gens de cour et bourgeois y venaient à toute heure, non pas en carrosse, l'usage n'en était pas encore assez répandu alors, et le peu de largeur des rues s'y fût d'ailleurs opposé ; mais sur leur mule, en chaise ou bien à pied. De notre temps, dans ce *riche quartier des Bourdonnais* dont a si bien parlé Dufresny[1], il n'y a plus que le marchand des autres quartiers qui aille en fourniture ; au XVIIe siècle, les grandes dames s'y rendaient elles-mêmes pour acheter au détail, et quand elles s'y étaient amplement approvisionnées de taffetas, de velours, de drap de soie ou d'or, elles poussaient bravement jusqu'à la rue *aux*

---

1. Voir plus loin, *le Logis de l'amiral Coligny.*

Febvres, où se faisait le débit des dentelles et guipures[1]; jusqu'au *Charnier des Innocents*, où se vendaient les garnitures de tête. Ce n'est pas tout : dans cette foule allant et venant on rencontre nombre de gens de robe, de médecins, de poètes, soit qu'ils habitent ces rues, soit qu'ils viennent y visiter des amis.

Or, quand vous voyez dans un quartier cette paisible population, allez-y de confiance ; ce sont gens qui peuvent aimer le fracas dehors, mais qui chez eux aiment le repos et le calme, et qui ne logent guère où il se fait grand bruit. Aussi quand j'ai su que Gui-Patin avait habité longtemps la place du Chevalier-du-Guet[2]; quand j'ai appris que l'abbé Lebœuf avait

---

1. V. plus loin *le Logis de l'amiral Coligny*.
2. Il écrit le 30 déc. 1650 : « Je vais demeurer dans la place du Chevalier-du-Guet, joignant le logis de M. Miron, maître des comptes ». Dans sa lettre suivante, 24 janvier 1651, il parle de l'emménagement de ses in-folio « dont il a déjà 1600 en ordre ». Le 21 avril, tout est en place, le maître, les livres, les tableaux. « Je puis, dit-il, parlant de son Étude, vous assurer qu'elle est belle. J'ai fait mettre sur ma cheminée un beau tableau d'un crucifix qu'un peintre que j'avois fait tailler, me donna l'an 1627. Aux deux côtés du portrait nous y sommes tous deux, le maître et la maîtresse; au-dessous du crucifix sont les deux portraits de feu mon père et de feu ma mère : aux deux coins sont les deux portraits d'Érasme et de Joseph Scaliger... Outre les ornemens qui sont à ma cheminée, il y a au milieu de ma bibliothèque une grande poutre qui passe par le milieu de la largeur de bout en bout, sur laquelle il y a 12 tableaux d'hommes illustres d'un côté et autant de l'autre, y ayant assez de lumière par les croisées opposées, si bien que je suis, Dieu merci, en belle et bonne compagnie avec belle clarté ». M. Troche, dans l'intéressant travail qu'il a fait sur la mairie du IVe arrondissement, l'ancien hôtel du Chevalier-du-Guet, pense que la maison de Gui-Patin est celle qui lui fait face et qui porte le n° 5. — Tout cela va disparaître.

choisi pour son dernier retrait de savant, celui où il est mort, un logis de la rue des Bourdonnais[1], cette impasse et cette rue ont tout à coup gagné en considération dans mon esprit, non pas tant peut-être pour le relief que leur donnait à mes yeux l'habitation de ces savants hommes que pour la tranquillité dont y faisait foi cette préférence de leur part.

J'ai dit que le voisinage du Louvre, devenu tout à fait, au XVIe siècle, le séjour des rois de France, avait contribué pour beaucoup à la sécurité inattendue de ces quartiers, si contraire à ce qu'on avait vu auparavant : je ne me trompais pas, je crois ; mais, si je prétendais trouver le même résultat pour toutes les rues environnant l'immense palais, je ferais une grossière erreur. — Un séjour royal n'amène pas dans ses alentours que des habitations de seigneurs, aussi empressés à rapprocher leurs hôtels de la demeure du prince, qu'à se grouper eux-mêmes autour de son trône ; ou bien des ouvroirs de marchands de toutes sortes, comme ceux que la soif du profit, l'ardeur à la fourniture ont fait s'entasser dans ces parages, et déborder de la rue des Bourdonnais dans la rue Saint-Honoré, qu'ils remplissent toute depuis les Halles et la Féronnerie jusqu'à la rue du Coq ; une cour comme celle du roi de France, un palais comme celui du Louvre, avec son cortège et pour ainsi dire sa ceinture d'hôtels riches et bien hantés, est une trop bonne pâture pour que les mille industries du vice et de la débauche n'encombrent pas aussi ses abords. Il leur faut là, pour faire leur curée, une place comme celle que s'y sont faite les sei-

---

[1]. *Bullet. du Biblioph.*, 4e série, page 108.

gneurs, comme celle qu'ont prise les marchands ; et cette place, ils la veulent bonne; il faut surtout qu'elle serre de près le palais, afin que rien n'échappe de ce que les métiers infâmes peuvent y trouver à prendre. Quand la cour trônait au Palais, en la Cité, ils s'ébattaient à l'aise dans les rues immondes où ils ont continué d'exploiter le peuple, une fois que les seigneurs ont été partis ; quand le roi s'est établi aux Tournelles et à l'hôtel Saint-Pol, toute une émigration, sortie des bouges de *Glatigny* et de *Cocatrix*[1], est venue naturaliser le vice et la prostitution dans tous les alentours, depuis la rue *Cloche-Perche,* jusqu'à celle des *Célestins,* qui toutes deux prirent alors le nom si mérité de *Pute-y-Musse* (p... s'y cache), qu'une seule, la dernière, a gardé en le dénaturant : et ainsi, la réputation que se feront, au XVIIe siècle[2], les filles du Marais, s'est trouvée préparée. Maintenant que ces premières demeures royales sont abandonnées pour le Louvre, vite une émigration nouvelle qui donne aux entours du nouveau palais, leur population nécessaire ; vite de nouvelles recrues de prostituées pour coloniser l'infamie dans ces ruelles encore innocentes que le chapitre de Saint-Honoré avait jusqu'alors peuplées, soit de prêtres, comme celle de *Jean-St.-Denis*[3], qui devait son nom à l'un d'eux; soit de chantres, comme celle à qui

1. La population de cette rue était si célèbre, même à l'étranger, qu'à Londres, du temps de Shakspeare, on appelait les filles *Cockatrices.*

2. V. à la fin du volume, *les Logis de Scarron.*

3. Depuis 1806, époque du nouveau numérotage des rues, elle s'appelait rue *Pierre Lescot,* du nom de l'architecte sur les dessins duquel l'aile occidentale de la cour du Louvre a été bâtie. C'était

l'arrivée de cette nouvelle population ne fit pas donner un nom nouveau ; ou bien encore de pieux néophytes, comme celle des *Bons-Enfants*, qui devait de s'appeler ainsi, aux pauvres *Escoliers de Saint-Honoré*.

Rien ne fit obstacle aux infectes peuplades, quand elles eurent commencé à se répandre dans ces quartiers, qui toutefois les connaissaient un peu déjà[1], par suite des séjours que les rois avaient faits de tout temps à leur château du Louvre[2]; rien ne les empêcha de pulluler partout, ni le respect, ni la peur.

Saint-Honoré, comme toute église, comme toute communauté de prêtres ou de moines, ne les avait en

---

la plus immonde du quartier. Chodruc Duclos y mourut en 1842, et un logeur y montrait au-dessus de la cheminée d'une de ses chambres ce quatrain cynique que Lacenaire y avait écrit au crayon :

> La vie est pleine d'embarras,
> Tous mes malheurs ici l'attestent ;
> Nous avons des hauts et des bas,
> Heureux quand ces derniers nous restent.

1. Elles étaient déjà nombreuses, en 1313, dans la rue du *Pélican*, que nous n'osons pas nommer par le vrai nom qu'elle avait alors; nous laissons aux habiles le soin de le deviner sous celui qui l'a remplacé en le dénaturant. Au commencement de la Révolution on l'appela un instant *rue Purgée*. Mais elle ne garda pas ce nom, qu'elle n'a jamais mérité.

2. Quand la cour était au Louvre, le roi des Ribauds, qui *avoit connoissance* sur les jeux de hasard dans *l'hostel du roi* et surtout dans les logis de *bordeaux et femmes bourdelières*, « logeant même, selon Le Ferron, et hébergeant les filles publiques à l'usage de la cour, moyennant deux sols de redevance que chacune d'elles lui payoit par semaine », avait sa maison dans la rue *de l'Oratoire* qu'on vient de faire disparaître et qui, jusqu'en 1636, s'était appelée rue de l'*Osterische* ou *de l'Autruche*.

aucune sorte, nous l'avons vu, édifiées par son voisinage. La barrière des Sergents[1], qui se trouvait tout près, au carrefour de la rue *Croix-des-Petits-Champs* et de la rue *Richebourg,* qui commençait à s'appeler rue du *Coq*[2], ne leur inspira pas plus de crainte que l'église de vénération.

1. A toutes les émeutes, cette barrière ne manquait jamais d'être attaquée, aussi en est-il beaucoup parlé dans les chroniques de la Ligue et de la Fronde. Du temps de la Régence, quand le peuple furieux contre Law voulut se porter au Palais-Royal pour se saisir de lui, la plus vive échauffourée eut lieu autour de cette barrière. Elle fut détruite en 1745. (*Journal de Barbier*, II, pag. 468). Un corps de garde la remplaça jusqu'en 1805.

2. En 1433, elle commençait à remplacer son ancien nom qu'elle devait à la famille de Richebourg, qui l'avait habitée, par celui qu'elle a porté depuis et qui lui venait non pas de la famille Lecoq, mais d'une enseigne sculptée en bas-relief, au-dessus de la porte d'une de ses maisons (Piganiol, II, 310). Une sentence du Châtelet fut rendue cette année-là « au sujet d'une maison, rue Saint-Honoré, *à la Nef d'argent*, près la rue Richebourg, dite du *Coq*. » (*Archives Joursanvault*, n° 1089). Cette enseigne du *Coq* ne se conserva pas jusqu'au XVIIIe siècle, mais il s'en trouvait une très remarquable, dans cette même rue, au-dessus de la boutique d'un marchand de tabac, c'est le comte de Caylus qui l'avait peinte en partie ; nous dirons à quelle occasion, quand nous ferons l'*Histoire des enseignes*. — La rue du Coq avait toujours conduit à l'une des entrées du Louvre. Sous Louis XIII, elle menait au pont-dormant, suivi d'un pont-levis, qui allait à la porte principale, et qu'on appelait le *Pont du Louvre*. C'est sur ce pont que le maréchal d'Ancre fut tué de trois coups de pistolet par Vitry et ses gens (V. *Mém. de Ponchartrain*). Il ne faut pas le confondre avec le *Pont d'Amour* qui se trouvait de l'autre côté, et qui faisait communiquer « le petit logis » occupé par le maréchal, sur l'emplacement, aujourd'hui remanié du *Jardin de l'Infante*, avec l'entrée des appartements de la Reine mère. Son nom lui venait des hantises continuelles et clandestines de Concini près de Marie de Médicis. Il ne passait par le *Pont du Louvre* que lors des visites officielles : la dernière lui fut fatale. (V. Tallemant, 2e édit., I, pag. 191-192 ; Sauval, *Galan-*

Plus loin, vers la porte Saint-Honoré, qui se trouvait alors, comme on sait, à la hauteur de la galerie de Nemours et du café de la Régence nouvellement disparu, elles ne furent ni plus timorées ni plus craintives. Non contentes de se bâtir des bouges dans ce petit coin verdoyant qu'on appelait le *Chamfleury*[1] et qui, débris riant de l'ancien parc de Philippe-Auguste, avait longtemps égayé les abords du Louvre diminué, elles avaient envahi, tant leur nombre croissait, jusqu'aux enclos fangeux qui s'étendaient au bas de la butte Saint-Roch et autour de l'hospice des Quinze-Vingts[2]. Il ne leur avait pas répugné de se faire les voisines de la pieuse maison fondée par saint Louis[3]; et l'*Échelle* patibu-

---

teries des rois de France, in-12, tom. II, 2ᵉ part., pag. 93.) — Sur ce chemin du Louvre les rencontres et les combats n'étaient pas rares. Le plus célèbre dans le même temps fut celui du chevalier de Guise et du baron de Luz, à la *barrière des Sergents.* (V. *Lettres de Malherbe à Peiresc,* pag. 230-237). L'absence de la cour rendit cette rue et son voisinage plus calmes. Sous Louis XV, nous trouvons, rue du Coq, la paisible demeure du savant Vicq d'Azyr, et sous Louis XVI, en 1784, la statue du bon Roi que le peuple a pétrie avec de la neige.

1. Elle prit en 1806 le nom de rue de la Bibliothèque, non point parce qu'elle conduisait, comme on l'a dit à tort, vers l'emplacement où s'était élevée l'ancienne tour de la Bibliothèque de Charles V, mais parce qu'en 1806, le projet de mettre la Bibliothèque au Louvre, décrété le 21 mars 1801, n'était pas encore abandonné.

2. V. les *Crieries de Paris,* de Guillaume de Villeneuve. — L'hospice des Aveugles resta au coin de la *rue du Champorri,* qui devint plus tard rue Saint-Honoré, — à l'angle de la rue Saint-Nicaise, sur l'emplacement occupé, en 1784, par la rue de Valois-Saint-Honoré, — depuis 1260, jusqu'en décembre 1779. Alors on le transporta rue de Charenton à l'Hôtel des *Mousquetaires noirs,* où il est encore (V. *Mém. secrets,* XV, 14, 263. V. aussi L. De Laborde, *Palais Mazarin,* p. 395, n. 666).

3. V. *Mémoires de Joinville,* édit. Michaud, t. I, pag. 326, et

laire[1] qui marquait, tout près de là, la haute justice de l'Évêque de Paris, ne leur avait inspiré aucune terreur, pas plus qu'aux vagabonds, voleurs et sorciers[2] dont les repaires se mêlaient à leurs bouges. Bien mieux, quand la butte St-Roch eut commencé à se

Œuvres de Rutebeuf, tom. 1, pag. 163-164, 173. La rue Saint-Louis, qui vient de disparaître avec la *Fontaine du Diable,* dont la pyramide se plaquait à l'un de ses angles, devait son nom au voisinage de l'hospice bâti par le saint roi.

1. Elle donnait son nom à une rue bien célèbre de ces quartiers, et qui avant le percement de la première rue de Rivoli communiquait au jardin des Tuileries par le passage, dit de la *Grande-Écurie,* près duquel Louis XVI, partant pour Varennes, attendit si longtemps la reine qui s'était égarée. (V. plus loin, *les Guichets du Louvre*). Je ne sais si l'on rendra à cette rue de *l'Échelle,* complètement reconstruite, son ancien nom si dénué de sens aujourd'hui, et si peu recommandé par le souvenir qu'il rappelle. Il vaudrait mieux, je crois, lui substituer celui de quelque personnage devenu célèbre dans ces quartiers, tel que Philibert Delorme, par exemple, l'architecte des Tuileries ; mais le nom du passage voisin lui nuirait peut-être, par les confusions qu'il amènerait. On aurait encore celui de Bernard de Palissy, que ses travaux dans le jardin Royal, notamment pour la grotte de terre émaillée qu'il y fit en 1569 et 1570, avaient fait appeler Bernard des Tuileries ; enfin, au besoin, on pourrait prendre pour parrain de cette rue le duc de la Vallière, qui, si je ne me trompe, y avait son riche hôtel et sa magnifique bibliothèque. Le nom d'un tel amateur ne ferait pas mal dans le voisinage du Louvre.

2. C'est à bon escient que je parle des devins de bas étage qui viennent grossir l'étrange population de ces rues. Le plus fameux du dernier siècle, pour la cartomancie, Aliette, qui, par anagramme, se faisait appeler Étteila, demeurait dans un bouge de la rue *Fromenteau.* La réputation du prophète faisait passer sur la saleté du logis ; toute la cour y allait. Le prince de Ligne raconte ainsi une visite qu'il y fit avec le duc d'Orléans : « Il était superstitieux, dit-il, je le conduisis un jour chez un sorcier à un cinquième, rue Fromenteau, le grand Etteila. Il lui prédit des choses étonnantes auxquelles mon peu de confiance m'empêcha de mettre du prix, et par

couvrir de maisons, elles furent les premières à en escalader les pentes, et là, toujours sur terre épiscopale, à se bâtir des réduits qu'elles n'ont pas encore quittés. Dans ces parages du moins, tout de fanges et d'immondices, dans ce *Champourry*, ainsi qu'on nommait ce grand espace, véritable voirie, dont le coin le plus infect s'appelait la *place au Sang*[1], cette population de prostituées s'était établie en un lieu qui lui convenait, s'il est vrai que tout ce qui est impur doit fatalement s'attirer et se rapprocher; mais en y prenant pied, elles ne se sont pas par malheur éloignée des autres parties du quartier, où nous venons de les voir. En 1697 une ordonnance déclare que leur profession n'est plus regardée comme un état, et par là, liberté leur est indirectement donnée d'aller où elles voudront, au lieu de s'en tenir comme par le passé à certaines rues désignées. Elles ne profitent pas du bénéfice de l'ordonnance, si ce n'est pour s'étendre davantage, comme nous venons de le voir, dans les rues neuves de la Butte St-Roch. Autrement elles s'en tiennent aux rues

---

conséquent de les retenir : je sais en gros qu'il y avait du Versailles et du royaume, et je suis persuadé que cela lui a tourné la tête. Fatal effet de mon imprudence, si cela est ! » (*Œuvres choisies, etc.*, Genève, 1809, in-8, tom. II, pag. 240.)

1. Elle porta ce nom jusqu'au XVIIe siècle. Elle était auprès du clos Georgeau, et du petit domaine du papetier Langlade, dont nous aurons à reparler dans ce volume. L'écorcherie du *marché aux chevaux* (*ibid*) était tout près, et le nom de place *au Sang* lui venait sans nul doute de ce que par ordonnance du 28 juin 1404, concernant les barbiers chirurgiens, il leur était « enjoint de porter le sang des personnes saignées... au-dessous de l'escorcherie aux chevaux, qui est au-dessous du chastel du Louvre. »

depuis longtemps leur domaine, et dont les meilleures sont par ici; elles y vivent, elles s'y attachent, et exploitent les générations de vicieux qui s'y succèdent, de façon à y être la seule race, la seule chose qui dure et qui s'éternise.

Tout change alentour, tout se transforme, le vice immuable reste seul à sa place. Au commencement du règne de Louis XII, le grand hôtel du Bouchage, tout chaud encore des amours de Henri IV et de Mme la marquise de Verneuil, disparaît et avec lui les dernières traces du régicide de Jean Châtel[1]; les prêtres de l'Oratoire font construire sur son emplacement un cloître monumental dont la dépense ameute les bavardages des commères du quartier[2]; à la fin du XVIIIe siècle, les Oratoriens supprimés par la Révolution, qui, pourtant, avait trouvé tant de zélateurs dans leur cloître, sont remplacés par les juges du Tribunal des Prises; par des athénées de toutes sortes, par les bureaux de la Conservation générale des Hypothèques[3] puis, par les commis de la Caisse d'amortissement, en attendant que leur église déserte devienne, en 1802, ce qu'elle est en-

---

1. Sauval, *Galanteries des rois de France*, tom. II, 2e partie, pag. 89. — C'était auparavant l'hôtel de Montpensier que Joyeuse, l'un des mignons de Henri III, avait habité.

2. V. *La seconde après disnée des Caquets de l'accouchée*, MDCXXII, pag. 24. — C'est en 1616 que M. Berulle avait acheté l'hôtel du Bouchage, pour y établir la congrégation de l'Oratoire.

3. C'est l'auteur des *Liaisons dangereuses*, Chauderlos Laclos, qui était secrétaire général de cette administration, établie à l'Oratoire en 1797; singulier hôte, avouez-le, pour cette maison qu'avait sanctifiée le séjour de Bourdaloue et de Massillon. Ces deux grands prédicateurs habitèrent presque toujours l'Oratoire de Paris, l'un des chefs de l'Ordre; et ils n'en furent pas les seules illustrations.

core, un temple protestant[1]. Vers le même temps, l'hôtel d'Angevilliers qui est près de là, dans la même rue, et dont nous admirions encore dernièrement les hautes terrasses et les flottants ombrages jetant leur fraîcheur sur l'une des facades du Louvre, perd le prestige de splendeur et d'esprit que lui avaient donné un instant M. d'Angevilliers, gouverneur de ce palais, et le cercle littéraire que Mme de Marchais présidait dans ses salons[2]; ce n'est plus qu'une sorte d'infirmerie des déesses décrépites du dernier siècle : Sophie Arnould, entre autres, y trouve son dernier refuge, à deux pas de l'auberge paternelle qui, sous une décadence pareille, cache des souvenirs plus illustres encore[3]. Eh bien! au milieu de ces ruines de toutes sortes, les femmes folles, dont je vous parlais, continuent leurs débauches errantes, n'ayant souci ni de ce

---

Le président Hénault avait passé son enfance et une partie de sa jeunesse dans ce cloître, sous ses ombrages, qu'il devait chanter plus tard (V. art. de Sainte-Beuve, *Moniteur* du 18 décembre 1854). La Bibliothèque de la congrégation avait eu pour gardes et conservateurs de ses 22,000 volumes, tant livres que manuscrits, le savant P. Lelong et le P. Des Molets.

1. Le portail de cette église a été bâti de biais sur l'alignement des maisons, moins parce qu'il fallait qu'il fût d'accord avec le plan intérieur de la nef et du chœur que par une coquetterie de l'architecte qui, en l'inclinant vers les Halles, lui donnait « l'avantage d'être vu de beaucoup plus loin, et bien mieux, dit Piganiol, que s'il n'eût été vu qu'en face et d'un seul point. » (*Description de Paris*, II, 287.)

2. *L'Espion Anglois*, t. III, 48, 49. — C'est M. d'Angevilliers qui avait semé de gazon les terrains vagues qui environnaient le Louvre, où siégeait alors l'Académie. On lit dans les *Mémoires secrets*, IX, 237, une épigramme faite sur lui, à ce sujet.

3. V. plus loin, *les Logis de l'Amiral Coligny*.

qui tombe ni de ce qui survit autour d'elles. Souvent, elles gagnent des places nouvelles à chaque hôtel détruit ou devenu désert, à chaque cloître qui se dépeuple, et machinalement le trop-plein de leurs bouges va remplir le vide que viennent de laisser, en partant, la religion persécutée, la noblesse en fuite.

Sous Louis XIV, quand ces quartiers s'étaient un peu dégagés, surtout vers la rue des *Poulies,* lors de la construction de la colonnade du Louvre qui se substituait à la lourde masse du Petit-Bourbon[1], qui donc était venu prendre la place laissée libre ? Toute une volée de ces filles perdues, suivie, comme escorte obligée, de la tourbe des petits métiers, gargotiers[2],

---

1. Cet hôtel, démoli, en 1660, pour faire place à la colonnade, devait son nom au connétable de Bourbon, qui l'avait habité jusqu'à l'époque de son exil et de sa trahison. L'hôtel porta longtemps le stigmate mérité par le maître. Au dix-septième siècle, la porte en était encore peinte en jaune, en signe d'infamie. (Tallemant, *Historiettes,* in-12, I, page 127.) — La grande salle de cet hôtel servait pour les fêtes royales, Richer l'a décrite dans le *Mercure françois* de 1614 (tom. IV, pag. 9-10), et l'on peut voir par un curieux passage du *Francion* de Sorel, pages 245-255, quelle affluence l'encombrait, quand on y dansait les ballets du roi. Le plus fameux fut celui de *la Nuit* que Louis XIV y dansa pendant le carnaval de 1653. Villequier était l'organisateur des ces fêtes, et c'est sans doute à cause de cela que la rue des *Poulies,* sur laquelle le Petit-Bourbon avait son entrée, est désignée sur le plan de Berey (1654), par le nom de *rue Villequier.* Elle allait jusqu'à la Seine ; « la longue galerie de Bourbon qui jette sur la rivière », comme dit Sorel, servit, en août 1653, aux représentations des comédiens italiens, et de 1658 à 1660, Molière y vint faire alterner le spectacle de ses comédies avec ceux de ces farceurs. (Taschereau, *Hist. de Molière,* 2ᵉ édition, pag. 23 et 218.)

2. Les tavernes et les auberges avaient toujours abondé dans ce quartier. Au XIVᵉ siècle, on y trouvait, au coin de la rue de l'Arbre-

logeurs, recéleurs de vols et de vices, etc., sans compter les bandits eux-mêmes qui, attirés plutôt qu'effrayés par le voisinage du Louvre, allèrent jusqu'à s'y chercher

Sec, l'auberge du *Chasteau-Festu* (Froissart, liv. IV, chap. 24, qui avait donné son nom à toute la partie de la rue Saint-Honoré, allant de la *Croix du Trahoir* à la rue *Tirechappe,* puis l'*ostel* du *Lion-d'Argent* dont parle aussi Froissart, ainsi que Juvénal des Ursins (*V.* notre *Histoire des hôtelleries et des cabarets,* tom. I, page 252). — Lors de la Saint-Barthélemy, si le carnage fut plus affreux de ce côté, c'est que les nombreuses auberges y étaient remplies de gentilshommes calvinistes, groupés ainsi autour du logis de l'Amiral. Elles n'avaient même pu suffire à les loger tous, ainsi Mergey avait dû s'aller coucher, la nuit du massacre, dans une écurie au fond d'une cour, vis-à-vis l'hôtel de Coligny (V. ses *Mémoires,* ch. 1). C'est ce qui le sauva. — Plus tard, nous trouvons dans ces mêmes parages, entres autres cabarets célèbres, celui qui s'ouvrait au coin de la rue Saint-Honoré et de la rue de la Bibliothèque, et dont l'enseigne : au *Roi d'Yvetot,* avait inspiré par sa grotesque image la délicieuse chanson de Béranger. Une lettre de Mme Judith Cauchois Lemaire, « écrite en quelque sorte sous la dictée du grand poète, » et spirituellement analysée par M. Aristide Guilbert dans sa notice sur Yvetot (*Hist. des Villes de France,* tom. V, pag. 506, 507), fait foi de cette curieuse origine. — L'enseigne a disparu avec le cabaret. Ce n'était plus celle qu'avait vue Béranger. Une autre mieux peinte, visant au tableau, et partant moins naïve, l'avait remplacée. La chanson s'était inspirée de la première, la seconde s'était inspirée de la chanson. — Tout près de là, dans la rue des Poulies, s'ouvrit, en 1765, le premier *Restaurant,* qui fut ensuite transféré à l'hôtel d'Aligre. C'était un établissement de *bouillon,* où il n'était pas permis de servir de ragouts, comme chez les traiteurs, mais où l'on donnait « des volailles au gros sel, des œufs frais et cela sans nappe, sur de petites tables de marbre. » Boulanger, le maître, avait pris pour devise ce passage de l'Évangile : « *Venite ad me omnes qui stomacho laboratis, et ego vos* RESTAURABO ; » de ce dernier mot vint le nom de *Restaurant* gardé par la maison de Boulanger, et pris par tous ceux qui l'imitèrent. La maîtresse du lieu était jolie, et la chalandise y gagna. Diderot y vint comme les autres. Il écrit, le 19 sept. 1767, à Mlle Volland :

des retraites[1], se faisant de véritables repaires de la galerie immense où Henri IV, quand il la fit achever, n'avait rêvé que des asiles pour les artistes[2]. C'est l'absence de la cour, retirée à Versailles, qui avait été cause de cet abandon du Louvre et de la prise de possession de ses bâtiments délabrés, de ses pavillons, de ses galeries sans toiture[3], par des bandes de voleurs ou de banqueroutiers. Au siècle suivant, c'est plus qu'une absence, c'est encore une fois la mort même de la royauté, la ruine de la noblesse, la proscription du clergé qui, laissant palais, hôtels, églises, cloîtres en déshérence, donnent beau jeu et large espace aux industries du crime et de la débauche : jugez comme elles savent s'y ruer et s'y ébattre.

L'hôtel d'Aligre[4], percé à jour, devint, sous le nom de passage, un réceptacle immense de tous les métiers

« Mardi, depuis sept heures et demie jusqu'à deux ou trois heures, au Salon, ensuite dîner chez la belle *restauratrice* de la rue des Poulies. » (V. sur ce premier *Restaurant,* La Mesangère, le *Voyageur à Paris,* 1797, petit in-12, II, 88, et Bachaumont, v, pag. 49). — Le *Bureau général des Postes,* qui se trouvait d'abord dans la rue des Déchargeurs, resta longtemps rue des Poulies, à l'ancien hôtel de la *Surintendance des bâtiments,* qui fut démoli au milieu du dix-huitième siècle pour découvrir la colonnade du Louvre. Les Postes furent alors transférées rue Platrière, où elles sont encore, attendant que leur nouveau bâtiment de la place du Châtelet soit construit.

1. *V.* le chapitre, *les Guichets du Louvre,* passim.
2. Le Roux de Lincy, *Registres de l'Hôtel-de-Ville,* tom. II, pag. 181, note.
3. Sur le plan Turgot (1735), le Louvre a cet aspect délabré.
4. Cet hôtel était du reste abandonné depuis longtemps à l'industrie et au commerce. En 1732, on y faisait déjà l'exposition de tableaux de l'Académie de Saint-Luc (Bachaumont, I, p. 132).

dont nous parlons ; l'hôtel d'Uzès, ancien hôtel Rambouillet, dut laisser prendre ses jardins pour qu'on y installât *le Panthéon d'hiver,* sorte de bastringue à la mode[1] ; même transformation pour son illustre voisine, la demeure de l'héroïne de la Fronde. En 1803, les bâtiments du vaste hôtel étaient devenus des écuries, tandis que *le Bal de Longueville*[2] encombrait le jardin de ses danseuses dévergondées. Le cloître Saint-Honoré avait aussi subi sa métamorphose, d'abord il est vrai sans que ses dehors et sa distribution en parussent changés[3]. Les cellules pieuses en étaient restées intactes, mais pour devenir autant de chambrettes immondes. L'église, dont le dernier débris vient seulement de disparaître, n'avait pas été moins profanée. Une partie, jetée à bas pour faire place à l'hôtel et au passage d'Athènes, avait abrité, sous ce nom poétique, des Phrynées et des Aspasies du plus bas étage, et le reste, sans presque changer de forme, n'avait plus été qu'un pandæmonium de même espèce[4].

1. Ce fut plus tard le théâtre du Vaudeville. — La rue de Chartres, où il se trouvait, avait été percée sur l'emplacement de l'hôtel d'Uzès et de l'hôtel de Longueville, situés rue Saint-Thomas-du-Louvre. — L'hôtel de Longueville s'était d'abord appelé hôtel de Chevreuse, puis hôtel d'Épernon (Voy. pour son acquisition par Mme de Longueville, un article de M. Cousin, *Revue des Deux-Mondes,* 1er mars 1854, p. 100).

2. V. *Paris et ses modes,* 1803, in-12, pag. 121.

3. Sa disposition claustrale ne fut réellement modifiée que lors du percement de la rue Montesquieu, en l'an X, sur une partie de son terrain. L'élargissement projeté de la rue Saint-Honoré, à cet endroit, menace plus que jamais ce qui reste de l'ancien cloître.

4. On lit dans l'*Athenœum* du 9 juillet 1854, pag. 702 : « On a détruit récemment les derniers restes de la Collégiale de Saint-Honoré ; une maison publique en occupait l'emplacement. La

Quant aux rues déjà flétries je n'ai pas besoin de vous dire que le vice, alors, y fut plus que jamais insolent et prospère.

Depuis le bon temps de François Ier, il n'y avait pas chômé un seul jour. Le XVIIe siècle surtout lui avait été favorable, d'abord par l'établissement des maisons de jeu dans ce quartier, dont la plus fameuse était celle de Fredoc[1] sur la place du Palais-Royal; et aussi par la fondation de théâtres dans le palais même ou dans ses environs, celui de Moliere, par exemple, puis l'Opéra, qui prit sa place[2]. Les spectateurs, à la sortie, étaient une clientèle toute faite,

---

démolition a mis au jour deux fenêtres, avec des colonnettes du XIVe siècle, une grande partie de l'escalier du clocher, quelques parties de chapiteaux. Une tombe de chanoine du XVe siècle servait de seuil; elle était assez bien conservée et montrait le défunt avec son aumusse sur la tête. On assure que le caveau sépulcral du cardinal Dubois y était converti en fosse d'aisance. » (*Compte rendu de la séance du 19 juin 1854, de la section d'histoire du comité de la langue et de l'histoire de France.*)

1. Il est parlé de ce fameux tripot dans la IVe satire de Boileau, vers 73, et dans la *Fille capitaine* de Montfleury, act. I, scène IX.

2. V. à ce sujet une note de Pattu, au bas de la pag. 67 du tom. II de son *Choix de petites pièces du théâtre Anglois*, 1766, in-12. — Les rixes étaient fréquentes dans ces bouges, je n'en veux citer pour exemple que celle dont fut victime le sculpteur D'Huez dans un mauvais lieu de la rue des *Poulies*. (V. *Corresp.* de Métra, tom. VIII, pag. 400.) — Une seule histoire, empruntant son héroïne à cette population flétrie, se dégage de la sphère de scandale où croupit tout le reste, c'est celle de la conduite et de la mort courageuses de cette Églé qui, sortie d'un bouge de la rue Fromenteau, fut rencontrée par M. Beugnot, à la Conciergerie, au moment où ses protestations royalistes la faisaient envoyer à l'échafaud. (*Fragments des Mémoires inédits* du comte Beugnot *Rev. franc.* 2e série, IX, 56, 58.)

qu'on guettait au passage dans toute la longueur de la rue Saint-Honoré, ou bien autour des rues Saint-Nicaise, Fromenteau et Saint-Thomas du Louvre, les seules issues vers la Seine [1]. Les actrices faisaient bien un peu concurrence, mais on s'en accommodait en bonnes voisines, comme jadis des maîtresses des seigneurs, quand la cour logeait par là, et comme des favorites royales, qui, du temps d'Henri IV surtout, n'avaient pas manqué de ce côté.

Nous avons vu tout à l'heure la marquise de Verneuil à l'hôtel du Bouchage, et sans sortir de ces environs, il ne tiendrait qu'à moi de vous faire visiter de même Gabrielle d'Estrées chez sa tante Mme de Sourdis, dont le somptueux logis, qui a laissé son nom à l'impasse épargné par les dernières démolitions, attenait au cloître de Saint-Germain-l'Auxerrois [2] ; ou

---

1. V. plus loin le chapitre des *Guichets du Louvre*. — Chacune de ces rues aboutissait à un guichet, dont elle n'était séparée que par l'étroite rue des *Orties-du-Louvre* qui longeait toute la galerie. Celui auquel conduisait la rue Saint-Thomas du Louvre était ce beau guichet ou Pavillon Lesdiguières si bien réparé ou plutôt reconstruit dans ces derniers temps, et qui devait son nom à l'hôtel Lesdiguières bâti, au commencement du xviie siècle, sur une partie des terrains de la Petite-Bretagne.

2. Madame la marquise de Sourdis était sœur de madame d'Estrées, mère de Gabrielle (*Hist. gén.* du P. Anselme, viii, 182). — Son hôtel était situé au fond de l'impasse qui lui doit son nom. C'était auparavant le cul-de-sac *Court-Bâton*. C'est en face de cette impasse, que Coligny, revenant à son logis de la rue Béthizy, fut atteint par l'arquebuse de Maurevert. L'assassin, posté près des toits, se glissa, le coup lâché, dans le cloître qui était derrière, et s'échappa en descendant dans l'impasse de la *Treille*, qui se trouve encore rue Chilpéric. — Selon la plupart des historiens, Gabrielle empoisonnée chez Zamet, dans son hôtel de la rue

bien encore dans le riche et *plaisant* hôtel, dont elle était dame et maîtresse, à l'extrémité de la rue Fromenteau[1] ; mais depuis assez longtemps nous parcourons ce quartier, nous traînant dans les fanges que la population qui l'habite nous a même trop forcé à remuer. Puisque le nom de cette dernière rue est revenu sous notre plume, avec celui de l'une de ses plus célèbres habitantes, nous allons mettre à profit la transition que ces deux noms nous offrent, pour passer dans un quartier plus paisible où se trouvait aussi une rue Fromenteau, et dans cette rue, s'il fallait en croire l'abbé Lebeuf, un autre hôtel de Gabrielle d'Estrées [2].

de la *Cerisaye*, aurait été apportée à l'hôtel Sourdis et y serait morte. Bassompierre, qui nie l'empoisonnement, soutient qu'elle mourut, non chez sa tante, mais dans le Doyenné de Saint-Germain-l'Auxerrois. (*Remarques de M. le maréchal de Bassompierre sur les vies des Roys Henri IV et Louis XIII*, par Dupleix, Paris, 1665, in-12, pag. 60.)

1. Cet hôtel, que Henri IV avait acheté au maréchal de Schomberg, était si près de la demeure royale que, suivant l'*inventaire*, analysé par M. de Fréville, *Bibliothèque de l'École des Chartes*, novembre et décembre 1841, pag. 156, note, la chambre des Pages y avait « issue sur les offices du Louvre, » c'est-à-dire derrière le cloître Saint-Nicolas où furent retrouvés, en février 1613, quelques débris de la garde-robe de la reine dont toutes les robes avaient été volées. (*Lettres de Malherbe à Peiresc*, pag. 153.) C'est dans cet hôtel de la rue Fromenteau, que Gabrielle fit élection de domicile, quand elle signa le contrat de mariage de son fils le duc d'Angoulême, passé à Angers, le 5 avril 1598. (V. Piganiol, II, 311).

2. C'est une des rares erreurs du savant abbé. (*Hist. du diocèse de Paris*, I, 208-209.) Trompé par une statue qu'il prit pour celle de Henri IV en manteau royal, et par cette inscription qui eût appelé la protection du fils sur l'asile des amours du père : « *Ludovice domum protege;* » abusé surtout par l'homonymie des deux rues, il plaça rue Froidmentel, au mont Saint-Hilaire, au coin de

Là aussi sont des ruines récemment faites, et voilà ce qui nous y intéresse le plus. C'est bien loin d'où nous sommes, et par la distance et surtout par la dissemblance des mœurs qui s'y agitent, c'est tout au haut du mont Saint-Hilaire, le mont sacré de ces sérieux artisans d'autrefois, imprimeurs, libraires, relieurs, dont la fabrication et la vente du livre étaient l'industrie et le commerce [1]. Pour y arriver, pour monter, c'est le mot, à cette contrée de la science, à ce *pays Latin*, il faut quitter les quartiers de l'Industrie matérielle et bruyante, le Paris actif, sensuel et brutal, la ville du peuple et du Roi ; il faut passer la Seine, il faut franchir ces ponts qui longtemps furent eux-mêmes des rues aux hauts pignons, pleines de monde et de bruit, tant le travail, en ce temps de fièvre laborieuse, avait de peine à s'interrompre et à laisser dans Paris une place inoccupée. Maintenant, le labeur n'a point cessé, mais il ne se trouve qu'où il doit être, où il n'est une gêne ni pour la circulation, ni pour la santé publiques, où, dégagé et assaini lui-même, il n'oppose aucun obstacle à cet air salubre qui est la vie de la grande ville. Passez le *Pont-Notre-Dame,* non seulement vous n'y trouverez plus comme il y a cent ans, de hautes maisons autour de vous, mais encore le pavé est partout égal, le trottoir est uni comme le parquet d'une chambre. Plus de flaques

---

la rue Chartière, l'hôtel que nous venons de voir près du Louvre. G. de Saint-Fargeau est tombé dans la même faute. (*Les Quarante-huit quartiers de Paris,* in-4, pag. 182.)

1. V. *Roman bourgeois* de Furetière, dans la *Bibliothèque Elzévirienne* de P. Jannet, pag. 222-223, notre note sur le mont *Saint-Hilaire* et sur le *Puits Certain.*

d'eau sous les pas du marcheur, et, au sommet de l'arche du milieu, plus de courbe en dos d'âne, rendant la double pente malaisée pour les chariots qui débouchent de la rive droite ou de la rive gauche [1]. — De même pour le *Petit-Pont*, qui vient, lui aussi, d'être reconstruit, depuis la première jusqu'à la dernière pierre. Les temps sont loin où les maisons qui le couvraient, s'élevant comme un rempart devant les fenêtres de l'Hôtel-Dieu, empêchaient l'air d'y entrer et y emprisonnaient pour ainsi dire le typhus et la

1. Le pont *Notre-Dame* était au xve siècle le pont central de Paris. Il n'était d'abord qu'en bois, « le pont que l'on *passe à planche.* » Les inondations l'emportèrent. « Les habitants, dit Monteil (*Traité des matériaux manuscrits*, tom. II, pag. 306), firent une collecte pour le faire rebâtir, et ils en déposèrent le produit à l'Hôtel-de-Ville : malheureusement les échevins mangèrent le pont : il fallut plaider, leur faire rendre gorge, et les pauvres Parisiens se passèrent de leur pont central pendant douze ans. » En 1413, il était rebâti, toujours en bois : « Là, dit Guillebert de Metz, sont beaux manoirs. Si en y a 64 qui appartiennent à la ville et 18 qui sont à diverses personnes. Si y fut commencé encore 5 maisons, l'an 1432. » (Cité par M. Bonnardot, *Études sur Gilles Corrozet*, etc., Paris, 1848, in-8, pag. 25.) — Huit ans après ce qu'en dit Guillebert, le pont menaçait ruine, et l'on jugeait déjà prudent de le rebâtir ; mais de retards en retards, on arriva jusqu'en 1497, où les grandes eaux l'endommagèrent de plus en plus ; et jusqu'au 15 octobre 1599, où il s'écroula. V. sur ce sinistre et sur le pont rebâti par J. Joconde, un excellent travail de M. Leroux de Lincy, *Biblioth. de l'École des Chartes*, oct. 1845, pag. 32-51. — En 1670, le pont fut doté de sa *pompe* hydraulique ; augmentée en 1708, elle fut reconstruite en 1777. (*Mém. secrets* de Bachaumont, tom. X, pag. 40, 43, 49, 53), et dix ans après, on commença, par la démolition de ses maisons, la destruction de toutes celles qui obstruaient les ponts de Paris. (*Mémorial de l'Europe*, tom. II, 292, 18 avril 1787.) Le cousin Jacques fut le seul à s'en plaindre dans sa jolie chanson sur le *déménagement*.

peste[1]. Que dirait l'ami de Pétrarque, Philippe de Vitry, lui qui l'admirait tant déjà, courbé, boueux, encombré, comme il était de son temps[2], s'il pouvait le voir avec sa seule arche bien cambrée, droit et uni, commode au marcher, facile au charriage ? Peut-être pourtant, en pédant qu'il était, ce bon prélat de Meaux regretterait-il le temps où les *martinets* et les régents des collèges venaient s'y prendre de rude parole avec les harengères qui y tenaient leur étal[3]; le bon temps surtout où maître Adam le Scholastique établissait sur le pont même, dans une de ses masures, une école rivale de celle d'Abailard, et lui devait d'être appelé Adam du Petit-Pont ? Car c'était ainsi alors : de même que nous avons vu l'industrie ne pas se trouver satisfaite du vaste espace qui lui était ouvert sur la rive

---

1. « L'incendie du Petit-Pont, en 1718, dit Marmontel, consuma quatre maisons qui n'ont pas été rebâties. Cet espace libre donna un courant d'air à l'Hôtel-Dieu, et depuis cette époque, on a remarqué que le nombre des malades étant le même, il en est mort, par an, quatre cents de moins. Ainsi, en cinquante-quatre ans, ce courant d'air a sauvé la vie à plus de vingt-mille citoyens. Des personnes dignes de foi tiennent ce fait de M. l'abbé d'Agoult, doyen du chapitre de Notre-Dame, lequel, en cette qualité, était à la tête de la direction spirituelle de l'Hôtel-Dieu. » (*La voix des Pauvres, épître au roi sur l'incendie de l'Hôtel-Dieu*, Paris, 1773, in-8. pag. 8, note 1.)

2. « L'aspect du Petit-Pont (*parvus pons*), avec son arche en dos de tortue, exerce sur toi une fascination par trop grande, et le murmure de la Seine qui coule au dessous a pour tes oreilles un charme exagéré. » (Pétrarque, *Epistolæ*, pag. 580, 870, cité par M. Rathery dans son remarquable travail, *Influence de l'Italie sur les lettres françaises*, 1853, in-8, pag. 34.)

4. V. Bonavent. Desperriers, *Contes et joyeux Devis*, nouvelle LXV, *du Régent qui combattit une harengère du Petit-Pont à belles injures*.

droite, et déborder, pour prendre mieux ses aises, sur les ponts au Change et de Notre-Dame qu'elle remplit de marchands et d'orfèvres ; de même l'ardente doctrine, comme si elle était à l'étroit dans les innombrables collèges qui couvrent les pentes de la pédantesque colline, dans les grandes salles de la rue du Feurre et de la rue de la Bûcherie, d'autant plus peuplées d'écoliers, qu'elles sont moins remplies de meubles, envahit tout ce qui l'environne : ici les maisons bâties sur la rivière, plus loin, de l'autre côté, les vignes et les champs où s'ébattent ses *écoles buissonnières.*

Quelle belle échappée nous pourrions faire ici dans le vif de l'histoire pédante et des chroniques scolaires, pour peu qu'il nous plût de visiter au passage, en escaladant ces pentes, tous les lieux où s'évertua la scolastique, et d'où sa pénombre sillonnée de lueurs s'étendit sur le moyen âge ; mais sans nous arrêter même aux écoles le plus récemment disparues, à ce collège *du Cardinal Lemoine,* par exemple, dont une rue, dégageant les abords du pont rebâti de la Tournelle, a balayé les derniers restes, cinquante ans après la mort de Lhomond, son dernier professeur ; nous nous hâterons vers le sommet, entrevu tout à l'heure, pour en redescendre aussitôt, par la large brèche qu'a faite dans le pays des Écoles la rue qui les efface et qui pourtant leur devra son nom.

Les souvenirs abondent ici, et il semble que nous ne sommes montés plus haut que pour les voir se grouper plus pressés autour de nous. Là, dans la rue Saint-Jacques, au sortir de la rue du *Cimetière Saint-Benoît* ou de *Froidmanteau,* comme on l'appelait, peut-être par allusion au glacial vêtement que tout défunt allait revêtir dans la nécropole vers laquelle elle conduisait; derrière les bâtiments de cette Sorbonne qui avait tout d'abord été si hospitalière à l'imprimerie, se trouvait l'atelier de Guering[1], le premier typographe dont les presses travaillèrent à Paris. C'est là, sous l'enseigne du *Soleil d'Or*, que sortirent de ses mains tant de précieux *incunables;* c'est de là que, lassé de son labeur, mais joyeux du travail des autres qui naissait des exemples du sien[2], il s'en alla dans la rue de Sorbonne où fut son dernier gîte, où il mourut en l'an 1504, laissant une part de ses biens au vieux collège de Robert Sorbon, et l'autre à la jeune et rigide école des *Capettes* de Montaigu dont maître Grognet[3] avait dernièrement inauguré la fondation par ces rimes :

> J'ai vu Standon qui les poures fonda
> A Montaigu et les recommanda,
> Qui chaque jour prient pour les trépassez
> Et pour nous tous, quand nous serons passés.

1. V. Aug. Bernard, *De l'origine et des débuts de l'imprimerie en Europe,* II, 324-326. — M. Didot, dans son excellent travail sur l'histoire de la TYPOGRAPHIE (*Encyclopédie moderne*, XXVI, pag. 738), dit aussi que cette imprimerie se trouvait rue Saint-Jacques, « à côté de *l'église Saint-Benoît* qui est devenue le petit théâtre du Panthéon. »

2. « Avant de mourir, dit M. Auguste Bernard, *loc. citat.*, pag. 339, il eut la gloire de voir plus vingt ateliers typographiques fonctionner dans Paris, où il avait exercé lui-même pendant quarante ans. »

3. *Récollection des merveilleuses choses et nouvelles advenues au noble royaume de France, depuis l'an de grâce 1480.* — V. plus loin, notre chapitre sur *le collège Montaigu.*

Ce coin de Paris n'est pas seulement le berceau de l'Imprimerie en France, c'est aussi le lieu de sa plus grande gloire. N'est-ce pas près de là que se trouvait la maison de Robert Estienne, dans la rue Saint-Jean-de-Beauvais, « la rue où j'ay esté né, » dit son fils Henri, le second de cette illustre race [1]. Sauval a écrit qu'en 1650, on voyait encore sculpté en pierre au-dessus de la porte « l'Olivier que Robert Estienne avait pris pour enseigne [2], » et peut-être la maison que décora si longtemps ce pacifique et glorieux blason est-elle du nombre des masures vénérables que la longue rue, suivant sa ligne droite, vient de renverser au passage. Que d'autres sont ainsi tombées! La plus regrettable parmi ces ruines serait certaine-

---

[1]. *Apologie pour Hérodote*, édit. Le Duchat, I, 394. — C'est dans cette maison que Jeanne d'Albret visita Robert Estienne, le 20 mai 1566. (*Lettres de Henri IV*, Documents inédits, II, pag. 535, note. *Mém.* de Castelnau, in-fol., I, 901.) — C'est dans la rue Saint-Jean-de-Beauvais, au n° 10, que se trouvait aussi cette fameuse boutique de madame Jean, qui datait des premiers temps du commerce des gravures, et qui était le plus énorme entassement d'images qu'on eut jamais vu. Madame Jean est morte il y a dix ans environ; on a consacré à la description de son magasin deux curieux articles dans le *Cabinet de l'amateur et de l'antiquaire*, t. II, 182-188; 236-238. — Madame Jean rappelait à notre époque cette madame Chartres, dite l'*Angloise*, dont la boutique, célèbre au dix-septième siècle, avait été visitée par sir Benjamin Ruydert. Les poésies et les lettres de ce riche amateur anglais, qui font foi de cette visite, ont été publiées à Londres en 1841. Madame Chartres logeait rue Saint-Jacques, dans une maison qui fut ensuite celle de Mariette, avec la même enseigne, *aux Piliers d'Hercule*. A la même époque, Florent le Comte avait sa boutique *proche la Fontaine Saint-Benoît, au Chiffre royal*, et Audran, tout près, aux *deux Piliers d'or*.

[2]. *Antiq. de Paris*, liv. VIII, pag. 355.

ment l'église Saint-Benoît[1], cette vieille paroisse du pays de la science, ce champ du repos pour tant d'hommes au labeur infatigable et aux études inassouvies ; mais d'église, devenue magasin de grains, puis théâtre ou plutôt mauvais lieu dramatique, ses métamorphoses l'avaient trop profanée pour qu'on n'ait pas accepté sa démolition complète, comme une sorte de purification.

Je n'ai pas beaucoup plus de regret des collèges de *Séez* et de *Narbonne,* qui viennent de disparaître dans la rue de la Harpe. Rebâtis tous deux au dernier siècle, l'un en 1730, l'autre trente ans après, rien

---

1. Cette église avait pris la place d'un ancien temple dédié à Bacchus, et cette première destination était cause que, contrairement aux prescriptions du rite chrétien, elle regardait l'Occident et non l'Orient : « *Sanctuarium respiciebat Occidentem,* » comme le dit Estienne, abbé de Sainte-Geneviève, dans sa Lettre écrite au pape vers 1183. C'était une dernière trace du paganisme, dont Perrault signala l'étrangeté dans son *Commentaire* sur Vitruve, et qu'on fit disparaître vers le xive siècle. Saint-Benoît regardant désormais l'orient, comme toutes les autres églises chrétiennes, fut appelé le bien tourné ou le *bétourné* (bene versus). — Il faut lire pour l'histoire de cette église le livre de Bruté : *Chronologie historique de MM. les curés de Saint-Benoît, depuis 1181 jusqu'en 1752, avec quelques particularités sur plusieurs personnes de considération enterrées à Saint-Benoît,* 1752, in-12. Sur son cloître disparu comme elle et comme la place Cambray, en face de laquelle donnait l'une de ses trois issues, on fera bien de consulter un article de la *Revue Archéologique,* IV, 1re partie, pag. 214-227. — Ce cloître Saint-Benoît avait été autrefois un centre populaire. On y exposait les gravures séditieuses, les tableaux qui parlaient à la foule des événements récemment accomplis. A la mort de Marie Stuart, par exemple, un tableau représentant son supplice y fut exposé et attira une telle affluence qu'on dut le faire enlever. L'ordre du roi, pour cette affaire, est conservé aux Mss. de la Bibliothèque nationale (*Fonds de Béthune,* n° 8897).

ne les distinguait des maisons voisines. N'eût été l'écusson de pierre, où ce mot *collegium*, dont s'extasiait si fort le Lubin de Molière, se lisait en lettres d'or, rien n'eût annoncé qu'ils n'avaient pas été construits pour le prosaïque hôtel garni installé dans l'un et dans l'autre, quand maîtres et écoliers avaient dû en déguerpir. Ce fut le sort de presque toutes ces vieilles hôtelleries scolastiques. A moins d'avoir été accaparés pour devenir des établissements publics, comme le collège des *Cholets*[1], dont le gouvernement se réserva l'usage jusqu'au jour où la nouvelle Bibliothèque Sainte-Geneviève l'absorba dans son enceinte; comme le *collège de Laon,* dans la rue Montagne-Sainte-Geneviève, où furent placées quelque temps les archives du Trésor; comme celui de *Lisieux*, dans la rue Saint-Jean-de-Beauvais, qui devint une caserne, etc.; tous ces pensionnats, épiscopaux ou royaux, finirent par devenir des auberges. Le collège de *Dainville,* dont la cour conserva longtemps de précieux restes d'architecture, n'eut pas une autre destination, quand les études en furent exilées; enfin je ne sache guère que le collège de *Presles,* sombre maison des Carmes ensanglantée par le meurtre de Ramus[2], et, dans la rue de la Harpe, le collège *du*

---

1. Fondé en vertu du testament du cardinal Jean Cholet, il datait de 1292. C'est là que « Buridan, sauvé des eaux comme Moïse, soutint, un jour durant, qn'il est licite de tuer une reine de France. » (*Les rues de Paris*, II, pag. 253. *La rue de Sorbonne*). En 1764, le collège des Cholets, ainsi que vingt-huit autres qui, faute d'argent, ne pouvaient plus subsister, fut réuni à l'Université. (Thurot, *de l'Organisation de l'enseignement*, pag. 131.) La rue voisine qui lui devait son nom a été supprimée par ordonnance royale de sept. 1845.

2. Sur le fondateur de ce collège, Raoul de Presles, dont nous

grand Bayeux, qui soient devenus des maisons particulières. Ce dernier toutefois, phalanstère malpropre du vice, du bouquin et du bric-à-brac, ne vaut guère mieux que le pire des hôtels garnis. Mais tel qu'il est, comme il s'est suffisamment gardé des réparations, comme sa physionomie antique ne s'est pas effacée, comme sa distribution première lui est restée presque intacte[1], et c'est même à cela qu'il doit l'espèce de population qui l'encombre ; comme, enfin, il est le seul qui soit encore un vieux collège, j'aurais un regret réel à le voir mettre à bas. J'en ai tremblé, quand la rue des Écoles s'est mise à faire son effroyable trouée. Pour peu qu'elle se fût accordé une marge plus grande, et qui l'en empêchait ? c'en était fait du vétéran des écoles. Enfin le danger est passé. C'est bien assez que, tandis qu'auprès de là, à l'angle de la rue de Sorbonne et de celle des Mathurins, tombait une partie de l'hôtel habité autrefois par Catinat[2], on

avons reproduit plus bas un curieux passage relatif à Paris, voir *Mélanges d'une grande Bibliothèque,* IV, 68.

1. La communication établie à travers les bâtiments et la cour du collège, de la rue de la Harpe à la rue des Maçons, date de Philippe le Bel. Ce n'est autre chose que la *vieille ruelle* allant de la rue *Saint-Côme* (c'était alors le nom de cette partie de la rue de la Harpe) à la rue des Maçons, et que ce roi avait *donnée* en 1309 à l'évêque de Bayeux, par lettres patentes datées de Saint-Ouin (*sic*), « afin qu'elle pût servir à l'utilité et à l'agrément des écoliers. »

2. Il datait de la Renaissance, et après avoir été la demeure du vainqueur de Staffade, il avait été occupé par la célèbre librairie des Barbou. Les Delalain, leurs successeurs, qui en sont encore les propriétaires et les habitants, ont réparé avec un soin pieux les dommages causés à cet hôtel historique par l'élargissement de la rue des Mathurins. La maison de Catinat y a perdu quelques mètres de sa cour, mais rien du caractère de ses façades intérieures ou

emportât sans merci, comme d'un seul coup de pioche, un tronçon énorme de la rue des Maçons. Pauvre vieille rue, toute pleine d'histoire, et qui maintenant, mutilée et décapitée comme elle l'est, me fait peine à regarder.

D'abord, comme l'indique son nom, elle fut la rue de la Mortellerie de ce quartier ; elle eut pour habitants des *maçons*, ceux peut-être qui furent mis en ouvrage pour bâtir les grands bâtiments qui sont auprès : par Robert Sorbon, pour son collège ; par les abbés de Cluny, pour leur somptueux hôtel ; enfin par les chevaliers de Saint-Lazare, pour leur vaste commanderie dont la tour, restée debout tant de siècles, vient, moins heureuse que celle de Saint-Jacques, de tomber enfin de toute sa hauteur[1].

extérieures, grâce à l'intelligence qui a présidé à sa reconstruction. Sa situation à l'angle des rues des Mathurins et de la Sorbonne, fit donner à cette dernière, pendant la Révolution, le nom de *rue Catinat*. (*Réimpression du Moniteur*, XIV, 250, 317. — Trois maisons du moyen-âge, ayant pignon sur rue et faisant face à l'hôtel Cluny, ont aussi disparu lors des dernières démolitions. Reste, au coin des rues Saint-Jacques et des Mathurins, l'abside défigurée de l'église de ces religieux ; et bien loin de là, dans un quartier plein de tous autres souvenirs, on trouve, près du passage Sandrié, au n° 37 de la rue qui leur doit aussi son nom, une cour immense, débris de la vaste métairie où Jeanne d'Arc, repoussée de la butte Saint-Roch, avait fait porter ses morts et ses blessés, et la même dont la rue de *la Ferme des Mathurins*, percée sur une partie de son enclos, rappelle si directement le souvenir.

1. Cette tour était pour la belle Commanderie, domaine des Hospitaliers d'abord, en 1171 ; des Templiers ensuite, puis des chevaliers de Malte, à partir de 1312, ce qu'était pour l'enclos du Temple le haut donjon, rendu si fameux par la captivité de Louis XVI. Elle le dominait même, car la Commanderie de Saint-Jean-de-Latran avait le pas sur celle du Temple, à titre de chef-lieu du grand

Le quartier s'étant ainsi embelli et ennobli, les maçons en émigrèrent, laissant la place aux savants et aux prêtres. Il n'y eut plus, dans tous ces parages scolastiques de rues consacrées au travail manuel que celle de Saint-Jean-de-Beauvais, qui, participant aux privilèges de la commanderie sa voisine, fut, comme l'enclos de Saint-Jean, lieu de franchise pour les artisans jusqu'à l'époque de la Révolution[1] et aussi, un peu plus bas, celle de la *Parcheminerie*. Encore, comme on l'a vu pour l'une, et comme on le devine pour

---

prieuré de France. Le terrain qu'elle occupait était très vaste. En outre de l'enclos dernièrement disparu, elle s'étendait jusqu'à l'hôtel qui est devenu le Collège de France. L'évêque de Cambray, qui en était le propriétaire, avait donné son nom à la place si fameuse dans l'histoire de ce quartier, dont les chevaliers firent leur cimetière, jusqu'au commencement du xvııe siècle. L'église, d'un bon style du xıve siècle, où se voyait le tombeau de Jacques de Souvré sculpté par l'aîné des Anguier, fut dénaturée sinon détruite, à la Révolution. Elle perdit son abside, ses chapelles, mais garda sa nef qui, distribuée en étages, eut une écurie au rez-de-chaussée, une école primaire au premier, etc. La Tour qui avait servi à loger les pèlerins malades fut moins profanée. Avec Bichat, qui en fit le sanctuaire de ses travaux d'anatomie, la science la plus ardemment philanthropique s'y installa. Le grand homme y mourut le 22 juillet 1802. La plaque de marbre où on lisait en lettres d'or : « TOUR BICHAT » a disparu avec le vieux donjon qui lui devait son dernier titre de noblesse. — On y a trouvé, dans les combles, une grande quantité de vieux titres se rapportant sans doute à l'histoire de la Commanderie. Ils ont été portés à l'Hôtel-de-Ville.

1. On pouvait y travailler sans maîtrise. (Prud'homme, *Miroir historique de Paris*, III, 123; *Journal* de Barbier, III, 129.) C'était donc un refuge pour les pauvres ouvriers, à qui l'argent manquait pour acheter ce droit au travail. De là vient sans doute que les petits métiers, aux ressources et aux procédés les plus incroyables, abondent encore de ce côté. V. *Paris anecdote*, par Privat d'Anglemont, Paris, P. Jannet, 1854, in-12, pag. 7, 33, etc.

l'autre, le labeur matériel en œuvre dans ces deux rues, ayant le livre à imprimer ou à relier, pour seul objet, tout y tournait aussi à l'intérêt de la science.

Homme d'étude ou de doctrine, à moins qu'on ne fût maître dans les collèges avoisinants, on n'allait dans ces rues que pour se fournir de parchemins, ou de livres, comme Corneille, un soir que nous le trouvons par hasard dans la *Parcheminerie*[1]; comme Charron aussi sans doute, le jour qu'il tomba mort subitement dans la rue Saint-Jean-de-Beauvais[2]: mais voulait-on prendre gîte, cherchait-on de ce côté quelque lieu propre au recueillement des sérieuses études, c'est rue de Sorbonne ou rue des Maçons qu'on allait se loger. Les Jansénistes, comme s'ils eussent flairé, près de là,

---

1. Peut-être aussi ce grand poète y vint-il pour cacher la honte de sa misère. C'était en 1679, il avait soixante-treize ans, et vous allez voir quelle fortune lui avaient faite ses chefs-d'œuvre : « J'ay vu hier nostre parent et amy, écrit un Rouennais qui fut son compagnon dans cette promenade. Il se porte assez bien pour son âge. Nous sommes sortis ensemble après dysner, et en passant par la rue de la *Parcheminerie*, il est entré dans une boutique pour faire raccommoder sa chaussure qui estoit décousue. Il s'est assis sur une planche et moy auprès de luy ; a donné trois pièces qu'il avoit dans sa poche. Lorsque nous fûmes rentrés, je luy ai offert ma bourse, mais il n'a point voulu la recevoir ni la partager. J'ai pleuré qu'un si grand génie fût à cet excès de misère. » (*Précis des travaux de l'Acad. de Rouen*, 1834.) — Diderot prit son premier logement dans la même rue. (*Corresp.*, édit. Paulin, II, p. 107.)

2. « Le 16 de ce mois, sur les onze heures du matin, tomba mort en la rue Saint-Jean-de-Beauvais, à Paris, M. Charron, homme d'église et docte, comme ses écrits en font foi. A l'instant qu'il se sentit mal, il se jeta à genoux, dans la rue, pour prier Dieu ; mais il ne fut sitôt agenouillé, que, se tournant de l'autre côté, il rendit l'âme à son créateur. » (*Journal* de l'Estoille, nov. 1603.)

dans la *rue des Poirées,* l'humble auberge d'où les *Provinciales* étaient sorties tout armées [1], affluèrent plus qu'aucuns dans cette rue des Maçons, jusqu'au milieu du XVIIIe siècle [2]. — Soit par esprit de secte, et en digne échappé du Port-Royal, ou bien seulement par amour du calme, qu'il y trouvait complet, Racine y prit aussi une maison. Il y vint en 1686, quittant la rue Saint-André-des-Arcs, et il y resta jusqu'en 1693 [3],

---

1. Il est de tradition que Pascal écrivit ses *Petites Lettres* (les *Provinciales*), dans une auberge de la rue *des Poirées,* vis-à-vis la maison des Jésuites, aujourd'hui le collège Louis-le-Grand. Il logeait avec un de ses neveux nouvellement arrivé d'Auvergne, et qui avait un ami chez les pères de la société, c'est-à-dire dans le camp ennemi. Ils en eurent la visite. Pascal était absent, le neveu fut bientôt pressé par le jésuite, au sujet des *Petites Lettres.* « On les dit de votre oncle. » Le neveu nia, comme vous pensez, et si bien que l'ami s'en alla convaincu. Pourtant, pendant ce débat, il y avait sur le lit quinze exemplaires d'une des *Petites Lettres* qui sortaient de la presse et étaient encore tout mouillés.

2. *Journal* de Barbier (1739), tom. II, pag. 231-232. — Tout ce quartier, y compris les faubourgs Saint-Jacques et Saint-Marcel, tenait pour le Jansénisme, *Port-Royal-des-Champs* était ainsi serré de près par tout la parti dont il devait devenir le centre. Pascal finit par aller loger et mourir rue *Neuve-Saint-Étienne;* Arnault persécuté chercha un asile d'abord chez madame de Longueville, puis dans le *faubourg Saint-Jacques,* où il resta plus longtemps; Nicole logeait plus loin, dans le quartier Saint-Marcel, et comme il était très poltron, il disait à chaque bruit de guerre un peu inquiétant pour nos frontières : « Les ennemis qui menacent Paris entreront par la porte Saint-Martin, et ils seront obligés de traverser tout Paris avant de venir chez moi. » Enfin Philippe de Champaigne, qui tenait de si près à Port-Royal, habitait aussi dans le faubourg Saint-Marceau, une maison reproduite, d'après un vieux dessin appartenant à M. Bonnardot, par le *Magasin Pittoresque* de 1850, pag. 217.

3. C'est rue Saint-André-des-Arcs qu'il s'était marié en 1677.

époque où il s'en alla rue des Marais-Saint-Germain, dans la maison encore debout qui l'a vu mourir et dont nous nous promettons de faire un jour l'histoire. Quand il arriva rue des Maçons, l'activité de sa veine était un peu calmée. Ce n'était plus le temps où il faisait une tragédie par année ; presque tous ses chefs-d'œuvre avaient vu le jour et couraient le monde. Restaient les deux derniers à faire, *Esther* et *Athalie;* et c'est ici que son génie, sollicité par les flatteuses prières de madame de Maintenon, se réveilla pour les enfanter. L'un est de 1689, l'autre de deux ans après, s'il faut établir la date où ils furent écrits d'après celle où ils furent publiés. Quand Racine quitta cette rue, quand il délogea de cette modeste et tranquille demeure qui convenait si bien au calme de son ménage patriarcal et bourgeois [1], sa gloire était donc faite : rue des Marais il n'avait plus qu'à finir de vivre glorieux et paisible, en prêtant l'oreille au retentissement de ses succès.

Dans le testament qu'il y fit, il légua 500 livres aux pauvres de Saint-André. Arrivé rue des Maçons, il raya le nom de cette église et mit à la place celui de Saint-Séverin sa nouvelle paroisse. Enfin, comme il mourut dans la rue des Marais, grâce à une nouvelle modification de son testament, ce sont les pauvres de Saint-Sulpice qui profitèrent du legs. — Quand nous ferons l'histoire de cette dernière demeure de Racine, nous n'oublierons pas tout ce qu'a de curieux, au point de vue des protestants, l'histoire de cette rue, « la petite Genève, » comme l'appelle d'Aubigné, et nous donnerons la mention qui lui convient à la bizarre maison qu'y possédait des Yvetaux. (V. la notice sur lui et ses *œuvres* dans l'édition donnée par M. Blanchemain, Paris, Aug. Aubry, 1854, gr. in-8. V. aussi l'excellent travail de M. J. Pichon.)

1. Quand sa charge d'historiographe le força de suivre l'armée, il ne se fit pas faute de regrets pour son petit logis : « j'étois si las,

D'autres qu'on célébrera moins, mais dont pourtant on ne perdra pas de sitôt la mémoire, ont aussi laissé leur trace dans cette rue : Marmontel, qui, frais débarqué d'Auvergne, y fit son premier apprentissage de pauvreté et de littérature [1]; le libraire Cazin, qui, avant d'aller mourir si misérablement à la butte Saint-Roch, mit au jour, dans une boutique obscure de cette rue, les fines et pimpantes éditions qui ont gardé son nom; le législateur Treilhard qui s'y reposa, en composant le Code pénal, de ses grandeurs du Directoire, de ses succès de diplomate et des cahots de ses ambassades ; enfin Dulaure, l'historien pamphlétaire dont la vie a fait si peu de bruit, dont les livres en font trop encore.

A chaque pas, dans ce quartier, en continuant à suivre le sillon ouvert, nous pourrions rencontrer de pareils souvenirs, surtout dans l'un des coins les plus impitoyablement saccagés, dans cette rue Sainte-Hya-

---

écrit-il du camp de Gevriès, le 21 mai 1693, si ébloui de voir briller des épées et des mousquets, si étourdi d'entendre des tambours et des trompettes et des timballes, qu'en vérité, je me laissai conduire par mon cheval sans plus avoir d'attention à rien, et j'eusse voulu de tout mon cœur que tous les gens que je voyois eussent été chacun dans leur chaumière ou dans leur maison, avec leur femme et leurs enfants, et moi dans ma rue *des Maçons*, avec ma famille. »

1. « J'allai me loger à neuf francs par mois, près de la Sorbonne, dans la rue des *Maçons*, chez un traiteur qui pour mes dix-huit sous me donnait un assez bon dîner. J'en réservais une partie pour mon souper, et j'étais assez bien nourri. » (*Mémoires*, in-8e, tom. I, pag. 187.) — En 1789, devenu secrétaire perpétuel de l'Académie française, il logeait dans le *passage des Feuillants*, dont il sera parlé plus loin.

cinthe, dont la rue Soufflot [1] a fait deux tronçons au passage, et où chaque pierre qui tombe efface une trace du passé, non seulement dans la chronique litté-

---

[1]. En se frayant passage de la rue *Saint-Jacques* à la rue *d'Enfer*, la rue Soufflot a fait mettre à jour, dans les fouilles, les restes d'un vaste édifice romain qui aurait, à ce qu'il paraît, occupé l'espace compris entre ces deux anciennes voies romaines. L'enceinte de Philippe-Auguste le coupa diagonalement. Une partie, dont on a découvert les restes au coin de la rue Sainte-Hyacinthe, puis au delà, dans les rues d'Enfer et Sainte-Catherine, se trouva en dehors de la ville du XIIIe siècle, l'autre fut enclavée dans le couvent des Jacobins. Selon M. Alb. Lenoir (*Rapport* du mois d'août 1853), il faudrait reconnaître là les traces du camp situé au midi de Lutèce, dont a parlé Ammien-Marcellin. — Le couvent des Jacobins gardait de précieux débris du moyen âge au-dessus de ces ruines romaines. A son extrémité vers le midi, près d'une tour de l'enceinte de Philippe-Auguste, conservée encore en partie au coin de la nouvelle rue de Cluny, et l'une de celles sans doute que Louis X avait données aux religieux, se voyait une vaste construction « portant, dit M. Alb. Lenoir dans le même Rapport, les caractères du commencement du XIVe siècle. Elle s'appuyait contre le mur d'enceinte de la ville, en dehors, et formait une grande salle divisée en deux nefs par des colonnes ; une immense cheminée occupait l'extrémité de chaque nef, au midi. Cette construction, ajoute M. Lenoir, épargnée seule en 1358, lorsqu'on creusa un fossé autour de l'enceinte méridionale, ne serait-elle pas, pour cette raison, l'ancien Parloir aux Bourgeois, mentionné dans les lettres du roi Jean, en 1350, et donné en 1504, par Louis XII, aux Jacobins ? — La rue des Francs-Bourgeois, qui y conduisait, existe encore en partie, et, comme cet édifice, elle était en dehors de l'enceinte de Philippe-Auguste. On aurait retrouvé là l'ancienne et première salle destinée aux assemblées des officiers municipaux. » Rien ne dément cette opinion. Les vestiges de la vaste salle qui se trouvaient encore dernièrement dans un jardin de la rue Sainte-Hyacinthe se rapportaient au mieux avec la description que Sauval a laissée de l'ancien *Parloir aux Bourgeois*. On peut consulter sur ce premier Hôtel-de-Ville de Paris, un mémoire de l'*Académie des Inscriptions*, ancienne série XXI, pag. 178, et le *Paris municipe* de M. Alex. de

raire du dernier siècle [1], mais, ce qui n'importe pas moins, dans l'histoire la plus primitive du vieux Paris.

Toujours attiré par les ruines, si nous poussons plus loin encore, après avoir franchi ce merveilleux jardin du Luxembourg à qui ne manquaient que des issues pour se faire voir et visiter; soit que nous entrions dans la région voisine, dernière dépendance du monde universitaire, dans ce *Pré-aux-Clercs*, bâti monumentalement sous Louis XIII et sous Louis XIV, et auquel la rue *Bonaparte* vient de rendre un peu d'air, en le trouant dans ses œuvres vives; soit que nous nous arrêtions seulement à la fameuse abbaye de Saint-Germain qui disputait ce vaste espace aux jeunes gens de la science et en faisait le champ-clos des rixes de ses moines avec les écoliers; partout nous trouverions à faire récolte de curieux souvenirs. Il n'y aurait qu'à remuer les décombres, que dans ces temps derniers on est parvenu à entasser sur ceux qu'avait accumulés la Révolution. Et ce ne sont pas seulement de studieuses ou pieuses chroniques que nous irions réveiller, comme

---

la Borde, Paris 1833, in-8, pag. 12-14. Selon lui, ce parloir (*locutorium*) aurait fait donner à la montagne Sainte-Geneviève, « par de là laquelle il fallait passer pour s'y rendre, son nom de *Mons Locutorium*. » C'est *Lucotitius*, je crois, qu'il fallait dire.

[1]. C'est là, dans une mansarde, que Diderot trouva ce copiste philosophe qu'il appelle son « Épictète de la rue Sainte-Hyacinthe. » (*Lettres*, 5 août 1762.) — Gardeilh, dont il a dénudé, avec tant de verve, l'âme égoïste et glacée, dans ce chef-d'œuvre de vingt pages qui s'appelle « *Ceci n'est pas un conte*, » logeait aussi près de là, « à cette grande maison neuve, la seule qu'il y ait à droite, dans la rue Sainte-Hyacinthe en entrant par la place Saint-Michel. » (*Œuvres* de Diderot, édit. Brière; VII, pag. 368.)

on pourrait le croire en songeant à ce qu'étaient cette abbaye de Saint-Germain et les infatigables Bénédictins, ses habitants [1] ; en se rappelant ce qu'étaient

[1]. A la Révolution, l'abbaye perdit son cloître, sa chapelle de la Vierge, l'un des bijoux de Pierre de Montreuil; sa belle salle du chapitre, son magnifique réfectoire qui, transformé en magasin de salpêtre, fit explosion au mois d'août 1794, lors de l'incendie qui détruisit la magnifique Bibliothèque. (V. sur cet incendie, G. Duval, *Souv. Thermidoriens*, I, 271, et sur la Bibliothèque, *Rev. de Bibliogr.*, II, 34.) Le palais abbatial, la prison et l'église furent seuls conservés, encore celle-ci perdit-elle, en 1822 et 1823, ses deux tours latérales. Une tourelle quadrangulaire, en encorbellement, à l'angle de la rue Saint-Benoît, et l'un des derniers restes de l'enclos du monastère dont les murailles avaient dix-huit pieds d'epaisseur, a été détruite en 1845 environ. Aujourd'hui, chose moins à regretter, une partie de la prison disparaît avec la rue *Childebert*, percée, dès 1715, sur un fragment de l'enclos abbatial. Ce qu'on aurait dû conserver le mieux et ce qui a le plus tôt disparu, ce sont ces cellules de moines littérateurs, dont l'abbaye de Saint-Germain possédait douze, pour sa part, et dans lesquelles s'accomplit presque tout entière l'œuvre des Bénédictins de Saint-Maur. Chaque religieux employé à ces travaux avait une chambre séparée, mais si modeste, si dénuée que l'un des continuateurs du *Gallia christiana*, D. Taschereau, fut contraint de demander à ce qu'en vertu des privilèges accordés, en 1764, par le chapitre aux religieux littérateurs, on lui donnât une chambre à feu, à la place du logement étroit qu'il occupait et où il était impossible d'établir une cheminée; tout ce qu'on lui permit fut de faire accommoder un galetas, au-dessus de l'escalier de l'infirmerie. Il y avait seize ans que D. Taschereau travaillait au *Gallia christiana*, quand on lui fit cette grâce. (V. Guérard, *Fragment sur les religieux de Saint-Germain-des-Prés*, Annuaire historique de l'Hist. de France, 1844, p. 249.) C'est dans une de ces cellules qu'en 1733, Jordan rendit visite au P. Montfaucon. Il le trouva « enfoncé dans la lecture de vieux manuscrits grecs nouvellement arrivez. C'est, dit-il, un *vieillard octogénaire*, plein de politesse et d'honnêteté, d'une humeur douce et gaie... » (*Hist. d'un voyage litt. fait en 1733, en France*, in-8, p. 60.) Il dit un peu plus loin : « Il n'est pas, dans Paris, de couvent où les étran-

ces saintes filles de *Notre-Dame-de-Miséricorde,* dont la rue Bonaparte vient de traverser l'enclos pour déboucher sur la place Saint-Sulpice : d'autres histoires ne nous manqueraient pas.

Là, dans la maison même de ces bonnes sœurs, les francs-maçons, qui les remplacèrent en 1790, nous retiendraient quelque temps aux mômeries de leur loge ; ici, dans la rue du *Vieux-Colombier,* nous nous amuserions à rechercher le petit logis où Boileau se sauva des bourrades de sa belle-sœur [1] ; l'hôtel du *Parc-Royal,* où descendait Walpole chaque fois qu'il venait

---

gers trouvent plus de plaisir que dans l'abbaye de Saint-Germain : tout y respire la science et la politesse. L'étranger n'y voit rien qui le choque. Ici, le religieux est occupé à l'étude, et fait du travail son principal plaisir. D'ailleurs cette maison renferme les plus savants hommes de France, qui consacrent toute leur étude au bien de l'Église et de l'État. » (*Ibid.,* p. 78.) — Il est bon de rappeler, ne fût-ce que pour établir un contraste, avec ces cellules au calme travail, l'étrange maison qui se trouvait tout près, au nº 9 de la rue Childebert et qui vient de tomber avec elle. Depuis le peintre Lethière qui y avait son atelier, et qui sans doute y peignit *les fils de Brutus* aujourd'hui au Louvre et dont j'ai raconté la singulière histoire dans *l'Estafette* du 16 juillet 1845 ; depuis les paysagistes qui s'y établirent après, cette maison, *la Childebert,* comme on l'appelait, ne fut jusqu'à sa démolition qu'une ruche, une Babel d'apprentis grands hommes, rapins, poètes ou journalistes, etc. M. Th. Gautier y a souvent fait allusion dans ses articles sur les Jeunes France, ainsi qu'à cet autre pandæmonium romantique dont il a croqué l'histoire dans *l'Artiste,* et qui vient aussi de disparaître avec la rue Doyenné, près de la galerie du Louvre. — M. Ch. Asselineau a dessiné la piquante physionomie de *la Childebert* dans un article du même journal *l'Artiste* et son dessin étendu est devenu un tableau complet en passant dans le *Paris-anecdote* de Privat d'Anglemont, pag. 169-198.

1. V., plus loin, notre chapitre sur Boileau.

à Paris [1] ; la maison des *Orphelines* que le curé Linguet faisait si activement travailler [2], pour rebâtir, à l'aide de leur gain, son église de Saint-Sulpice ; au coin de la rue du *Gindre,* nous aurions l'amusante aventure de l'abbé de Périgord, futur évêque d'Autun et prince de Bénévent, avec la petite pâtissière, son premier amour [3]. Revenant enfin à l'abbaye de Saint-Germain, dont une partie se transforma en prison, nous aurions à raconter les massacres de Septembre. De cette manière, la preuve nous serait surabondamment acquise que les démolitions récemment faites se sont pris à tout ; nous aurions pour certain qu'une époque qui jette bas, — pour les rebâtir, il est vrai, — ici le pont Notre-Dame et le Petit-Pont ; là, le pont d'Arcole et celui d'Austerlitz [4]; qui renverse de ce côté la prison de l'Abbaye, de l'autre, la rude geôle de la Force [5]; sur la rive gauche,

1. V. *Lettres* de madame Du Deffand, I, pag. 192.
2. *Mémoires* de Maurepas, II, pag. 110.
3. Cette aventure, dont nous ne pouvons garantir que la vraisemblance, se trouve fort bien racontée dans un petit livre qui, sous le titre d'*Album perdu* (Paris, 1829, in-8, pag. 14-22) contient toutes sortes de particularités curieuses sur M. de Talleyrand.
4. Commencé en 1802 sur les dessins de l'ingénieur Becquey-Beaupré, il fut achevé en 1806. Reconstruit en pierre cette année, il n'avait donc pas duré cinquante ans sous sa forme première. Prud'homme, à propos de la voie de communication qu'il établit entre les faubourgs Saint-Jacques et Saint-Antoine, fait cette remarque : « Si ce pont avait existé lors de l'insurrection de *prairial*, il n'eût pas été facile à la Convention d'empêcher la réunion des habitants du faubourg Saint-Marceau avec ceux du faubourg Saint-Antoine ; la Convention n'en eût pas été quitte à bon marché. » (*Miroir hist. de Paris*, 1807, in-12, tom. III, pag. 52, note.) — Pour le pont d'Arcole, V. plus bas notre article sur *le Cabinet vert de l'Hôtel de Ville*.
5. L'ancien hôtel, que le nom d'un de ses propriétaires, M. le

le vieil enclos de Saint-Jean-de-Latran, sur la rive droite, la jeune enceinte des Menus-Plaisirs [1] ; qui

duc de la Force, avait si bien prédestiné à ce qu'il fut, depuis la Révolution jusqu'à nos jours, a disparu en 1853. Entre autres hommes célèbres, il avait eu pour maître Charles d'Anjou, *roi de Sicile* et le cardinal de *Birague*, qui le fit rebâtir au xvie siècle. Or, la rue où il se trouvait et qui dut son nom au titre du premier, et la fontaine voisine, dont le second fut le constructeur et le parrain, sont menacées à leur tour par la rue de Rivoli qui s'avance. Nous en reparlerons quand la démolition sera accomplie ainsi que de la prison, dont l'histoire tient si bien à celle de tout ce quartier reconstruit.

1. Cet établissement ne datait que de la seconde moitié du dernier siècle. Vaste comme il l'était, on n'avait pu le placer que dans un quartier désert où tout le terrain qu'on voulait était à prendre. La partie du faubourg *Sainte-Anne,* c'était alors son nom, qui fut choisie par l'intendant des Menus-Plaisirs du roi, satisfaisait à cette condition. — En 1734, la rue *Bergère,* bien que percée depuis cent ans environ sur le *Clos aux Halliers,* ne possédait que trois maisons dont l'une, fort belle et sentant bien son époque, est aujourd'hui l'hôtel du *Comptoir National.* Elle est dessinée sur le plan Turgot qui nous sert ici de guide. La rue *Richer* n'était pas encore tracée et ne devait l'être que longtemps après. Enfin, quand en 1783 on bâtit l'immense hôtel, on pouvait se donner autant d'espace, qu'on en avait trouvé l'année précédente, de l'autre côté du faubourg, lorsqu'on y avait établi les *petites Écuries* du roi. Le terrain à prendre ne fut alors limité que par une rue, qui fut percée l'année suivante, et à laquelle M. Papillon de la Ferté, directeur du nouvel établissement donna son nom. Il y eut tout d'abord un théâtre dans le nouvel hôtel, on le sait par Collé qui y fit jouer ses comédies et ses parades. (V. son *Journal,* III, 262.) Les répétitions des opéras et ballets qui devaient se jouer à la cour s'y faisaient ; de plus, on y exerçait les protégés et surtout les protégées des seigneurs qui se destinaient au théâtre. De là l'origine de la petite salle encore existante et que Sarrette trouva toute préparée, quand il réorganisa, dans l'hôtel voisin, sous le nom de *Conservatoire,* l'École *de déclamation et de chant* établie par arrêt du 9 janvier 1784. Lors de cette réorganisation, il y avait longtemps que M. Papillon de la Ferté, après avoir fait grand bruit dans le monde (V. *Journal* de

menace en même temps, sur la montagne Sainte-Geneviève, tout ce qui y subsiste encore des asiles de la piété et de l'étude, et sur la butte Saint-Roch, qu'on veut enfin dégager et aplanir, les traces si fraîches encore de la philosophie militante et des débauches chantées du dernier siècle ; la maison d'Helvétius [1], le petit logis de Mlle Volland [2], cette Égérie de Diderot, et le magnifique hôtel de Mme Du Barry [3] ; qu'une

Favart, édit. Didier, pag. 262 ; *Journal* de Collé, pag. 133-134), était allé mourir sur l'échafaud. La rue Bergère, de déserte qu'elle avait été si longtemps, était devenue l'une des rues les mieux habitées. En outre des hôtels de fermiers généraux, dont le plus beau était celui de Boulainvilliers, bâti par Carpentier, et le même qui, devenu hôtel *Rougemont*, a été effacé par la rue qui a pris son nom; on y trouvait l'hôtel de Mme de Mirepoix (V. *Lettres* de Mme Du Deffant, III, 44-45), celui de Senac de Meilhan, où fut donné ce souper de fausses poissardes, dont s'amusa tant Rétif (V. le charmant livre de Ch. Monselet, *Rétif de la Bretonne*, pag. 49), etc. — En 1814, quand les *Menus-Plaisirs* furent rétablis, Campenon en fut fait le secrétaire, ce qui lui valut un épigramme dont voici la pointe :

> Pour le placer dans les *Menus*
> On a consulté ses ouvrages.

1. V. ce que nous disons de l'hôtel de ce financier philosophe, dans notre article sur *la Butte Saint-Roch*, sans oublier que la rue Sainte-Anne lui dut le nom révolutionnaire qu'elle porta jusqu'à l'Empire. Lémontey, dans sa notice sur Helvétius (*Œuvres*, III, 371), a remarqué, en renvoyant au *Spectateur*, que Londres avait aussi une rue Sainte-Anne dont le nom, changé pendant les guerres civiles, occasionna de graves querelles.

2. Elle demeurait avec madame Legendre, rue *Sainte-Anne*, au coin de la rue du *Clos-Georgeot*. (Diderot, *Lettres*, 383). Mme d'Épinay y avait aussi son hôtel.

3. Il était au coin de la rue Sainte-Anne, en face de la maison de Lulli (V. plus loin). Elle y était venue, quand, après la mort

telle époque, dis-je, a bien nettement son parti pris de démolition, et ne regarde avant de frapper, ni à l'âge de ce qui doit tomber, ni à l'histoire qui le recommande.

Renouveler Paris tout entier pour ajouter partout à sa splendeur, pour le rendre en toutes ses parties ce qu'il est déjà en quelques-unes, spacieux, aéré, salubre, tel était le but de nos édiles, but marqué par les besoins d'une population dont la masse devient chaque jour plus grande et l'éducation meilleure; telle est depuis trois années leur œuvre. La nôtre, commandée par le respect qu'on doit à toutes les choses de l'histoire, est bien différente. Si elle ne va pas jusqu'à exiger de nous une plainte et un regret stérile pour tout ce que le présent va coûter ainsi au passé, du moins veut-elle que nous ayons un regard pour chaque pierre respectable qui tombe, une parole d'adieu pour chaque souvenir qui s'efface. Notre mission, à nous, est de renseigner le public préoccupé de ces ruines et le passant qui les regarde s'amonceler, sur le haut prix historique de ce qui disparaît; c'est aussi d'en tenir registre, afin que ce qui tombe dans la poussière, ne se perde pas en même temps dans l'oubli; afin que l'attention éveillée sur ces choses, dans la génération qui les voit s'évanouir, soit aussi excitée

---

de Louis XV, on lui avait enfin permis d'habiter Paris. Son premier hôtel était rue de la Jussienne au numéro 16. Son beau-frère du Barry, le roué, qui l'avait connue dans ces deux demeures, lui écrivait de la province où il était enfin forcé de vivre, son passé l'exilant de Paris et de Versailles : « Je suis également pour la fortune au-dessus de ce que vous m'avez vu rue *de la Jussienne* et au-dessous de ce que j'aurais pu devenir dans la rue des *Petits-Champs.* »

d'avance chez celle qui lui succédera ; afin surtout que l'avenir, qui certes ne sera pas sans admiration pour ce que ce siècle aura élévé, ne soit pas non plus sans respect, sans souvenir et sans regret pour ce qu'il aura dû renverser.

Cette entreprise si vaste déjà, et dont cependant les proportions s'agrandissent encore chaque jour, avant de l'embrasser dans son ensemble, nous ne l'avons abordée aujourd'hui que dans quelques parties, dans quelques détails. Le reste viendra plus tard peut-être, surtout si l'accueil fait à ce premier ouvrage nous encourage à tenter enfin le plus grand.

Nous attendrions toutefois que la démolition, s'arrêtant enfin, nous eût bien défini notre tâche. La plume ne doit commencer son travail que lorsque le marteau aura terminé le sien.

Paris, 25 mars 1855.

PARIS DÉMOLI

LE CABINET VERT DE L'HOTEL DE VILLE

SOUVENIR DU 9 THERMIDOR [1].

Ce qui s'en va de Paris. — Ce qu'on perd à s'embellir. — Ce que c'était que le *Cabinet vert* à l'Hôtel de Ville. — Le dernier asile de Robespierre. — Sa dernière proclamation. — Le gendarme Méda. — Comment il fut le principal acteur de ce grand drame, et comment il le raconte lui-même. — Proposition de raser l'Hôtel de Ville. — Pourquoi. — Un autographe en témoignage. — Les trois lettres et les gouttes de sang.

I

Toutes les places sont aujourd'hui si bien prises; les moindres recoins sont si bien envahis, que pour édifier il faut d'abord détruire.

---

[1]. Cet article, dont la partie historique a été beaucoup augmentée, fut publié pour la première fois dans un feuilleton de la *Patrie*, du mois de juin 1844; cela rendra peut-être plus indulgent pour les fautes de l'auteur dont c'était l'un des premiers essais. De cette façon aussi il prendra date d'antériorité sur l'*Histoire des Girondins* de M. de Lamartine, qui, sauf quelques détails moins exacts, croyons-nous, et surtout moins étendus, a répété les mêmes faits.
(*Note de l'Éditeur.*)

De peur d'empiéter encore sur quelque droit actuel, sur quelque propriété du jour à qui les défenseurs ne manquent jamais, il faut souvent se rejeter sur les monuments des temps antérieurs qui ne réclament plus que par l'éloquence, hélas! trop usée et trop peu entendue des souvenirs.

L'histoire est battue en brèche : ou ente sur ses ruines les murailles de ces palais neufs à qui le temps qui marche, en semant les événements, doit aussi donner leur consécration, et que l'histoire, prenant sa revanche, remettra un jour dans son domaine.

Tel est le dessin : le passé est dévoré par le présent, le prestige de l'un absorbé par la réalité de l'autre que l'avenir attend pour l'engloutir à son tour! Dans ce pêle-mêle au moins, au milieu de toutes ces vicissitudes, la pensée de celui qui sait avoir de la mémoire reste debout et médite. L'archéologie alors ne va pas sans la philosophie. Et comment en serait-il autrement devant ce spectacle dont les révolutions ont préparé l'ardente mise en scène et qui vous rappelle celui de Portici se renouvelant, se rajeunissant sans cesse, mais à la condition d'entendre gronder incessamment le Vésuve et d'attendre toujours de lui de nouvelles ruines ?

A Paris, où le luxe envahisseur se trouve si mal

à l'aise, dans ces rues étroites et sombres qui suffisaient à nos pères ; où la cité nouvelle prend chaque jour la place de la ville ancienne, dont elle secoue les lambeaux et les fanges ; dans Paris, dis-je, plus que partout ailleurs, cette rénovation se fait aux dépens de l'histoire ; tant il est vrai qu'un siècle ne peut jamais marcher dans les traces d'un autre, et que pour obéir à ses instincts de bien-être et de progrès, la civilisation elle-même doit être profanatrice.

Pour édifier un monument utile, il faut à chaque pierre nouvelle qu'on pose mettre à bas et briser une pierre vénérable ; pour élargir ces places, pour donner de l'air à ces rues, il faut souffler sur de saintes poussières, balayer de respectables débris.

N'a-t-on pas dans ces derniers temps, pour assainir un quai de la Cité, jeté par terre et rasé à tout jamais la vieille maison d'Héloïse[1], puis tout près,

---

[1]. V. pour la *maison d'Héloïse et d'Abailard* reconstruite sous le n° 9 du quai Napoléon en juillet 1849, un article de M. Ernest Fouinet : « UNE MAISON DE LA CITÉ ; » Le *Livre des Cent et un*, tom. IV ; la notice de M. Ch. de Rémusat, *Revue des Deux-Mondes*, 1er mai 1845, pag. 608 ; Turlot, *Héloïse et Abailard*, pag. 153, 154 ; et dans le journal le *Droit* (7 janvier 1849) le compte rendu d'un procès dont cette maison était l'objet.

l'antique *Hôtel des Ursins*, où Racine avait composé la plupart de ses tragédies.

Sur nos boulevards, n'a-t-on pas détruit jusqu'au dernier pavillon du jardin de Beaumarchais [1], après l'avoir découronné de la plume symbolique qui lui servait de girouette et d'enseigne? Un de ces jours, on démolira peut-être, pour cause d'élargissement de la rue d'Argenteuil, la maison où Corneille est mort.

Autour de l'Hôtel de Ville, un vandalisme semblable, mais nécessaire aussi, a jeté bas la maison de Scarron, dont vous lirez plus loin l'histoire, et pendant que cette dernière demeure du pauvre cul-de-jatte était détruite, le marteau des démolisseurs allait frapper, dans le même voisinage, et émietter, pierre à pierre, la lourde maison qui masquait le porche de Saint-Gervais et la même que Voltaire avait habitée plusieurs années.

II

L'Hôtel de Ville dont ces dernières destructions ont assaini les abords, ne s'est pas lui-même

---

[1]. V. pour la maison de Beaumarchais, *Mélanges littéraires* d'Arnault, tom. III, pag. 363; et le *Magasin Pittoresque*, tom. I, pag. 317-318.

agrandi sans que l'histoire populaire, dont il est le plus fameux théâtre, subît aussi quelque outrage.

Tous ces salons, si beaux de richesse et de fraîcheur qu'on vient d'ouvrir à la foule curieuse, à l'aristocratie dansante, tiennent la place de chambres et de cabinets célèbres ; ces lambris de marbre, la dorure de ces plafonds cachent sous leur éclat mille traces de l'histoire sur lesquelles on eût peut-être dû craindre de souffler. Ces peintures sont belles, mais à quoi bon ? que nous sert d'y voir froidement retracés des événements qui parleraient encore d'eux-mêmes, si l'on n'eût pris soin d'effacer sous ce luxe leurs souvenirs vivants ? Pourquoi donc substituer toujours ainsi la mort à la vie, le masque au visage ; et par un vain attrait de la nouveauté, gratter ces murs noircis et balayer cette sainte poussière dont le parfum de l'histoire devrait s'exhaler encore ?

Avant ces derniers embellissements qu'on ne peut admirer qu'avec regret, on pouvait voir à l'Hôtel de Ville une chambre remarquable entre toutes et à jamais fameuse ; elle se trouvait à droite de la grande salle ancienne, nommée la salle du Trône [1] ; elle

---

[1]. Cette grande salle, qui avait vu les magnifiques fêtes de Louis XIV, était alors singulièrement transformée. *Quantum mutata !* On pourra en juger par la description

avait servi longtemps de cabinet au préfet, et à cause de la couleur de sa tenture, on l'appelait le *Cabinet-Vert*[1]. Un assez long couloir s'étendait derrière et la faisait communiquer avec un escalier rapide, étroit, obscur et fait en forme de vis, comme tous ceux qui montent aux donjons. Maintenant, escalier et couloir sont détruits ; et de l'ancien *Cabinet-Vert*, un mur seul est encore debout.

C'est pourtant dans ce lieu que s'accomplit la crise la plus terrible du drame du 9 thermidor.

Ce jour-là, à sept heures du soir, Robespierre,

---

que Prud'homme en a laissé dans son *Miroir historique… de Paris*, tome VI, pag. 125 : « Pendant le cours de la Révolution, l'Hôtel de Ville se nommait *maison commune*. On avait décoré la grande salle des bustes de Marat et de Châlier ; des gradins avaient été construits, pour que le peuple pût assister aux séances que tenaient les membres de la Commune dont les discussions souvent annonçaient l'ignorance et la frénésie la plus exaltée. Souvent aussi, on y a entendu de très bonnes choses. Hébert, dit le père Duchesne, et Chaumette y ont déployé toute leur éloquence. »

1. « Quand on est à l'Hôtel de Ville, dans la grande salle ancienne appelée la salle du Trône, on entre à droite dans le *Cabinet-Vert*, c'était celui du préfet. Derrière ce cabinet, se trouve un couloir qui donne sur un escalier rapide, étroit, obscur et fait en vis, comme tous ceux qui montent aux tourelles, aux donjons des vieux édifices. » (Fr. Barrière. *Journal des Débats*, 29 août 1841.)

Couthon, Saint-Just et leurs plus fidèles partisans se trouvaient réunis dans le *Cabinet-Vert*. C'était leur dernier asile.

La Convention venait de les frapper de son plus terrible arrêt; ils étaient *hors la loi,* et ils délibéraient. Saint-Just, calme et méprisant, restait dans son silence ; Robespierre, pâle et défait, sortait de sa contrainte habituelle, il s'agitait sans cause, il parlait sans suite, sa chevelure si pimpante d'ordinaire était en désordre; on eût vainement cherché sur ses lèvres blanches et convulsivement contractées cette grimace souriante et pincée qui l'avait fait comparer par Mirabeau à *un chat qui a bu du vinaigre*. Il avait peur. Couthon, le paralytique, était hors de lui, mais il ne tremblait pas ; appuyé sur ses deux porteurs, il vomissait mille invectives contre la Convention. Coffinhal, plus impassible, jetait de son œil noir et dur, des regards sinistres sur chacun de ses collègues, et rompant de temps en temps son silence par quelques paroles farouches, il joignait ses malédictions à celles que Couthon ne cessait de vomir.

Et tous leurs reproches, toutes leurs injures contre la Montagne et ses complots sanguinaires étaient justes. Jugés par Tallien et Fréron, Robespierre et Saint-Just étaient jugés par leurs pairs. Ils étaient tous égaux devant la guillotine dont ils avaient multiplié ensemble les implacables hécatombes. Couthon pouvait accuser Tallien avec autant de justice que Tallien l'accusait lui-même. La veille, quand Robespierre s'entendant condamner aux cris de : *Vive la République !* s'était écrié : « La République ! elle est perdue, car les brigands triomphent! » personne n'était en droit de le démentir ; il disait vrai ; tyran de la Convention, Robespierre tombait sous l'accusation de ses brigands : « afin, dit M. de Maistre, que la justice elle-même fût infâme. »

Mais au moment dont nous parlons, cette justice n'était pas encore consommée. Malgré son effroi, Robespierre espérait encore, il comptait ainsi que ses amis sur le secours des sections que le brutal Henriot était allé soulever. Avec l'aide de cette populace ils devaient cerner la salle des séances et empêcher la Convention de se réunir et d'agir. Sûrs qu'un seul mot, vigoureusement lancé, pouvait électriser et armer pour eux cette masse si puissante, mais si incertaine, ils rédigeaient une proclamation. Couthon, plus calme, la dictait, et Fleuriot l'écrivait ; la voici :

Commune de Paris. — Le comité d'exécution.

« Courage, patriotes de la section des Piques, le comité triomphe ! Déjà ceux que leur fermeté a rendus formidables aux traîtres sont en liberté. Partout le peuple se montre digne de son caractère. »

Ces lignes étaient à peine écrites, qu'un affreux tumulte s'éleva sur la place de Grève : c'étaient les troupes de la Convention qui arrivaient sous les ordres de Léonard Bourdon, dispersaient le peuple et enfonçaient les portes de l'Hôtel de Ville.

Ignorant la cause de ce bruit, les fugitifs du *Cabinet-Vert* achevaient cependant leur œuvre; ils signaient la proclamation.

Lerebours, Payan et Legrand y avaient déjà apposé leur nom, et Robespierre, prenant la plume d'une main tremblante, commençait d'y écrire le sien. Les trois premières lettres ROB... étaient déjà tracées, quand la porte du cabinet s'ouvrit avec violence.

C'était le gendarme Méda qui entrait. Ici nous allons interrompre notre propre récit pour laisser parler celui qui, soldat obscur jusqu'alors, s'était trouvé, plutôt par hasard que par choix, le commandant des troupes dirigées par la Convention sur l'Hôtel de Ville, et qui par sa résolution fut vraiment le héros de cette journée vengeresse.

Méda arrive devant la Commune, il s'entend avec le commandant Martin qui dirige la section des Gravilliers[1], et « voyant le désordre qui règne autour des conjurés, » il se résout, sans différer, au coup hardi qui doit tout sauver.

« Je mets pied à terre, dit-il lui-même, dans la relation qu'il présenta au ministre de la guerre le 30 fructidor an X, je prends mes pistolets, je les mets dans ma chemise; et montrant la salle du conseil de la Commune aux grenadiers qui m'entourent, je leur dis : « C'est là qu'il faut aller ! Les
» gendarmes trompés sont encore en ordonnance
» près de Robespierre, montons, je me rirai de leur
» nombre et je parviendrai près de lui. Faites bien
» attention à moi, et suivant que vous me le verrez
» faire, criez Vive Robespierre, ou Vive la Répu-
» blique !... »

» Les grenadiers ne disent pas non : mais il me

---

1. Cette section, qui joua un si grand rôle dans cette journée, avait son comité révolutionnaire établi dans la maison même que l'attentat de Fieschi a rendue si abominablement fameuse. Simon, geôlier du dauphin, faisait partie de ce comité.

suivent lentement. L'escalier de la Commune est rempli des partisans des conjurés, à peine pouvons-nous passer trois de front. J'étais très animé, je monte rapidement, et je suis déjà à la porte de l'assemblée de la Commune que les grenadiers sont encore bien loin. Les conjurés sont assemblés dans le secrétariat et les approches bien fermées. J'entre dans la salle du conseil en me disant ordonnance secrète. Je prends le couloir à gauche : dans ce couloir je suis assommé de coups sur la tête et sur le bras gauche, avec lequel je cherche à parer, par les partisans des conjurés qui ne veulent pas me laisser passer, quoique je leur dise que je suis ordonnance secrète. Je parviens cependant jusqu'à la porte du secrétariat. Je frappe plusieurs fois pendant qu'on me frappe toujours ; enfin la porte s'ouvre.

» Je vois alors une cinquantaine d'hommes dans une assez grande agitation : le bruit de mon artillerie les avait surpris. Je reconnais au milieu d'eux Robespierre aîné... Je saute sur lui, et, lui présentant la pointe de mon sabre au cœur, je lui dis : « Rends-toi, traître ! » Il relève la tête et me dit : « C'est toi qui es un traître et je vais te faire fusiller ! » A ces mots, je prends de la main gauche un de mes pistolets, et, faisant un à droite, je le tire. Je croyais le frapper à la poitrine, mais la balle le prend au menton et lui casse la mâchoire gauche inférieure. Il tombe de son fauteuil. L'explosion de mon pistolet surprend son frère qui se jette par la fenêtre. En ce moment, il se fait un bruit autour de moi, je crie : Vive la République ! Mes grenadiers m'entendent et me répondent : alors la confusion est au comble parmi les conjurés, ils se dispersent de tous les côtés et je reste maître du champ de bataille.

» Robespierre gisant à mes pieds, on vint me dire que Henriot se sauve par un escalier dérobé ; il me restait encore un pistolet armé, je cours après lui. J'atteins un fuyard dans cet escalier : c'était Couthon que l'on sauvait. Le vent ayant éteint ma lumière, je tire au hasard, je le manque, mais je blesse à la jambe celui qui le portait. Je redescend, j'envoie chercher Couthon, que l'on traîne par les pieds, jusque dans la salle du conseil général ; je fais chercher partout le malheureux que j'avais blessé, mais on l'avait enlevé sur-le-champ.

» Robespierre et Couthon sont étendus au pied de la tribune, je fouille Robespierre, je lui prends son portefeuille et sa montre que je remets à Léonard Bourdon, qui vient en ce moment me féliciter sur ma victoire et donne des ordres de police. »

De ce moment il n'y a plus qu'un acte à ce drame, celui de l'échafaud. Il ne se fait pas attendre.

Tous les amis de Robespierre sont conduits à la Conciergerie et il est porté lui-même au comité général, où on le laisse toute la nuit étendu sur une table [1]. Il râlait sans pouvoir se plaindre : la

---

[1]. On crut d'abord que Robespierre n'avait pas survécu à sa blessure. C'est du moins ce qui résulte des paroles de Léonard Bourdon présentant Méda à la Convention, le jour même de l'événement : « Ce brave gendarme que vous voyez ne m'a pas quitté, il a tué deux des conspirateurs (Vifs applaudissements). Nous avons trouvé Robespierre aîné armé d'un couteau que ce brave gendarme lui a arraché ; il a aussi frappé Couthon, qui était aussi armé d'un couteau ; Saint-Just et Lebas sont pris, etc. » (*Moniteur* du 12 thermidor.)

Le récit fait par un citoyen de la section des Gravilliers et présenté à la Convention dans la séance du 16 thermidor donne quelques autres détails mais plus erronés encore : « Nous traversons la grande salle d'où les conspirateurs avaient fui. En entrant dans la salle du secrétariat, *Robespierre l'aîné se donne un coup de pistolet dans la bouche*, et en reçoit un en même temps d'un gendarme.

» Le tyran tombe baigné dans son sang ; un sans-culotte s'approche de lui et lui dit avec sang-froid ces paroles : *Il est un Être suprême!*

» Tous les autres conjurés, aussi lâches dans leurs derniers moments qu'ils étaient insolents la veille, s'étaient cachés dans les endroits les plus obscurs ; l'un est arraché d'une cheminée, l'autre s'était réfugié dans une armoire, etc... »

Il faut remarquer dans ces deux passages la mauvaise foi

balle du pistolet en lui brisant les mâchoires avait si entièrement détaché l'inférieure de la supérieure, que pour les rapprocher on lui avait passé sous le menton une bande de toile nouée ensuite sur la tête.

Le matin venu on le transporta à l'Hôtel-Dieu où un médecin pansa sa plaie ; de là, il fut porté à la Conciergerie, puis à l'échafaud. Les autres l'y avaient précédé : Saint-Just avec un orgueilleux courage, Couthon presque mourant sous le double coup des souffrances physiques et de l'accablement moral. Quand le tour de Robespierre fut

ou l'ignorance de ceux qui parlent. Léonard Bourdon, qui est arrivé lorsque tout a été fini, se nomme le premier, et donne à croire que Méda n'a fait que le suivre. — Nous regrettons qu'en cela M. de Lamartine (*Histoire des Girondins*, t. VIII, pag. 365), ait donné créance à ses paroles. — Dans le récit du citoyen de la section des Gravilliers on voit bien aussi que celui qui parle n'est arrivé qu'à la fin du drame. C'est d'après ce qu'il suppose, ou d'après les on dit, qu'il raconte ; c'est pour cela qu'il répète cette vieille fable du coup de pistolet, que Robespierre s'est tiré lui-même, et dont Méda, le seul témoin croyable dans tout ceci, s'est bien gardé de parler. Ce conte-là émana d'abord d'un certain Rochard, concierge de la Maison Commune, sur la foi duquel Dulaure le répéta au tome IV de ses *Esquisses de la Révolution*. L'affaire était assez grave cependant pour mériter, comme preuve, mieux que ce propos de portier.

venu, le bourreau, après l'avoir garrotté sur la planche, arracha brusquement l'appareil de la blessure et le linge qui couvrait sa tête ; il poussa un cri affreux, le seul qu'il eût jeté dans tout le jour, les deux mâchoires se séparèrent et un long flot de sang l'inonda.

Le coup fatal termina bientôt cette dernière douleur.

III

La Convention garda rancune à la commune de l'asile qu'elle avait offert à Robespierre. L'Hôtel de Ville devint un monument maudit qu'il fallait raser et sur l'emplacement duquel il fallait passer la charrue et semer le sel ; Fréron en fit sérieusement la proposition dans la séance du 17 thermidor :

« Citoyens, dit-il, si le génie de la liberté eût fait devancer de deux siècles la liberté française ; si après le massacre de la Saint-Barthélemy, on eût fondé la république, comme le voulait l'amiral Coligny, qu'on eût convoqué une convention nationale, et que j'en eusse été membre, j'aurais élevé la voix pour demander la destruction de ce Louvre et de cette fenêtre d'où l'infâme Charles IX tira sur

les Français, avec une carabine plébicide. Eh bien !
ce que j'eusse fait alors, je le fais aujourd'hui et je
viens demander le rasement de l'Hôtel de Ville, de
ce Louvre du tyran Robespierre.

» LÉONARD BOURDON : L'Hôtel de Ville appartient
au peuple de Paris dont toutes les sections ont bien
mérité de la patrie [1]. »

Pour une fois Léonard avait raison et il fut
écouté. Sans cela, on approuvait peut-être la stupide
motion de Fréron et l'Hôtel de Ville disparaissait.
Depuis il s'est bien vengé de cette menace de destruction, en doublant, en triplant sa monumentale
étendue. Quoique les souvenirs des scènes sanglantes
ne soient guère regrettables, nous regrettons pourtant qu'au milieu de tous ces agrandissements le

---

[1]. Léonard Bourdon avait un certain goût des arts. Il
était lettré, non pas plus que Fréron qui comptait l'*Année
littéraire* parmi les héritages de sa famille et les travaux de
sa jeunesse, mais plus que la plupart de ses collègues. Il
avait commencé par être maître d'école. Celle qu'il tenait
au commencement de la Révolution était établie dans le
prieuré de Saint-Martin des Champs. Nous avons vu de
lui une lettre portant la date du 3 février de l'an 1 de la
République, et dans laquelle il se plaint que le ci-devant
prieuré de Saint-Martin des Champs, dont il est locataire
et où il élève soixante-dix enfants de tout âge, soit sans
cesse envahi par des citoyens qui méconnaissent son droit
de locataire : « ce qui est absolument incompatible avec la
santé des enfants que la nation lui a confiés. »

Cabinet-Vert n'ait pas pu conserver sa place. C'était un témoin qu'il était bon de laisser debout. Celui-là n'existant plus, il n'en reste qu'un seul plus éloquent il est vrai, plus vivant si c'est possible : c'est la proclamation dont la brusque apparition de Méda interrompit la signature. Elle fut prise toute sanglante sur la table même où Henriot l'avait écrite, et elle fut portée à Barras qui la garda [1]. De ses mains elle passa ensuite, comme don d'amitié, entre celles d'un ardent collectionneur qui la possède encore et qui pense, comme nous, que, devant cette pièce, devant la signature inachevée de Robespierre, où les lettres qui manquent sont remplacées par les gouttes de sang jaillies de sa soudaine blessure, l'hypothèse d'un suicide de la part du tremblant dictateur ne doit plus être admise, et que surtout le récit, ou plutôt le conte, n'en doit plus être répété.

[1]. « La proclamation fut saisie par Barras sur la table même de la commune, et fait partie de ses *Mémoires inédits*. » (Fr. Barrière, *Journal des Débats*, 29 août 1841.)

L'ALMANACH DES ADRESSES DE PARIS

SOUS LOUIS XIV. — 1691-1692

Le bureau d'adresses, prévu et demandé par le père de Montaigne. — Une gazette en 1609. — Le premier journal et son *enseigne*. — Les *Cicerone* parisiens Herpin, G. Brice, etc. — Abraham du Pradel et son *Livre commode des adresses*. — Où demeurent les maîtres d'armes en 1691. — Un duel à la *Porte Montmartre*. — Les maîtres à danser. — Les maîtres de langues. — Ce que c'était que M. Vigneron, dit *Vénéroni*. La *chambre d'instruction* de M. Barême. — Où demeurent Mignard, Rigaud, Perrault, etc. — Largillière, marchand de tableaux. — Les maîtres à chanter. — Il vaut mieux bien jouer du violon que d'avoir fait *Cinna*. — Un ami de Molière. — La maison de Lulli et de Lambert. — Les fameux *curieux*. — M. Jaback, M. de Chanteloup, M. de Gagnière. — L'amour du *bahut* en 1692. — Le marchand Malafer. — Boul. — Un mot de son histoire. — Les marchands de meubles de la rue de Cléry au XVIIe siècle. — Fagnani. — Le lit de Coulanges. — La rue Quincampoix, quartier des banquiers. — Le quartier des Bourdonnais. — L'enseigne du *Lion d'Argent*. — Gaultier le marchand de soie. — Le sieur Fournerat. — Les marchands de guipures et de rubans. — Le Perdigeon des *Précieuses*. — Les diamants à la rue *Thibault-aux-Dez*. — L'enseigne de l'*Y*, son origine. — Les marchands de perruques. — Une *binette*, ce que c'était, et ce que c'est. — Martial le parfumeur. — La poudre à la

Maréchale ; qui l'inventa ? — Les *baigneurs*. — Les hôtels garnis, les auberges réglées. — Les fameux pâtissiers Fagnault, Flechemer, Mignot, etc.; leur histoire. — Les maisons de santé de Pincourt. — Les apothicaires et leurs réclames. — Les eaux minérales artificielles du sieur Tillesac. — Conclusion.

1er Janvier 1850.

Voici venue l'époque où va tomber de tout son poids dans chaque bureau de commerçant, d'industriel, voire de journaliste, l'épais et lourd in-quarto qui nous apporte pour l'an qui commence les adresses de Paris, des départements, que sais-je, même de toute l'Europe, l'*Almanach des Adresses* enfin, cette *annonce* du monde entier, près de laquelle la quatrième page des plus grands journaux ne donne que des réclames pygmées ; cette carte de visite multiple, immense, de l'humanité tout entière prise sur le fait de son activité et de son intelligence, dans son centre le plus actif et le plus intelligent : Paris !

S'il est un siècle où l'idée d'un semblable recueil devait naître et être exploitée, c'est sans contredit le nôtre, si curieux de toutes choses, si ardent à tout connaître, à tout fouiller, si intéressé à savoir qui vit et qui meurt, qui paraît et qui disparaît. Eh bien ! pourtant cette grande invention, cette belle ressource de curiosité n'est pas due à ce grand inventeur, à cet infatigable curieux qu'on appelle le dix-neuvième siècle. Ses aînés en cela, comme en mille autres choses dont on lui renvoie l'honneur, l'avaient depuis longtemps devancé.

L'idée d'un bureau ou d'un livre où l'on pût aller s'enquérir des adresses d'une ville était déjà bien vieille quand un habile homme de nos jours la reprit, la fit grandir et s'en fit une fortune [1]; elle datait de 1533, pour le moins, car elle était née en même temps que Montaigne et du même père :

« Feu mon père, dit l'auteur des *Essais* en son chapitre XXIV du livre Ier, homme, pour n'être aydé que de l'expérience et du naturel, d'un jugement bien net, m'a dit autrefois, qu'il avoit désiré mettre en train qu'il y eût ez villes certain lieu désigné auquel ceulx qui auroient besoing de quelque chose se peussent rendre, et faire enregistrer leur affaire à un officier estably pour cet effect : comme je cherche à vendre des perles, je cherche des perles à vendre; telle veut compaignie pour aller à Paris; telle s'en-

---

1. L'*Almanach des adresses* était déjà ressuscité en 1815. On peut voir plus d'une plaisanterie sur son mérite et son exactitude dans le *Journal de Paris* de cette année-là (23 avril) et dans le *Nain Jaune* (20 février).

quiert d'un serviteur de telle qualité; tel d'un maistre; tel demande un ouvrier; qui cecy, qui cela, chacun selon son besoing, et semble que ce moyen de nous entre-advertir apporteroit non legière commodité au commerce publicque ; car à tous coups il y a des conditions qui s'entre-cherchent, et pour ne s'entr'entendre laissent les hommes en extrême nécessité [1]. »

Ce projet du père de Montaigne, qui, mis en œuvre, eût réuni la double commodité d'un journal des *petites affiches* et d'un *bureau d'adresses*, devait demeurer longtemps en friche. Pendant près d'un siècle on lut les *Essais* sans y voir en passant cette idée excellente formulée en excellent style.

En 1609, pourtant, un rimailleur s'avisa de la faire revivre dans une sorte de *gazette* burlesque qui, renseignée de tous les coins du monde,

> Car la gazette multiplie
> Sans relasche ses postillons
> Vistes comme les aquilons,

---

[1]. Barth. Laffémas, grand utopiste du XVIe siècle, eut aussi un projet semblable. « Il voulait, dit M. H. Martin, que le gouvernement établît dans toutes les villes une espèce d'agence d'affaires et de bureau de renseignements à l'usage de tous les citoyens en général. » (*Histoire de France,* tome XII, pag. 29.)

eût donné le programme de toutes les choses nouvelles, l'annonce des moindres événements, accidents, etc.,

> Sans laisser une seule affaire,
> Soit d'édits, soit de missions,
> De duels, de commissions,
> De pardons pléniers et de bulles,
> D'ambassadeurs venus en mules...,
> De malheurs, de prospérités,
> De larmes en cour, de piaphes...

Les marchands n'y eussent pas été omis ; on y eût trouvé leur annonce au grand complet avec indication de leur spécialité, de leur adresse, même avec la description de leur enseigne. Ceux qui s'occupent des choses de la toilette, les merciers, les lingères, les *dorlotières*, modistes du temps, eussent surtout obtenu une mention particulière et détaillée. On aurait eu, à chaque variation de la mode, la liste complète des atours et affiquets nouveaux :

> La gazette, en cette rencontre,
> Comprend les points plus accomplis,
> Les courtes-chausses à gros plis,
> Les gauches détours des roupilles,
> L'astrolabe des peccadilles,
> Dédales et compartimens,
> Des boutons et des passemens.

Voilà pour la toilette des hommes ; voyons maintenant pour celle des femmes ce que nous aurait dit cette *Gazette des Modes* du temps de Henri IV :

> . . . . Les méthodes,
> Les inventions et les modes,
> Des cheveux neufs à qui les veut...,
> Nœuds argentez, lacets, escharpes,
> Bouillons en nageoires de carpes,
> Portefraises en entonnoir,
> Oreillettes de velours noir,
> Doubleures aux masques huilées,
> Des mentonnières dentelées,
> Des sangles à roidir le busc,
> Des endroits où l'on met du musc, etc.

Mais le gazetier, qui n'avait point la prestesse de plume de nos chroniqueurs du falbala et de la guipure, désespérant sans doute de lutter de vitesse avec la mode, et de l'atteindre à heure dite dans son vol, lâcha bientôt prise. Cette gazette des annonces s'arrêta à la sienne. Comme tant d'autres, elle ne vécut que dans son programme.

Théophraste Renaudot, le même qui créa la *Gazette de France*, reprit en sous-œuvre l'idée d'un bureau d'adresses et en fit un accessoire de son journal. Enfanter du même coup le journalisme et l'annonce, le premier-Paris et la quatrième feuille du journal, c'était ingénieux, hardi ; Renaudot y réussit pourtant, et cela sans quitter la profession de médecin, son premier état. Il logea le tout dans un bouge obscur de la rue de la Calandre sous la même enseigne : *Au grand Coq;* puis, menant tout de front, faisant d'une chose une ressource pour l'autre : par la médecine amenant des abonnés à son journal, par le journal des chalands à son bureau d'adresses, il fit trois fortunes pour une.

Quand il fut mort, la *Gazette de France* continua de prospérer; le journal commençait à devenir une nécessité de l'intelligence; mais le bureau d'adresses dépérit, le successeur de Renaudot fut même contraint de fermer boutique. Le bureau ne rouvrit qu'en 1702 avec espoir, mais non pas avec certitude de ne plus refermer : « La manière dont on y a établi le bon ordre pour la commodité du public, dit le *Dictionnaire de Trévoux*, fait espérer qu'il réussira. »

Un nommé Herpin s'apprêtait vers ce temps à lui faire rude concurrence. « C'est un homme, dit le *Novitius* de 1721, au mot *nomenclator*, qui enseigne à Paris les noms et les demeures des personnes de qualité[1]. » Le Sage connut ce singulier industriel,

---

1. Les Romains avaient de pareils *guides* aux gages des nouveaux venus dans Rome. (V. les *Mélanges* de Vigneul Marville, tome II, page 217.)
On peut lire aussi dans le très curieux livre de M. L.

Almanach Bottin vivant et marchant, pouvant, au besoin, vous prendre par la main et vous conduire lui-même jusqu'à l'adresse demandée. Aussi, quand il fit son *Gil Blas*, n'eut-il garde de l'omettre. C'est certainement en pensant à Herpin qu'il fait dire par Fabrice à son héros : « Je vais de ce pas te conduire chez un homme à qui s'adressent la plupart des laquais qui sont sur le pavé ; il a des grisons qui l'informent de tout ce qui se passe dans les familles. Il sait où l'on a besoin de valets, et il tient un registre exact non seulement des places vacantes, mais même des bonnes et des mauvaises qualités des maîtres. C'est un homme qui a été frère dans je ne sais quel couvent de religieux. Enfin, c'est lui qui m'a placé. »

L'auteur d'une des plus curieuses *Descriptions de Paris*, le vieux Germain Brice, faisait vers le même temps un métier à peu près pareil. Seulement il ne se mettait qu'au service des gentilshommes de province et des riches étrangers nouveaux arrivés dans Paris.

Il les renseignait sur les curiosités à voir, leur marquait l'emploi de leur journée de touriste, comme l'a fait de nos jours un fameux journal dans

---

Delaborde, le *Palais de Mazarin*, page 227, note 247, des détails sur les *cicerone* de Paris au XVIIe siècle.

un coin de son immense feuille; il leur disait à quel hôtel il fallait heurter pour voir de beaux appartements, de belles galeries de tableaux; souvent même, pour peu qu'on l'en priât et qu'on le payât bien, il servait de guide et traînait après soi, de monument en monument, d'hôtel en hôtel, le touriste ébahi. Le livre de Brice, cité tout à l'heure, n'est qu'un résumé de ses courses de cicerone bien stylé, et pour cela même n'en est que plus curieux.

N'était-ce pas là un excellent type? Un homme de bonnes manières, bien instruit des moindres choses qu'il va vous montrer, faisant aux curieux les honneurs de sa ville, ne laissant rien échapper de ce qui peut la mettre en renom aux yeux des étrangers, la révélant dans toutes ses splendeurs, la fouillant avec eux dans ses moindres curiosités! Quel Parisien enthousiaste ce devait être que ce bon Germain Brice! Depuis, son pareil ne s'est pas retrouvé et ne se retrouvera pas. Que ferait-il dans notre Paris moderne qui a bien encore ses monuments, vus tous en deux heures, mais qui n'a plus un seul de ces somptueux hôtels, ouverts à tous, et qui demandaient plus de deux mois de courses et d'admiration pour être visités en détail les uns après les autres?

Dans le temps même où ces premiers essais de *Bureaux de renseignements,* d'*Indicateur parisien* et d'*Almanach des* 25,000 *Adresses,* étaient tentés à Paris avec plus ou moins de succès, un peu avant Herpin, mais juste à la même époque que Renaudot et que Brice, vivait à Paris un homme qui devait mieux qu'eux tous comprendre et exécuter l'utile pensée si largement exploitée aujourd'hui. Cet homme, d'ailleurs obscur, avait nom Abraham Du Pradel[1], et ce dont il s'avisa, ce qu'il mit en œuvre avec intelligence pendant deux années de suite, en 1691 et en 1692, n'est autre chose qu'un véritable *Almanach des Adresses,* un *Almanach Bottin* en raccourci, ou plutôt à l'état d'embryon : 200 pages in-8° au lieu de 1,800 pages in-4°, ce que pourrait être enfin, toutes proportions gardées, le Paris de Louis XIV, auprès du Paris de 1850.

C'est ce livret curieux et rare d'Abraham Du Pradel dont voici le titre exact : l'*Almanach* ou

---

[1]. Selon Camusat, *Histoire critique des Journaux,* tome I, pag. 230, 231, et la préface de l'*Anti-Menagiana,* page 16, ce nom d'Abraham du Pradel serait un pseudonyme de l'apothicaire Blegny dont il est parlé si élogieusement dans le *Livre commode,* comme on le verra plus loin (p. 70). — Blegny aurait ainsi fait tout un livre pour se faire une réclame; mais cet almanach fut trouvé si détestable, disent les mêmes auteurs, qu'on lui défendit de le continuer.

Livre commode des adresses de Paris, etc. (1691), *Paris, Ve Denys-Nyon, in-8º*, que nous allons analyser ici en éclairant chaque détail obscur de quelque commentaire.

Après nous avoir entretenu d'abord des choses de la cour, des cérémonies royales, des jours où le roi reçoit, touche les écrouelles, etc., etc., comme l'eût pu faire l'*Almanach royal*, déjà florissant alors, le premier datant, croyons-nous, de 1679, Du Pradel passe vite aux choses de la ville, car il est avant tout Parisien et bon bourgeois. Il commence par nous instruire de tout ce qui concerne *les nobles exercices pour la belle éducation*.

Les maîtres d'armes sont les premiers mentionnés, comme si dans ce Paris, toujours batailleur, il était dit qu'il faut savoir se battre avant que savoir lire : « Il y a en différents quartiers des maîtres en fait d'armes qui tiennent salle chez eux et sont dans l'approbation publique : MM. de Saint-André, *quay des Augustins;* Chardon, *rue de Bussy;* Le Perche fils, *rue Mazarine;* etc. [1] »

Remarquez que les maîtres d'escrime nommés par

---

1. Rousseau le jeune, dont le fils et le petit-fils furent jusqu'à la Révolution maîtres d'armes des Enfants de France, était, en 1727, le plus fameux professeur d'escrime. V. Nemeitz, *Séjour de Paris* (1727), pages 73-74. Son

Du Pradel demeurent tous au delà des ponts, dans le voisinage de l'Université. C'est qu'en effet ils recrutaient par là, dans la gent si turbulente des écoliers, leur meilleure clientèle de bretteurs et de spadassins.

Un édit royal du 21 août 1567 avait prévu le danger d'un pareil voisinage pour les écoles, et l'avait interdit : « La cour fait défense aux escrimeurs et tireurs d'armes de s'établir dans le quartier de l'Université. » Mais vous voyez qu'en 1692 on tenait bien peu de compte de l'ordonnance de 1567.

Vingt ans après, sous la Régence, on la brava bien plus effrontément encore, ainsi que tous les autres édits prohibant le port des armes et le duel.

En 1721, d'après le livre de J. de Bruye, l'*Art de tirer les armes*, publié cette année-là, il y avait à Paris plus de dix mille bretteurs fréquentant les salles d'escrime et, presque tous, logés dans le pays latin.

Alors on ferraillait en plein soleil et en pleine rue,

---

petit-fils avait épousé une sœur de madame Campan. Quand vint la Terreur, son titre et ceux de sa famille le rendirent suspect ; il ne put échapper à la mort : « Il fut pris et guillotiné, écrit madame Lebrun ; on m'a dit que, son jugement rendu, un juge avait eu l'atrocité de lui crier : « Pare celle-ci, Rousseau. » (*Souvenirs*, tome I, page 182.)

mais surtout sur les boulevards, pour avoir un champ clos plus vaste et de plus nombreux spectateurs. Les bretteurs dégaînaient et s'alignaient deux contre deux, quatre contre quatre, les badauds s'assemblaient et faisaient cercle autour du combat, et nos hommes ainsi regardés ne cherchaient plus qu'à se perforer dans les règles, à se pourfendre avec bonne grâce.

Madame Du Noyer nous raconte dans ses *Lettres* un de ces grands duels entre spadassins, dont le théâtre fut un *coin de boulevard* près de *la porte Montmartre.*

« Il se passa sous les fenêtres de notre chambre, dit la spirituelle Bruxelloise, un combat terrible où Blancrochet et Daubri, les deux plus fameux bretteurs de Paris, furent tués après la plus vigoureuse résistance. C'était à quatre heures après-midi, et tout le monde les regardoit faire sans se mettre en état de les séparer, ce qui me surprenoit beaucoup ; car dans notre pays on est plus charitable que cela, et pour la moindre petite querelle on verroit tout un quartier en alarmes : mais à Paris, on est plus tranquille et on laisse les gens se tuer quand ils en ont envie... M. de Lubière, d'Orange, M. de Roucoulle et mon oncle Cotton étoient à nos fenêtres lorsque cette scène se passoit, et ils admiroient la bravoure de l'un de ces deux bretteurs, qui se défendoit lui seul contre quatre de ses ennemis, dont l'un lui porta enfin un coup par derrière qui le fit tomber à quatre pas de là auprès du corps de son camarade. On les porta tous deux chez un chirurgien... »

Le marquis de Souches dans ses *Mémoires*, sous la date du mois d'avril 1685, nous parle d'un autre combat qui eut lieu après dîner dans le jardin même du Palais-Royal, entre quatre bretteurs, le chevalier d'Hamilton qui en désarma un, et le marquis d'Alincourt qui fut bien rossé par les trois autres ; à ce propos il ajoute sur le mot *bretteur* : « Ce terme n'étoit pas tout à fait bon françois, mais il étoit fort en usage pour signifier les gens qui font métier et marchandise de mettre l'épée à la main en toutes occasions bonnes et mauvaises, et à proprement parler des filous et des gens de mauvaise vie. »

Après les maîtres du guerroyant exercice, notre almanach nous en montre de plus pacifiques et de non moins en faveur : les maîtres à danser : « Plusieurs maîtres de danse, dit Du Pradel, dispersés en différents quartiers, sont aussi d'une habileté distinguée. M. de Beauchamps, maître des ballets du roi, est le premier homme de l'Europe pour la compo-

sition, *rue Bailleul* ; M. Raynal l'aîné, maître à danser des Enfants de France, ordinairement *en cour.* »
Beauchamps était en effet l'un des beaux danseurs du temps. Il était surtout couru des femmes, et même l'on glosait fort en cour sur plus d'un tête-à-tête dont la leçon du maître à danser n'avait été que le transparent prétexte. Mais quand Du Pradel le recommandait ainsi, il se faisait déjà bien vieux et touchait à sa fin. La Bruyère, qui le malmène sous le nom de Cobus, avait déjà dit de lui en 1675 : « Voudriez-vous (il s'adresse aux femmes sensibles de la cour), voudriez-vous le sauteur Cobus, qui, jetant ses pieds en avant, tourne une fois en l'air avant de tomber à terre? Ignorez-vous qu'il n'est plus jeune ? »

Cet illustre Beauchamps se croyait de bonne foi l'inventeur de l'art de la chorégraphie, et il avait fait légitimer sa prétention par un arrêt du parlement, ce qui équivalait à un brevet d'invention [1]. Personne, dans le docte corps, ne s'était souvenu d'un livre qui, paru en 1588, avait devancé de près d'un siècle les leçons de Beauchamps, et dans lequel se trouvent

---

1. Ce n'est que plus tard, en 1727, que brilla le fameux Marcel, le même qui disait : « Que de choses dans un menuet ! » (V. Nemeitz, *Séjour de Paris*, page 72.)

curieusement ébauchés tous les éléments de sa prétendue découverte; c'est l'*Orchésographie* de Thoinot Arbeau ou plutôt de Jehan Tabourot, pour vendre ici le secret de l'anagramme derrière lequel ce bon chanoine de Langres, un peu confus d'avoir écrit sur la danse, avait cru convenable de se cacher. Nous ne citerons de son livre que sa bizarre conclusion : « Pratiquez les dances honnestement et vous rendez compaignons des planettes, lesquelles dancent naturellement, et de ces nymphes que M. Varron dit avoir veues en Lydie sortir d'un estang, dancer, puis rentrer dedans leur estang ; et quand vous aurez dancé, rentrez dedans le grand estang de vostre estude pour y profiter, comme je prie Dieu qu'il vous en donne la grâce. » C'était conclure en chanoine, pour un livre écrit en danseur.

Les maîtres de langues ne sont pas oubliés par le *Livre commode des adresses*. Nous avons surtout remarqué dans la liste qu'il en donne le nom d'un homme resté fameux dans la mémoire de ceux qui ont appris l'italien, et que nous avons cru tous d'une époque bien postérieure à l'an 1691 ; c'est Vénéroni, si populaire encore pour la méthode italienne à laquelle son nom est attaché. Voici ce que Du Pradel dit de lui :

« M. Vénéroni, secrétaire interprète du roi, ordinairement nommé dans les tribunaux pour les traductions et interprétations des langues espagnole et italienne, enseigne ces deux langues chez lui, *rue du Cœur-Volant.* »

Ce Vénéroni était un homme à expédients, digne de vivre à une époque plus avancée en industrie que le siècle de Louis XIV. Il n'était rien moins qu'Italien, car il était né à Verdun en Lorraine, et il se nommait Jean Vigneron. L'enseignement de la langue italienne, qui était fort à la mode en ce temps-là, lui parut une ressource, et, pour s'y mieux préparer, il commença par italianiser son nom. Comme ces chanteurs de notre temps qui se croient une voix plus fraîche dès qu'ils ont soudé à leur nom, bas-breton ou tudesque, une désinence toscane ou romaine, il se persuada qu'il savait l'italien, du moment que, sur la foi de son nom travesti, on put le prendre pour un échappé de Florence. Mais il ne s'arrêta point là pour se mettre tout à fait en honneur.

Italien par contrebande, il se fit encore grammairien, grâce à un vil emprunt; lexicographe, grâce à un plagiat. Il happa au passage le fameux Italien Roselli, ce coureur de pays et d'intrigues, ce Casanova anticipé dont les singulières aventures sont le texte d'un roman ; comme il le savait profondément versé dans sa langue maternelle, il lui persuada de composer une grammaire, puis, comme il ne le savait pas moins misérable, le livre fait, il lui en offrit cent francs, l'obtint et le publia sous son seul nom. Il fit à peu près de même pour son *Dictionnaire*, seulement au lieu d'un homme c'est un livre, le *Dictionnaire italien* d'Antoine Oudin, qu'il pilla avec effronterie. La Monnoye le dit positivement dans cette phrase de son *Glossaire des Noëls bourguignons*, phrase brutale mais juste, et qui est tout un résumé de la vie impudente de Vénéroni : « Le plagiaire qui s'est emparé du Dictionnaire italien d'Oudin et l'a fait imprimer sous le nom de Vénéroni étoit un pédant nommé Vigneron. »

Pour la science des chiffres et du négoce, on avait alors le fameux Barême, qui logeait au bas du Pont-Neuf. C'est là, aussi bien que dans une *chambre d'instruction* qu'il avait ouverte rue aux Ours, au coin de la rue Quincampoix, qu'aidé de son fils et de son gendre il tenait ses fameuses conférences sur la tenue des livres en partie double. Colbert était le protecteur de Barême[1], et dut visiter souvent son Acadé-

---

[1]. Barême se fit poète pour se mettre dans les bonnes grâces de M. de la Reynie. On en a la preuve par sa fameuse pièce, dont nous ne connaissons qu'un exemplaire,

mie, comme notre chiffreur appelait un peu fièrement sa maison. Savary, qui fit *le Fameux Négociant*, fut celui qui sortit de chez Barême le mieux émoulu en chiffres.

Du Pradel passe ensuite à une série non moins curieuse, aux noms et aux adresses des artistes qui alors illustraient Paris.

Il commence par les architectes. Nous apprenons de lui que Buland demeurait *rue Saint-Louis au Marais*, dans le quartier même des beaux hôtels qu'il a construits, et d'Orbay, *rue des Poulies*, tout près du Louvre ; quant à Perrault, que nous voudrions trouver bien plutôt que d'Orbay à l'ombre de son admirable colonnade, il loge dans l'immonde *place du Chevalier-du-Guet*.

Après viennent les peintres d'histoire. Nous trouvons Mignard, *rue Richelieu*, dans un hôtel qu'il partageait avec madame de Feuquières, sa fille, et dont la situation, d'après un plan manuscrit en notre possession, correspondait à celle du *passage*

---

celui que possède M. Leroux de Lincy : « *Ode à Monseigneur de la Reynie, conseiller du Roy en ses conseils d'estat et privé, maistre des requêtes ordinaire de son hostel et lieutenant général de police de la ville, prévosté et vicomté de Paris*, par Barrême, professeur en arithmétique. L'autheur vend à Paris. 1670. Au bout du Pont-Neuf, rue Dauphine.

Saint-Guillaume actuel, presque en face le Théâtre-Français; excellent voisinage pour le logis d'un ami de Molière! Jouvenet demeure, lui, dans l'un des pavillons du *collège Mazarin* — celui qui touche au *quai Conti,* — et les Coypel au Louvre.

Les peintres de portraits ont aussi leur curieuse mention. Nous y voyons Rigaud dans une maison de la *rue Neuve-des-Petits-Champs*, « à l'encoignure de la *rue de Louis-le-Grand,* » selon Germain Brice, qui complète ici Du Pradel. Petitot, qui peint la *mignature (sic) en émail,* demeure *rue de l'Université,* dans ce logis modeste où Richelet alla si utilement le consulter pour les termes de peinture de son dictionnaire.

Largillière, le peintre des éclatants velours, des riches satins, logeait, lui, dans la *rue Sainte-Avoye,* le plus fangeux des quartiers. Il n'y avait pas seulement son atelier d'artiste, mais encore une sorte de boutique où il brocantait les tableaux comme tous ces matois d'Auvergne qui pullulaient alors et qu'on appelait compagnons de la *graffignade*. Plus d'un honnête homme, du reste, se mêlait de ce trafic d'amateur; Du Pradel en cite quelques-uns : « M. l'abbé du Plessis, près le *Puits d'Amour ;* le sieur d'Alençon, *rue du Chapon*, et le sieur Paris, près *la Jussienne,* se plaisent à troquer des tableaux. » Ce fut aussi plus tard la manie de ce bon abbé Moussinot dont Voltaire, comme on sait, commandita le brocantage.

Mais revenons à Du Pradel et à sa liste des hommes d'art. Il continue par les sculpteurs, nous montre Girardon *au Louvre*, taillant froidement et magistralement son marbre en face des cariatides de Sarrazin son maître, sans en imiter les hardiesses ; Coysevox *aux Gobelins* avec ce pauvre Tuby, si célèbre alors, trop ignoré aujourd'hui, comme si sa réputation avait dû disparaître avec les sculptures de la porte Saint-Bernard, son principal ouvrage ; enfin Desjardins, plus modeste et moins bien renté, vivant en reclus dans sa petite maison du faubourg Montmartre.

Du Pradel clôt la série artistique de son *Almanach* par les adresses des musiciens. La liste est nombreuse, car elle comprend toutes les variétés de l'espèce, depuis les compositeurs jusqu'aux joueurs de guitare.

Nous avons d'abord les maîtres enseignant le clavecin, cet humble et strident devancier du monotone piano, qui avait au moins le mérite de se faire moins entendre. Ceux qui couraient l'enseigner par la ville étaient : Couperain, près *Saint-Gervais*, le même que La Fontaine a vanté dans son *épître* à de Nyert ;

Lalande, cité avec éloge dans la même pièce, et madame Oves, *rue Saint-Denis*, prototype d'une variété musicale qui pullule de nos jours : la maîtresse de piano [1].

La viole, sorte de violon à six cordes d'acier ou de laiton, dont La Fontaine a dit gracieusement :

... La viole, propre aux plus tendres amours,

avait aussi ses adeptes mélomanes, chez lesquels Marais, Sainte-Colombe et Garnier, les habiles joueurs de ce temps-là, ne dédaignaient pas de courir le cachet.

Mais c'est le téorbe qui était surtout l'instrument à la mode. Point de concert, point de sérénade possibles sans cette sorte de grand luth à deux manches ; pas même de chanson, de ballade ou de triolet sans que son aigre accompagnement ne

---

[1]. A. Gantez, qui eut la maîtrise de Saint-Innocent sous Louis XIII, nous apprend dans ses *Lettres* quels avaient été, avant ceux que nous nommons ici, les fameux musiciens de Paris : « Celui, dit-il, que j'ai trouvé, en ce pays, le plus agréable en musique, c'est Veillot, maître de Notre-Dame, et celui que j'ai trouvé le plus grave en la sienne, c'est Feschon, maître de Saint-Germain ; mais Hautcousteaux, maître de la Sainte-Chapelle, fait parfaitement tous les deux. »

fût obligé. Écoutez plutôt ce qu'en dit La Fontaine :

> Le téorbe charmant qu'on ne voulait entendre
> Que dans une ruelle avec une voix tendre,
> Pour suivre et soutenir par des accords touchants
> De quelques airs choisis les mélodieux chants...

Si l'on voulait se donner le plaisir d'un beau morceau de téorbe bien exécuté, il fallait s'adresser, selon Du Pradel, à Dupré, *rue des Escouffes,* à De la Barre, *en cour,* à Aubin, *rue de l'Écharpe.*

Le violon était aussi fort en estime, grâce à Baptiste, trop souvent confondu avec Lulli dont il avait le prénom ; grâce aussi à Charpentier, qui logeait *rue de la Harpe,* selon notre almanach. Le plus célèbre, et celui qui s'enrichit le mieux, de tous ces violonistes du XVIIe siècle, était Le Peintre, le même qui inspira à Richelet cette boutade de son étrange dictionnaire : « Le poëte Martial disoit autrefois que pour faire fortune à Rome il falloit être violon. Quand on diroit aujourd'hui la même chose de Paris, on diroit peut-être *assez* la vérité. Le Peintre, l'un des meilleurs joueurs de violon de Paris, gagne plus que Corneille, l'un des plus excellens et de nos plus fameux poëtes françois. » Ce qui n'était qu'*assez* vrai du temps de Richelet l'est tout à fait du nôtre.

Nous finirons, comme Du Pradel, par les compositeurs. Ils sont bien clair-semés et peu illustres. Lulli mort, pas un bon auteur d'opéra n'était resté debout. Qu'est-ce que Colasse, qui logeait *rue Traversine*? Un pauvre écrivassier en musique, dont rien n'est resté et qui aurait dû continuer toute sa vie, comme il avait commencé, de copier de bonne musique plutôt que d'en composer de mauvaise. Qui connaît aujourd'hui Bertet, l'Orphée de l'*Ile Notre-Dame*, et Charpentier, dont l'adresse était *rue Dauphine*? Ce dernier pourtant nous est plus recommandable. Il avait été l'un des bons amis de Molière, et c'est à lui, si nous avons bonne mémoire, qu'on doit la musique de la cérémonie du *Malade imaginaire*. A ce titre il mérite sa place ici, *dignus, dignus est intrare*, etc.

Du Pradel nomme aussi, mais simplement pour mémoire sans doute, le vieux Lambert, si fameux encore au temps où Boileau fit sa satire du *Repas*, si complètement oublié en 1691. Il habitait rue Sainte-Anne, au coin de la *rue Neuve-des-Petits-Champs*, cette maison que vous connaissez tous, avec ses chapiteaux corinthiens, ses hautes fenêtres, ses masques comiques engagés dans les arcades, et son faisceau d'attributs lyriques couronnant une des croisées. Lulli, qui avait fait bâtir ce somptueux logis, avait voulu, en mourant, que Lambert, dont il était le gendre, en eût la jouissance viagère.

Une classe de gens dont on omet à tort la curieuse catégorie dans nos modernes *Almanachs des adresses,* et dont Du Pradel, plus sensé, fait une série à part, c'est celle des amateurs, bibliophiles, antiquaires, collectionneurs de tableaux, etc. Puisqu'on indique aux acheteurs en quels lieux se trouve ce qu'ils cherchent, on devrait bien de même dire un peu aux marchands où se trouve pour eux une clientèle toute faite. C'est ce que tente ici notre vieil almanach, en nous donnant la liste des principaux amateurs de son temps. Il les appelle les *fameux curieux*, entendant le mot *curiosité* dans le sens qu'il avait alors et que lui donne La Bruyère, quand il dit dans son chapitre de la *Mode* : « La curiosité n'est pas un goût pour ce qui est bon ou ce qui est beau, mais pour ce qui est rare, unique, pour ce qu'on a et ce que les autres n'ont point... Ce n'est pas un amusement mais une passion, et souvent si violente, qu'elle ne cède à l'amour et à l'ambition que par la petitesse de son objet[1]. »

---

[1]. Jusqu'en 1789 on dit *curieux* pour amateur. « On appelait ainsi, dit madame de Genlis, de riches amateurs de tableaux, d'histoire naturelle, de médailles, d'antiquités et de raretés des pays étrangers. Il y avait à Paris, avant

Entre autres *curieux* donc, Du Pradel nous cite « le duc d'Aumont, *rue de Jouy;* Saint-Simon, *rue Taranne :* » — pour celui-là, il était, vingt endroits de ses *Mémoires* nous l'apprennent, fort curieux de portraits, surtout de ceux peints par Rigaud; — « le duc de Richelieu, *place Royale;* les présidents Lambert et Bretonvilliers, *Ile Notre-Dame.* » — Les opulents magistrats qui firent peindre par Lesueur et par Le Brun les galeries de leurs hôtels méritaient bien une place ici. — « Furetière, *rue du Roi-de-Sicile;* M. de La Planche, *rue de la Planche*, etc. » Mais trois noms nous ont surtout frappé dans cette nomenclature d'amateurs : celui de Jaback d'abord.

C'était un riche banquier de la *rue Neuve-Saint-Merri*, faisant, comme Du Pradel nous l'apprend ailleurs, toutes les affaires avec les pays du Nord-Est : l'Allemagne, la Pologne, la Hongrie et la Turquie. Les énormes bénéfices de sa banque étaient tous consacrés à satisfaire son goût intelligent pour les arts. Quand la galerie de tableaux, formée à Lon-

---

la Révolution, une infinité de cabinets de ce genre. Aujourd'hui presque tous les curieux sont transformés en brocanteurs; ce qui était un goût est devenu, comme tant d'autres choses, une spéculation. » (*Dictionnaire des étiquettes*, I, 114. V. aussi *Corresp.* de Metra, tome XIV, page 162.)

dres par Charles Iᵉʳ, fut mise à l'encan, il y courut, se fit adjuger à prix d'or les plus belles toiles, et revint tout fier parer son hôtel de ce riche butin.

Il était surtout ardent collectionneur de dessins. Quand, par suite de je ne sais quel caprice ou de je ne sais quelle vicissitude, il vendit sa galerie, il s'y trouvait 5,542 dessins et tout au plus cent tableaux, mais la plupart du meilleur choix. Le tout se vendit 220,000 francs. C'était pour rien [1].

Le cabinet du roi, premier fonds de notre Musée national, s'enrichit plus que tout autre de ces magnifiques dépouilles. Nos plus splendides Van Dyck, nos Holbein les plus authentiques nous viennent de Jaback.

M. de Chanteloup, « *près le Trône, rue du Faubourg-Saint-Antoine* », est l'un des deux autres curieux que

---

[1]. L'hôtel Jaback subsista jusque dans ce dernier temps. Il était traversé par un passage qui portait son nom et qui menait du numéro 34 de la rue Saint-Martin à la rue Neuve-Saint-Merri. Pendant le xviiiᵉ siècle, il avait servi à divers usages. Le Kain avait commencé la tragédie sur le théâtre bourgeois qu'on y avait établi. Dans sa principale salle s'exposaient et se vendaient des tableaux. (Bachaumont, tome VII, 240-248.) De là, certaine espèce de tableaux à vendre s'appelaient des *Jaback*. (Diderot, édition Brière, in-8, 1821, tome VI, page 41.) — V. pour de plus amples détails, le *Palais Mazarin*, par M. L. Delaborde, *passim*.

nous avons surtout aimé à trouver cités par Du
Pradel [1]. C'est que c'est là un des protecteurs de l'art
à cette époque les plus ardents et les plus éclairés.
Nous devons à ses munificences les plus belles œuvres du Poussin qui, perdu pour nous à Rome, ne
se rattacha longtemps à la France que par un seul
lien, les lettres, les encouragements et les commandes
que M. de Chanteloup lui adressait. Le troisième
curieux est M. de Gagnière, à *l'hôtel de Guise*. Un
fin bibliophile celui-là, dont le nom brille encore
aux plus belles pages du *Manuel* de Brunet, à la suite
des livres les plus dignes de rivaliser dans les ventes
avec ceux même de Groslier. La demeure de M. de
Gagnière à l'hôtel de Guise était bien choisie. Il y
trouvait un fort bon voisinage pour sa bibliothèque ;
elle s'y adossait aux superbes galeries de tableaux
appartenant à madame la duchesse de Nemours, et
à ce riche musée de pierres précieuses tant vanté et
tant jalousé par Coulanges. « *Hélas!* dit-il un jour,

[1]. L'abbé de Marolles ne l'oublie pas non plus dans la
liste de ceux qui possédaient à Paris des cabinets de *tableaux
très exquis*. Il nomme aussi beaucoup de curieux en peinture qu'a omis Du Pradel : « M. de Liancourt, M. le marquis de Sourdis, M. le marquis de Villière, M. de Créquy,
M. du Houssay, etc. » (*Mémoires de l'abbé de Marolles*, in-12,
tome III, page 215.)

songeant au goût ruineux qu'il y avait pris pour ces raretés,

> Hélas ! c'est toi qui m'as gâté,
> Brillant hôtel de Guise ! »

Les riches antiquailles, les vieux meubles étaient principalement à la mode. On avait, comme de notre temps, le goût effréné du *bahut* et de la *crédence*. Saint-Amant y fait allusion dans la préface de son *Moïse sauvé*, quand il dit, pour s'excuser des termes archaïques qu'il a mêlés aux mots nouveaux : « Une grande et vénérable chaise à l'antique a quelquefois très bonne grâce et tient fort bien son rang dans une chambre parée des meubles les plus à la mode et les plus superbes. » Du Pradel nous dit où il fallait aller pour se fournir de ces précieuses vieilleries. Il nous adresse à Raclot, *rue du Harlay*; à Varenne et à son associé Malafer, *quai de l'Horloge*[1]. Ce dernier était surtout fameux. C'était le Monbro du XVIIe siècle. L'abbé de Villiers, s'indignant, dans son poème de l'*Amitié*, contre cette vogue des vieux meubles, contre tous ceux qui s'y

---

[1]. Malafer était un des habitués du café de la Laurent, rue Dauphine, et il joua son rôle dans l'affaire des couplets de J.-B. Rousseau.

adonnaient, amateurs et marchands, ne nomme que lui :

> Voulez-vous voir chez vous vos salons inutiles
> Montrer aux curieux mille ornements fragiles,
> En antiques tourner et le bronze et le fer,
> Et dans un cabinet mettre tout Malafer ?...

L'antique n'était par la seule manie des curieux, l'unique *spécialité* des vendeurs de curiosités. « Ces marchands, dit notre almanach, vendent des porcelaines, des meubles de la Chine et des terres ciselées en détail. » Encore comme de nos jours ! le vieux et l'exotique allant de compagnie ! le bahut moyen âge et le paravent de laque de Chine s'étonnant d'être ensemble ! Et, gens du XIXe siècle, nous nous targuons de l'originalité de nos goûts ! « Il n'y a de nouveau que ce qui a vieilli ! » Le vieux Chaucer a bien raison de le dire.

Si l'on voulait des meubles à la mode du jour, fabriqués et ornementés dans la bonne manière, il fallait, comme à présent, aller **au *faubourg Saint-Antoine*** et dans quelques rues du centre que Du Pradel nous indique ainsi : « Les meubles de placage et de marqueterie se font et se vendent *grande rue du faubourg Saint-Antoine, rue Neuve-Saint-Merri, rue Grenier-Saint-Lazare, rue du Mail et rue Saint-Victor.* »

Puis il ajoute, à propos des meubles plus somptueux, quelques lignes d'autant plus intéressantes que nous y trouvons le nom et l'adresse de l'illustre Boul, l'homme qui sut le mieux façonner en meubles les bois précieux, le cuivre et le bronze, et qui distribua le plus délicatement en légers filigranes, en gracieuses arabesques, les incrustations d'ivoire et d'écaille.

« Les meubles d'orfévrerie sont fabriqués avec une grande perfection par M. de Launay, orfévre du roi, devant les *galeries du Louvre*.

« M. Boul, son voisin, fait des ouvrages de marqueterie d'une beauté singulière. »

Quand Du Pradel écrit que de Launay et Boul logeaient devant les galeries du Louvre, il entend dire qu'ils habitaient le palais même. Nous savons en effet par Germain Brice que Boul, jouissant du privilège réservé aux plus grands artistes, y occupait un appartement [1].

---

[1]. C'était par honneur, sans doute, que Boul logeait au Louvre, mais ç'aurait pu être aussi par nécessité. Ses nombreuses dettes, honorablement contractées pour les besoins de son art, l'avaient en effet forcé d'abord à chercher un asile dans ce palais, où le débiteur était à l'abri du créancier. (V. Depping, *Corr. administ. de Louis XIV*, tome II, page 843.)

Mariette, dans ses *Notices*, nous en a laissé une fort

Une dernière phrase de notre almanach sur la fabrication et le commerce des meubles nous a fait voir toute une population d'ébénistes dans un quartier que les gens de ce métier n'ont pas quitté depuis, c'est-à-dire dans les *rues de Cléry* et *Bourbon-Villeneuve* : « Il y a sur la *Ville neuve* un grand nombre de menuisiers qui travaillent à toutes sortes de meubles non tournés. »

Quelques marchands de meubles tenaient à la fois l'antiquaille et la nouveauté. Ainsi Fanagny[1], comme

---

curieuse sur Boul, sur ses malheurs, l'incendie de son cabinet, etc. Elle a été publiée dans le *Cabinet de l'amateur et de l'antiquaire*, et dans l'excellent recueil artistique de MM. de Chenevière et Anatole de Montaiglon, *Archives de l'art français*. Tout le monde fera bien de la lire, car il est temps qu'on sache que Boul est un homme et non une chose, comme on a l'air de le croire, même chez les gens du métier qu'il a illustré. Un marchand de meubles *genre Boul*, de la rue de Cléry, n'a-t-il pas cru bien faire et remonter à l'étymologie du nom de son art en se donnant cette enseigne : « *A la boule décorée ?* » Passe encore pour les Anglais, chez qui Boul est décidément une *boule!*

1. Ce Fagnani donna matière, par l'une de ses spéculations, à la comédie de Dancourt, *la Loterie*, en un acte, en prose, jouée au Théâtre-Français en 1697. Voici ce qu'on lit à ce sujet dans les *Anecdotes dramatiques*, tom. I, pag. 496, 497 : « Un Italien nommé Fagnani, s'était établi à Paris à titre de marchand brocanteur. Au bout de quelques années, cet aventurier obtint la permission de faire une loterie de ses effets, à raison d'un écu par billet.

l'appelle Du Pradel, ou Fagnani comme le nomme Gacon, qui par cette orthographe, la meilleure selon nous, semble révéler l'origine italienne de l'ingénieux marchand. Notre almanach place sa boutique *près la descente de la Samaritaine* et ne le range que parmi les vendeurs de vieilleries précieuses; mais Gacon, dans sa satire IX *contre les partisans,* nous le donne comme l'un de ceux chez qui les gens du meilleur goût allaient se faire faire un ameublement neuf ou à l'antique. Les vers où il en parle sont bons à citer comme description de l'intérieur somptueux d'un traitant à cette époque :

. . . . Le doreur et le peintre
Viennent peindre et dorer ses salons jusqu'au cintre.
L'or et la soie en mains, vingt brodeurs occupez
Font briller ses fauteuils, ses lits, ses canapez.
Dejans, aux Gobelins, fait ses tapisseries,
Dotel et *Fagnani* meublent ses galeries.
Et déjà, dans Paris, la splendeur de ses chars
Du peuple tout surpris attire les regards.

Le tapissier Bon, que le *Livre commode* ne nomme

Pour engager le public à y mettre, il annonça que chacun de ces billets porterait un lot : cette promesse captieuse eut tout l'effet que Fagnani s'en était promis et la loterie fut remplie en fort peu de temps. Il tint parole à la vérité; mais les trois quarts et demi de ses lots étaient de pures *bagatelles,* et les gros lots tombèrent à des inconnus, ou,

pas, et nous le regrettons, comptait aussi alors parmi les meilleurs. C'est lui qui travaillait pour Coulanges, et sans doute aussi pour madame de Sévigné. Le noble chansonnier, qui aimait les vieilles mœurs et les vieux meubles, lui reproche de donner dans la mode des lits nouveaux, grands à tenir deux familles, et dont le dernier modèle est le lit de Louis XIV à Versailles. Combien Coulanges préférait la vieille couchette de damas vert retrouvée dans les grabats de Susy ! mais, dit-il :

> Autant de modes que d'années,
> Aujourd'hui le tapissier Bon [1]
> A si bien fait par ses journées
> Qu'un lit tient toute une maison.

Nous allons maintenant faire hâter le pas à notre Abraham Du Pradel pour qu'il nous guide au plus vite en des quartiers non moins curieux, mais où

pour mieux dire, Fagnani les partagea avec eux. Ce fut sur cet événement que Dancourt bâtit sa comédie de *la Loterie* où Fagnani, sous le nom de Sbrigani, n'est pas épargné. Cette pièce eut un grand succès ; car la plupart des spectateurs se divertissaient à voir représenter une aventure dont ils avaient payé les dépens. »

1. V. pour la renommée du tapissier Bon et de son frère, comme constructeurs de lits, le *Mercure galant* (1e année), tom. III, page 300.

nous pourrons le laisser parler sans avoir besoin de l'interrompre aussi souvent de nos commentaires bavards.

Il nous mènera d'abord vers le quartier des banquiers, presque tous logés dans les *rues Saint-Merri, de Venise,* et surtout dans la *rue Quincampoix,* qui semble ainsi prédestinée à devenir, quelque vingt-cinq ans après, le siège de la banque de Law. Nous y trouvons en 1691 : Marcel, banquier pour Normandie, Champagne, etc.; puis MM. Rigioli et de Hemand, qui, ne trouvant pas qu'on déroge à la banque en se faisant marchands, « font, dit Du Pradel, commerce d'étoffes d'Italie, or, argent, velours et autres. »

De là nous passons au quartier de la draperie, que Dufresny, dans ses *Lettres siamoises,* appelle le *riche pays des Bourdonnais,* qualification qui pourrait encore lui convenir aujourd'hui. « C'est là, dit-il, que le luxe vous conduit dans des Pérou en magasin, où les lingots d'or et d'argent se mesurent à l'aune; et telle femme, après y avoir voyagé avec quelque étranger libéral, porte sur elle plus que son mari ne gagne, et traîne à sa queue tout le bien d'un créancier. »

Du Pradel est moins brillant mais plus précis : « Les dentelles et les galands d'or, dit-il, se vendent *rue des*

Bourdonnais et *rue Saint-Honoré,* entre la *place aux Chats* et les *Piliers des Halles.* » Il ajoute dans un autre endroit : « Le bureau des marchands drapiers est dans la *rue des Déchargeurs.*

» Enfin les marchands drapiers qui ont de gros fonds et qui font de grandes fournitures, sont dans la *rue Saint-Honoré :*

» M. de Vins au *Grand-Louis ;* les frères Berny au *Château couronné ;* Faré et Paris au *Grand-Monarque ;* Boucher au *Lion d'argent.* » Cette dernière maison existe encore rue Saint-Honoré, au coin de la rue des Prouvaires, avec son ouvroir antique à peine modifié, et son écusson en guise d'enseigne, portant lion d'argent sur champ d'azur et cette devise orthographiée à l'antique : AV LION D'ARGENT.

Entre autres forts marchands de la rue des Bourdonnais, Du Pradel nous nomme encore MM. Gaultier et Regnault, par qui, dit-il, « les étoffes de soie et d'argent sont commercées. » Le premier nous était déjà connu, c'est le même chez lequel La Bruyère nous avait montré les jeunes fiancés de son temps, se ruinant pour leurs accordées en nippes et chiffons précieux. « L'utile et la louable pratique de perdre en frais de noces le tiers de la dot qu'une femme apporte ! de commencer par s'appauvrir de concert par l'amas et l'entassement de choses superflues, et de prendre déjà sur ses fonds de quoi payer Gaultier, les meubles et la toilette! »

Du quartier de la riche draperie à celui de la friperie il n'y avait qu'un pas, pas plus loin que du galon d'or au haillon. Du Pradel nous y mène sans désemparer. Mais d'abord laissons parler encore le spirituel Dufresny : « D'un côté tout opposé, le bon marché vous mène dans une contrée où le hasard vous habille. Là, quantité d'importuns officieux appellent le passant, l'arrêtent, le tiraillent et lui déchirent un habit neuf pour l'accommoder d'un vieux. »

L'almanach nous donne des détails plus positifs, il nous montre, entre autres originaux trafiquant sous les piliers, un certain Fournerat chez qui l'on pouvait s'entretenir d'habits par abonnement annuel : « Le sieur Fournerat, marchand fripier sous les piliers des halles, entretient bourgeoisement et honnêtement d'habits pour quatre pistoles par an [1]. »

Ce n'est certainement pas cher, surtout quand on songe à quel prix étaient alors les moindres objets d'une toilette honnête; les souliers par exemple, surtout les patins des femmes, pour peu qu'ils fussent d'un bon faiseur, coûtaient plus de douze francs la

---

[1]. Un poète besoigneux de ce temps-là, nommé Blavet, donne, dans une requête rimée adressée au prince de

paire : « Le sieur Desnoyers, cordonnier, *rue Sainte-Anne*, est renommé pour des souliers de femme qu'il vend un louis d'or.[1] »

Le luxe et la cherté des habits avaient été poussés si loin que Louis XIV, par décri somptuaire du 27 novembre 1660, avait dû défendre les *broderies, cannetilles, paillettes, guipures,* etc., ce qui avait bien mis en joie les gens moroses que la toilette offusque, et les maris jaloux qui voient un danger pour eux dans la toilette de leur femme. « *Oh !* dit Sganarelle :

> Oh ! trois et quatre fois béni soit cet édit,
> Par qui des vêtements le luxe est interdit !
> Les peines des maris ne seront pas si grandes,
> Et les femmes auront un frein à leurs demandes.
> Oh ! que je sais bon gré au roi de ces décris,
> Et que, pour le repos de ces mêmes maris,
> Je voudrais bien qu'on fît de la coquetterie
> Comme de la guipure et de la broderie. »

Turenne et que Monteil possédait manuscrite, quelques détails sur les endroits où se vendaient les vieilles nippes :

> Je chercherai des nippes de hasard
> A l'avenant de ma petite banque.
> Sur le Pont-Neuf s'il se trouve un Girard
> . . . .
> A bon marché, au Châtelet un feutre
> . . . .
> Castor tout neuf est trop cher pour un pleutre.

[1]. Une ordonnance de décembre 1689, avait porté le

En 1691 pourtant, en dépit de l'édit du roi et à la barbe de Sganarelle, on vendait toujours à Paris force guipures et force broderies :

« Les points et dentelles se vendent en plusieurs boutiques et magasins de la *rue Béthisy*, de la *rue des Bourdonnais* et de la *rue Saint-Denis*....

» Les dentelles, guipures et galands de soie se vendent sur *le Petit-Pont* et *rue aux Febvres,* où l'on vend aussi des galands de livrée [1]... »

» Les marchands qui font des garnitures de rubans ont leurs boutiques dans les cours, salles et galeries du palais...

» Il y a aussi plusieurs boutiques de lingères qui vendent des dentelles et garnitures de tête, au

---

louis d'or à 12 livres 10 sols. (V. *Journal de Dangeau,* édition complète, tome III, pag. 39.) — Il monta au triple moins de trente ans après. En 1718, il valait 36 livres. (*Nouv. lettres de madame la duchesse d'Orléans,* etc., publiées par G. Brunet. Paris, 1853, in-12, pag. 150.)

1. Les rubans se vendaient sur le Pont-au-Change. Charles Chevillet, qui sous le nom de Champmeslé fut comédien, auteur, et mari de la fameuse tragédienne aimée de Racine, avait fait ce commerce avant d'aborder la scène. Le Noble, reprochant à un poète ami de ce comédien ventru les défectuosités qu'il avait trouvées dans ses vers, lui dit :

> Tu les as mesurés sans doute à l'aune antique
> Dont jadis ton Pansa mesuroit ses rubans.

palais et sous *les charniers du cimetière des Saints-Innocents...* »

Ce qui m'étonne, c'est que Du Pradel oublie de nous indiquer la fameuse boutique du mercier Perdigeon qui, depuis le temps des *Précieuses* où Madelon se récriait sur le ruban *furieusement* bien choisi de Mascarille qui était « du *Perdigeon tout pur* », n'avait pourtant rien perdu de sa renommée. En 1692, l'année même de l'un de ces almanachs, Palaprat devait encore en parler dans un passage de son *Arlequin Phaéton*. Du Pradel n'avait peut-être rien reçu pour la réclame !

Pour le commerce et l'étalage des garnitures de perles et de diamants, on n'avait point alors les galeries du Palais-Royal et les passages ; toutefois, on aurait pu les loger mieux qu'à la *rue Thibault-aux-Dez*, où Du Pradel nous les montre en vente : « Les garnitures de perles et de pierres fines sont *commercées* par les sieurs Alvarez et Maçon, *rue Thibault-aux-Dez*.

« Les garnitures de pierres fausses se vendent au *quartier du Temple*..... » C'est de là qu'est venue la locution de *diamants du Temple* pour pierres fausses.

Les merciers abondaient dans les quartiers où leurs boutiques se trouvent encore : « Les aiguilles et

épingles se vendent en gros près de la *croix du Ti-roir* A LA COUPE D'OR, et *rue de la Huchette* à l'Y. »
Cette dernière enseigne, que quelques merciers gardent encore et sous l'invocation de laquelle on vend toujours les meilleures aiguilles, a besoin d'être expliquée. C'est une légende-rébus dont peu de gens ont le mot. Autrefois on appelait le haut de chausses *grègues*, à cause de sa ressemblance avec les courtes et larges culottes des Grecs. Le nœud de ruban que les merciers vendaient pour l'attacher au pourpoint se nommait *lie-grègues*. Or, c'est de ce mot un peu modifié que vient notre enseigne. De *lie-grègue,* en forçant légèrement la prononciation, on eut l'Y; et la fameuse lettre fut ainsi acquise aux merciers. Elle a d'ailleurs assez bien la forme d'une culotte les jambes en l'air, et par là, convient d'autant mieux, comme armes parlantes, à ces marchands de culottes et de caleçons.

Les perruques étaient une grande affaire en 1691 et comptaient pour beaucoup dans les frais de toilette pour les hommes. Nous n'avons donc pas été surpris de trouver dans l'almanach de Du Pradel un article spécial pour les *ouvrages et marchandises de cheveux :*

« Entre ceux qui sont renommés pour faire les perruques du bon air, sont MM. Pascal, *quay de Nesle;*

Pelé, *rue Saint-André*; Vincent, *quay des Augustins*;. ceux-ci font aussi commerce de cheveux en gros et en détail... »

Dans un autre endroit, il nous parle d'un accessoire indispensable pour ces chevelures postiches : « On fait des calottes de toile jaune et de serge à mettre sous les perruques, chez un calottier qui a sa boutique sous la porte de la cour neuve du palais. »

Le premier de tous les entrepreneurs en cheveux était l'illustre M. Binet : « M. Binet, *qui fait les perruques du roy*, demeure *rue des Petits-Champs*[1]. » Certes, ce devait être là un homme de conséquence. L'artiste qui fabriquait la perruque royale! cette

---

[1]. Salgues, dans son livre *De Paris, etc.*, paru en 1813, a consacré un chapitre aux perruques. Il n'y oublie pas celles du temps de Louis XIV, ni, par conséquent, M. Binet : « Les perruques, dit-il, page 352, s'établirent sur toutes les têtes. Louis XIV et toute sa cour en portaient qui pesaient plusieurs livres, et coûtaient jusqu'à mille écus; les tresses descendaient sur les hanches, et le toupet dominait sur le front à une hauteur de cinq à six pouces. L'histoire nous a conservé le nom de l'artiste ingénieux qui inventa cette coiffure, il se nommait Binet. Bientôt les magistrats, les médecins, les docteurs s'aperçurent qu'une *binette* donnait de la dignité, indiquait la science et imposait à la multitude. Dès lors, le rasoir des barbiers fut mis en réquisition, et suffit à peine à émonder toutes les têtes ; plus la *binette* était large, plus le respect

perruque in-folio qui fut la véritable couronne de Louis XIV, cette perruque sans laquelle on ne l'a jamais vu, qu'il mettait lui-même derrière les rideaux de son lit, afin d'apparaître déjà radieux aux courtisans du petit lever, le soleil ne se levant pas sans ses rayons!! Quel homme c'était pour Louis XIV que ce bon M. Binet, le faiseur de perruques! Il lui dut, tout le temps de son règne, les trois quarts de sa majesté. Mais cette tâche de perruquier royal exigeait un art infini et des soins sans nombre, surtout en ce qui regardait le choix des cheveux[1]. Nous en jugeons du moins par ce que nous dit le marquis de Louville, des précautions prises pour la fabrication des perruques de Philippe V, roi d'Espagne et petit-fils du grand roi : « Il y a une difficulté pour les perruques, à quoi il faut faire attention, écrivait-il au ministre de France; c'est qu'on prétend que les cheveux avec lesquels on les fera doivent être de cavaliers ou de demoiselles, et M. le comte de Benavente n'entend point raillerie sur cela. Il veut

---

du peuple croissait. » Aujourd'hui, aurait pu ajouter Salgues, l'oubli de la chose a bien fait perdre le respect du mot. Quand, chez le peuple, on veut parler d'une tête ridicule on dit : « *Quelle binette !* »

[1]. Paris fournissait de perruques l'Europe entière. (Liger, *Voyageur fidèle dans Paris*, chap. *Perruquiers.*)

aussi que ce soient des gens connus, parce qu'il dit qu'on peut faire beaucoup de sortiléges avec des cheveux, et qu'il est arrivé de grands accidents. Vous voyez que l'affaire est de conséquence et qu'il n'y faut rien négliger. »

Les parfumeurs chez qui se vendaient les cosmétiques, les pommades et les odeurs propres aux perruques étaient alors en nombre à Paris. Jamais la mode des parfums n'y avait été poussée plus loin ; c'était une contagion qui venait de Louis XIV, le roi le *plus doux fleurant* qui se soit vu. C'est Martial, si fameux par un plaisant passage de la *Comtesse d'Escarbagnas* qui lui fabriquait ses parfums, le plus souvent en sa présence ; car le grand roi était défiant et se souvenait sans doute des gants de senteur sortis de la boutique de René, et dont les vénéneuses exhalaisons avaient causé la mort de la reine de Navarre. Le *Parfumeur françoys,* etc., livre fort curieux de cette époque, nous fait voir dans son avertissement Louis XIV chez Martial, et il ajoute à ce sujet de précieux détails sur quelques parfums et parfumeurs de la même époque : « Le plus grand des monarques qui ait jamais été sur le trône s'est plu à voir souvent le sieur Martial composer dans son cabinet les odeurs qu'il portoit sur sa personne. M. le prince de Condé, dont la mémoire sera toujours en vénération à la France, faisoit parfumer devant lui, par le sieur Charles, le tabac et plusieurs choses de cette nature dont il se servoit. Le nom de *Poudre à la Maréchale* n'a été donné que parce que madame la duchesse d'Aumont se divertissoit à la faire. » Le *Livre commode des Adresses* nous instruit de ceux qui rivalisaient avec ces fameux parfumeurs : « Le sieur Bailly, *rue du Petit-Lion*, près la rue Pavée, vend des savonnettes légères qu'il *dit être* de crème de savon et meilleures que les savonnettes ordinaires. »

La réclame est encore bien modeste, bien craintive, elle n'a pas encore son franc parler; elle suppose, elle croit, elle n'affirme pas.

« Le sieur Adam, courrier du cabinet du roi pour l'Italie, apporte souvent des essences fines de Rome [1],

---

[1]. C'est en effet de Rome que venaient les meilleurs parfums et les plus beaux gants de senteur. On le sait par une lettre du Poussin à M. de Chanteloup, du 7 octobre 1646. Il a tout fait pour bien exécuter la commission qu'il lui a donnée. Il y a employé un sien ami « connaisseur en matière de gants. » Du tout il a fait un paquet, « il y en a une douzaine, la moitié pour les hommes et la moitié pour les femmes. Ils ont coûté une demi-pistole la paire, ce qui fait dix-huit écus pour le tout. » Dans une autre lettre du 18 octobre 1649, ayant fait commission pareille, il en instruit encore M. de Chanteloup. Cette fois ce sont de bons gants à la frangipane qu'il a achetés et c'est la signora Maddalena, « femme fameuse pour les parfums », qui les lui a vendus.

de Gênes et de Nice. Il demeure chez M. Crevon, marchand *devant la barrière Saint-Honoré*.

» M. Guilleri, *rue de la Tabletterie*, fait venir de *Portugal* la véritable *eau de Cordoue*. »

Par cette dernière phrase, ce bon Du Pradel, qui nous enseigne tant de choses, nous apprend, par surcroît, qu'il n'était pas très savant sur la géographie de la Péninsule.

Au xviie siècle, la propreté passait avant le luxe. L'usage des bains, transmis par les étuvistes du moyen âge et qui ne se perdit que dans la seconde moitié du xviiie siècle, était encore en pleine vigueur; nous trouvons dans notre almanach une mention spéciale pour les baigneurs en renom.

« Les barbiers-baigneurs qui tiennent des bains, des étuves et des *dépilatoires* pour la propreté du corps humain sont MM. Dupont et Mercier, *rue de Richelieu;* Jordanis, *rue d'Orléans;* Du Bois, *rue Saint-André...*

» Les dames sont lavées chez M. Du Bois par mademoiselle sa femme. » Les bourgeoises, comme on sait, n'osaient pas alors prendre le titre de madame.

Avant ces baigneurs de 1691, on en avait eu de plus fameux : La Vienne, chez qui le roi, dans le temps de ses premières amours, allait se baigner et se parfumer, et dont par la suite il fit son premier valet de chambre; Prudhomme, en la maison duquel madame de Sévigné ne trouvait pas trop mauvais que Bussy allât loger pour une nuit. « Comme je ne suis pas une femme de cérémonie, lui écrit-elle, je suis trop raisonnable pour trouver étrange que la veille d'un départ on couche chez le baigneur. Je suis d'une grande commodité pour la liberté publique; et pourvu que les bains ne soient pas chez moi, je suis contente : mon zèle ne me porte pas à trouver mauvais qu'il y en ait dans la ville. » Il y a, toutefois, de la malice dans cette lettre de madame de Sévigné; on y voit qu'elle n'était pas dupe de la soi-disant innocence d'une nuit de Bussy chez le baigneur, dans un logis public, qui tenait le milieu entre l'hôtel garni et des maisons pires.

Quant aux hôtels garnis proprement dits, ils ont aussi leur place dans l'almanach de Du Pradel. On les y trouve cités avec toutes leurs appartenances et dépendances : tables d'hôte, couvert à tout venant, etc. « Le sieur De Lamotte, *à l'hôtel de Mantoue,* rue Montmartre, tient une fort bonne table de quarante sols par repas, et fournit même une seconde table aux intervenants. » C'est notre restaurant à deux francs, compliqué d'une table d'hôte. Ensuite viennent d'autres détails pour quelques autres maisons où l'on mangeait. « On trouve des auberges réglées dans tous les quartiers de Paris, où l'on mange plus ou moins somptueusement, selon la dépense que l'on y fait. Dans quelques-unes on ne paye que dix sols par repas; mais il y en a d'autres à quinze, à vingt, à trente et même à quarante sols... [1].

» On mange à dix sols par repas *au Heaulme*, rue du Foin; *au Paon*, rue Bourg-l'Abbé...

» A quinze sols rue de Savoie, *à l'Hôtel couronné*; rue du Petit-Bourbon, *à la belle Image*; rue de la Rose, *à la Samaritaine*...

» Il y a quelques auberges où se trouvent trois tables différentes : à quinze, à vingt et à trente sols par repas...

» Les personnes qui ne peuvent faire *qu'une médiocre dépense* trouvent d'ailleurs dans tous les quartiers de Paris de petites auberges où l'on a de la soupe, de la viande, du pain et de la bière à suffisance pour cinq sols. » La gastronomie à bon marché n'est donc pas une invention de nos gargotiers.

---

1. L'abbé de Marolles ne dédaigne pas de consacrer une mention flatteuse aux fameux *traiteurs* et cuisiniers de son temps, ne fussent-ils que cabaretiers comme Coiffier et Cormier, qu'il cite en même temps que Gribou, La Basoche, Guille et La Varenne « qui, dit-il, en a même fait un livre exprès. » (*Mémoires*, III, page 214.)

Un dîner pour cinq sous, ils n'en sont pas encore revenus là !

Puisque Du Pradel en est à l'endroit où son précieux petit livre devient un véritable *Almanach des Gourmands*, n'oublions pas plus que lui les pâtissiers dont il donne une liste assez détaillée. C'est d'abord M. Fagnault à la fois pâtissier et traiteur et, qui plus est, fricoteur titré et presque noble. « Écuyer de cuisine de monseigneur le Prince, il en fait de très excellente qu'il vend à personnes de connoissance.

» Ainsi en est-il, ajoute encore notre cicerone, du sieur Flechemer, *rue Saint-Antoine*, au coin Saint-Paul. Celui-ci fait un grand débit de fines brioches que les dames prennent chez lui en allant au cours de Vincennes. »

Pour celui-ci, Du Pradel n'aurait pas dû s'en tenir là, il aurait dû ajouter qu'il était pâtissier en titre de la fabrique de Saint-Paul, et qu'en cette qualité il figura dans le petit poème burlesque de Marigny, le *Pain bénit*.

S'indignant contre les marguilliers gourmands qui ne se contentent, à grand'peine, que :

> D'un pain bien large et bien épais,
> Bien étoffé de beurre frais...

le rimeur comique ajoute :

> Encor ne pouvez-vous souffrir
> Que le pain que l'on doit offrir
> S'achète ailleurs qu'en la boutique
> De *Flechemer* qui, pour l'argent,
> Afin d'avoir votre pratique,
> Se qualifie effrontément
> De *pâtissier de la fabrique.*
> Que son pain soit grand ou petit,
> Il est selon votre appétit ;
> S'il vous donne une *paragante*
> Et s'il fait bien boire Regnault,
> Votre fabrique est bien contente,
> L'offrande est faite comme il faut.

Voilà des marguilliers et un pâtissier bien accommodés ! Un autre faiseur de brioches de ce temps-là ne le fut pas d'une façon moins réjouissante dans une satire de Boileau : c'est Mignot, que Du Pradel n'oublie pas non plus de nous nommer.

« Le sieur Mignot, dit-il, *rue de la Harpe*, n'a pas seulement beaucoup de réputation pour la pâtisserie, mais encore pour toute espèce de ragoûts, étant pâtissier-traiteur. »

Ici la réclame donne un démenti à la satire ; par elle, *l'empoisonneur* que le poète a fustigé devient le plus fin artiste en gourmandise, mais elle a beau faire, on l'a oubliée elle-même pour ne se souvenir que du terrible vers. Le pauvre Mignot est aujourd'hui immortellement ridicule. C'est au point que Voltaire s'indigna tout rouge de ce qu'on le donnait pour grand-père à son propre neveu l'abbé Mignot. Le 30 décembre 1774 il écrivit fort et bien à d'Argental pour démentir la sottise généalogique que Clément avait publiée là-dessus, et que « MM. les auteurs des *œufs rouges* » avaient répétée. Malheureux Mignot, renié même par les siens ! Pourquoi diable aussi s'avisait-il de prendre fait et cause pour Cotin, et de populariser sa satire contre Despréaux, en donnant cette feuille volante pour enveloppe à ses biscuits ? Le satirique le paya de ce tour par un bon et solide ridicule, « pilule amère à mâcher, » comme disait Molière.

Mais c'est nous occuper trop longtemps des métiers opérant pour les gens bien portants, parlons un peu de ceux qui exploitaient la mauvaise santé : du pâtissier passons au médecin ; des pensions établies pour les mangeurs de tout grade passons à celles qu'on avait établies pour les malades, et qui, disons-le vite, étaient, ou peu s'en faut, semblables à ces maisons de santé que notre siècle philanthropique se glorifie tant d'avoir inventées. C'est dans le *quartier Popincourt* ou plutôt de *Pincourt*, comme on disait alors, que Du Pradel nous fait voir un de ces hospices bourgeois. « Cette pension, dit-il, est placée à Pincourt, c'est-à-dire dans une grande et belle rue qui était naguère un hameau, qui fait partie des faubourgs de Paris et qui se trouve entre la porte Saint-Louis et la porte Saint-Antoine... En tel temps et à telle heure qu'on y puisse arriver, on y est reçu et on y trouve une chambre prête en payant par avance la pension de huit jours; et on est même assuré d'y trouver le médecin tous les matins, au moins jusqu'à dix heures; et tous les soirs, depuis six heures jusqu'au temps du coucher. »

Puisque cela nous amène à parler des choses de la médecine, nous allons citer ce que dit Du Pradel des apothicaires de son temps; aussi bien c'est peut-être le plus curieux passage de son curieux ouvrage. On croira souvent relire une scène de Molière :

« Les marchands épiciers qui s'attachent particulièrement à la droguerie médicinale sont, pour la plupart, dans la *rue des Lombards*.

» Les apothicaires et les épiciers, qui ne composent ensemble qu'un même corps, ont leur bureau *au petit cloître Sainte-Opportune*.

» M. Rouvière, *apothicaire ordinaire* du roi et des camps et armées de Sa Majesté, qui n'est pas moins curieux dans sa profession et qui a fait deux préparations publiques de la thériaque d'Andromachus, avec un applaudissement général, vend d'ailleurs une eau vulnéraire qui est d'un très grand effet dans les plaies d'arquebusade, *rue Saint-Honoré*, près Saint-Roch, où il a une boutique d'une propreté extraordinaire[1].

» M. de Blegny fils, apothicaire ordinaire du roi, sur le *quay de Nesle*, au coin de la *rue Guénégaud*[2].

» C'est le seul artiste à qui les descendants du signor Hieronimo de Ferranti, inventeur de l'orviétan, ayent communiqué le secret original.

» Il dispense aussi tous les remèdes achetés et publiés par ordre du roi, une conserve et une liqueur pour la guérison des phthisiques et des pulmoniques, une ptizane philtrée pour purger doucement et agréablement la bile, la pituite et généralement toutes les superfluités.

» Une eau vulnéraire qui guérit le scorbut et les

---

1. Messieurs de l'apothicairerie tranchaient du médecin. Marolles, qui cite les plus fameux, Gaman, Tartarin, Naudin, etc., dit que lui et ses amis ont tiré d'eux des remèdes souverains, « non seulement par les conseils des médecins... mais encore par leurs propres. » (*Mémoires*, III, 213.)

2. V. plus haut, p. 27, une note sur Blegny.

ulcères de la gorge..., une eau anodine qui apaise avec une promptitude surprenante les douleurs des dents,... une liqueur de Jouvence qui rectifie les constitutions vicieuses, qui désopile les viscères obstrués, qui corrige les défauts de la digestion, qui guérit radicalement le vertigo, la migraine et les vapeurs, qui règle les excréments, en un mot qui rajeunit comme une espèce de fontaine de Jouvence...

» Les eaux d'Ange, de Cordoue, d'amaranthe, de fleurs d'orange, de thym et généralement les eaux odoriférantes et médicinales qui servent aux cassolettes philosophiques pour parfumer et désinfecter les chambres et pour guérir les maladies par sympathie. » Et deux longues pages de ce style !

« Tous ces remèdes sont distribués dans des bouteilles et boîtes cachetées sur lesquelles on fait coller l'imprimé qui enseigne leurs vertus et leurs usages. Une personne solvable, qui enseigne la vertu de ces remèdes, s'oblige, quand on le veut, d'en payer la valeur en l'acquit des malades en cas qu'ils ne guérissent pas, pourvu qu'ils conviennent de les payer au double, pour une parfaite guérison. » Pends-toi, Purgon, ce grand moyen d'empirique a été trouvé sans toi ! Et dites encore, après tout cela, que Molière a exagéré le ridicule des médecins et des apothicaires de son temps ; que nous sommes les premiers inventeurs de la réclame pharmaceutique, et que Voltaire n'a pas eu raison de dire dans une de ses lettres, à propos de je ne sais quel apothicaire : « Ce monde est une grande foire où chaque polichinelle cherche à s'attirer la foule, chacun enchérit sur son voisin ! »

Ce n'est pas tout que ces empiétements du passé dans le domaine de notre réclame médicale. Il a aussi ses droits de priorité sur plus d'une invention de nos empiriques à diplôme. Nous avions lu dans La Bruyère, au paragraphe 21 *Des Jugements*, cette phrase significative : « *B. B.* (s'enrichit) à vendre en bouteille l'eau de la rivière, » et nous avions cru trouver là le premier mot d'un secret pharmaceutique rajeuni par nos charlatans patentés. Ce que disaient les *clefs* du livre des *Caractères* nous confirmait dans cette opinion ; ce B. B., à les entendre, était un certain Barbereau « qui avait amassé du bien en vendant de l'eau de la rivière de Seine pour des eaux minérales. » C'était là certainement, selon nous, le premier germe de l'eau de Seltz, de l'eau de Barège, etc., artificielles. Du Pradel nous a prouvé que nous avions raison de le croire. Dans son almanach de 1692, à la page 52, il est formel sur ce point : « Le sieur Tillesac, dit-il, *rue de la*

Bûcherie, joignant les Écoles de Médecine, vend toutes sortes d'eaux minérales artificielles. » Cette fois, voici la chose et le nom. M. Walcknaër, qui a fait cette découverte avant nous et l'a consignée dans son commentaire sur La Bruyère, s'écrie alors triomphalement : « Et l'on croit cela une invention moderne ! » Eh, mon Dieu ! à chaque chose du passé rapprochée de celles du présent, c'est presque toujours ce que l'on peut dire. Maint passage de ce long chapitre l'a fait voir ; aussi le terminerons-nous par l'exclamation du grand érudit !

LE LOGIS DE L'AMIRAL COLIGNY

Comment se forma la rue de Béthizy, et d'où lui vient son nom. — Le logis de l'amiral. — Récit de la mort de Coligny par un Allemand. — Origine latine d'une *déclamation* de Voltaire. — Le véritable hôtel Montbazon. — Le conte de la conversion de Rancé. — Ce qui arriva à M. de Candale. — *L'hôtel de Lisieux*. — Erreur de Sainte-Foix, de Nodier, de tout le monde. — Ch. Vanloo et Sophie Arnould dans la chambre de l'amiral. — Un aperçu de l'histoire de Sophie et de son premier amour, etc.

Coligny fut-il tué rue de Béthizy ? A cette question, certes bien permise au moment où la pauvre rue vient de disparaître sous le flot montant des maisons de la rue de Rivoli, nous répondrons tout d'abord par un « non » bien formel, en dépit de tout ce qu'ont pu dire les histoires de Paris passées et présentes, les feuilletons d'hier et ceux d'aujourd'hui.

Ce démenti étant ainsi donné à une tradition trop répandue, trop répétée par suite d'une erreur dont nous indiquerons l'origine, voici sur quelles preuves nous nous appuierons :

A partir de 1416, époque où M. Jacques de Béthizy, avocat au parlement de Paris, avait fait bâtir son hôtel dans la rue dite alors *rue de la Charpenterie*, on avait baptisé du seul nom de Béthizy, non seulement cette rue que venait embellir le nouvel hôtel, mais encore celle qui en était la suite et qui la prolongeait dans la direction du Louvre. Cette dernière s'appelait auparavant *rue au Comte de Ponthieu*, et c'est la même qui, ayant repris le nom qu'elle avait déjà porté en 1300, à cause des fossés creusés par les Normands en 886, et dont elle occupe en partie l'emplacement, s'appelle aujourd'hui *rue des Fossés-Saint-Germain-l'Auxerrois*.

Ainsi, au XVe siècle, enjambant la rue de la Monnaie, au coin de laquelle elle s'arrêtait encore hier, la rue de Béthizy s'étendait jusqu'au delà de la rue de l'Arbre-Sec.

Quand l'amiral de Coligny vint s'y loger, les choses n'avaient pas changé. La demeure qu'il prit était ce même hôtel de Ponthieu qui avait précédemment donné son nom à une partie de la rue, et qui appartenait alors à la famille de messire Antoine Dubourg, chancelier de France[1].

1. C'était l'oncle de ce malheureux Anne Dubourg, pendu en Grève, le 15 décembre 1559, et la première victime des rigueurs contre le calvinisme.

C'est là que fut commis cet assassinat du grand amiral, sur lequel nous ne nous arrêterions pas aujourd'hui si nous n'avions pas à vous en faire connaître un récit tout à fait inconnu, celui qu'un prêtre allemand, témoin des massacres, écrivit le lendemain même de la Saint-Barthélemy à Lambert Gruter, des Pays-Bas, évêque de Neustadt. On le retrouva en 1826 dans les archives mêmes de cet évêché autrichien. Un recueil allemand s'empressa de le publier, et le *Bulletin* du baron de Férussac en donna aussitôt une traduction. Nous n'en détacherons que ce qui se rapporte au meurtre de l'amiral :

« Le duc de Guise, suivi de satellites armés, se rendit en hâte au logis de l'amiral Coligny. Ayant fait forcer la porte extérieure, les Suisses de la garde navarraise voulurent s'opposer à leur projet; mais leur capitaine et quelques hommes furent tués sur la place. Le duc de Guise, qui avait attendu dans la cour l'issue de la première entreprise, ordonna à quelques-uns de ses soldats de monter à la chambre de Coligny, dont la porte était confiée à un valet de chambre allemand. Ce dernier, s'étant opposé à ce qu'on entrât chez son maître, reçut un coup de feu à la tête. Bien qu'au premier bruit qui se manifesta à la porte extérieure, l'amiral se fût mis à la fenêtre pour s'assurer de la cause du tumulte, et qu'il lui eût été facile de voir que c'était à lui que l'on en voulait, il ne fit aucune tentative pour se sauver; au contraire, il se recoucha en robe de chambre, et fit même semblant de dormir, quand trois hommes armés entrèrent dans son appartement. L'un de ces trois assassins, qui était gentilhomme, le saisit par le bras en s'écriant : « *Monsieur l'amiral, monsieur, vous dormez trop !* » Coligny fit semblant de sortir du premier sommeil, et se tournant vers celui qui lui parlait, il en reçut un coup d'épée dans le côté gauche et un coup de poignard dans le côté droit. On ordonna ensuite aux Suisses de le jeter par la fenêtre. Cependant Coligny n'avait pas encore rendu l'âme, et il fit une telle résistance quand on voulut s'emparer de lui, que quatre Suisses n'en purent venir à bout, malgré les coups de hallebarde qu'ils lui donnèrent sur l'os de la jambe. Ils firent un second effort pour exécuter l'ordre qu'ils avaient reçu, et le saisirent tous les quatre par le corps ; mais, voyant que les soldats français s'occupaient à piller sa cassette, ils laissèrent tomber le corps de Coligny pour se livrer également au pillage. Tout à coup on entendit du fond de la cour une voix s'écrier : « *Admiral est-il mort ? jetez lui par la fe-*

nêtre ! » Un soldat français s'approchant alors de Coligny, qui, bien que renversé à terre, opposait encore une vigoureuse résistance, lui posa le canon de son arquebuse sur la bouche et le tua. Cependant il faisait encore quelques mouvements quand on le jeta par la fenêtre. Après cette exécution, on massacra environ une quarantaine de personnes qui se trouvaient dans la maison, et qui, pour la plupart, étaient attachées au service de Coligny. »

Ce récit est un peu sec sans doute, un peu brutal, mais plus exact peut-être, et il n'en est que plus vrai. Nous le préférons cent fois à la déclamation redondante des vers de Voltaire. C'est que, dans sa lettre, notre narrateur allemand n'a pas les mêmes scrupules que l'auteur de *la Henriade* dans son poème. Il dit les choses telles qu'elles sont, il les nomme par leur nom : pour lui, Guise, qui attend dans la cour de l'hôtel de Ponthieu, ne se transforme pas en je ne sais quel Besme obscur, scélérat vulgaire, qui, pour le poète, courtisan des grandes familles, et qui craint d'être compromis par trop de vérité, prend la place du grand criminel, le vrai coupable de l'histoire; c'est qu'aussi notre chroniqueur inconnu, n'écrivant que pour son correspondant de Neustadt, se préoccupe seulement du détail réel et exact, tandis que Voltaire, qui écrit son poème pour le monde, pour la postérité, se préoccupe moins de cette exactitude même que du tour heureux à donner à quelque pompeux et poétique mensonge, et même, l'aurait-on cru ? est moins soucieux du fait authentique, que de certaine imitation qui, en dépit de l'anachronisme, lui permet de décalquer tout son récit sur celui que Théodore de Beze fit, en vers latins, du meurtre de Cicéron par les soldats d'Antoine [1].

Mais revenons à l'hôtel de Ponthieu, dont le trop fameux assassinat n'est pas le seul souvenir historique.

En 1617, il n'appartenait plus à la famille du chancelier Antoine Dubourg, il venait d'être acheté par le duc de Rohan Montbazon, et il devait être la demeure de l'illustre famille jusqu'en 1641 environ, époque où le duc Hercule de Rohan de Montbazon le quitta pour aller habiter son hôtel de la rue Barbette. Ce ne peut donc pas être dans cette maison que mourut la fameuse duchesse qui fut, dit-on, aimée de M. de Rancé, et dont la mort date de 1657 seulement. Quel beau texte à épisode

---

[1]. V., pour la comparaison du récit latin et du récit français, un article de la *Bibliothèque de Genève,* octobre 1841, page 304.

romanesque perdent là les écrivains de la chronique courante du vieux Paris! La mort de madame de Montbazon, telle que la tradition la raconte, est d'un intérêt si terrible, et la conversion de M. de Rancé, qui en fut la suite, est elle-même si touchante! Nos chroniqueurs, toutefois, n'y voudront rien perdre, et alors ils transporteront à l'hôtel de la rue Barbette la scène qu'ils ne peuvent plus placer à l'hôtel Montbazon; ici nous les arrêterons encore, et nous leur dirons une bonne fois que tout le roman dont on entoure cette sainte mort est le plus pitoyable des mensonges. Ce qu'en a écrit Saint-Simon, le vieil ami de M. de Rancé, nous servira de garant :

« La princesse de Guemenée, dit-il, morte duchesse de Montbazon en 1657, mère de M. de Soubise, étoit cette belle madame de Montbazon dont on a fait ce conte qui a trouvé créance, que l'abbé de Rancé, depuis ce célèbre abbé de la Trappe, en étoit fort amoureux et bien traité; qu'il la quitta à Paris, se portant fort bien, pour aller faire un tour à la campagne; que bientôt après, ayant appris qu'elle étoit tombée malade, il étoit accouru, et qu'étant entré brusquement dans son appartement, le premier objet qui étoit tombé sous ses yeux étoit sa tête, que les chirurgiens, en l'ouvrant, avoient séparée ; qu'il n'avoit appris sa mort que par là, et que la surprise et l'horreur de ce spectacle, jointes à la douleur d'un homme passionné et heureux l'avoient converti, jeté dans la retraite, et de là dans l'ordre de Saint-Bernard et dans sa réforme. Il n'y a rien de vrai en cela, mais seulement des choses qui ont donné cours à cette fiction. Je l'ai demandé franchement à M. de la Trappe, non pas grossièrement l'amour et encore moins le bonheur, mais le fait, et voici ce que j'en ai appris :

» Il étoit intimement de ses amis... Madame de Montbazon mourut de la rougeole en fort peu de jours M. de Rancé étoit auprès d'elle, ne la quitta point, lui fit recevoir les sacrements, et fut présent à sa mort. La vérité est que, déjà touché et tiraillé entre Dieu et le monde, méditant déjà depuis quelque temps une retraite, les réflexions que cette mort si prompte fit faire à son cœur et à son esprit achevèrent de le déterminer, et peu après il s'en alla en sa maison de Véret, en Touraine, qui fut le commencement de sa séparation du monde. »

Maintenant, s'il peut m'être permis de compléter Saint-Simon, j'achèverai la réfutation du conte contre lequel il réclame, en disant quelle en est l'origine. Pareille aventure arriva ; mais ce n'est pas M. de Rancé, c'est M. de Candale qui en fut le héros. On peut lire l'anecdote dans les *Mémoires de Chavagnac*[1]; rien n'y manque. L'amant, M. de Candale, est absent; la maîtresse meurt, mais la nouvelle de sa maladie parvient seule à M. de Candale. Il part de Bordeaux à franc étrier, il arrive à Paris et le cadavre de celle qu'il aime, que deux chirurgiens disséquent, dont les entrailles gisent sur le pavé, dont la tête est séparée du tronc, voilà le premier spectacle qui s'offre à sa vue. On comprend qu'une subite conversion aurait pu s'ensuivre. Mais M. de Candale n'était pas M. de Rancé.

Pendant que madame de Montbazon mourait prosaïquement de la rougeole en l'hôtel de la rue Barbette, celui où la menteuse tradition voudrait qu'elle soit morte se transformait d'une façon non moins prosaïque. Sous le nom d'*hôtel de Lisieux*, il devenait tout bonnement une hôtellerie. La rue aussi avait changé d'appellation; au lieu de continuer à se nommer rue Béthizy, comme celle dont elle était la prolongation, elle reprenait son vieux nom de rue des *Fossés-Saint-Germain-l'Auxerrois*. C'est de ce changement que vient toute l'erreur qui motive ce chapitre et que Sainte-Foix fut le

---

[1]. Tome XI, page 210.

premier à accréditer dans ses *Essais sur Paris*. Oubliant que la rue des *Fossés-Saint-Germain* ne s'appelait plus rue *Béthizy*, de son temps, comme autrefois, et confondant la maison des messageries qui occupait le coin de la vraie rue Béthizy et de la rue de la Monnaie, avec l'*hôtel de Lisieux* placé presque au coin de la rue de l'Arbre-Sec et de la rue des Fossés, il écrivit : « C'est dans la deuxième maison à gauche en entrant par la rue de la Monnaie, et où est à présent une messagerie, que l'amiral de Coligny fut assassiné. » Et depuis ç'a été à qui répéterait : « Coligny a été tué dans la maison sise au coin de la rue Béthizy et de la rue de la Monnaie ; » à qui gratifierait cette maison du nom d'*hôtel de Montbazon*, dû au seul *hôtel de Lisieux*, de la rue des Fossés-Saint-Germain-l'Auxerrois. Nodier lui-même donna dans cette erreur de la tradition et de Sainte-Foix. Écrivant je ne sais quel article sur les *expiations*, il chercha, lui aussi, dans la rue Béthizy la trace du drame sanglant, et il y demanda un monument expiatoire. Quand il fit son livre des *Promenades historiques dans Paris*, il était revenu de son erreur, il ne cherchait plus la terrible scène où elle n'était pas, mais bien rue des Fossés-Saint-Germain, à l'*hôtel de Lisieux*. Dans l'intervalle de ses deux articles il avait lu ce qu'ont écrit à ce propos M. le Prieur de Blinvilliers ainsi que MM. d'Auvigny, Perreau et Turpin, et il était resté convaincu. Ce que disent ceux-ci, dans leur grand ouvrage *Vie des hommes illustres de France* [1], l'avait surtout édifié. Voici ce passage, écrit, il ne faut pas l'oublier, en mars 1747 :

« La rue où l'amiral étoit logé s'appeloit rue Béthizy; on la nommoit encore ainsi il y a douze à quinze ans, parce qu'elle fait une suite de celle qui porte aujourd'hui le même nom; mais depuis qu'on a mis à chaque rue des écriteaux qui indiquent le nom, on a donné à celle où demeuroit Coligny le nom de la rue qui la précède du côté du Louvre, qui est celle des Fossés-Saint-Germain. La maison de l'amiral et ses dépendances appartiennent aujourd'hui à M. Pleurre de Romilli, maître des requêtes.

» Cet hôtel ne forme maintenant qu'une auberge assez considérable qu'on appelle *l'hôtel de Lisieux*. Il n'y a presque rien de changé dans l'extérieur, même dans l'intérieur du principal corps de logis. La grandeur et la hauteur des pièces annoncent partout que ç'a été autrefois la demeure d'un grand seigneur. J'ai vu l'appartement de Coligny et celui où logeoit son fidèle Comaton, l'un de ses gentils-

---

1. Tome XV, page 555.

hommes favoris. La chambre où couchoit l'amiral est occupée aujourd'hui par le célèbre Vanloo, de l'Académie royale de peinture. »

Si le brave homme qui écrivait ces lignes avait eu quelque prescience de l'avenir, ou tout au moins avait su lire tout ce qu'il y avait de malice et d'esprit dans les yeux de la jolie enfant, fille de l'hôtelier Arnould, qu'il dut certainement rencontrer sautillant sur l'escalier ou fredonnant dans la cour pendant la visite qu'il fit à l'auberge historique, il aurait pu par avance ajouter un paragraphe nouveau à ceux qu'il venait d'écrire. Il aurait pu conclure par une galante histoire la chronique sombre du vieil hôtel, mais il n'avait rien de cette intuition; il ne devina pas, et écrivit encore moins, que cette petite fille, cette gentille Sophie, née sept ans juste auparavant, dans la chambre même où était tombé le grand amiral et où M. Vanloo peignait alors ses grandes toiles, serait l'une des plus aimables, des plus galantes, des plus spirituelles femmes de son siècle, enfin Sophie Arnould. C'est elle, en effet, cette bonne et joyeuse fille, qui, un beau jour, s'élança de la maison, où s'était jouée la tragédie sanglante, sur la scène où étincelaient les splendides féeries du chant et de la danse. M. de Lauraguais l'aida dans cet élan hardi qui fut un bond heureux pour sa fortune, mais le premier faux pas de sa vertu. Il avait connu Sophie chez la princesse de Modène, qui la protégeait, et, en dépit de madame Arnould, la bonne mais brusque hôtelière, il était parvenu à la faire débuter sur le théâtre des Menus-Plaisirs. Un jour il apprend que, peu enthousiasmée des succès de sa fille, la mère de Sophie a résolu, non seulement de l'arracher au théâtre, mais de la faire religieuse. Il s'introduit alors dans l'hôtel; prend un logement sous le nom de Dorval, et quinze jours durant épie avec Sophie, mise bientôt dans le complot sauveur, le moment où ils pourront s'échapper. Une nuit d'hiver, que l'ombre s'est faite plus épaisse, Sophie prend dans la valise de Dorval des habits qui vont tant bien que mal à sa taille. Un large chapeau, un grand manteau complètent le costume du rôle, le premier travesti qu'elle ait joué, et deux minutes après elle a franchi pour toujours le seuil paternel de *l'hôtel de Lisieux*. Depuis le regretta-t-elle ? Je ne sais, mais certes elle s'en souvint. Une lettre d'elle, publiée en 1776, nous fait foi de ce souvenir et de l'espèce de superstition qu'elle attachait à sa naissance dans la chambre même de Coligny. Elle avoue que ce fut toujours pour elle « l'augure d'une certaine renommée. »

L'histoire du vieil hôtel s'arrête là. Lui aussi il est tombé sous le marteau, aussi bien que le faux hôtel Montbazon de la rue Béthizy. Le large carrefour qui marque le point de jonction de la rue de Rivoli et de la rue mutilée des Fossés-Saint-Germain-l'Auxerrois occupe à présent sa place. Voilà donc un deuil réel, pour l'archéologue qui voudrait encore aller saluer à sa vraie place le souvenir sanglant de Coligny, et pour l'ami des spirituelles frivolités du passé, qui voudrait redemander aux échos les premières roulades et les premiers soupirs de Sophie Arnould.

LE COLLÈGE MONTAIGU

COLLÈGE ET PRISON DES HARICOTS

La discipline du jeûne. — Les *Capettes* et leurs premiers maîtres. — La règle inflexible. — Le *carême* toute l'année. — Maître Hortensius et ses victimes. — Erasme au collège Montaigu. — Ce qu'il y apprend et ce qu'il y prend. — Opinion de Rabelais sur cette *pouillerie* scholastique. — Une chanson en l'honneur des haricots. — Transformation du collège en prison. — Une étymologie.

La construction quelque peu pédante de la bibliothèque Sainte-Geneviève fut faite aux dépens du passé. On a démoli pour lui faire place un bien vieux monument; tout le monde s'en souvient. Il était bâti sur la ruelle grimpante qu'on appelle la rue des *Sept-Voies*, à l'endroit même où cette rue tortueuse et malsaine vient s'ouvrir comme pour prendre l'air et respirer enfin sur la place plus salubre du Panthéon.

Cette vieille masure, restée si longtemps debout à l'angle de jonction, et dont les noires murailles,

les petites fenêtres en meurtrières, les portes rares et étroites faisaient si étrangement disparate avec les blanches parois, les monumentales ouvertures du Panthéon, son gigantesque voisin, était, pour que vous le sachiez, l'ancien collège Montaigu, ou, comme on disait dans l'argot des écoliers de l'ancienne Université, le *collège des haricots*.

Ce collège de Montaigu, son surnom vous le donne déjà à supposer sans doute, était le plus misérable de tous ceux de Paris. Le but de ses fondateurs et de ses réformateurs, de Gilles Aiscelin, archevêque de Rouen, qui l'établit bien infime et bien humble en 1314; de Pierre de Montaigu, évêque de Laon, qui l'agrandit en 1388, et enfin du rigide Jean Standouth qui, vers 1502, rédigea ses austères règlements, n'avait pas été de faire de ce collège une maison de mollesse et de bien-être, loin de là, mais bien plutôt une maison de rigoureuse doctrine, de discipline inflexible, de dogmatisme impitoyable, une sorte de séminaire d'ascétiques docteurs rendus forts pour les doubles luttes de l'esprit et du corps, par l'étude constante et par le jeûne perpétuel. Rien, encore une fois, de ce qui tient au bien-être, et à ce qu'on appellerait aujourd'hui le *confortable* tant vanté, tant promis par les chefs d'institution, c'est-à-dire par leurs prospectus;

rien de mondain, pas même l'idée tout hygiénique de la propreté, n'avait préoccupé ces graves et faméliques législateurs. Ce qui leur avait importé, c'était d'établir un collège bien muni, bien armé de privilèges, et surtout ne relevant pas du pape; de dresser des élèves, maigres de corps, c'est vrai, pâles de visage, malpropres même, mais toujours forts d'arguments, et solides sur leurs thèses; toujours frais émoulus pour toutes les discussions : *de omni re scibili et quibusdam aliis.*

« Gilles d'Aiscelin, le faible archevêque, dit M. Michelet dans son *Histoire de France,* le juge terrible des Templiers, fonda ce terrible collège de Montaigu, la plus pauvre et la plus démocratique des maisons universitaires, où l'esprit et les dents étaient également aigus... Là, ajoute-t-il, s'élevaient sous l'inspiration de la famine les pauvres maîtres, qui rendirent illustre le nom de *capettes;* chétive nourriture, mais amples privilèges; ils ne dépendaient, pour la confession, ni de l'évêque de Paris ni du pape. »

Si l'on n'avait encore les statuts rédigés par Jean Standouth, et qui furent observés dans toute leur rigueur pendant près de trois siècles, on ne pourrait croire jusqu'où l'abstinence et la sévérité étaient poussées dans cette maison. C'était moins un collège qu'un cloître de trappistes, ou même une maison de correction et de force. Les parents en jugeaient ainsi, car, s'il faut en croire Jacques Dubreuil, dans ses *Antiquitez de Paris*, ceux qui n'y envoyaient pas leurs enfants pour s'y instruire, les y faisaient enfermer pour qu'on les corrigeât. « Ce collége, dit Dubreuil, a toujours été bien reiglé, et où la verge n'a jamais esté espargnée aux fainéans, lasches à l'estude et prompts à toute desbauche. Tellement que, quand il y avoit quelque père ou mère à Paris molestez et attediez de leurs enfans mal vivans et incorrigibles, on leur conseilloit de les enfermer à Montagu, afin de les ployer, adoucir dessous la verge d'humilité, et les réduire à la voie de vertu, de la quelle ils estoient esloignez par mauvaise compagnie et trop grande liberté. »

Voyons maintenant, d'après la brève analyse qu'en a donné le même Jacques Dubreuil, quels étaient les plus sévères des douze statuts qui, dressés en 1501, homologués l'année suivante par Georges d'Amboise, et autorisés par le chapitre de Notre-Dame de Paris, avaient fait de Montaigu une si redoutable maison :

« Le *troisiesme*, dit Dubreuil, est de refrener sa langue et garder silence, depuis la fin de complies jusques au son de la messe du lendemain. Ce qui est conforme à la reigle sainct-Benoist, chap. 42 : *Ut post completorium nemo loquàtur*.

» Le *quatriesme* est de la forme et couleur des habits, distinguez en ce que ceux des théologiens, prestres et étudians en philosophie doivent estre noirs, et ceux inférieurs de drap gris brun ou tanné. Il leur est enjoint d'avoir des manteaux sans plis... et des chaperons en teste à la façon d'un camail, sinon qu'ils sont cousus devant et derrière, et n'y a ouverture sinon pour passer la teste : ainsi que les portent les frères convers de Sainct-Germain des Prez... »

C'est ce vêtement triste et misérable, « petit manteau à la façon que les portent les jésuites », c'est cette cape étriquée, leur seul habit pendant l'hiver comme pendant l'été, qui avait fait donner aux écoliers de Montaigu le surnom assez ridicule de *Capettes*.

« Le *cinquiesme*, continue J. Dubreuil, est de l'abstinence si grande, qu'il n'y a maison de religion où elle soit telle : car il leur est défendu de boire vin, et de manger chair, excepté les théologiens et prestres d'avoir une pinte de vin à trois, composée de trois demi-sextiers de vin et d'un demi-sextier d'eau, en considération de leur âge viril et de leur labeur aux études. Pour la pitance, ils auront tous à l'entrée de table chascun la trentiesme partie d'une livre de beurre, des pommes cuites, des pruneaux ou quelque chose équivalent. Plus, le potage de légumes (qui sont poix, febves et autres semblables grains issus de terre) ou de bonnes herbes. Pour la portion des jeunes capettes auront chascun la moitié d'un harenc ou un œuf. Les théologiens et prestres auront deux fois autant, c'est sçavoir deux œufs chascun, ou un harenc; pour le dessert, un morceau de fourmage ou quelques fruits, si la saison et les moyens y sont. »

Pouvait-on faire chère plus misérable? Quel gueux de la *cour Jussienne* se serait accommodé, je ne dis pas de la portion des écoliers, mais même de la part meilleure des théologiens et prêtres, mangeurs privilégiés, et vrais gloutons auprès des pauvres capettes? Jean Standouth s'était trop rappelé vraiment que l'établissement de son collège avait eu pour but de recevoir et nourrir les pauvres et de les faire instruire ès lettres, et en revanche, il ne s'était pas assez souvenu que, pour suppléer aux pensions que ces pauvres écoliers ne pouvaient payer, de bonnes rentes avaient été constituées à son collège par de riches et puissants personnages, notamment en 1494 « par messire Louis Malet, sieur de Graville... admiral de France », et par Emmanuel, roi de Portugal. Était-ce de cette maigre façon qu'on devait traiter des écoliers protégés et rentés par un roi? Mais, dans sa rigide sagesse, Standouth en avait jugé ainsi; au lieu de faire tourner à l'amélioration de la nourriture dans son collége le bienfait de cette double rente, il avait préféré en employer l'argent à « faire bastir le corps d'hostel » où était la chapelle. Les pauvres capettes n'eurent ainsi, en quoi que ce soit de réellement utile pour leur bien-être, le profit des sommes données par l'amiral et par le roi Emmanuel. Ils n'en furent pourtant pas moins obligés « de faire dire par chacune sepmaine deux messes pour le dit Graville et sa femme, et tous les moys une pour le roy de Portugal. »

Après le cinquième statut cité tout à l'heure et concernant l'abstinence, se trouve celui qui traite des malades, et nous le comprenons de reste, le corps ne devant pas, avec un tel régime, se tenir longtemps valide et sain; puis vient celui qui traite des « jeûnes que doivent observer les pauvres capettes ». Pour celui-là, il nous a semblé vraiment incroyable. Comment s'imaginer en effet qu'on pût surenchérir, par le jeûne, sur la diète infligée comme ordinaire aux misérables capettes? Comment croire que pour ces pauvres diables il pût y avoir un carême autre que celui qui durait pour eux toute l'année, et qui depuis la Circoncision jusqu'à la Saint-Sylvestre les mettait au régime forcé de la trentième partie d'une livre de beurre, des pois et des fèves? Pour faire pareil prodige de ladrerie, il n'y avait que maître Standouth, ou à son défaut l'Harpagon de Molière, ou bien encore certain pédant tenant pension à Paris au temps de Louis XIII, et dont N. de Moulinet, qui le nomme Hortensius, nous a conté la *chicheté* habile et pleine de ressources au livre III de l'*Histoire comique de Francion*:

« Hé Dieu! s'écrie de Moulinet par l'organe de son héros, quelle piteuse chère au prix de celle que faisoient seulement les porchers de notre village! encore disoit-on que nous étions des gourmands, et falloit-il mettre sa main dans le plat l'un après l'autre. Notre pédant faisoit ses mignons de ceux qui ne mangeoient guère, et se contentoient d'une fort petite portion qu'il leur donnoit..... Il faisoit toujours à table un petit sermon sur l'abstinence, qui s'adressoit particulièrement à moy : il alléguoit Cicéron, qui dit qu'il ne faut manger que pour vivre, non pas vivre pour manger. Là-dessus il apportoit des exemples de la sobriété des anciens, et n'oublioit pas l'histoire de ce capitaine qui fut trouvé faisant rôtir des raves à son feu pour son repas ; de surplus, il nous remontroit que l'esprit ne peut faire ses fonctions quand le corps est par trop chargé de viandes, et disoit que nous avions esté mis chez luy pour étudier, non pas pour manger hors de saison, et que pour ce sujet, nous devions plutôt songer à l'un qu'à l'autre... A déjeuner et à goûter, nous étions à la miséricorde d'un méchant *cuistre* qui, pour ne nous point donner notre pitance, s'en alloit promener par le commandement de son maître... Au reste, jamais l'on ne nous présentoit de raves, de salade, de moutarde ni de vinaigre, craignant que nous n'eussions trop d'appétit. Hortensius étoit de ceux qui estimoient les sentences que l'on trouvoit écrites au temple d'Apollon, et principalement il estimoit celle : *Ne quid nimis,* laquelle il avoit écrite au-dessus de la porte de sa cuisine, pour voir qu'il n'entendoit pas que l'on mist rien de trop aux banquets que l'on y appresteroit..... J'appris alors à mon grand regret que toutes les paroles qui expriment les malheurs qui arrivent aux écoliers se commencent par un P, avec une fatalité très-remarquable, car il y a *pédant, peine, punition, prison, pauvreté, petite portion, poux, puces et punaises,* et encore bien d'autres; pour chercher lesquelles il faudroit avoir un dictionnaire et bien du loisir. »

Pour que vous vous fassiez une idée complète de

la vie qu'on menait à Montaigu, sachez que là mieux qu'ailleurs la série de misères comprises dans la lettre maudite était chaque jour parcourue et épuisée, et je n'en excepte pas, bien loin de là, ce qui, dans cette liste, concerne les insectes parasites et malfaisants, nommés par de Moulinet dans son langage sans vergogne. Ce fut là l'une des plus grandes misères de ce pauvre Erasme, lorsque, attiré par la renommée des excellentes études qu'on faisait à Montaigu, il se hasarda sans peur dans l'enceinte du terrible collège et s'y enrôla comme écolier. L'aspect froid et sévère, l'apparence claustrale de cette grande maison l'effraya bien un peu d'abord, car « les murailles mêmes, comme il l'a écrit, étaient théologiennes ; » mais ce fut bien pis quand il fallut que lui, habitué de longue main aux mollesses et à la gourmandise du palais épiscopal de Cambrai, qu'il quittait pour ce mauvais gîte et pour cette mauvaise table, il se soumît au régime des œufs pourris et du poisson gâté. Soigneux et propre comme le sont les Hollandais, il souffrit plus encore, si c'est possible, de la malpropreté et de la puanteur de la cellule qu'on lui avait donnée, et des insectes de toutes sortes qui y fourmillaient. De tous les fléaux de Montaigu, qui égalaient au moins en nombre les sept plaies d'Égypte, c'est à celui-là qu'il garda la plus longue rancune. Il en parle dans ses *Lettres* de façon à vous horripiler et à vous donner des démangeaisons. Dans ses *Colloques* il en parle encore :

— *Undè podis* (D'où viens-tu)? fait-il dire à l'un de ses interlocuteurs.

— *E collegio Montis Acuti* (du collège de Montaigu).

— *Ergo ades nobis onustus litteris* (tu nous reviens donc chargé de littérature)?

— *Imo pediculis* (bien plutôt de...); pour le mot à mettre ici, nous vous renvoyons à celui qui est cité le huitième dans la liste donnée tout à l'heure par de Moulinet.

Si Erasme n'eût eu à consulter que son amour de s'instruire, il eût ri volontiers de ces petites calamités corporelles; il eût tenu bon quand même. Les études, qui étaient excellentes, je le répète, l'eussent dédommagé du reste. Mais il lui fallut bientôt compter avec sa complexion qui était délicate, et qui, ne pouvant s'accommoder du maigre et du jeûne, devait lui faire dire plus tard à propos des grandes querelles de Luther et de l'Église : « J'ai la conscience catholique et l'estomac luthérien. » Sa santé ne tarda pas à s'altérer, et il finit par être pris d'une fièvre quarte des plus opiniâtres. Par bonheur il avait pour voisine la bonne patronne des écoliers, sainte Geneviève, dont l'intercession le guérit. Une fois remis sur pied, il ne prit que le temps de composer un petit poëme latin en l'honneur de la sainte qui l'avait sauvé des griffes de la fièvre, puis il plia bagage et repartit pour la Flandre. Il devait encore revenir à Paris, mais cette seconde fois la peste l'en chassa. Il jouait de malheur avec nous. Affronta-t-il de nouveau le redoutable collège et les risques de son régime? J'en doute. Peut-être pourtant s'en fût-il mieux trouvé. Depuis 1513 la vie y était devenue plus supportable. Cette année-là, Noël Beda, docteur en théologie et successeur de Standouth, avait obtenu du pape Léon X *modération* des statuts dressés par le dur instituteur. Mais ce n'avait été, à ce qu'il paraît, qu'un bien faible allégement de misère. Dubreuil, en effet, dit à ce propos : « Quelle ait esté cette modération, je ne le puis comprendre, si (comme dessus) il leur est défendu de boire vin et manger chair sans exception de temps et de lieux. » Il semblerait surtout que la malpropreté n'avait pas été comprise dans la réforme; car vers cette même année 1513, Rabelais en faisait encore le principal objet de cette rude invective jetée comme digression au commencement du chapitre 37 du livre Ier de son *Gargantua* :

« La vérité feut que Gargantua se rafraischissant d'habillement et se testonnant de son pigne (qui estoyt grand de cent cannes, appoincté de grandes dents d'éléphant toutes entières), faisoit tomber à chascun coup plus de sept balles de boullets qui luy estoyent demourez entre ses cheveulx à la démolition de boys de Vede. Ce que voyant Grandgousier son père pensoyt que fussent poulx, et lui dist : Dea, mon bon filz, nous as-tu apporté jusques icy des esparviers de Montagu ? Je n'entendoys que là tu feisses résidence. Adoncques Ponocrates respondit : Seigneur, ne pensez que je l'aye mis au colliège de pouillerie qu'on nomme Montagu : mieulx l'eusse voulu mettre entre les guenaulx de saint Innocent, pour l'énorme cruaulté et villenie que j'y ai congnu : car trop mieulx sont traictez les forcez entre Maures et Tartares, les meurtriers en la prison criminelle, voire certes les chiens en vostre maison, que ne sont ces malautruz audict colliège. Et si j'estoys roy de Paris, le diable m'emporte si je ne mettroys le feu dedans et feroys brusler et principal et régens qui endurent ceste inhumanité devant leurs yeux estre exercée. »

Pour jeter de si beaux cris et faire de pareils souhaits contre l'inflexible collège, il fallait de nécessité que Rabelais en eût longtemps subi toutes les privations et toutes les rigueurs. Selon moi, il ne faut pas douter après cela qu'il n'y ait fait une partie de ses études. Il y a en effet plus que de l'indignation à froid, plus que de la colère de convention dans sa diatribe; il y a de l'amère rancune, et comme un souvenir cuisant des jeûnes subis, et peut-être aussi de certains coups de férule dont la justice distributive des *cuistres* de Montaigu ne devait pas se montrer avare pour les écoliers d'humeur turbulente et mutine. Or, que vous en semble, le futur curé de Meudon ne devait-il pas être du nombre des plus indociles et des mieux punis, lui qui paraît avoir dessiné d'après lui-même la fine et malicieuse figure du sublime *gamin* qui a nom Panurge?

Toute juste et sincère qu'elle fût dans ses malédictions et ses souhaits, la colère de notre ex-capette ne fut pourtant pas entendue. Le feu qui purifie tout ne passa point par cette geôle malsaine qu'on appelait le collège Montaigu. Il resta toujours ce qu'il avait été du temps d'Erasme et de Rabelais. Le parlement eut beau, vers 1744, s'en préoccuper pour tâcher de l'améliorer, il ne réussit, par un arrêt rendu cette même année, qu'à faire dispenser les élèves du jeûne et à leur accorder pour toute faveur le gras à dîner, le maigre à souper; mais il n'obtint rien contre la malpropreté proverbiale de la maison. Aussi l'un des derniers commentateurs du *Pantagruel*, M. Eloi Johanneau, qui, vers la fin du xviiie siècle, pouvait encore juger de la vérité du passage cité tout à l'heure, a-t-il écrit en toute justice, comme commentaire de ce nom, *collége de pouillerie*, et de la malpropreté qu'il accuse : « C'est un *défaut* dont le collége ne s'est pas même corrigé après ce lardon bien mérité, et qu'il a justifié jusqu'à notre temps. »

Le surnom créé par Rabelais ne lui était pourtant pas resté. C'est celui de *collége des Haricots*, s'adressant à sa mauvaise nourriture comme l'autre à sa malpropreté, qui avait prévalu. Dans l'Université, la maison de Montaigu n'était pas autrement nommée. On s'y moquait, c'était l'usage, des pauvres élèves du *collége des Haricots* pour leur mine hâve et famélique, pour leurs coudes percés, pour leurs souliers troués ; mais il faut le dire aussi, quand venait le temps des concours, on ne les redoutait pas moins pour la variété et la sûreté de leur savoir. La tradition de la science et des bonnes études s'y était perpétuée comme celle du jeûne et des haillons. Toutes les couronnes revenaient de droit à ces écoliers tant raillés, si maigres et si mal vêtus. Il y avait un jour dans l'année, celui de la distribution du grand concours, où ils prenaient hardiment le pas sur les joufflus du collège d'Harcourt, sur les freluquets du collège de Narbonne. Ce jour-là, on était en joie dans la pauvre maison, on ne s'y repentait plus d'avoir fait si maigre chère et l'on y allait même jusqu'à chanter les haricots quotidiens.

Quelques couplets en sont restés qui ne déplairont pas ici. Ils sont sans doute d'un rhétoricien qui avait lu Panard par anticipation, et qui s'en souvenait, en arrosant ses rimes du nectar de la Saint-Charlemagne.

> Dans les festins où l'abondance
> Prodigue les mets délicats,
> On n'a jamais vanté, je pense,
> La frugalité des repas :
> A l'usage, ici, je déroge,
> Bien assuré, bien convaincu
> Qu'on peut citer avec éloge
> Les haricots de Montaigu.
>
> Qu'importe qu'on ait à la ronde
> Ri de nos banquets ! Je soutiens
> Qu'il n'est pas donné dans le monde
> D'avoir à la fois tous les biens :
> Si le corps faisait abstinence
> L'esprit avait du superflu...
> Honneur, gloire et reconnaissance
> Aux haricots de Montaigu !

La Révolution supprima le pauvre collège. Son torrent y passa comme le fleuve Alphée à travers les étables d'Augias ; elle l'assainit en le dépeuplant. Pour la première fois ses portes furent ouvertes, ses fenêtres cessèrent d'être closes, il prit l'air ; mais c'était pour se refermer bientôt, sans presque s'être transformé. En 1792, il était devenu une prison militaire. On n'avait pu rien faire de mieux de cette noire enceinte aux mornes et froides murailles. Il n'y eut rien de changé que le nom, qui se modifia un peu : au lieu de collège, on dit la *prison des Haricots*. Vous voyez par là que le régime était resté le même. On nourrissait les prisonniers comme on avait nourri les collégiens. On y renfermait surtout les conscrits réfractaires, selon Prud'homme dans son *Miroir historique de Paris ;* et, de plus, comme les bâtiments étaient immenses, ce qui avait permis d'adjoindre déjà à la prison un hôpital militaire, on y enfermait aussi les gardes nationaux condamnés par le conseil de discipline. Quand on eut fait une maison de détention à part pour ces indociles de la garde citoyenne, pour ces soldats-écoliers rebelles au sergent-major, cette seconde prison garda le nom de *Haricots* qu'avait porté la première. Seulement, ce nom s'ennoblit un peu par respect pour l'hôtel Bazancourt, dans lequel on installait cette prison. On dit dès lors *hôtel des Haricots*, locution qui se répète partout sans qu'on sache d'où elle vient, et qui survivra longtemps au pauvre et terrible collège, dont la dernière muraille est tombée dernièrement sous le marteau.

LES GUICHETS DU LOUVRE

Les environs du Louvre au xviie siècle. — Les voleurs de la cour du Louvre et du Luxembourg. — Le Louvre, lieu d'asile pour les banqueroutiers. — On projette de le démolir sous Louis XV. — Les premiers guichets. — Danger infaillible d'être écrasé à la sortie de l'Opéra. — On demande de nouveaux guichets. — Un article du *Mercure* en 1787. — Un bienfait de M. de Marigny. — D'Alembert, Lauraguais, Fontenelle et les nouveaux guichets. — Histoire de la rue du Dauphin. — L'aveugle du passage des *Feuillants*. — Six vers pour aumône. — Une supplique de Piron pour Fontenelle. — Marie-Antoinette sous les guichets, etc.

4 décembre 1852.

Les nouvelles galeries du Louvre font à peine pointer au-dessus du sol leurs premières assises, que déjà l'on s'inquiète fort de ce qu'elles seront. Hier les journaux commençaient même à nous parler de ce qu'on allait faire pour assainir leurs environs et les rendre dignes d'un pareil voisinage. Il s'agit, entre autres choses, d'élargir les rues immondes de la *Bibliothèque*, de *Pierre Lescot*, qui, on le sait, débouchent près de là, et sont les indignes traits d'union de la rue Saint-Honoré et de la nouvelle rue de Rivoli. Celle-là, bonne voisine, les avait souffertes pendant des siècles avec leurs boues, leurs mauvais gîtes et leurs mauvaises mœurs; mais l'autre, en parvenue qu'elle est, se montre déjà moins accommodante. Elle parle pour elle et pour le Louvre qui grandit tout près. Il va donc falloir que, cédant à cette double prétention, les malheureuses ruelles s'élargissent, se fassent propres, saines, habitables, enfin deviennent de véritables rues. Chacune d'elles, ajoute-t-on, aboutissant en face de la nouvelle galerie, correspondrait à un large guichet qui donnerait passage sur la place du *Carrousel*. Voilà qui serait fort bien, et, dès à présent, nous nous empressons de prendre acte du projet comme d'une promesse.

Cette question des guichets nouveaux est en effet fort importante. Pour comprendre leur utilité, il suffit d'avoir une course à faire de la rue Saint-Honoré au faubourg Saint-Germain, et de se trouver arrêté dans son élan par la palissade sans issue qui entoure les travaux depuis la rue de Rohan jusqu'au Louvre. Ne sachant pas où passer, on se rejette, après un assez long détour, vers la porte du Louvre qui fut elle-même assez longtemps fermée dernièrement. Si l'on est en voiture, on est obligé d'aller prendre la file interminable des cabriolets, des fiacres, des omnibus, qui a pour seul passage ouvert sur le Carrousel le guichet caverneux pratiqué dans la galerie en face la rue de Rohan.

Cet état de choses, qui n'est supportable que parce qu'il est provisoire, et parce qu'un magnifique monument doit surgir de ces embarras, comme le monde sortit du chaos, nous a souvent fait songer, par analogie, aux difficultés bien plus insurmontables encore qui, au siècle dernier, barraient le passage aux piétons, et surtout aux carrosses cherchant à aller, comme nous tout à l'heure, de la rue Saint-Honoré au faubourg Saint-Germain. A moins de prendre par l'une des deux extrémités : d'un côté, par la rue de l'Arbre-Sec qui vous menait au Pont-Neuf, de l'autre, par la place Louis XV encore fort déserte, non pavée, et qui, pour comble de malheur, n'avait pas encore le pont de la Concorde pour issue vers le noble faubourg, il était à peu près impossible de parvenir à son but. Jugez-en :

Entre la colonnade et Saint-Germain-l'Auxerrois, il y avait bien une sorte de passage, mais tellement étroit, tellement encombré par les échoppes des petits marchands, par les matériaux des constructions toujours prêtes à être reprises pour l'achèvement du Louvre, qu'on l'évitait, le jour, comme un casse-cou, la nuit, comme un coupe-gorge, et l'on faisait bien. Les petits étalages en étaient surtout l'inextricable embarras. Il ne s'y trouvait pas le moindre recoin sans un éventaire ou sans une échoppe. Les portiques, les entre-colonnements, les niches même des statues, tout était envahi. En l'an V, on tenta un grand déblaiement des abords du Louvre, et l'on crut que c'en était fait de tous ces échoppiers parasites : point du tout, ils tinrent bon, le monument ne fut pas débarrassé, le passage ne fut pas frayé. Il parut alors contre ces échoppes tenaces une brochure fort amusante, où il est dit entre autres choses : « On a découvert au Louvre des passages, des colonnes, une niche dans laquelle j'attendais une statue. La place est déjà prise. Un échoppier, avec un coffre cadenassé, cloué, arrêté sur tous sens, s'en est fait un piédestal, et bientôt on l'apercevra faisant la soupe dans sa niche. »

Dans les cours même du palais, ce n'était pas de moindres encombres. Louis XIV, comprenant qu'il fallait une communication de ce côté, avait enfin consenti à ce qu'un passage y fût ouvert pour le public ; mais ce fut la cause de mille abus qui obligèrent de le faire fermer peu d'années après. Une foule de gens mal intentionnés profitaient de cette entrée publique pour se glisser dans le dédale de masures et de décombres qui obstruaient la cour principale. Quelques-uns pénétraient jusque dans les galeries, s'y établissaient, et ce n'est qu'à grand'peine qu'on pouvait les en déloger. Le palais des rois avait ainsi une étrange population de vauriens, qui s'en faisaient un repaire [1], et de débiteurs frappés de contrainte par corps, qui s'en faisaient un asile. C'étaient ceux-ci les plus nombreux; aussi est-ce contre eux que furent prises les premières mesures d'expulsion.

Par lettre datée du 10 mars 1683, Louis XIV donna ordre à Séguin, gouverneur du Louvre, de ne pas souffrir que les contraints par corps se fissent désormais un refuge des galeries, et profitassent plus longtemps de l'inviolabilité attachée à toute

---

1. L'enceinte du palais du Luxembourg était, comme celle du Louvre, un repaire de voleurs. M. de la Reynie en donna avis à Colbert, et celui-ci, le 8 juin 1671, écrivit au prévôt des marchands afin qu'il fît cesser cet abus du droit d'asile dans les palais royaux. Il le priait de voir, de la part même du roi, Madame, à qui le Luxembourg appartenait alors, et de lui faire connaître « dans les termes les plus honnestes qu'il se pourroit, que Sa Majesté désiroit qu'elle donnast les moyens de faire arrester ces filoux afin d'empescher un si grand désordre. » (Biblioth. Nat., mss. *Lettres de Colbert*.)

demeure royale. Restaient les voleurs qui formaient le reste de la population de l'illustre palais[1]. Pour eux, Louis XIV fut plus patient, sans doute par ignorance. Jusqu'en 1701 il leur laissa le Louvre ouvert, avec pleine liberté de s'y cacher après un mauvais coup, et d'en sortir pour quelques prouesses nocturnes. Enfin, tous ces désordres lui étant connus, il fit fermer le malencontreux passage, et, du même coup, le repaire qu'il servait à alimenter se trouva détruit. C'est encore Séguin qui dut exécuter cet ordre. Le 9 novembre 1701, le roi lui écrivait de Fontainebleau : « Estant informé que le passage qui a esté ouvert depuis plusieurs années au public, dans mon chasteau du Louvre, est une occasion de désordres et de scandales, je vous escris cette lettre, pour vous dire que mon intention est que ce passage soit doresnavant fermé, qu'il n'y ait que la principale porte ouverte pour ceux qui y doivent entrer, et que vous teniez la main à ce que ceux

---

[1]. En 1693, les bâtiments du Louvre furent employés utilement pour le peuple. On lit dans le *Journal de Dangeau*, à la date du 27 septembre de cette année-là : « M. de Pile a fait un traité avec le roi, par lequel il s'oblige de fournir tous les jours à Paris 100,000 rations de pain à deux sous la livre, pour les pauvres, *on fait les fours dans le Louvre.* »

qui y entreront se comportent avec le respect dû à tel lieu ¹. »

Cette clôture aurait pu n'être que provisoire; afin d'être à même d'ouvrir de nouveau le Louvre au public, on n'avait qu'à procéder, je ne dis pas à son achèvement, cette œuvre de tant de siècles, mais au moins au déblaiement de ses abords et de ses cours intérieures. C'est à quoi l'on ne songea point dans les dernières années de Louis XIV, et moins encore dans les premières années de Louis XV. Savez-vous même ce qu'en désespoir de ne pouvoir rien faire pour l'achèvement de cette œuvre géante, on résolut, au sujet du Louvre, dans le conseil du ministre-cardinal, M. de Fleury? Vous n'allez pas le croire; on résolut de l'abattre, d'en faire table rase comme d'une ruine gênante, et de faire argent de ses somptueux débris. Le fait est inouï, n'est-ce pas? il est vrai pourtant, et comme preuve je vous citerai le témoignage irrécusable de Latour de Saint-

---

1. Depping, *Correspond. administ. de Louis XIV*. T. II, pages 597 et 793. — De tout temps il y avait eu des voleurs au Louvre. Malherbe écrit à Peiresc, le 28 février 1613, « qu'on y a volé toute la garde-robe de la reine. » En novembre 1666, le vieil abbé Bruneau y fut tué, dans sa chambre, en plein jour, selon la *Muse Dauphine* de Subligny.

Yenne, qui, dans le dialogue intitulé : *l'Ombre du grand Colbert*, donne la chose comme trop certaine.

D'abord il nous peint l'état délabré du malheureux palais voué aux démolisseurs : « Ses murs sans couverture, abandonnés aux outrages du temps, comme la masure la plus vile; les bâtiments destinés aux usages les plus abjects qui l'entourent de toutes parts, et qui ont pénétré jusque dans l'intérieur de la cour; la galerie d'Apollon toute dégradée, etc... » Et c'est après cela qu'il nous rappelle comment, sous le ministre Fleury, on proposa d'abattre le Louvre pour vendre les matériaux : « Cette extravagante proposition, dit-il, fut écoutée, mise en délibération, et allait passer tout d'une voix, lorsqu'un des membres du conseil demanda quel Français serait assez audacieux pour se charger d'une telle entreprise. » Pour notre compte nous ne connaissons rien qui soit digne, comme vandalisme, d'être mis en parallèle avec ce fait incroyable, si ce n'est pourtant la proposition faite au temps de la Terreur, à propos du Palais-Royal, dont on devait démolir les bâtiments et raser le jardin [1].

Revenons à nos guichets, que le projet du cardi-

---

[1]. *Décade philosophique*. Tome XIV, page 237.

nal Fleury eût si bien rendus inutiles. Dans toute la longueur de la galerie, c'est-à-dire depuis le Louvre jusqu'aux Tuileries, on n'en trouvait que trois, servant aux voitures aussi bien qu'aux piétons, et malgré cela aussi peu larges qu'une simple porte cochère. Le premier qu'on rencontrait était placé tout près de l'endroit où la grande galerie vient se rattacher au Louvre. Il faisait suite à la rue Fromenteau, devenue depuis la rue du Musée, et aujourd'hui détruite. D'un côté, par ce guichet, elle donnait sur le quai ; de l'autre, elle ouvrait sur le Palais-Royal, en face même du cul-de-sac au fond duquel était l'Opéra. Cela dit, et en se rappelant que le public de l'Opéra se recrutait surtout dans le noble faubourg, qu'on juge du nombre énorme de voitures qui devaient se presser dans cette rue étroite au commencement et à la fin de chaque spectacle; qu'on songe à l'inévitable encombrement du guichet servant de débouché, et que l'on calcule, si c'est possible, les dangers qui devaient en résulter.

Il est vrai qu'une autre file de voitures pouvait prendre la rue Saint-Thomas-du-Louvre, et la suivre jusqu'au second guichet qui la mettait en communication avec le quai; il y avait même aussi, un peu plus loin, la rue Saint-Nicaise que terminait le troisième guichet ouvert assez près du Pont-Royal ; mais était-ce assez de ces passages, que leur peu de largeur rendait encore plus insuffisants, et pouvaient-ils faire que les accidents fussent plus rares?

Un écrivain du *Mercure,* qui en 1757 fit un article à ce sujet, va se charger de répondre : « En l'année 1750, dit-il, revenant d'entendre la *Serva padrona* et le bouffon Manelli, et Jeliotte, et Mlle Fel à l'Opéra, je vis écraser contre une borne du guichet un malheureux père de famille. Echappé moi-même avec peine au danger, je revins chez moi tout troublé. Le lendemain, au café, je déclamai avec beaucoup de vivacité contre les carrosses, et surtout contre la barbarie qui laissoit subsister les causes du malheur dont j'avois été témoin. » Notre homme entre alors dans le détail de ce qu'il crut devoir dire pour soutenir sa thèse, et n'oublie pas non plus les objections qu'on lui fit. Elles sont curieuses, surtout celles d'un petit robin qui avait épousé la fille d'un officier des écuries, et qui criait comme un beau diable, parce que, pour pratiquer un nouveau guichet, il eût fallu entamer de quelques toises le rez-de-chaussée des galeries où se trouvait le domaine de M. son beau-père, les écuries du roi. Il disait, par exemple, que Sa Majesté pouvant d'un moment à l'autre quitter Versailles pour les Tuileries, il serait imprudent d'ouvrir près de ce dernier palais une communication qui pût permettre au faubourg Saint-Germain de donner la main au faubourg Saint-Honoré. Enfin, revenant à sa raison péremptoire, il disait encore, d'après la position des écuries, qui s'étendaient depuis le palais jusqu'à l'imprimerie royale, « que l'ouverture proposée *couperoit un beau filet d'écurie,* et prendroit la place de six chevaux du roi. » A quoi un petit vieillard ajoutait encore ceci, dit tout bas à l'oreille de celui qui avait soulevé le débat et qui avait si bien plaidé la cause des guichets : « Apprenez que dans ce pays-ci l'on ne déplace jamais des chevaux pour des hommes; que dans les monarchies on ne fait jamais rien pour le peuple; et puis... avez-vous remarqué que tout le long de la galerie du Louvre il y a des échoppes bien sales où l'on vend de la vieille ferraille et de vieux souliers, et que pour ouvrir de nouveaux passages, il en faudroit ôter cinq à six? Or, une de ces échoppes appartient au neveu du bâtard de l'apothicaire du secrétaire, etc., et jamais on ne vaincra un obstacle aussi puissant. »

Que de choses pour un guichet! Mais, de nos trois discoureurs, lequel eut enfin raison? Celui qui avait parlé le premier; il lui fallut, il est vrai, attendre près de deux ans encore, c'est-à-dire jusqu'en 1759, pour que le passage tant demandé fût établi.

On le dut à M. de Marigny, qui, une fois la résolution prise, ne marchanda pas avec le terrain, et tailla bravement dans le rez-de-chaussée de la galerie, ne ménageant ni les écuries royales qu'il entamait d'un côté, ni l'imprimerie à laquelle, de l'autre, il enlevait une arcade. Au lieu d'un seul guichet, il en fit pratiquer trois de la plus belle largeur, les mêmes enfin qui ouvrent encore une si utile communication entre le quai et la place du Carrousel. Tous les écrivains du temps qui s'occupaient de l'*Histoire de Paris* s'épuisèrent en éloges pour remercier dignement de ce bienfait le surintendant des bâtiments. Hurtaux écrivit dans son *Dictionnaire des rues de Paris* : « On a joint dans cet ouvrage la magnificence et le grand goût à la commodité. L'ouverture de ce passage fait beaucoup d'honneur à l'architecte qui en a conçu l'idée, et l'on peut dire que depuis trente ans on n'a fait aucune réparation publique si nécessaire et en même temps si bien entendue. » Piganiol de la Force répète ces paroles dans sa *Description de Paris*, et il ajoute, renchérissant sur les éloges que méritaient les fameux guichets : « On n'y désire qu'un marbre qui apprenne aux passants que c'est à M. de Marigny qu'ils sont redevables de ce bienfait. » Aurions-nous cru, nous qui voyons la chose faite et qui en avons toujours joui, que son établissement eût dû subir tant de retards, motiver tant de requêtes, et, une fois obtenu, être l'objet de tant de reconnaissance? Tout Paris en fut là pourtant, et, pendant la première semaine, je gage que la population tout entière vint défiler sous les fameux passages. D'Alembert, à qui la métaphysique et la géométrie n'avaient pas ôté toute candeur et toute naïveté, eut une vraie joie d'enfant la première fois qu'il les traversa en voiture : « Mme de Créquy, écrit Ch. Pougens dans sa *Lettre quatrième*, lui proposa de le mener prendre l'air sur les quais dans sa voiture; alors elle demeurait aux Quatre-Nations : il accepta avec joie, et parut, de la meilleure foi du monde, prendre un plaisir si vif au bruit, ou, pour mieux dire, au résonnement sourd et prolongé que produisaient et le piétinement des chevaux et le roulement de la voiture en traversant les guichets du Louvre pour le ramener chez lui, que cette dame eut la complaisance d'ordonner à son cocher de passer et de repasser cinq ou six fois de suite sous ces voûtes sonores. M. d'Alembert la remercia avec cette exaltation naïve d'un enfant dont on a complaisamment satisfait la fantaisie. »

En même temps que l'on ouvrait aux voitures ce triple passage, on rendait de nouveau aux piétons l'entrée dans la cour du Louvre par la colonnade, et on leur pratiquait une voie de sortie sur le quai, en dégageant la porte latérale bouchée jusque-là par le jardin de l'Infante. Tout cela ne fit pas supprimer les autres guichets du Louvre; loin de là, ils continuèrent même d'être toujours très fréquentés, si j'en crois certaine anecdote sur M. de Lauraguais, que Favart raconte ainsi dans une lettre de 1770 : « M. de Lauraguais, s'étant trouvé dans un des guichets du Louvre où il y avoit alors beaucoup d'embarras, entendit les cris d'une femme qui partoient d'une voiture qui arrivoit en face de la sienne. Il baisse sa glace, avance la tête et prête l'oreille : il aperçoit Mme de***, qui lui dit : « Il est bien étonnant que M. de Lauraguais, qui est si poli pour les dames, ne fasse pas attention à moi. — Ah! madame, s'écria M. de Lauraguais, vous n'aviez qu'à vous montrer d'abord; moi, mon cocher, mes chevaux, nous aurions reculé jusqu'au fond de la rivière. »

Dans toute cette partie, les communications ne manquaient donc plus. Il n'en était pas de même du côté des Tuileries. Point de rue nouvelle encore qui, les reliant à la rue Saint-Honoré à travers le cloître des Feuillants, ou qui, les rattachant aux boulevards par une tranchée hardie dans l'enclos des Capucines, vînt rendre plus facile l'accès du royal jardin. Il fallait pour cela les impitoyables démolitions de la Révolution, couronnées par les grands travaux de l'Empire. Jusque-là on dut se contenter de l'étroite issue qu'ouvrait du côté de Saint-Roch la petite *rue du Dauphin*, et de celle plus modeste encore et presque infime que le *passage des Feuillants* frayait vers la rue Saint-Honoré, à la place même de la *rue Castiglione* actuelle[1].

La *rue du Dauphin* était fermée la nuit par une grille placée du côté des Tuileries; c'est pourquoi

---

1. En 1778, le percement d'une large voie allant des Tuileries au boulevard existait en projet, mais passait pour une *utopie* de bâtisseur. « 23 octobre 1778. Les faiseurs de projets s'évertuent sur la destruction future de l'emplacement des Capucines de la rue Saint-Honoré. Le plus beau est celui dont le plan seroit de percer une rue depuis le petit Carrousel jusques à la place Louis XIV, en prenant le terrain nécessaire du Manége, des Feuillants, des Capucines, de l'Assomption, de former une autre rue perpendiculaire sur celle-là en face de la place Vendôme qui aboutiroit à une grille du jardin des Tuileries; enfin d'en ouvrir une troisième vis-à-vis, de l'autre côté de la place de Vendôme, qui passeroit au milieu des Capucines et iroit rejoindre le rempart. On prétend que par le bénéfice que procureroient les façades qu'on se ménageroit dans toutes ces rues, on suffiroit aux dépenses de cet embellissement de la capitale qui ne coûteroit ainsi rien à personne. » (*Mémoires secrets.* Tome XII, pages 152-153.)

elle passa longtemps pour un cul-de-sac. Elle ne porte le nom qu'elle a gardé que depuis 1744, et voici à quelle occasion il lui fut donné, à la place de celui de *cul-de-sac Saint-Vincent* qu'elle portait auparavant. Louis XV, à son retour de Metz, s'arrêta quelque temps aux Tuileries, et Saint-Roch redevint pour quelques jours la paroisse de la cour. Pendant la première messe que le Dauphin alla y entendre, quelques bourgeois, bons courtisans, grattèrent l'ancienne inscription et lui substituèrent celle-ci, que le petit prince put lire en retournant au château : *cul-de-sac du Dauphin*.

Le *passage des Feuillants* devait aussi à une dévotion princière non pas son nom, mais son existence même; c'est pour que Louis XV, encore enfant, pût aller entendre la messe à la chapelle du couvent, qu'on l'avait percé entre les hautes murailles du Manège et celles du couvent des Capucins. Il longeait en outre une partie du cloître des Feuillants, arrivait à une petite place où se trouvaient, d'un côté, l'entrée de leur chapelle, de l'autre, le chevet de celle des Capucins; puis, par une ruellette sombre, il allait déboucher dans la rue Saint-Honoré, en face de la place Vendôme. Dans cette espèce d'étroit labyrinthe, qu'il fallait nécessairement traverser quand on allait aux Tuileries, on ne voyait que de petits marchands faisant leur négoce de gâteaux ou de jouets d'enfants, et des mendiants demandant l'aumône. Du temps de Piron qui, on le sait, passait la plus grande partie de ses journées aux Tuileries, surtout lorsqu'il fut devenu vieux, un aveugle s'était établi dans le passage, criant comme il convenait à son infirmité, et, non content de cela, étalant sur un tableau des vers qu'il avait eu l'imprudence de composer lui-même. On ne s'arrêtait guère pour les lire, ou bien on en riait, et l'on passait sans rien jeter dans la sébile. Une bonne âme lui fit un jour l'aumône de ce bon conseil : « Mon brave homme, effacez vos vers ; et quand M. Piron, un grand poète qui vient souvent par ici, passera pour aller aux Tuileries, demandez-lui qu'il vous en compose de sa façon. Vous verrez que vous vous en trouverez bien. » Le donneur d'avis ne s'en tint pas même là ; il attendit Piron, et, dès qu'il l'aperçut, il avertit son aveugle, qui aussitôt présenta au poète sa petite supplique : « Très volontiers, *confrère*, dit Piron, qui plus d'une fois avait lorgné en passant les rimes du pauvre homme ; je tâcherai de faire de mon mieux, sois-en bien sûr. » Il fit ses deux ou trois tours d'allée, comme à l'ordinaire, s'assit un instant pour griffonner sur son genou ce qu'il venait de trouver, et retourna tout joyeux à son aveugle, à qui il remit ces six vers :

> Chrétien, au nom du Tout-Puissant,
> Faites-moi l'aumône en passant.
> Le malheureux qui la demande
> Ne verra point qui la fera !
> Mais Dieu, qui voit tout, le verra :
> Je le prîrai qu'il vous la rende.

N'est-ce pas charmant, dites ? et, rien que pour ces quelques rimes, si heureusement inspirées par la charité, ne doit-il pas être beaucoup pardonné à Piron ? Lui aussi, il n'était méchant qu'en vers, et plus d'une fois il eut de ces boutades de bonté. Les infirmes et les vieillards surtout l'apitoyaient, comme s'il prévoyait qu'un jour il serait lui-même vieux et infirme, et qu'aveugle à son tour, il lui faudrait dire encore, mais avec plus de vérité que la première fois, au pauvre diable du passage des Feuillants : « *Bonjour, confrère !* » Son plus charmant hommage à la vieillesse sont les vers qu'il fit pour Fontenelle, et qu'il est à propos de rappeler ici, puisqu'ils ne sont autre chose qu'une requête poétique présentée au nom du spirituel centenaire, *afin que le roi lui permette de traverser en chaise à porteur le jardin des Tuileries*. L'épître entière est charmante et tout à fait de notre sujet ; malgré cette double considération, nous n'en citerons pourtant que ce passage :

> A travers vos jardins, en chaise,
> Permettez que je coure après :
> D'un détour affreux qu'il vous plaise
> Me sauver la honte et les frais !
> Oui, la honte : car j'envisage
> Que ce serait acte peu sage,
> Et tout des plus irréguliers,
> Qu'un homme lettré de mon âge
> Prît le chemin des écoliers.

Ce que Fontenelle, par l'organe de Piron, appelle ici à si juste raison un « *détour affreux* » et le « *chemin des écoliers* », c'est l'énorme trajet qu'il lui faudrait faire pour gagner le Pont-Royal, en passant par la place Louis XV et en longeant tout le quai des Tuileries, ou bien en affrontant les dangers des anciens guichets du Louvre, pour aller trouver le Pont-Neuf; car, de son temps, les nouveaux guichets n'étaient pas encore percés; ils datent de 1759, et il mourut en 1757. S'ils eussent existé, nous n'aurions certainement pas l'épître de Piron. Fontenelle, sans se plaindre ici de la longueur et des dangers de la route, eût laissé ses porteurs promener sous leurs voûtes son allègre vieillesse, et nos guichets eussent eu ainsi un illustre passant de plus, eux qui en ont tant connu, à ne compter que ceux du XVIIIe siècle; eux qui enfin auraient une si longue et si curieuse histoire, ne dût-on la commencer qu'à l'heure joyeuse où d'Alembert les traversait dans la voiture de Mme de Créquy, et la terminer aux quelques minutes de mortelle angoisse que Marie-Antoinette passa blottie contre leurs parois, le soir même du départ pour Varennes.

Elle était sortie la dernière des Tuileries, le roi lui-même avait déjà rejoint la voiture qui, ayant M. de Fersen pour cocher, attendait au coin de la rue de l'Echelle. La reine et le garde du corps qui l'accompagnait avaient franchi la principale entrée du Carrousel, la Porte-Royale comme on l'appelait, quand un grand bruit de gens qui s'approchaient avec des lumières leur fit chercher un endroit sombre où l'on ne pût les voir. Ils se portèrent naturellement vers les guichets, et s'y cachèrent de leur mieux. On venait aussi de ce côté, mais on passa sans les reconnaître. C'était M. de La Fayette qui était allé faire sa visite de chaque soir aux Tuileries, et qui en revenait avec son escorte et des flambeaux. Il était en voiture fermée, et par conséquent ne pouvait voir; mais les gens de sa suite, qui passèrent tout près de la reine, l'eussent infailliblement reconnue si elle n'eût porté un grand chapeau qui lui couvrait tout le visage. Cette rencontre l'avait troublée au dernier point, ainsi que son compagnon. Tous deux connaissaient mal Paris, il n'en fallut pas davantage pour qu'ils s'égarassent tout à fait. Ils se trouvaient rejetés du côté du Pont-Royal, et ils ne revinrent point sur leurs pas, comme c'était nécessaire pour regagner la rue de l'Echelle. M. de La Fayette et son escorte avaient traversé le pont; ils le traversèrent aussi, ayant toutefois presque conscience qu'ils s'égaraient, mais n'osant pas demander leur chemin si près des Tuileries. Ils allèrent assez loin dans la rue du Bac, revinrent sur le quai des Théatins, puis vers le pont où la sentinelle qu'ils se risquèrent enfin à interroger les remit sur la voie. Une seconde fois, ils passèrent sous le guichet fatal, et arrivèrent enfin à la rue de l'Echelle, où tout le monde les attendait avec la plus mortelle inquiétude.

Qui eût dit à Henri IV, alors qu'il achevait cette immense galerie, afin qu'au jour des émeutes populaires il pût aller de son Louvre jusqu'aux Tuileries qui étaient encore hors des murs, et quitter la ville sans quitter son palais[1]; qui lui eût dit, je le répète,

---

[1]. M. Vitet, dans son excellente *Histoire du Louvre*, nous entretient longuement de cette entreprise de Henri IV : « Pensée grandiose, dont le but apparent n'était que d'embellir Paris et la rive de la Seine, mais qui, au fond,

alors qu'il se préparait ainsi une voie pour la fuite, que l'épouse d'un de ses derniers descendants, qu'une reine en fuite, viendrait en effet s'abriter quelques instants sous les voûtes qu'il faisait bâtir?

devait servir à la sûreté du roi et, partant, du royaume. Cette pensée, ajoute M. Vitet, n'est plus visible aujourd'hui ; mais on la saisit, pour peu qu'on se rappelle qu'au point où nous voyons les guichets de la place du Carrousel la ville finissait; qu'un rempart et un fossé en défendaient l'approche, et qu'au bord de la rivière, à côté d'une porte, en travers sur le quai, s'élevait une haute tour crénelée, connue depuis Charles V sous le nom de la *Tour-Neuve*, et servant pour ainsi dire de pendant, sur cette rive de la Seine, à la Tour de Nesle, située sur l'autre rive, un peu plus en amont. Se ménager à volonté l'usage des deux palais, l'un dans Paris, l'autre en dehors, les mettre en communication prompte et facile en franchissant le rempart, non par un souterrain, mais, ce qui revenait au même, par une galerie très élevée au-dessus du sol: tel fut ce projet que Henri IV voulut mettre à exécution aussitôt après l'avoir conçu, « afin, nous dit
« Sauval, d'être, par ce moyen, dehors et dedans la ville
« quand il lui plairoit, et de ne pas se voir enfermé dans
« des murailles où l'honneur et la vie d'Henri III avoient
« presque dépendu du caprice et de la frénésie d'une popu-
« lace irritée. »

BOILEAU DESPRÉAUX

MAÇON DU LOUVRE EN 1665

> Soyez plutôt maçon si c'est votre talent.

Boileau et le commis du trésor royal. — M. Boileau architecte ! — Pourquoi. — Louis XIV veut achever le Louvre. — Avec quel argent. — Les poètes ruinés, les maçons enrichis. — Epigrammes pour vengeance. — Les années de quinze mois. — Ce qu'en dit P. Corneille. — Six vers inédits de l'auteur du *Cid*. — Rancune de Boileau pour Perrault. — Origine du vers qui nous sert d'épigraphe.

Les anecdotes ne se commentent pas d'ordinaire ; on les laisse s'expliquer d'elles-mêmes par le trait spirituel ou épigrammatique qui les dénoue et les termine ; puis on rit si elles ont paru réellement plaisantes ; ou bien, si elles ont semblé froides et sans esprit, on se hâte de les oublier. C'est là tout le prix qu'on y attache, et jamais, que nous sachions, on ne va s'enquérir si, présentée sous une autre forme et expliquée par un bref commentaire, l'anecdote, qui a tout d'abord semblé ennuyeuse, ne gagnerait pas à cette simple glose quelque piquant attrait.

Il en est cependant plus d'une qui mériterait cette attention ; nous n'en voulons pour preuve que certain trait de la vie de Boileau raconté dans tous les *ana*, dans toutes les biographies anecdotiques[1] ; mais privé partout du petit commentaire dont nous allons le faire suivre, et auquel il devra peut-être le sens malicieux qui lui manquait jusqu'ici.

Entre les différentes versions de cette anecdote, nous choisirons, comme la plus détaillée et la plus vraisemblable, celle que nous trouvons dans le gros fatras anecdotique de Sallentin de l'Oise, l'*Improvisateur françois*[2].

Voici ce que nous y lisons :

« Boileau étant un jour venu au trésol royal pour toucher sa pension, il remit son ordonnance à un commis, qui y lut ces mots :

« *La pension que nous avons accordée à Boileau, à*

---

1. Voyez surtout le *Recueil des pièces intéressantes* de Laplace, tome VIII, p. 5, et *Souvenirs d'un homme du monde* (1789), tome I, p. 49, n° 55.
2. Tome XII, p. 284.

cause de la satisfaction que ses ouvrages nous ont donnée, etc.... »

« Il lui demanda de quelle espèce étoient ces ouvrages : « De *maçonnerie*, reprit le satirique; je suis architecte. » Et le commis d'écrire sur ses registres : « *Payé à l'architecte Boileau, pour ouvrages de maçonnerie*, etc.... »

Voilà toute l'anecdote!

Certes, si ce n'est une critique voilée contre la négligence déjà bien connue des commis royaux, elle ne contient rien ni de bien piquant ni de bien spirituel, rien qui soit digne en un mot de l'homme si finement caustique à qui on l'attribue.

Écoutons maintenant le commentaire, et voyons si le trait y gagnera réellement quelque chose.

En 1661, Louis XIV, qui venait de signer le traité des Pyrénées, et Colbert, qui venait d'être nommé ministre, voulurent inaugurer, l'un l'heureux avènement de la paix, l'autre son entrée au ministère, par l'accomplissement d'un projet depuis longtemps rêvé et toujours stérile : l'achèvement du Louvre.

Tout d'abord, les plans furent dressés pour mener à bonne fin les travaux de la cour monumentale, pour construire, en regard de Saint-Germain-l'Auxerrois, une magnifique colonnade, somptueux complément des ouvrages entrepris sous Louis XIII, et aussi pour régulariser, rajeunir et meubler toutes les parties de l'édifice commencées sous les règnes précédents. Et ce n'était là ni une chétive affaire ni une mince besogne, à en juger par le tableau ironique que C. Le Petit nous a laissé du Louvre de ce temps-là, de ses irrégularités et de ses vastes solitudes, dans deux strophes du *Paris ridicule*, où il dit, s'adressant à sa Muse :

>Vois, Muse, comme il nous découvre,
>Pensant nous éblouir les yeux,
>Ce grand bâtiment neuf et vieux
>Qu'on appelle aujourd'hui le Louvre !
>Vois-tu ces murs si mal rangés,
>Par l'antiquité tout rongés ?
>Ces chambres et ces galeries ?
>C'est là que dame Volupté
>Fait une infâme friperie
>Des jupes de grand'qualité.

>Vois, sur cette aile-ci l'ardoise
>Et sur cette autre-là le plomb,
>Regarde un peu ce pavillon
>Plus court que l'autre d'une toise ;
>Admire ces compartiments,
>Ces reliefs, ces soubassements,
>Cette façade et ces corniches.
>Rien n'y manque, hormis d'y graver
>Au-dessous de toutes les niches :
>Maisons à louer pour l'hiver.

La pensée de Louis XIV ne s'arrêtait pas même à ces agrandissements, à ces réparations ; elle ne tendait à rien moins qu'à faire revivre un plan déjà vieux alors, mille fois repris depuis, et qui, Dieu merci! à l'heure qu'il est, se trouve enfin en voie d'exécution sérieuse ; nous parlons de la réunion du Louvre aux Tuileries, gigantesque projet qu'Henri IV avait réellement conçu le premier, quand il médita le plan d'une vaste place qui se serait étendue entre les deux palais, et qui aurait pris, selon Malherbe, le nom de *place Bourbon*[1]. Toutefois, cette dernière entreprise, magnifique utopie de tous les surintendants passés et de tant de ministres présents, ne fut pas longtemps caressée par Louis XIV ; il l'abandonna sitôt que la première fièvre de ces grands projets de construction se fut un peu calmée en lui.

Il ne songea sérieusement qu'à l'achèvement du vieux palais. La nouvelle de ces travaux fut même bientôt si positive, que les gazetiers purent la répandre. Loret l'annonce ainsi dans sa *Muse historique*, sous la date du 5 juillet 1662 :

> Par ordre de Son Eminence
> On va, dit-on, en diligence

---

1. Lettre à Peiresc, du 24 juin 1606.

> (Et tel dessein sent bien la paix)
> Continuer mieux que jamais,
> Par une belle architecture,
> Du Louvre la grande structure,
> Et c'est à présent tout de bon
> Que le sage sieur Ratabon,
> Comme ayant la surintendance
> Des bâtiments royaux de France,
> Va de bon cœur s'employer là,
> Et je jurerois de cela.

Pourtant, quoi qu'eût pu prévoir le gazetier rimeur, les travaux ne commencèrent guère qu'en 1665.

Colbert, type un peu perdu des ministres économes, n'avait temporisé ainsi que pour faire des épargnes. Lorsqu'on dut même procéder définitivement à l'exécution des travaux, comme il était homme inventif en fait d'économie et avait toujours à cœur de ne dépenser d'une part que ce qu'il ménageait d'une autre, l'idée lui vint de payer les maçons de M. Ratabon avec l'argent que la munificence royale avait affecté jusque-là aux pensions des poètes. Louis XIV, alors tout entier à ses projets de monuments, souscrivit volontiers à l'idée antipoétique de son ministre. Il consentit, comme le voulait Colbert, à ne garantir désormais aux poètes que les maigres sommes non absorbées par les dépenses du Louvre. Un édit royal, rendu en vertu de ce bon plaisir, fut bientôt signifié aux auteurs, et force leur fut, dès lors, de laisser le lourd privilège des maçons empiéter sur leur hypothèque littéraire et de s'ajourner jusqu'à une plus longue échéance : quinze mois au lieu d'un an.

Dieu sait quel bruit on fit dans le monde toujours braillard des auteurs privilégiés, quand on y eut connaissance de ce fatal ajournement, de ce *reculement de pensions,* comme on dit alors, en créant une phrase spéciale pour les nécessités du moment.

Il n'y eut pas un auteur qui ne formulât sa plainte en vers, en prose, en épîtres, en quatrains, en factums. Le poète de Cailly ou d'Aceilly, ainsi qu'il se faisait appeler en anagrammatisant son nom, fut un de ceux qui se désolèrent le mieux. Déjà, l'année précédente, en 1664, après cet édit du roi qui retranchait un quartier des rentes constituées sur l'Hôtel de Ville, et auquel Despréaux lui-même devait faire allusion dans ces vers de sa troisième satire :

> D'où vous vient aujourd'hui cet air sombre et sévère
> Et ce visage enfin, plus pâle qu'un rentier
> A l'aspect d'un arrêt qui retranche un quartier?

déjà, dis-je, M. de Cailly avait exercé sa verve et décoché ses petits vers contre l'édit royal ; il avait dit :

> De nos rentes, pour nos péchés,
> Si les quartiers sont retranchés,
> Pourquoi s'en émouvoir la bile ?
> Nous n'aurons qu'à changer de lieu :
> Nous allions à l'Hôtel de Ville,
> Et nous irons à l'Hôtel-Dieu.

La nouvelle ordonnance le trouva bien mieux disposé encore à la plaisanterie et à l'épigramme. A peine l'eut-il connue, que s'en consolant à sa manière, c'est-à-dire par une boutade nouvelle de la médisance rimée qu'il appelait sa poésie, il fit répandre partout ce sixain dans lequel il apostrophe, pour les plaindre, tous les poètes ses confrères :

> Tant pour vous que pour ses maçons,
> Le Louvre n'a qu'un même fonds ;
> Mais ils ont le pas aux recettes.
> Ne soyez pas tant effrayés,
> On satisfera les poètes
> Quand les maçons seront payés.

Cela dit, le mot de l'énigme n'est-il pas trouvé ? l'anecdote contée tout à l'heure n'est-elle pas bien et dûment expliquée par le fait de cette seule épigramme? Ne voyez-vous pas, en effet, rien qu'en lisant ces deux derniers vers, ce qui inspira à Boileau l'innocente malice dont il mystifia à son profit le commis du trésor?

Il était assez pauvre alors, n'ayant pour suppléer à son maigre patrimoine que la maigre pension dont le gratifiait le roi. C'était sa meilleüre, et presque son unique ressource. Rien ne pouvait donc le frapper plus cruellement qu'un ajournement d'échéance.

Or, nous l'avons dit, au lieu d'un an, c'est quinze mois qu'il fallait attendre pour cela; l'ordonnance était formelle :

De quinze mois entiers on nous fait des années.

C'est encore de Cailly qui le dit, dans une seconde épigramme qui, n'ayant pas même épuisé par sa malice tout le fond de bonne plaisanterie que lui fournissait l'édit royal, ne l'empêcha pas de rimer encore ces six vers adressés comme les autres à ses malheureux confrères :

> Vos pensions, comme je vois,
> Vont de quinze en quinze mois ;
> Ce sont vos temps climatériques.
> Ah ! que mes vœux seroient contens
> Si le ciel vouloit de mes ans
> Faire ainsi des ans poétiques !

Antoine Furetières, autre malicieux écrivain, avait aussi formulé sa plainte de poète en six strophes inégales ayant pour titre : *Remontrances des Muses au roy sur les rentes,* et dont voici la dernière. On verra que l'aigreur n'y manque pas. Le poète a reçu au cœur le coup porté à sa bourse :

> La politique est une noble banque
> Qui négocie et dedans et dehors ;
>   Mais pour faire agir ses ressorts,
> Il ne faut pas que le crédit lui manque.
> Souffriroit-il que si publiquement
>   Une foi royale engagée
> . Sous son juste gouvernement,
>   Fût injustement outragée,
> Et qu'on crût désormais davantage en la foi
>   D'un marchand qu'en celle d'un roi ?

Un autre poète, mais bien plus célèbre celui-là, car c'est le grand Corneille lui-même, avait aussi trouvé dans ce malencontreux édit d'ajournement qui, sans dire gare à sa gloire, venait brutalement frapper sa pension de deux mille livres, comme celle du plus chétif et du moins méritant rimailleur, non pas l'idée de quelque épigramme bien acérée, bien rancunière, mais la pensée tout anodine de quelques rimes ironiquement flatteuses à l'adresse de Louis XIV. Voici ces vers de P. Corneille, que nul éditeur n'a daigné recueillir dans ses œuvres complètes, faute sans doute de les comprendre, et qui, perdus jusqu'ici dans un coin du recueil ayant pour titre : *Portefeuille de J.-B. Rousseau,* ont tout l'attrait de vers *inédits*[1] :

> Grand roi, dont nous voyons la libéralité
> Montrer pour le Parnasse un excès de bonté
>   Que n'ont jamais eu tous les autres,
> Puissiez-vous, dans cent ans, donner encor des lois,
> Et puissent tous vos ans être de quinze mois,
>   Comme vos commis font les nôtres.

Boileau, comme on l'a vu, soit par instinct, soit par pauvreté, avait été d'humeur moins accommodante ; il ne s'était point évertué à rimer de tels souhaits. Songeant bien plutôt au souvenir de sa pension reculée, il avait mieux aimé abjurer momentanément son titre et son brevet de poète ; enfin, pour être payé à coup sûr, se donner, avec le nom de *maçon,* les droits de priorité que l'ordonnance y attachait.

Plus tard, tout plein encore du souvenir de ce fâcheux édit et gardant rancune, non pas au roi qui l'avait rendu, mais à Claude Perrault, l'architecte du Louvre, et à ses maçons qui en avaient eu le bénéfice, il se laissa entraîner à la boutade si plai-

---

1. Tome II, page 113.

sante qui commence le quatrième chant de l'*Art poétique*. On sait comment, par rancune poétique, l'architecte-médecin y est spirituellement moqué, et je gagerais même qu'en se rappelant désormais l'anecdote-énigme dont nous avons tâché de donner le mot, on trouvera ces invectives du poète plus comiques encore. On saura pourquoi Boileau, toujours poursuivi par le souvenir des bâtisseurs du Louvre ayant le pas sur les poètes, fut amené à écrire le vers devenu proverbe et qui nous sert d'épigraphe :

Soyez plutôt maçon si c'est votre talent.

LES DEMEURES DE BOILEAU A PARIS

> Oh ! que toutes ces pauvres maisons
> bourgeoises rient à mon cœur !
> Ducis.

I

LA MAISON DU QUAI DES ORFÈVRES

(LA SATIRE MÉNIPPÉE ET BOILEAU)

Aspect du quai des Orfèvres au xviie siècle. — Un logis de la Sainte-Chapelle. — La chambre du chanoine Gillot. — Un *club* de bons esprits au xvie siècle. — Les chansons de Passerat. — La satire dans la rue. — Les frères Tardieu. — Gilles Boileau et sa famille dans la maison du chanoine. — Naissance de Despréaux dans la chambre où fut composée la *Ménippée*.

Au temps de la Ligue, l'aspect de la Cité en l'île était bien différent de celui qu'elle présenta un siècle plus tard. On voyait à sa pointe, que couronnaient encore les chênes séculaires et l'enceinte verdoyante des jardins du Palais, la petite île aux

Juifs, tant aimée du peuple, à cause de ses treilles fécondes, où chaque année le chapelain de Saint-Nicolas-du-Palais venait faire vendange, et visitée souvent aussi par l'homme sérieux et ami des souvenirs, venant y saluer le théâtre du supplice des Templiers. Tout près de là, l'île Bussy ou du Passeur-aux-Vaches étalait la luxuriante verdure de ses épais fourrages. Le Pont-Neuf, à peine commencé et déjà interrompu à cause des malheurs du temps, s'élevait à quelque distance, et, comme une jeune ruine, mal attaché à une seule rive, laissait les voûtes de ses arches inachevées se suspendre au-dessus des eaux du fleuve. La Seine, que les quais n'étreignaient pas encore sous leur ceinture de pierre, et dont les arches de bois du pont Saint-Michel étaient le seul obstacle, coulait à plein canal. Comme un murmurant Euripe, elle se jouait entre les trois îles et sur le sable fin de leurs bords.

Tout près de la pointe encore tronquée de l'île de la Cité et à l'angle de cette étroite rue, que le voisinage de la Sainte-Chapelle et de ses reliques apportées de la Terre-Sainte avait fait nommer, dès le XVe siècle, rue de Jérusalem, s'élevait alors une maison d'assez belle apparence et de construction récente. Sa façade de briques encadrées de pierre de taille avait tout le caractère de l'architecture de ce temps-là. Presque semblable à ces maisons de la place Royale,

Dont vous voyez d'ici que les murs sont rougis,

pour parler comme l'Horace de l'*École des Femmes*, peut-être servit-elle de modèle aux constructions de la place Dauphine, qui fut bâtie plus tard dans son voisinage. C'est vous la décrire tout entière.

Cette maison était un des logis de la Sainte-Chapelle. C'était la demeure canoniale de Jacques Gillot, conseiller-clerc au parlement de Paris, en même temps que chanoine de la Sainte-Chapelle. Savant laborieux, philologue érudit, et, ce qui est plus rare, homme d'esprit tout ensemble, Gillot, pour qui cette diversité de talents devait exclure aussi toute uniformité de plaisirs, aimait à partager ses instants entre l'étude grave et silencieuse et la causerie littéraire, si doucement bruyante, si gaiement tumultueuse, quand il y a entre les causeurs sympathie d'esprit et de cœur. Or, il en était ainsi chez Gillot. Son cercle littéraire n'était formé que de savants, tous hommes d'esprit et tous amis entre eux.

C'étaient : Nicolas Rapin, ce brave homme, ce savant aimable, qui fut tour à tour, dans ses meilleurs jours, poète latin et poète français, puis encore, en des temps plus rudes, vaillant soldat du Béarnais; Jean Passerat, ce borgne spirituel, toujours en commerce avec les Muses les plus graves et les plus riantes, qui, au sortir du Collège de France où il succédait à Ramus, délaissant, pour de plus doux loisirs, ses arides travaux de glossateur, tournait avec tant de grâce de légers virelais, de gentilles villanelles; Pierre Pithou, l'élève de Cujas, l'ami de Loysel, dont le patriotisme était devenu proverbial, et qui avait acquis le droit de répéter dans son testament : *Patriam unice dilexi ;* enfin Florent Chrestien, l'ancien précepteur d'Henri IV enfant, et, comme tous les autres, l'ami de de Thou et partisan zélé de Henri de Navarre.

Ces hommes aimaient à se voir ensemble. Un charme indicible les ramenait chaque soir à la demeure du chanoine, et chaque soir aussi leur cercle s'y resserrait, plus uni et plus sympathique, pour parler des maux du temps et songer à y porter remède. Mais la Ligue survint, elle surprit au milieu d'une douce causerie tous ces hommes aimables et les chassa devant elle. Coalition dangereuse et fondée sur l'anarchie, elle ralliait les méchants et dispersait les bons; mais sa haine n'eut aucune prise sur l'amitié des compagnons du chanoine.

La persécution les sépara sans toutefois les désunir ; loin même de pouvoir rompre le lien fraternel qui les attachait entre eux, elle le resserra en lui donnant la consécration du malheur. Rapin s'en alla rejoindre à Ivry l'armée du Béarnais ; Passerat et Pithou se cachèrent dans Paris ; Chrestien, s'enfuyant à l'aventure, tomba entre les mains des ligueurs, et le chanoine lui-même, plus malheureux qu'eux tous, alla expier à la Bastille, en compagnie du président du Harlay, l'hospitalité qu'en des jours meilleurs il n'avait pas craint d'offrir à des amis, dont un patriotisme ardent et railleur était le seul crime.

Tous avaient cédé, sans se plaindre, à cette commune destinée qui les prenait à part pour les mieux poursuivre ; mais, dans son isolement, aucun d'eux n'oublia les autres. Aussi, quand la persécution se calma et cessa de sévir ; quand, libres enfin ou rassurés, ils purent quitter leur retraite, tous revinrent à Paris, tous volèrent à la maison de Gillot.

C'était leur centre ; un même désir, un même élan les y entraînaient, et l'on eût pu dire, en voyant leur empressement, que chacun d'eux allait y ressaisir une moitié de son âme. Le cercle se reconstruisit vite ; les joies du retour firent oublier les peines de l'exil, et l'on se reparla du dernier jour où l'on s'était réuni, comme d'une veille joyeuse dont on fêtait le lendemain. Bientôt, pourtant, la première émotion passée, on parla de ses malheurs; chacun, au récit des souffrances des autres, se ressouvint des siennes ; et alors aussi certaine rancune malicieuse commença à se glisser dans leurs propos, la satire s'y fit jour, et chaque fois que l'entretien ramena le nom de l'un de leurs ennemis, on l'accueillit par une raillerie amère et mordante. Ce fut la première et la seule vengeance de ces gens qui, frappés dans leur amitié par la persécution, pouvaient bien, réunis encore, demander à cette même amitié les armes courtoises d'une franche moquerie contre leurs persécuteurs.

Mais pareille rancune est vivace au cœur des gens d'esprit, le temps ne fait que l'étendre, il en aiguise et en envenime la pointe, et un jour vient même où souvent la plume l'immortalise. Or, les amis de Gillot étaient, plus que personne, gens à saisir cette dernière arme; déjà même ils y songeaient, pour mieux faire sentir et faire pénétrer jusqu'au cœur de leurs ennemis l'aiguillon de leur haine, quand un nouveau venu leur prêta son aide, et régularisa, d'un seul coup, leurs mille projets de satire et de vengeance.

Ce nouvel arrivant était Pierre Leroy, chanoine

de Rouen, aumônier du jeune cardinal de Bourbon, et, à ce titre, lui aussi, ennemi des ligueurs qui le craignaient comme un apôtre et comme un soutien du tiers parti. Il venait à Paris, plein des mêmes idées qui fermentaient dans le cercle spirituellement séditieux des amis de Gillot, et de plus il apportait, à qui voudrait l'exploiter avec lui, le cadre d'une satire, le germe fécond d'une *Ménippée*. Admis chez le chanoine et y voyant tous les esprits admirablement portés au libelle et, par un échange continuel de saillies caustiques et de propos mordants, initiés à ses plus malins secrets, Pierre Leroy aventura sa pensée; il exposa timidement le plan de sa satire. On le laissa parler; on l'écouta d'abord avec défiance; mais, quand il eut fini, tous accueillirent par un assentiment unanime l'homme et son projet. Grâce à lui, en effet, la pensée vague et inquiète qui les tourmentait tous, depuis si longtemps, allait prendre une forme et se réaliser enfin pour leur vengeance. Le mot qui devait la faire éclater était trouvé : la *Ménippée* était créée.

On n'eut plus qu'à se partager la tâche, à se distribuer les rôles. Le plan de Leroy portait que chaque partie du libelle se composerait d'une harangue parodiée, en style satirique, des véritables discours prononcés par les principaux ligueurs.

Gillot, moitié prêtre, moitié laïc, se chargea de faire parler le grand prêcheur de la Ligue, Panigarolle, légat et évêque d'Asti, en langue macaronique, mi-partie italienne, mi-partie française. Florent Chrestien, prenant à partie le cardinal de Pelvé et sa harangue, se mit de son côté à deviser en style burlesque et, de cœur joie, à rivaliser de barbarismes avec le jargon du véritable discours dont les bourgeois s'étaient tant gaussés aux États, disant que « c'étoit du latin de cardinal, que n'entendoit pas qui vouloit. » Nicolas Rapin se fit l'interprète moqueur de Pierre d'Espinac, archevêque de Lyon, et du recteur Roze; tandis que Pierre Pithou accommodait pour le peuple le discours de M. d'Aubray au tiers état. Pour Passerat, il se chargea de dresser et de draper la scène. La description allégorique de la salle des États et de leurs tapisseries entra dans son lot. Il dut de plus, assaisonnant le tout, jeter sur chaque discours le sel mordant de ses épigrammes, la fine épice de ses vers.

Et la grande satire s'enfanta ainsi : pamphlet, comédie, coup d'État tout ensemble, elle jaillit armée du cerveau de ces braves bourgeois. Élaborée dans l'ombre d'un logis canonial, elle se nourrit du suc vivifiant et caustique de tous ces bons esprits, elle s'éleva au milieu de leurs loisirs comme une œuvre chérie et longtemps rêvée ; puis, grande enfin et vigoureuse, elle prit son vol sur l'aile de Némésis.

La Ligue était chancelante alors. Depuis les victoires d'Henri de Bourbon et le siège de Paris, elle était, elle aussi, *boîteuse et mal assise*. Dénuée de soldats qui pussent aller encore défier les Huguenots, elle ne combattait plus guère que par la plume de ses pamphlétaires, ou par l'éloquence insolente de ses prédicants : le libelle et la chaire étaient ses derniers moyens d'influence. La presse, pour ainsi parler, était sa seule arme ; l'intelligence, son dernier champ clos. Or, la nouvelle satire vint l'y défier et l'y vaincre. De prime-saut, elle attaqua cette Ligue usée et pantelante, et, l'abattant sous elle, lui porta le dernier coup dans son dernier retranchement.

La victoire fut éclatante. Un rire universel accueillit les vaincus, et ils ne se relevèrent de leur chute que pour rester à jamais couverts d'un ridicule ineffaçable. Les vainqueurs ue voulaient que cette vengeance. La joie moqueuse du peuple fut leur plus doux triomphe, et les éclats, toujours plus bruyants, de ce rire populaire qui avait si bien gagné Paris, le camp du Béarnais, la France en-

tière, furent, pour ainsi dire, la vibrante fanfare de
leur succès :

> . . . . . . Bien mieux que par l'épée,
> Ils avaient fait campagne avec la Ménippée,

comme l'a dit un poète. Les mille échos des carrefours de Paris le leur avaient appris, en répétant leurs satiriques couplets. Avec la popularité de leurs chansons, leur vengeance courait les rues, elle retentissait dans chaque voix du peuple. Comme Passerat devait rire quand il entendait chanter, aux oreilles du duc de Mayenne, cette chanson qu'il avait faite pour célébrer la fuite de son frère le duc d'Aumale, à la journée de Senlis :

> A chacun nature donne
> Des pieds pour le secourir.
> Les pieds sauvent la personne,
> Il n'est que de bien courir.
> . . . .
> Qui a de l'honneur envie
> Ne doit pourtant en mourir ;
> Où il y va de la vie,
> Il n'est que de bien courir.

Que de gorges-chaudes chez Gillot, à chaque quolibet que la satire popularisait dans la foule !

Quel rire heureux et franc devait y éclater, épanouissant tous les visages, quand on y apprenait que le peuple ne désignait plus les ligueurs que par les sobriquets qu'avait consacrés la *Ménippée;* ou bien encore quand, par quelque longue soirée d'hiver, le cercle joyeux se taisait pour entendre de braves ouvriers qui, au retour de la taverne, chantaient en passant sous les fenêtres du chanoine

>La Ligue se trouvant camuse
>Et les Ligueurs fort étonnez,
>Se sont advisez d'une ruse :
>C'est de se faire un Roy sans nez.

— Voilà encore un de nos couplets! disait Nicolas Rapin, pendant que les autres éclataient. Qu'en dites-vous, maître Passerat?

— Demandez plutôt, répliquait le malin borgne, ce qu'en dit le plus laid et le plus camus des princes, monseigneur le duc de Guise, à qui il s'adresse. Je gage qu'il en jure souvent entre ses dents, car le peuple ne se fait pas faute de l'entonner à ses oreilles et de le lui décocher à brûle-pourpoint.

Ainsi ces bons bourgeois jouissaient de leur œuvre et à toute heure savouraient malignement leur vengeance avec la renommée croissante de la *Ménippée;* d'autant plus heureux, d'autant plus libres dans les élans de leur gaieté, qu'ils n'avaient pas rompu, pour publier leur satire, le secret qui avait présidé à sa composition. Ils pouvaient donc rire à leur aise, sous le complaisant manteau de l'anonyme, et se mêler à la foule ; ne se contentant pas du sourire discret d'auteurs craignant de se prévaloir, ils pouvaient se moquer encore et répéter impunément leurs saillies.

Cet incognito, qui les protégeait si bien, ne se révéla jamais tant qu'ils vécurent. Chacun d'eux emporta en mourant le secret de la *Ménippée*, et on ne connut guère le nom de ses auteurs qu'à la mort du dernier survivant. C'était Gillot [1]. Après avoir perdu successivement tous ses amis, d'abord Florent Chrestien, puis Pithou, puis Rapin, et enfin Passerat, il était resté seul et désolé dans sa maison déserte, et jusqu'en 1619 il avait attendu la mort qui devait le réunir à ses joyeux confrères.

1. En 1607, Jacq. Gillot, donna le recueil des *Missives du Concile de Trente*, dont il est parlé avec éloge dans la *Bibliothèque choisie* de Colomiès, la Rochelle, 1682, in-8, pag. 151 : « C'estoit, y est-il dit de l'éditeur Jacques Gillot, un homme qui, outre son rare savoir, avoit l'âme si bienfesante qu'il ne se plaisoit qu'à obliger. Il estoit d'ailleurs si franc et si ingénu, qu'il ravissoit en admiration ceux qui l'approchoient. Sa bibliothèque estoit très belle et remplie de manuscrits fort particuliers. »

Quand il eut rendu l'âme, on l'emporta sans grande pompe dans les caveaux de la Sainte-Chapelle, commune sépulture des chanoines, et les deux frères Tardieu, ses neveux, prirent possession de sa prébende, qui se composait du logis où nous venons d'assister à l'enfantement de la *Ménippée* et de la maison voisine.

Le plus jeune des deux frères, qui était chanoine comme Gillot, dut naturellement occuper la demeure de son oncle, tandis que l'aîné, Jacques Tardieu, qui tenait à la magistrature et devint plus tard lieutenant criminel, s'établit dans l'autre maison. Isolé et triste au milieu de sa vaste demeure, le nouveau chanoine souhaita bientôt de n'y plus rester seul, et, quoique les règlements de la Sainte-Chapelle le lui défendissent, il admit des locataires dans son logis canonial.

En 1634, comme le principal appartement, la *première chambre*, ainsi qu'on disait alors, se trouvait à louer, Gilles Boileau, greffier du conseil de grand'-chambre, vint s'y installer. Il quittait la rue Quincampoix, et se rapprochait ainsi du siège du parlement. C'était un homme de bonne mine, de mœurs douces, mais d'assez peu de sens; car, malgré son âge, sa tête déjà grisonnante et treize enfants qu'il avait eus de sa première épouse, il avait tout dernièrement contracté un second mariage, et pris pour femme une jeune fille de seize ans.

Par bonheur, le greffier n'entraînait pas à sa suite toute cette famille. La tête de la jeune belle-mère n'aurait pu y tenir, et la maison du chanoine n'y eût pas suffi tout entière. Quelques-uns des enfants, étant déjà grands, logeaient au dehors; Anne, la fille aînée, était même déjà mariée à un certain Dongois, petit homme de robe. Il ne restait au logis que des marmots, population assez mal choisie, il est vrai, pour la prébende d'un chanoine. Cependant, malgré leur tapage, Gilles Boileau, le greffier, vivait en bonne intelligence avec les deux frères Tardieu. Au premier enfant dont sa femme accoucha dans sa nouvelle demeure, il pria même Jacques, le magistrat, d'être parrain. C'était en 1635.

L'année d'après, comme Gilles Boileau demeurait toujours dans la maison du chanoine, sa femme, qui occupait la chambre habitée par Jacques Gillot lui-même, y accoucha d'un second fils. Or, l'enfant qui naissait ainsi dans ce réduit canonial, dans cette chambre même où la *Ménippée*, la grande satire du XVIe siècle, était éclose et avait grandi; cet enfant qui, sous les auspices de ces nobles esprits et escorté de leurs vivants souvenirs, s'élançait ainsi au jour, c'était NICOLAS BOILEAU-DESPRÉAUX : celui-là-même qui, devenu homme, se fit le digne successeur des écrivains, génies familiers de son logis natal, et fut le satirique du grand siècle.

Nous ne chercherons point à épiloguer sur ce fait littéraire, quelque étonnant qu'il soit. On ne commente point le hasard, et c'est à la vérité seule d'exposer et de mettre en relief le rapprochement ingénieux qu'il a fait naître ici ; c'est à elle de prouver, qu'amené par une succession de faits naturels, il n'a été en aucune sorte imaginé à plaisir pour surprendre ou amuser les esprits. Remarquons donc seulement la destinée singulière qui, en moins d'un demi-siècle, plaça dans un même lieu le berceau de nos grandes satires, et qui, cent ans plus tard, ramenant encore non loin de là un autre satirique, fit mendier Gilbert, dans un autre coin de cette même île de la Cité, et abrita sa tête proscrite dans le corps de garde du Pont-Neuf.

LE LOGIS DE LA COUR DU PALAIS

Boileau à Crosne dans la maison des *préaux*. — Sa vie au collège. — Il revient dans la maison du quai *des Orfèvres*. — Il est clerc de greffier. — Sa guérite sur les toits dans la cour du Palais. — Le ménage de son frère Jérôme. — Madame Jérôme, sa belle-sœur. — Les types de la satire X. — Gilles Boileau, Chapelain et Cotin. — Les frères ennemis. — Les époux Tardieu. — Un amour de Boileau.

Nicolas Boileau ne fut pas élevé à la maison paternelle. Ayant perdu sa mère, l'année qui suivit sa naissance, il fut remis par son père aux mains d'une bonne paysanne, vigneronne d'une petite métairie qu'il possédait à Crosne. Cette femme l'éleva en nourrice fidèle dans cette maison, qui existe encore en face de l'église du village. Un petit jardin y attenait alors, ainsi que deux *préaux* étalant leurs tapis de verdure de chaque côté du logis. Comme le petit Nicolas s'y ébattit tout à son aise tant que dura son enfance, il en conserva dans sa famille le surnom de

Despréaux, qu'il devait immortaliser plus tard. Quand il eut un peu grandi, on le ramena dans la maison du quai des Orfèvres, pour qu'il pût y prendre des habitudes moins sauvages. Une fois apprivoisé, on le mit au collège d'Harcourt, puis, ses humanités finies, au collège de Beauvais. Là, comme Racine, qui s'élevait alors dans la solitude de Port-Royal-des-Champs, il passa les nuits et les jours à lire des poésies et des romans. Il se tua à rimer de mauvais vers sur de plus détestables modèles : et tout cela, en dépit de M. Sévin, son régent de troisième, qui l'admirait tout en le punissant; malgré son maître de théologie qui l'excommuniait d'avance, et, qui plus est, en dépit de la cloche du collège, sonnant sous la fenêtre même de sa cellule et troublant à toute heure cet apprenti poète, qui commençait sa carrière littéraire par une tragédie, et sa tragédie, par la mort de trois géants.

Sorti du collège, Despréaux entra dans l'étude de son père, et, confiné tout le jour dans ce greffe obscur, il dut enfouir le trésor de ses rêves sous la poudre des dossiers. L'enfant qui a dormi au collège sur la théologie ne se réveille guère au logis paternel sur la jurisprudence. Nicolas ne parut donc pas avoir changé d'ennui. Il bâilla sur le grimoire, comme aux leçons de maître Sévin. Si l'on en croit même certaine anecdote racontée par d'Alembert, il lui arriva plus d'une fois de dormir sous la dictée de son père ou de M. Dongois, son beau-frère. Cependant, le pauvre garçon se faisait violence et rongeait son frein du mieux qu'il pouvait. La crainte qu'il avait de son père l'empêchait de regimber jusqu'à la poésie. Il cachait même si bien sa manie, il émoussait, il éteignait avec tant d'adresse, sous une apparente apathie, la pointe déjà mordante de son génie naissant, que son père, loin de deviner le satirique à venir, disait, en lui frappant sur la joue : « Pour Colin, c'est un bon garçon qui ne dira jamais de mal de personne. » Bon père et mauvais prophète, le greffier Gilles Boileau s'endormait dans cette confiance, et ne s'inquiétait pour l'avenir que de la conduite de ses autres fils, Gilles et Jacques. « Gillot est un glorieux, disait-il, Jacot un débauché. » Je ne sais s'il s'abusait encore, surtout pour Jacot, qui, plus tard, devint chanoine ; mais je suis sûr que, s'il eût su combien il se trompait sur le compte de ce sournois de Nicolas, le bon greffier en eût bien gémi après sa mort.

Elle arriva en 1657. Despréaux avait vingt et un ans, âge d'émancipation légale s'il en fut. Il en profita donc, jeta le masque, et, vrai Brutus littéraire, dédaignant, quoi que pût dire sa famille, le greffe et ses entraves, il ressaisit la satire et s'en fit une arme contre ses premiers censeurs. C'étaient ses frères. Toutefois, en se raillant d'eux, il ne les quitta pas.

Sitôt son père mort, désertant la maison natale du quai des Orfèvres, il alla s'installer, avec Gilles et Jacques, dans la cour du Palais, chez Jérôme Boileau, leur aîné, héritier à ce titre du greffe paternel.

Ce logis de Jérôme, que les constructions récentes ont fait disparaître, se trouvait en face de la Sainte-Chapelle. La chambre que Despréaux y obtint était plus que modeste : c'était une sorte de réduit sur les toits, une façon de guérite, au-dessus du grenier, où il pouvait à peine tenir seul. Quelque triste et malséant que fût ce réduit pour un poète qui s'émancipe et prend ses aises, Despréaux dut s'en contenter. Il était le plus jeune de la famille, et l'on sait quelle est la loi commune : le plus bas en degré de descendance est toujours le plus haut niché dans la maison. Jacques était au séminaire ; Gilles, leur aîné, logeait au-dessous de notre poète, c'est-à-dire au quatrième étage, dans une mansarde qu'il lui laissa en quittant la maison. « *Je suis descendu au grenier!* » dit Nicolas joyeux, en s'y installant. Ce fut son premier bonheur [1].

---

1. C'est sans doute à cette première habitation de Boi-

Ce n'est pas qu'il se déplût dans cette maison de son frère, avant même que son logement s'y fût amélioré ; il ne semble pas qu'il y ait jamais éprouvé d'ennui. Les plaisirs qu'y prenait son esprit railleur y compensaient pour lui les gênes matérielles. Là, en effet, plus que partout ailleurs, il trouvait à exercer sa verve frondeuse, à y faire apprentissage de malice et de vive satire.

Son observation, quelque peu casanière, se complut toujours, on le sait, au milieu des ridicules d'intérieur ; son esprit, un peu bourgeois, aimait, pour ainsi parler, la comédie du coin du feu : or, comme si le hasard eût voulu le servir à souhait dans l'intérêt de ses goûts et de ses travaux à venir, un de ces petits drames domestiques était chaque jour en scène dans la maison du greffier Jérôme Boileau. L'action, souvent très vive, y était desservie à toute heure par des originaux à caractères différents et toujours bien posés. C'était d'abord la belle-sœur, madame Jérôme, dont le souvenir, qui

leau que Bonnecorse fait allusion, quand il dit au chant Ier de sa détestable satire du *Lutrigot* :

> Une maison étroite et dont l'architecture
> Semble choquer en tout et l'art et la nature,
> Et qui paraît de loin plus haute qu'une tour
> Était de Lutrigot (Boileau) l'ordinaire séjour.

n'avait jamais quitté Despréaux, se réveilla si vivace et si complet dans son esprit quand il eut résolu d'écrire sa satire contre les femmes. Cumulant tous les ridicules, tous les travers de son sexe, la greffière résumait, en elle seule, la série presque entière des portraits que le poète avait à tracer; il n'eut donc, pour écrire, qu'à s'inspirer d'elle et à la prendre sur le fait de chacun de ses ridicules. C'est madame Jérôme Boileau qui posait quand il peignit :

. . . . . . La revêche bizarre,
Qui sans cesse, d'un ton par la colère aigri,
Gronde, choque, dément, contredit son mari.

Ou bien encore :

. . . . Ces douces ménades,
Qui, dans leurs vains chagrins, sans mal toujours malades,
Se font des mois entiers, sur un lit effronté,
Traiter d'une visible et parfaite santé ;
Et douze fois par jour, dans leur molle indolence,
Aux yeux de leurs maris tombent en défaillance.

Quand madame Jérôme tombait dans ses fantaisies de malade imaginaire, c'est Perrault qui la soignait. Autre original, autre portrait. Et l'on sait comment Despréaux traita toujours ce médecin-architecte.

La belle-sœur n'avait pas que ces deux petits travers. Comme toutes les furies domestiques, elle joignait à l'aigreur constante de son caractère le singulier talent d'inventer des noms ridicules et de se faire un vocabulaire de plaisanteries triviales, qu'elle débitait sur chaque personne, clients, amis, parents qui fréquentaient sa maison. Despréaux l'entendait tous les jours, et c'est sous le feu de ces boutades qu'il ajouta un trait au portrait de la femme revêche,

> Qui, dans tous ses discours, par quolibets s'exprime,
> A toujours dans la bouche un proverbe, une rime,
> Et d'un roulement d'yeux aussitôt applaudit
> Au mot aigrement doux qu'au hasard elle dit.

Racine savait par Boileau la plupart des saillies de la belle-sœur. Quand il donna à sa comtesse des *Plaideurs* les titres de comtesse de *Pimbêche*, *Orbêche et cœtera*, il empruntait ces noms au vocabulaire burlesque de madame Jérôme, qui, la première, en avait accommodé une cliente de son mari.

Nul valet, comme bien vous pensez, ne pouvait faire long séjour dans la maison que gouvernait une telle mégère. Aussi, c'était chaque jour changement et visage nouveau. Boileau en gronda d'abord, et plus tard il écrivit :

Croit-elle en ses valets voir quelque complaisance,
Réputés criminels, les voilà tous chassés,
Et chez elle à l'instant par d'autres remplacés.
Son mari qu'une affaire appelle dans la ville,
Et qui chez lui, sortant, a tout laissé tranquille,
Se trouve assez surpris, rentrant dans la maison,
De voir que le portier lui demande son nom,
Et que, parmi les gens changés en son absence,
Il cherche vainement quelqu'un de connaissance.

La belle-sœur était morte, quand parut cette X^e satire, où elle revit à chaque page et que ses ridicules défrayent tout entière. Si elle eût vécu, Boileau peut-être eût moins osé, ou tout au moins, locataire prudent, il eût délogé la veille de la publication !

Du reste, comme nous l'avons déjà dit, la greffière n'était pas seule à poser pour les portraits esquissés par le poète. Sans sortir du logis de la cour du Palais, il trouvait encore à peindre. Chaque fois qu'il eut à parler de la passion du jeu et de ses funestes effets, ramené par un souvenir plus poignant, il pensa à son frère Jérôme, joueur aussi effréné que Galet.

Gilles le servit mieux encore, et pour d'autres esquisses. Vain et glorieux, comme l'avait prédit son père — bon prophète cette fois, — Gilles s'était mêlé d'écrire, et cela avant que Despréaux, le seul vrai poète de la famille, fût en âge d'y songer lui-même. Quand donc « *le petit garçon* », ainsi qu'il l'appelait, hasarda ses premiers essais, maître Gilles se trouva blessé dans sa vanité de poète et dans sa dignité de frère aîné : « Comment! ce petit drôle se mêle de faire des vers? » dit-il avec dédain; et il s'en railla hautement en compagnie de Chapelain et de Cotin qui, vers ce temps-là, et à cause de lui, hantaient la maison du greffier. Dès lors, le pauvre Nicolas se vit chaque soir en butte, sous le regard narquois de sa belle-sœur et le sourire discret de son grand frère, aux avis protecteurs, aux conseils méprisants des deux rimeurs en renom. C'en fut assez pour que le petit garçon eût une plus forte envie de devenir grand poète, et c'est aussi de ce moment que, vouant à ses premiers censeurs, Chapelain et Cotin, une rancune implacable, il aiguisa la pointe de tant de satires et de tant d'épigrammes qui devaient leur rendre mille piqûres envenimées en échange des nombreuses atteintes de leur férule peu courtoise. Gilles lui-même eut sa part dans les satires du petit drôle. S'étant souvenu un jour que c'était son aîné qui, convoitant alors l'Académie et flattant Chapelain, l'avait par complaisance livré, lui chétif, pieds et poings liés, aux sarcasmes du vieux poète, Despréaux écrivit :

> Moi je ne saurais pas, pour un injuste gain,
> Aller, bas et rampant, fléchir sous Chapelain.
> Cependant, pour fléchir ce rimeur tutélaire,
> Le frère en un besoin va renier son frère.

Mais, plus tard, Boileau s'étant réconcilié avec Gilles, ces vers acerbes disparurent des satires.

Vous voyez que, sans sortir du logis fraternel, le satirique pouvait beaucoup apprendre. La plupart de ses portraits s'y esquissaient d'eux-mêmes, devant lui. Pour les autres, il ne lui fallut guère plus d'efforts. Les modèles n'étaient pas loin non plus. Sans dépasser les limites de la cour du Palais, il pouvait les prendre sur le fait de leur originalité, et les peindre.

Sur le quai des Orfèvres, dans la maison attenant à celle qui avait vu naître Boileau, et qui, comme elle, faisait partie de la prébende de Gillot le chanoine, logeait, ainsi que nous l'avons dit, l'aîné des frères Tardieu, promu, dès l'année 1661, au grade de lieutenant criminel. Ce magistrat était célèbre par ses concussions et son avarice; c'était l'Harpagon de Molière, réalisé, complété, doublé même; car, plus heureux que l'Avare du grand comique, Jacques Tardieu avait trouvé dans la fille du ministre calviniste, Jérémie Ferrier, une compagne digne de lui. Le ménage était complet; chaque époux renchérissant sur l'autre en bassesse, en rapacité, en ladrerie. Il n'y avait, dans cette demeure, qu'une pensée, qu'une émulation : l'avarice. Despréaux connaissait mieux que personne ce couple si bien assorti. Tout enfant, il avait entendu conter, aux longues veillées du foyer paternel, ce qu'en disaient les commères du voisinage. Il avait connu les deux maigres servantes qui, lorsque madame Tardieu réforma la maison de son prodigue époux,

> . . . . largement souffletées,
> Avaient à coups de pied descendu les montées.

Plus d'une fois, se mêlant aux gamins de son âge, il avait poursuivi de ses huées Desbordes, leur vieux valet, toujours accoutré de la même casaque rouge. Peut-être n'avait-il pas mieux respecté, au passage, Jacques Tardieu lui-même :

> . . . . . . Tout poudreux, tout souillé,
> Couvert d'un vieux chapeau de cordon dépouillé,
> Et de sa robe enfin, de pièces rajeunie,
> A pied dans les ruisseaux traînant l'ignominie.

Impitoyable comme on l'est à cet âge, il avait senti, dans son cerveau déjà satirique, le germe des vers dans lesquels il dépeint la digne épouse du lieutenant criminel, duègne effroyable et d'un accoutrement plus hideux qu'elle-même [1]. Combien il avait dû rire, avec ses frères

> . . . . . . de son jupon bigarré de latin,
> Qu'ensemble composaient trois thèses de satin,
> Présent, qu'en un procès, pour certain privilège,
> Firent à son mari des régents de collége ;
> Et qui, sur cette jupe, à maint rieur encor
> Derrière elle faisait lire : *Argumentabor*.

Despréaux avait ainsi étudié dans toutes ses phases l'existence de ce couple malheureux ; aussi, après l'assassinat [2] des époux Tardieu par les frères Touchet, sut-il, mieux que personne, tracer leur lamentable histoire.

Rentré dans la cour du Palais, Boileau se trouvait face à face, et, pour ainsi dire, dans la familiarité de ses autres héros. Le perruquier Didier-Lamour,

---

1. La première victime de cette mégère du quai des Orfèvres était son mari. Écoutez plutôt Gui-Patin dans sa *Lettre* du 25 Août 1660 : « Le lieutenant criminel est ici fort malade, sa femme, qui est une mégère, l'a battu et enfermé dans la cave : c'est une diablesse pire que la femme de Pilate. Elle est fille de Jérémie Ferrier, jadis ministre de Nîmes révolté. »

2. Boursault, dans l'une de ses *Lettres*, parle ainsi de cet assassinat : « Hier, jour de saint Barthélemi, on fit une

l'un des personnages du *Lutrin,* habitait avec Anne Buisson, *sa perruquière,* vis-à-vis de la maison de

véritable Saint-Barthélemi du lieutenant criminel et de sa femme : et c'est une chose assez extraordinaire, pour n'être pas récitée en langage commun.

> Hier, près du cheval de bronze,
> Entre l'heure de dix et d'onze,
> On assassina (grâce à Dieu)
> Feu messire Jacques Tardieu.
> Ce grâce à Dieu par parenthèse
> Ne dit pas que j'en sois bien aise :
> Mais quand un malheur nous advient,
> Comme c'est de Dieu qu'on le tient,
> Et qu'il est la première cause
> Qui fait arriver toute chose,
> Lorsqu'il condamne ou qu'il absout,
> On luy doit des grâces de tout.
> Ainsi, quoy que chacun en pense,
> Soit châtiment, soit récompense,
> Soit qu'il ait souffert le trépas
> Pour aller là-haut ou là-bas,
> Soit qu'il se chauffe en purgatoire ;
> Hier, si j'ai bonne mémoire,
> On assassina (grâce à Dieu)
> Feu messire Jacques Tardieu.
> Pour madame la Lieutenante,
> Si bien née et si bienfaisante,
> D'un seul coup de barre de fer
> On lui mit la cervelle à l'air :
> Et sa belle âme, à la même heure,
> Voyant démolir sa demeure,
> S'en alla par un si grand trou...
> Je n'ai pas besoin de dire où.

Lettres nouvelles de feu monsieur Boursault, etc. 4ᵉ édit. Paris, 1722, tom. I, pag. 188.

Jérôme Boileau. Le plat à barbe et le carquois, servant d'enseigne et d'armes parlantes à l'héroïque barbier, se voyaient sous le perron de la Sainte-Chapelle. Au-dessous, et formant amphithéâtre, s'ouvrait l'échoppe savante de Barbin :

> . . . . . Sur le perron antique
> Où, sans cesse étalant bons ou mauvais écrits,
> Il vendait aux passants les auteurs à tout prix.

Maintes fois Boileau avait pu y voir, comme dans une scène des *Femmes savantes*, Cassagne et Cotin, La Serre et Chapelain, s'y escrimant *seul à seul*.

C'est aussi dans ce voisinage que tous les héros de la comique épopée : Claude Auvry, le trésorier ; Jacques Barrin de la Galissonnière, le grand chantre ; Gueronet, dont il fit le *prudent Gilotin;* Sidrac, le chevecier ; Brontin, le sous-marguillier, et Boirude, le *puissant porte-croix*, vivaient, s'agitaient sous le regard de Boileau et se drapaient pour la satire. Du haut de sa guérite sur les toits, son Parnasse aérien, le malin Nicolas guettait au passage tous ces hommes d'église. A chaque grande fête, il suivait d'un complaisant sourire la pompe dévote de leurs processions, défilant longuement dans ce Marché-Neuf dont il vanta « les paisibles bourgeois », et s'arrêtant non loin de ce mai de la Basoche sous lequel il devait plus tard faire asseoir la Discorde.

Au milieu de ce monde grave et comique qui s'agitait dans cet étroit espace, pour les menus plaisirs de sa muse, Despréaux avait pourtant su distinguer une personne en qui son esprit moqueur ne trouva rien à reprendre et que son cœur put aimer : c'était Marie Ponchet, qu'on appelait dans le monde mademoiselle de Brétouville, fille très spirituelle, au dire de Brossette, et nièce d'un chanoine de la Sainte-Chapelle.

Despréaux, jeune homme encore, l'avait connue chez Jérôme, son frère, dont elle venait, en voisine, visiter souvent la femme. Séduit par les charmes de son esprit plus encore que par les grâces de sa personne, il s'était peu à peu laissé entraîner à nourrir pour elle quelques-unes de ces pensées d'amour dont sa plus célèbre satire devait le faire croire incapable. Amant adroit, il s'était glissé, pour parvenir jusqu'au cœur de la nièce, dans la familiarité de l'oncle. Afin même de satisfaire aux goûts du vieux chanoine et de justifier, pour ainsi dire, son assiduité chez lui, il avait consenti, malgré sa répugnance et ses récents ennuis, à reprendre ses études sur la théologie ; il était retourné sur les bancs de la Sorbonne pour y apprendre une seconde fois ce qu'il avait mis tant de joie à désapprendre.

L'amour le voulait ainsi. L'esprit du pauvre Boileau se mettait à la torture pour satisfaire aux désirs de son cœur. Si chaque soir, en effet, il n'eût pas rapporté de l'entretien des casuistes quelques arguments nouveaux, le chanoine n'eût peut-être pas dormi en l'écoutant, et notre apprenti docteur n'eût pas goûté, auprès de la nièce, les instants de délicieux loisirs que lui valait ce bienheureux somme.

Ce chaste amour, éclos sous le toit d'un chanoine et nourri à ses plus douces heures d'études littéraires et de pensées théologiques, se termina d'une façon digne de ce pieux patronage et de ces entretiens.

Ce ne fut pourtant pas par le mariage.

Quand le vieux chanoine mourut, Marie de Brétouville se trouva, pour ainsi dire, orpheline; et pauvre, abandonnée comme elle l'était, le cloître dut être son seul asile. Malgré la douleur de Despréaux, aussi dénué, aussi désespéré qu'elle, Marie se fit religieuse dans un couvent du faubourg Saint-Germain. Cédant à un dernier élan de sympathie, Boileau fut tenté de faire comme elle; sa pieuse résolution fut même tout d'abord si forte qu'il en fit confidence à son amie. Ravie alors, mademoiselle de Brétouville lui conseilla de se faire pourvoir en cour de Rome du prieuré simple de Saint-Paterne au diocèse de Beauvais, bénéfice possédé par son oncle le chanoine, et qui se trouvait vacant malgré les prétentions de l'évêque de Beauvais qui en était le collateur. Despréaux se laissa persuader, il fit des démarches et parvint à se faire pourvoir. Mais il en resta là : une fois en possession du bénéfice, et en pleine jouissance de ses revenus, il oublia le reste, ou plutôt il en eut peur. Des vœux à prononcer, l'habit ecclésiastique à revêtir, tout cela l'effraya. Par malheur, son amour qui commençait à s'éteindre ne fut pas assez fort pour venir en aide à la religion et réchauffer ses résolutions : il resta donc laïc, tout en percevant des revenus ecclésiastiques. M. de Lamoignon lui fit remarquer plus tard l'irrégularité de cette conduite, et l'engagea, pour la sûreté de sa conscience, à se démettre du bénéfice ou à entrer définitivement dans les ordres, pour jouir légalement des revenus. A cette dernière proposition, Despréaux eut si grande peur, qu'il rendit, sans plus attendre, son prieuré à l'évêque de Beauvais. C'était une première pénitence qu'il s'imposait pour le monde ; il s'en imposa une autre pour l'Eglise, et ce fut une bonne action : il supputa tout ce qu'il avait retiré de son bénéfice depuis le temps qu'il en jouissait, et toutes les sommes qui en résultèrent, il les consacra à compléter la dot non encore payée de mademoiselle de Brétouville. Ce bienfait est le dernier, mais non pourtant le seul souvenir que Boileau donna à cet amour. Souvent il avait cherché à voir celle qu'il avait tant chérie : il s'était plu à errer autour des murs du couvent où elle était recluse. Un jour même qu'il en revenait, passant par le Jardin des Plantes, il se prit à rêver, et, insensiblement, à composer cette gracieuse chanson, que Lambert mit plus tard en musique, et qui se termine par ces vers restés célèbres :

> Mon cœur, vous soupirez au nom de l'infidèle,
> Avez-vous oublié que vous ne l'aimez plus ?

Pauvre Boileau ! c'est qu'il l'aimait encore. Ces jolis vers et la bonne action que j'ai rappelée tout à l'heure suffiront pour le prouver à ceux même qui prétendent que Boileau eut un cœur froid et obstinément insensible.

III

LA CHAMBRE DE LA RUE DU VIEUX-COLOMBIER

Les soupers chez Boileau. — Ses convives : Racine, Molière, La Fontaine, Chapelle. — Des vers de Chapelain pour pénitence. — Une visite de Boileau chez Chapelain. — Les étrennes de Boileau à Molière. — Comment fut créé le Sganarelle du *Médecin malgré lui*. — Fin des réunions. — Boileau chez le cardinal de Retz et à Bâville. — Un *rébus* inédit.

L'amour cependant, et en cela ses détracteurs auraient presque raison, ne fut qu'un sentiment passager dans le cœur de Boileau ; l'amitié, au contraire, y tint toujours sa place et le remplit tout entier.

Dès le premier jour qu'il connut Racine, Despréaux l'aima, et ce fut pour toute sa vie. Molière, La Fontaine, Chapelle, ses autres amis, le trouvèrent aussi toujours d'un commerce sûr et fidèle. Ses amitiés pourtant, à n'en juger que par sa liaison avec l'auteur d'*Esther*, commençaient souvent d'une manière assez étrange. Ainsi, il suffit d'une ode de Racine critiquée par Boileau pour qu'un mutuel désir de se connaître naquît tout à coup en eux ; il suffit d'une entrevue, pour que l'estime s'ensuivît. C'est que la sympathie est innée entre de tels hommes ; dès le premier regard, ils se comprennent. D'ailleurs, comme Gillot le chanoine, dont la maison l'avait vu naître, Despréaux voulait que ses amitiés tournassent autant au profit de l'esprit que du cœur ; il voulait entre lui et ses amis cette double sympathie, élément indispensable des franches liaisons en littérature, alors que l'esprit vient confirmer le choix que le cœur a fait. Les personnes dignes de cette distinction sont rares ; les amis de Boileau le furent comme elles, et, hormis Valincourt, je ne pourrais guère en citer d'autres que ceux que j'ai déjà nommés.

Pour les recevoir dignement et à l'aise, pour converser avec eux, à leurs heures et en toute liberté d'esprit, Despréaux se trouvait assez mal chez Jérôme, son frère ; quoiqu'il n'eût guère plus d'amis que Socrate, son étroit réduit au quatrième étage n'eût pu les contenir, et, dès la première réunion, l'humeur grondeuse de sa belle-sœur les eût fait fuir. Despréaux le comprit, et, prenant l'avance sur les ennuis que causeraient à ses hôtes les embarras du logis et les cris de la dame du lieu, il loua un petit appartement au fond du faubourg Saint-Germain, dans la rue du Vieux-Colombier, selon Titon du Tillet, le seul qui nous ait transmis ce détail [1]. Quelle prudence ! ou plutôt quelle peur du bruit ! Il mettait la Seine et une bonne moitié de Paris entre sa belle-sœur et la chambre paisible où il voulait réunir ses amis. Aussi y fut-il en paix, malgré le voisinage quelque peu bruyant d'un cabaret fameux où s'abreuvaient les chantres de Saint-Sulpice et où, cent ans plus tard, l'abbé de Voisenon allait encore boire.

C'est donc là, dans un coin obscur de la grande cité, que, fuyant tout le monde, et ne cherchant qu'eux-mêmes, se réunirent ces cinq hommes si éminents par leur génie et pour qui cette intimité même semble consacrer un titre nouveau, plus rare que tous les autres.

Ils s'assemblaient trois fois la semaine pour souper gaiement et se lire leurs ouvrages. Chacun apportait son écot pour le festin, puis son œuvre pour la lecture et la discussion critique. Il y avait toujours

---

1. Le *Parnasse françois*, p. 112. — Cette maison appartenait peut-être à quelque parent de Boileau et peut-être aussi resta-t-elle dans sa famille. En 1781, nous retrouvons, dans cette même rue du Vieux-Colombier, ce M. Gin, traducteur de Pindare, qui était par sa mère arrière-neveu du satirique.

là quelque satire ébauchée, des scènes de comédie ou de tragédie, à essayer, comme disait Scarron ; chacun se faisait le patient à son tour, et les autres, pour le juger, ne faisaient jamais abnégation de leur caractère. Devant cette sellette littéraire, Despréaux se montrait, comme toujours, brusque, tranchant, mais franc et loyal ; Racine d'une gaieté discrète, mais malin et railleur ; Molière restait rêveur, attentif et mélancolique ; La Fontaine dormait quelquefois, se réveillait pour rêver, ou s'échappait soudain en naïvetés spirituelles, en saillies pleines de finesse et de bonhomie. Quant à Chapelle, il était là comme chez Crenet et Boucingault, les illustres cabaretiers, « où les muses et les grâces, comme nous dit Bernier, son ami, savoient attirer sur ses traces tout l'esprit de Paris. » Toujours bruyant, gai, spirituel, il étincelait ; et nous pourrions ajouter, pour continuer la citation, que, dans le petit appartement de la rue du Vieux-Colombier, comme au cabaret de la Pomme-de-Pin, « les faux plaisants n'avoient garde de se faire voir, car, à l'ombre seule, Chapelle devinoit un fat et le tournoit en ridicule. »

Malgré les goûts connus de ce dernier convive, la chère était assez maigre dans ces soupers plutôt littéraires que sensuels. Despréaux n'avait pas prétendu faire de son délicieux réduit une succursale gastronomique du fameux ordre des Coteaux ; loin de là, c'était chez lui comme ce fut plus tard chez mademoiselle Quinault, rue d'Anjou-Dauphine, aux célèbres soupers de la société du *Bout-du-Banc* : l'écritoire était le plat du milieu. C'était comme la coupe des libations circulant de mains en mains dans les repas antiques. Le souper était fini quand elle disparaissait.

Alors, par ordre de Boileau, l'on apportait et l'on plaçait au milieu de la table dégarnie un large in-folio : *la Pucelle* de Chapelain.

Toujours ouvert sous les yeux des convives, ce livre devait rester là, non pas, — et vous le pensez tous ainsi, — comme le code du bon goût, l'évangile littéraire, mais comme le livre maudit, l'œuvre de pénitence. Les statuts de la réunion le voulaient ainsi. A chaque faute grave que commettait un convive contre le goût, on le condamnait à lire vingt vers de Chapelain,

 Le froid, sec, dur et rude auteur.

C'était la peine du talion appliquée dans sa plus directe rigueur. L'arrêt qui forçait à lire la page entière, dit Louis Racine, était assimilé à un arrêt de mort.

Ces sentences burlesques, bien dignes d'un tribunal présidé par Boileau, et qui tournaient plutôt encore au profit de la satire qu'à celui du bon goût, frappaient le plus souvent Chapelle, à qui le vin inspirait presque toujours les propos grivois d'un trop franc parler, et dont les meilleurs jours étaient ceux où sa gaieté avinée n'allait pas jusqu'à l'ivresse.

Quelquefois, pour leurs amusantes mystifications, les quatre amis, Racine et Boileau surtout, ne s'en prenaient pas seulement aux œuvres, mais aussi à la personne du pauvre Chapelain. Voici par exemple le récit d'une petite farce qu'ils lui jouèrent. Nous le devons à M. Sainte-Beuve qui a trouvé le fait dans un manuscrit inédit de Brossette appartenant à M. Feuillet de Conches. Il y aurait témérité à raconter après le charmant *Causeur du Lundi*. Nous allons donc le laisser parler :

« Un jour Racine, qui était aisément malin quand il s'en mêlait, eut l'idée de faire l'excellente niche de mener Boileau en visite chez Chapelain, logé rue des Cinq-Diamants, quartier des Lombards. Racine avait eu à se louer d'abord de Chapelain pour ses premières odes, et avait reçu de lui des encouragements. Usant donc de l'accès qu'il avait auprès du docte personnage, il lui conduisit le satirique qui déjà l'avait pris à partie sur ses vers, et il le présenta sous le titre et en qualité de *bailli* de Chevreuse, lequel, se trouvant à Paris, avait voulu connaître un homme de cette importance. Chapelain ne soupçonna rien du déguisement ; mais, à un moment de la visite, le bailli, qu'on avait donné comme un amateur de littérature, ayant amené la conversation sur la comédie, Chapelain, en véritable érudit qu'il était, se déclara pour les comédies italiennes et se mit à les exalter au préjudice de Molière. Boileau ne se tint pas ; Racine avait beau lui faire des signes, le prétendu bailli prenait feu et allait se déceler dans sa candeur. Il fallut que son introducteur se hâtât de lever la séance. En sortant, ils rencontrèrent l'abbé Cotin sur l'escalier, mais qui ne reconnut pas le bailli. Telles furent les premières espiègleries de Despréaux et ses premières irrévérences. Le tout, quand on en fait, est de les bien placer. »

La réunion des quatre amis tint pendant quelques années dans le petit logis de la rue du Vieux-Colombier. En 1663, l'amitié qui en faisait le lien et le charme, était dans toute sa force. C'est cette année-là même, au 1er janvier, que Despréaux y donna, pour étrennes, à Molière, des stances où il le console des critiques malveillantes qu'on prodiguait à sa comédie de *l'École des Femmes*, jouée peu de jours auparavant. *Laisse*, lui dit-il en finissant,

> Laisse gronder les envieux,
> Ils ont beau crier en tous lieux
> Qu'en vain tu charmes le vulgaire,
> Que tes vers n'ont rien de plaisant ;
> Si tu savais un peu moins plaire,
> Tu ne leur déplairais pas tant.

Ces vers, sauf tout autre mérite, ont au moins celui d'être vrais, et de préluder par leur accent sincère à la *Critique de l'École des Femmes*, cette comédie charmante qui fut représentée quelques mois plus tard, et que, vers ce temps, Molière esquissait dans le cercle de ses spirituels amis. Sa farce du *Fagotteux*, qu'il commençait à retoucher alors, se refit aussi dans la même société, et c'est sous son inspiration, qu'elle devint la délicieuse comédie du *Médecin malgré lui*. Boileau, qui aimait toujours à causer des gens de son voisinage, avait fait devant Molière un si amusant portrait du perruquier Lamour ; il avait décrit d'une si récréative manière les scènes bouffonnes de son ménage, que le grand comique n'eut qu'à choisir dans ces mille traits épars pour dessiner le caractère si rond et si franc de son faiseur de fagots.

La scène plaisante où Martine gourmande l'ivrogne Sganarelle avait été prise sur le fait, par Despréaux lui-même, dans l'échoppe du barbier, un jour sans doute qu'il lui rajustait la perruque d'une main avinée et sous le feu des reproches pressants de sa femme. Cette bonne querelle conjugale, qui n'avait rien perdu de sa vivacité comique en passant par la mémoire du satirique, Molière l'avait fait entrer toute palpitante dans sa comédie ébauchée. Racine, nous l'avons déjà dit, devait aussi plus d'un trait plaisant à la conversation de Despréaux et aux souvenirs ravivés dans ses propos. Chapelle, lui, n'y gagna que le charitable ennui de quelques bons conseils mal écoutés, et la piqûre de quelques épigrammes, telles que celle-ci dècochée par Boileau :

> Tel bon ivrogne du Marais
> Fait des vers qu'on ne lit guère ;
> Il les croit pourtant fort bien faits,
> Et, quand il cherche à les mieux faire,
> Il les fait encor plus mauvais.

Mais le spirituel ivrogne, comme la plupart des hommes de plaisir, était de composition facile ; il faisait surtout bon marché de ses vers, avouait qu'ils étaient négligés, et, d'ailleurs, se croyait assez vengé de Despréaux quand il avait dit : « Lui, ce n'est qu'un bon bœuf qui trace bien son sillon, » ou bien encore : « C'est un vaniteux qui fait débauche à sa manière, moi, je me saoule de bon vin ; lui s'enivre de ses vers. » Ces petites vérités ne nuisaient point à leur amitié, elles ne blessaient personne dans ce cercle de bons esprits, qui s'estimaient trop pour craindre de se juger.

Jusqu'en 1665 rien ne les désunit et ne relâcha le lien de leur intimité ; mais, à cette époque, une raison d'amour ayant rapproché Racine de la Champmeslé et des comédiens de l'hôtel de Bourgogne dont elle faisait partie, *un petit froid*, comme dit naïvement Titon du Tillet, s'ensuivit entre lui et Molière. Cette froideur entre les deux amis suffit pour détruire la société. Chacun s'en détacha pour d'autres distractions, ou pour d'autres compagnies.

Racine s'abandonna de plus en plus à la Champmeslé, et Molière, aux soins de son théâtre ; Chapelle ne quitta plus les tavernes ; La Fontaine se donna tout à la maison de madame de la Sablière ; quant à Boileau, il se mit à hanter le monde.

Déjà on l'avait vu, quelques années auparavant, fréquenter l'hôtel de Rambouillet et y lire ses premières satires dans le salon bleu d'Arthénice. La coterie de Chapelain, qui s'y trouvait en nombre, l'avait assez dédaigneusement accueilli ; éveillée par quelques traits mordants, la colère de ces grands écrivains avait même été jusqu'à la menace; mais il s'en était raillé en disant : « Je serai honnête homme et je ne les craindrai pas. » Puis, loin de renier devant qui que ce fût ses convictions et ses haines littéraires, il n'avait plus cherché qu'à se faire introduire dans quelques autres nobles maisons, pour y lire ses satires.

Madame de Guénégaud, qui habitait alors l'hôtel que le palais de la Monnaie a remplacé, l'admit dans la société choisie qu'elle y réunissait. C'est là que Despréaux fut prié de lire sa troisième satire. Selon les *Mémoires* de Coulanges et une lettre écrite par Pomponne à Arnault d'Andilly son père, mesdames de Sévigné, de Feuquières et de La Fayette, MM. de La Rochefoucauld, de Sens, de Saintes, de Léon, de Caumartin, qui s'y trouvaient ce soir-là, applaudirent fort à l'urbanité spirituelle des vers du poète, et à son adresse singulière à gazer les plus grossiers détails, pour les rendre dignes d'être décrits dans les meilleures compagnies.

Tout ne se passait pas en lectures poétiques dans ces réunions de poètes et de grands seigneurs. Après les grands jeux de la muse, les petites récréations de l'esprit y était admises. On y jouait aux *énigmes* en prose ou en vers, et, pour ces dernières, le *Recueil* de l'abbé Cotin, qui a fourni à Boursault celle aux vers peu inodores que vous connaissez, était lui-même consulté ; enfin les *énigmes* à figures, les *rébus* avaient aussi leur tour. Le grand Condé et son fils, monsieur le duc, y excellaient. Un jour ils en envoyèrent quelques-uns en défi aux Œdipes de Bâville, c'est-à-dire à M. de La Rochefoucauld, à Chapelle et à Boileau qui étaient alors les hôtes de M. de Lamoignon. Ils s'en tirèrent de leur mieux, et, pour riposter à armes égales, se mirent à dresser en bonne forme un *rébus* qu'ils leur envoyèrent pour réponse. Le *Charivari* et l'*Illustration*, qui ne s'attendaient pas à pareils rivaux, n'en donnent pas de meilleurs. Afin que vous en soyez sûrs, nous allons laisser parler Brossette qui, dans ses *Mémoires* autographes[1], conservés à la Bibliothèque nationale, donne l'histoire de l'énigme et son explication :

« M. Despréaux m'a raconté, dit-il, qu'étant à Bâville, chez M. le premier président de Lamoignon, avec M. le duc de La Rochefoucauld et M. de La Chapelle, un jour M. le prince de Condé et M. le duc son fils, qui étoient dans le goût des *rébus*, écrivirent à M. de La Rochefoucauld, et lui proposèrent quelques *rébus* à expliquer. Il s'en tira comme il put, avec le secours de la compagnie.

1. Page 279-281.

» Il voulut répondre dans le même style, et M. Despréaux, pour rendre l'explication plus difficile, proposa de leur envoyer un *rébus* en vers. Voici celui qu'il fit exprès pour ce dessein :

> Il n'est sphynx, aiguisant ses griffes
> Et retournant vos logogriphes,
> Qui pût décider *in quibus*,
> Princes, l'on vous croit plus habiles :
> A briser murs et forcer villes,
> Ou bien à faire des rébus.

» Quand ces vers furent faits, il fut question de les mettre en rébus, c'est-à-dire d'en exprimer les mots ou les syllabes par des figures sensibles et connues. M. de La Chapelle savoit un peu dessiner, et chacun de ces messieurs travailla à ce grave sujet suivant son génie et ses lumières.

» Pour exprimer les deux premiers mots : *il n'est*, ils peignirent une *isle* qui *naît* ou qui sort d'un œuf : cela signifioit *isle naît*, c'est-à-dire *il n'est*.

» Le mot *sphinx* étoit représenté par l'animal qui porte ce nom.

» *Aiguisant*. Pour ce mot, ils mirent un émouleur qui aiguise.

» *Ses*. Pour exprimer *ses,* ils mirent des *ceps* de vigne.

» *Griffes.* Ils mirent des griffes.

» *Et retournant.* Pour ces deux mots, ils peignirent un R attaché à une roue qui étoit représentée tournante : cela signifioit R *tournant,* c'est-à-dire *et retournant.*

» *Vos.* Le château de Vaux.

» *Lo.* La ville de Saint-Lô.

» *Go.* Le portrait du commandeur de Gaux, qui étoit fort connu d'eux.

» *Griphes.* Par des griffes.

» *Qui pût.* Le mot *qui* sur une charogne.

» *Décider.* La première syllabe par un *dé* à jouer; les deux autres par la syllabe *der* mise six fois : *cider.*

» *Quibus.* Par des pièces de monnoie que le peuple appelle du *quibus.*

» *Princes.* Le portrait de monsieur le prince et de monsieur le duc.

» *L'on.* C'est à propos de ce mot que M. Despréaux m'a raconté la plaisanterie dont il s'agit; car, pour exprimer *l'on,* ces messieurs peignirent les dix gros volumes du roman de Cirus (*sic*) les uns sur les autres, ce qui faisoit un ouvrage fort *long,* et pour se moquer en même temps de la grosseur de ces volumes, qui sont des billots, et de la longueur du roman.

» *Vous croit.* On avoit ainsi écrit le mot *vous* en croissant :

v O U S

pour signifier : *vous croit.*

» Et ainsi du reste. »

Despréaux était bien vu aussi à l'hôtel du prince de Conti, où le patronage de Racine, toujours son ami, l'avait fait admettre. On le recherchait de même pour ses vers et son aimable entretien à ce magnifique hôtel de Lesdiguières, dont, de l'aveu de La Bruyère lui-même, les jardins étaient toujours envahis par une foule nombreuse et choisie, et les salons hantés par une société d'élite. Despréaux y rencontrait quelquefois le vieux reclus de Commercy, le cardinal de Retz, qui, tout cassé, tout blanchi, se délassait dans la retraite des turbulences de la Fronde, et, pendant les trop courts séjours qu'il faisait à Paris chez son aimable nièce, madame de Lesdiguières, se contentait d'être encore l'homme de l'esprit le plus vif et du goût le plus sûr. Despréaux aimait à lire ses œuvres à cet homme, pour qui le libelle sanglant, la satire armée, la Fronde enfin, avaient été des jeux. « Il lui a donné son *Lutrin,* » écrit madame de Sévigné le 9 mars 1672. Or, je gagerais bien que M. de Retz, qui riait lui-même alors du bon temps où il guerroyait en simarre dans les rues de Paris, ne lui rendit pas sans sourire cette comique épopée, parodie réelle quoique involontaire de sa vie belliqueuse.

IV

LA CHAMBRE AU CLOITRE — LA MAISON D'AUTEUIL

Despréaux chez Dongois, son *illustre* neveu. — Ce que pense de lui madame Arouet. — Boileau s'enfuit au *Cloître Notre-Dame*. — Pourquoi. — Le *Cloître* et ses souvenirs. — Despréaux à Bourbonne. — Ses infirmités et ses plaintes. — Boileau, propriétaire. — Son jardin à Auteuil. — Ses domestiques. — Ses convives. — M. Leverrier. — La dernière promenade du vieux poète. — Sa mort.

En 1679, Despréaux perdit son frère Jérôme, dont il était resté l'ami fidèle et l'hôte assidu. Cette mort le laissait plus solitaire que jamais. Pour le poète célibataire, plus de société intime désormais, plus de centre joyeux, plus d'intérieur : l'isolement et toutes ses tristesses allaient l'assaillir. Il en eut peur, et, craignant que sa philosophie ne fût pas la plus forte contre de tels ennuis, il alla demander asile à son neveu Dongois, qui, lui aussi, demeurait dans la cour du Palais. On l'accueillit à bras ouverts. Le pauvre homme, qui du fond de son cœur avait déjà adressé mille poignants regrets au quartier chéri que la mort de son frère lui faisait déserter, en fut cette fois quitte pour la peur. Il renfonça bien vite et tout joyeux l'élan de ses adieux anticipés.

Il pouvait donc espérer de mourir au lieu où il était né, au milieu de ce monde bourgeois qu'il aimait tant!

Dongois n'était que de quelques années plus jeune que Despréaux son oncle, car il était le fils aîné de cette sœur Anne dont nous avons constaté le mariage quelque temps avant la naissance de notre poète. C'était un homme grave et quelque peu important, se croyant en droit de prendre, à cause de sa charge de greffier en chef du Parlement, certains airs de dignité prétentieuse. Boileau, qui ne l'en aimait que mieux, tout ridicule bien constitué étant une bonne fortune pour son esprit railleur, ne l'appelle jamais que M. Dongois, *mon illustre neveu;* et Voltaire, qui, tout jeune et déjà moqueur, avait hanté sa maison, a dit de lui, avec sa justesse d'expressions ordinaire, en s'adressant à Despréaux :

> Chez ton neveu Dongois je passai mon enfance,
> Bon bourgeois qui se crut un homme d'importance.

Il ne faudrait pourtant pas toujours croire ainsi sur parole le fils du notaire Arouet dans tout ce qu'il débite de médisant sur Despréaux et sur sa famille. Madame Arouet, sa mère, n'aimait pas le satirique depuis qu'il avait mal parlé du pâtissier Mignot, son parent, et c'était elle qui, de ses fréquentes visites chez Dongois, n'avait rapporté à son fils que ce méchant propos sur le poète grondeur : « Despréaux est un bon livre, mais un sot homme. » Le mot est dur et certainement injuste. Boileau chez Dongois était tout au plus un homme monotone et maussade, que l'ennui pouvait atteindre, mais que la sottise ne gagnait jamais.

Célibataire par système, et ainsi solitaire partout, il s'était bientôt trouvé, en dépit de ses espérances de bonheur, isolé dans cette maison nouvelle. Il était venu y chercher une famille, il y demandait une douce et franche intimité : il n'y trouvait, avec de froids égards, que de graves études entées sur de grands airs. Il s'était amusé quelque temps de cette morgue bourgeoise, mais bientôt la tristesse de cette comédie aux scènes glaciales et compassées l'avait gagné lui-même; et, par malheur, quand l'ennui le prit, le pauvre homme n'eut pas même les ressources d'une bonne santé pour braver ses atteintes.

Depuis l'âge de vingt-cinq ans, il était tourmenté par un asthme qui, loin de guérir jamais, finit par dégénérer en une complète extinction de voix. Une autre maladie, la pierre, pour laquelle, dès l'âge de dix ans, on lui avait fait subir une opération douloureuse qui ne réussit pas, le torturait aussi par intervalles. Sous le coup de ces infirmités qui croissaient avec l'âge, il devenait chagrin et morose, et chaque jour il semblait que, pour porter remède à ses souffrances, pour calmer les inquiétudes de son esprit aigri, les soins empressés d'une épouse douce et aimante lui devinssent plus nécessaires. Tout le monde le croyait ainsi, et lui-même se prenait parfois à en avoir la pensée. Un jour même, Brossette s'étant marié, il fut presque tenté de suivre son exemple. Il ne fit pas à cette occasion une de ses sorties ordinaires contre le mariage; loin de là, il alla presque jusqu'à démentir ses convictions passées, il félicita son ami : « A mon avis, lui écrivit-il, vous ne pouviez rien faire de plus judicieux. Quoique j'aie composé, *animi gratia*, une satire contre les méchantes femmes, je suis pourtant du sentiment d'Alcippe, et je tiens, comme lui,

> ... Que, pour être heureux sous ce joug salutaire,
> Tout dépend en un mot du bon choix qu'on sait faire.

Il ne faut point prendre les poètes à la lettre : aujourd'hui c'est chez eux la fête du célibat, demain c'est la fête du mariage. »

Par malheur, comme il était dans ces bonnes dispositions, survint un événement qui lui remit en mémoire tous ses griefs contre le mariage, toutes ses plaintes passées contre les ménages, leurs ennuis et leurs embarras.

La fille de Dongois se maria avec M. Gilbert des Voisins, homme de haute robe ; et ce mariage, qui comblait tous les vœux du greffier, qui satisfaisait enfin à toutes les espérances de sa vanité, ne fut un fléau que pour le poète vieux garçon.

Sitôt la noce finie, en effet, le jeune ménage vint s'établir dans la maison de la cour du Palais. Tout le logis en fut envahi, même la chambre du poète, ce réduit solitaire où il se blottissait dans ses plus douces, ses plus égoïstes habitudes de célibataire. Force lui fut donc de déguerpir, de céder son gîte et son lit.

C'est au cloître Notre-Dame, chez un vieil ami de sa famille, l'abbé Emery Dreux, sous-chantre et chanoine de la métropole, qu'il alla s'établir alors, comptant bien y maugréer tout à son aise contre le mariage.

Dès le mois d'octobre 1683, peu de jours après les noces de sa petite-nièce, nous le trouvons au cloître : une lettre que lui adresse Maucroix nous l'atteste ; mais en même temps, chose plus étrange, nous le retrouvons aussi toujours au logis du greffier. C'est que Dongois, le neveu, avait cru prudent de ne pas éloigner tout à fait de sa demeure un oncle comme Despréaux, qui déjà vieux, maladif, célibataire et riche, était une vraie pâture d'héritier. Il le ménageait donc toujours, le gardait de près, et même, afin de l'accaparer mieux, chaque jour le retenait à sa table. Le soir seulement, lorsque sa présence n'était pas utile à sa tranquillité d'héritier, mais commençait au contraire à gêner la famille, il le congédiait. Et Boileau subissait le joug de toutes ces volontés ; oncle débonnaire, il se laissait aller à tous ces caprices. A peine grondait-il quelquefois, et encore ce n'était qu'en vers. Sa muse seule recevait les confidences de ses plaintes. Voici l'une des plus amères :

Je vieillis et ne puis regarder sans effroi
Ces neveux affamés dont l'importun visage
De mes biens à mes yeux fait déjà le partage ;
Je crois déjà les voir au moment annoncé,

> Qu'à la fin sans retour leur cher oncle est passé,
> Sur quelques pleurs forcés qu'ils auront soin qu'on voie,
> Se faire consoler du sujet de leur joie.

Il voyait donc bien, le malheureux, tous les chagrins du célibat, il devinait bien tous ses ennuis et la triste fin de cet isolement prolongé ! Pourtant il ne cherchait pas à s'en affranchir. Il s'obstinait même à rester tout le jour chez Dongois, malgré les causes d'ennui qui, à toute heure, s'accumulaient pour lui dans ce logis.

Madame Gilbert de Voisins avait eu successivement deux fils qui, grandissant dans la maison, étaient bientôt devenus des enfants terribles pour Boileau. Le pauvre homme ! la paternité n'était pas venue lui apprendre à aimer les enfants, et il s'ennuyait de ces jeux qui eussent dû le distraire. Leur bruit le chassa presque ; il fit effort sur lui-même et sur ses habitudes de dépendance. Afin d'avoir où se retirer, s'il s'exilait tout à fait de cette demeure turbulente, il acheta sa maison d'Auteuil.

De tout temps il avait aimé la campagne. La maison des Préaux à Crosne avait fait les délices de son enfance ; une petite métairie, que son père possédait au pied de Montmartre, vers Clignancourt, avait été l'un des séjours préférés de sa jeunesse.

Or, tous les calmes plaisirs de cet heureux temps, toutes les joies naïves de la solitude champêtre que, plus d'une fois déjà, il avait retrouvée à Bâville auprès de son excellent hôte, M. de Lamoignon, il espérait les goûter bien mieux encore dans ce petit logis d'Auteuil, où il serait enfin seul et maître.

Les soins de la propriété, les embarras d'un déménagement si ennuyeux « pour un homme de lettres qui a des livres, des bijoux et des tableaux », ainsi qu'il l'écrit à Brossette ; les réparations à faire exécuter, les relations avec les ouvriers, toutes émotions nouvelles pour lui, suffirent quelque temps à le distraire. Mais, quand tout fut fini, et comme il allait jouir enfin de son bonheur et entrer pour ainsi dire en pleines fonctions de propriétaire, son extinction de voix, la plus cruelle de ses infirmités, le reprit. Forcé sitôt de quitter cette retraite qu'il s'était créée, et qu'il n'avait eu que le temps de rêver délicieuse, il partit pour les eaux de Bourbonne, se hâta d'y guérir, et revint incurable.

Quels ennuis l'attendaient au retour! Jamais son existence n'avait été plus perplexe. Devait-il se confiner tout à fait à Auteuil, continuer à vivre chez Dongois, comme par le passé, ou demeurer définitivement au cloître ? Que devait-il faire ? Personne ne l'ignorait plus que lui. Dans ce doute affreux, il ne put qu'écrire à Racine, son seul, son véritable ami : « Je ne sais pas trop le parti que je prendrai à Paris. Tous mes livres sont à Auteuil, où je ne puis plus désormais aller les hivers. J'ai résolu de prendre un logement pour moi seul. Je suis las franchement d'entendre le tintamarre des nourrices et des servantes, je n'ai qu'une chambre et point de meubles au cloître. Tout ceci soit dit entre nous; mais, cependant, je vous prie de me mander votre avis. N'ayant pas de voix, il me faut du moins de la tranquillité. Je suis las de me sacrifier au plaisir et à la commodité d'autrui. Il n'est pas vrai que je ne puisse bien vivre et tenir seul mon ménage; ceux qui le croient se trompent grossièrement. D'ailleurs, je prétends désormais mener un genre de vie dont tout le monde ne s'accommodera pas. J'avois pris des mesures que j'aurois exécutées si ma voix ne s'étoit pas éteinte. Dieu ne l'a pas voulu. J'ai honte de moi-même, et je rougis des larmes que je répands en vous écrivant ces derniers mots. » Cette lettre est vraiment douloureuse; on y pressent toutes les douleurs d'un homme infirme de corps et faible d'esprit. Despréaux se révèle là tout entier : c'est bien toujours « le meilleur homme du monde », comme Racine ne cesse de l'écrire à ses fils, l'homme qui n'eut jamais ni griffes, ni dents, et ne fut cruel qu'en vers. S'il est quelque peu morose, ce n'est que par l'excès des souffrances; il se repent d'ailleurs, il pleure d'être ainsi, et ces larmes, qui suivent de si près ce qu'il a dit de ses sacrifices pour autrui, prouvent qu'il est tout prêt à se sacrifier encore.

En effet, il fut trop faible pour prendre une résolution et s'affranchir tout à fait de la tutelle de Dongois. Six ans après cette lettre, il venait encore loger chez eux : « Je vous écris ceci de chez M. Dongois, » dit-il dans une lettre à Racine du 18 juin 1693. L'adroit greffier n'avait donc pas lâché sa proie !

Boileau, toutefois, lui appartenait moins. Il avait pris à Auteuil des habitudes d'indépendance. Afin de rester libre, il préférait, par les froids les plus rudes de l'hiver, cette demeure perdue, au logis de la cour du Palais.

Il avait enfin à Auteuil un ménage complet, et deux domestiques pour le servir. C'était d'abord Jean Benoît, cumulant près de lui la double charge de valet de chambre et de cocher et qu'il garda toujours, en dépit de ses distractions et de ses étourderies, qui lui faisaient parfois garder « très poétiquement », douze jours entiers, dans la poche de son justaucorps, une lettre adressée à son maître. Élisabeth-Marie Sernin était la gouvernante du poète. C'était la même qui devait le servir jusqu'à sa mort, et dont Hamilton lui parle dans ces vers :

> Vous devez pour un temps et quitter le sublime,
> Et vous arracher à Babet.

Enfin, le jardinier Antoine Riquié,

> Antoine, gouverneur de mon jardin d'Auteuil,

complétait ce personnel recommandable. Ce brave homme était un serviteur-immeuble, et il faisait réellement partie de la propriété. Boileau l'avait trouvé dans la maison en l'achetant, et il l'y laissa quand il la revendit.

Entouré de ces gens simples et dévoués, le poète sexagénaire vécut aussi doucement et goûta autant de repos que ses souffrances pouvaient lui en laisser. Par malheur, même au sein de cette vie calme et régulière, sa santé ne se rétablit pas. Tous les jours il se voyait mourir en détail. Ses yeux s'étaient affaiblis, et par degrés il perdait le sens de l'ouïe. En 1706, sa surdité était presque complète. Mais son esprit au moins était libre d'inquiétudes, nulle peine morale n'aggravait les souffrances de son corps. La mort de Racine, arrivée en 1699, fut son seul chagrin pendant dix années.

Jouissant d'une assez honnête fortune qui reposait surtout sur une rente que lui servait la ville de Lyon, « la mère nourrice de ses muses naissantes »[1]; sur douze mille écus de l'héritage de son père, et enfin sur les bienfaits du roi, Despréaux n'avait d'autre souci que l'emploi de ses libres loisirs. Trop vieux pour écrire encore, poète émérite,

Reste des grands talents, survivant même aux siens,

comme l'a si bien dit J. Chénier, et comme son ode sur Namur et sa triste satire de l'*Equivoque* le prouveraient au besoin, il ne s'occupait plus que de la culture de ses jardins. Il soignait lui-même ses magnifiques plans de pêchers; répétait à Antoine les préceptes qu'il tenait de la Quintinie lui-même, pour la greffe et l'émondage; puis, l'été venu, il envoyait à ses amis, à madame de Caylus surtout, les plus beaux fruits de sa récolte. A d'autres instants, il oubliait mieux encore ses souffrances : il était tout aux amis qui le venaient voir. Hôte joyeux et spirituel, il les accueillait tous, grands ou pauvres,

---

1. Lettre à Brossette, 15 mai 1705.

avec la même distinction, les mêmes soins empressés, l'humble La Bruyère comme Lamoignon et Pontchartrain. Pour lui, le talent valait la noblesse.

Quand madame Racine venait à Auteuil avec ses enfants, il ne se souvenait plus de son âge; il allait s'ébattre avec eux dans les bois, et, au retour, il se faisait encore leur camarade de jeux. Le grave poète jouait aux quilles! « Et il y excelloit, dit Louis Racine; je l'ai vu souvent abattre les neuf quilles d'un seul coup. — Il faut avouer, disoit-il alors, que j'ai deux grands talents aussi utiles l'un que l'autre à la société, l'un de bien jouer aux quilles, l'autre de bien faire des vers. » La partie finie, venait la collation, dont les fameuses pêches d'Auteuil, le laitage préparé par Babet, faisaient le plus souvent tous les frais. Parfois aussi les délicieux jambons de Lyon et les excellents fromages, présent de l'ami Brossette, donnaient à ces repas improvisés un certain air de succulence. Boileau en renvoyait tout l'honneur au bon Lyonnais : « Balzac seul, monsieur, lui écrivait-il un jour, pourroit égaler la grosseur de vos fromages par la hauteur de ses hyperboles. Il vous auroit dit que ces fromages avoient été faits du lait de la chèvre céleste ou de celui de la vache Io ; que votre jambon étoit un membre détaché du sanglier d'Erymanthe..... »

Ainsi, Boileau savait encore être gai en action, en paroles et en écrits. L'air d'Auteuil lui était si salutaire! S'il ne ranimait pas son corps, il ravivait au moins son esprit et en entretenait la verdeur [1]. Le séjour de Paris le tuait au contraire.

Il fallut pourtant y revenir; ses infirmités l'y forcèrent. Pour suivre les consultations d'Helvétius, le *médecin hollandais*, pour se livrer aux expériences d'un art douteux, Boileau quitta l'air qui seul faisait sa vie. Cette fois au moins il n'alla pas s'établir chez Dongois. La vie rustique l'avait déshabitué de toute

---

[1]. « Il est heureux comme un roi, disait Racine, dans sa solitude ou plutôt dans son hôtellerie d'Auteuil. Je l'appelle ainsi, parce qu'il n'y a point de jour où il n'y ait quelque nouvel écot, et souvent deux ou trois qui ne se connoissent pas trop les uns les autres. Il est heureux de s'accommoder ainsi de tout le monde; pour moi, j'aurois cent fois vendu la maison. »

Boileau s'étonnait que tout le monde n'aimât pas comme lui son Auteuil. On le voit encore par le fragment d'une lettre qui n'a pas été recueillie dans ses œuvres. Gail n'en a donné que ce qui suit dans le *Philologue* : « Il s'est trouvé parmi les capucins un de ces amateurs qui a fait des vers à ma louange. J'admire ce que c'est que des hommes, *vanitas et omnia vanitas*. Cette sentence ne m'a jamais paru si vraie qu'en fréquentant ces bons et crasseux pères. Je suis bien fasché que vous ne soyez pas encore habitué à Auteuil, où *ipsi te fonte, ipsa hæc arbustes vocabant*, c'est-à-dire où mes deux puits et mes abricotiers vous appeloient. » (*Le Philologue*, tome VI, page 116.)

servitude domestique. Il fit ménage à part. Voulant rester libre comme à Auteuil, il s'établit chez l'abbé Lenoir, son confesseur, dans ce même cloître Notre-Dame qui avait remplacé dans ses préférences casanières sa chère cour du Palais [1]. C'était d'ailleurs l'un des lieux les mieux habités de Paris. Plus d'un poète, plus d'un savant y venait chercher les calmes loisirs de la vie canoniale à l'ombre de la grande cathédrale. Ménage y avait tenu longtemps ses conférences d'érudit [2], l'abbé Maury et Marmontel devaient y venir loger plus tard, et, selon Saint-Simon, l'un des châteaux en Espagne de M. de Pontchartrain était d'y avoir une maison. Maintenant la plupart de ces asiles sont détruits. On a fait table rase de leurs ruines, pour élargir la rue du Cloître, et aérer, grâce à un quai triste et désert, les entours de la vieille église, à qui ce cadre de vieilles maisons convenait si bien pourtant [3]. Le souvenir qu'y

---

1. M. Gilbert dit que la maison du Cloître où habita et mourut Boileau appartenait à l'abbé Chastelain, chanoine de l'Église de Paris, auteur du *Martyrologe universel*. Il ne parle pas de l'abbé Lenoir. (*Revue archéolog.*, tome IV, 1re part., p. 171.)

2. La maison illustrée par ces *Mercuriales* (conférences du mercredi) dont Ménage était si fier, porte le n° 4 de la rue de Massillon. La Harpe y mourut.

3. La maison de Jacques-Auguste de Thou, somptueuse demeure bâtie, en 1503, pour Guill. Briconnet a disparu

avaient laissé tant d'hommes illustres n'a pas été respecté. C'est en vain surtout que nous y chercherions la trace de la dernière maison habitée par Boileau. Pour savoir ce qu'était cette demeure canoniale, où le vieux poète voulut mourir, nous sommes forcé de nous en tenir à la description prosaïque et succincte que le notaire en a dressé dans les premières lignes du testament de Boileau. Or, la prose du tabellion nous apprend que la chambre du vieux poète était au premier étage et avait vue sur une terrasse donnant sur l'eau. Trop laconique cette fois, le scribe n'en dit pas davantage.

C'est donc là, dans une alcôve obscure, que Despréaux languit les dernières années de sa vie, en proie à tous les ennuis, à toutes les souffrances et ne se traînant qu'avec effort jusqu'à la terrasse voisine pour se ranimer aux fraîches brises de la Seine : « La vieillesse m'accable de tous les côtés, écrit-il à Brossette le 7 janvier 1709, l'ouïe me manque, ma vue s'éteint, je n'ai plus de jambes, et je ne saurois plus monter ni descendre qu'appuyé sur le bras d'autrui : enfin, je ne suis plus rien de ce que j'étois,

l'une des premières. Après avoir servi à la fabrication de la monnaie de billon que les frères Daumy faisaient avec le métal des cloches, elle a été comprise, en 1803, dans l'établissement de la rue qui conduit au pont de la Cité.

et, pour comble de misère, il me reste un malheureux souvenir de ce que j'ai été. » Le pauvre homme ! il n'avait même plus assez de force pour quitter Paris à l'approche du printemps et pour aller respirer encore ce bon air d'Auteuil qu'il avait tant aimé. Il dut renoncer pour toujours à cette délicieuse solitude.

C'est alors qu'un de ses amis, M. Leverrier, enthousiaste de tout ce qu'il avait fait et avide de recueillir tout ce qui lui avait appartenu, eut la barbarie d'abuser de l'état où il le voyait et de la bonté qu'il lui avait toujours connue. Homme au cœur froid et sec, se persuadant qu'on ne doit posséder que ce dont on peut jouir, il eut la funeste idée de demander à Boileau sa chère maison d'Auteuil, et la cruauté d'insister après un premier refus. Le poète, toujours bon, n'eut pas le courage de résister à une troisième prière; il céda. Leurré par les belles paroles de M. Leverrier qui lui disait : « Vous serez seul maître à Auteuil, je veux même que vous y gardiez votre chambre, » il vendit sa maison; mais il en eut la mort dans l'âme. Une fois dépossédé, il se prit à aimer Auteuil plus que lorsqu'il y était maître. Ses souvenirs le torturèrent, et bientôt, n'y tenant plus, il voulut revoir sa chère demeure.

Par un beau jour donc, il prit le coche d'Auteuil, et, le cœur tout palpitant, mit pied à terre devant sa porte. Mais, quand il a franchi le seuil, que voit-il ? Tout est changé, tout est remué ; le berceau même qu'il aimait tant a disparu. Tout ému, il appelle Antoine.

— Qu'est devenu mon berceau ? lui dit-il.

— Je l'ai abattu par ordre de M. Leverrier, répond ce vieux serviteur, les larmes aux yeux.

Ce fut la dernière sortie du poète. Il languit encore quelque temps, et enfin, au mois de mars 1711, une hydropisie de poitrine, qui s'était jointe à ses autres infirmités, l'enleva.

On l'enterra, non point à Saint-Jean-le-Rond ou à Notre-Dame, comme la position de son dernier logis semblait le demander, mais à la Sainte-Chapelle, sa paroisse natale et le champ clos des héros de son épopée. Il l'avait voulu ainsi dans son testament. Quand on souscrivit à cette dernière volonté, par un jeu singulier du hasard, il arriva que sa tombe fût placée juste au-dessous de ce lutrin qu'il avait si comiquement chanté.

Ses héritiers, les Dongois en tête, se partagèrent sa fortune suivant les parts que le testament avait faites à chacun.

Les deux fidèles serviteurs, Jean Benoît et Babet,

qui n'avaient pas quitté le poète à ses derniers instants, furent aussi appelés au partage de l'héritage. Benoît eut les habits de son maître et 6,000 livres, Babet eut 4,000 francs. C'était une dot assez ronde : l'idée leur en vint de se marier et de ne faire ainsi qu'un seul lot de leurs deux parts, ou plutôt le désir qu'ils en avaient depuis longtemps ne fit que s'émanciper à la mort du maître. Lorsque ce grand ennemi du mariage ne fut plus là pour leur imposer son célibat systématique, ils se marièrent.

Quant au jardinier Antoine, le plus célèbre et le moins récompensé de tous ces vieux serviteurs, il servit longtemps encore tous les maîtres qui se succédèrent dans la maison d'Auteuil. Il avait quatre-vingt-quinze ans, lorsqu'il mourut, le 3 octobre 1749, et jamais il n'avait cessé de vanter les bontés du poète. Il pleurait rien qu'à prononcer son nom, et s'indignait bien fort, lorsqu'on prétendait devant lui que M. Despréaux avait fait métier de médire en vers, tant qu'avait duré sa vie.

LA BUTTE SAINT-ROCH

Comment la butte Saint-Roch est un *tumulus* gaulois. — Le *Champ-Pourry*, la *Voirie l'Évêque*. — Où se trouve le *Marché-aux-Pourceaux*. — Où et comment on supplicie les faux monnayeurs. — Jeanne d'Arc à la butte Saint-Roch. — Projet de statue pour l'héroïne. — Ravaillac aux *Trois-Pigeons*. — Histoire d'un couteau de cabaret. — La *Fronde* à la butte Saint-Roch. — Les petits et les grands frondeurs. — Origine d'un nom de rue. — Le *Marché-aux-Chevaux*. — Grand duel du 5 juillet 1652. — Projet de la *place Ducale*. — Où Richelieu voulait-il mettre son académie. — Corneille *rue d'Argenteuil*. — L'auteur du *Cid* devant le commissaire. — Un procès pour un peu de paille. — Les mauvais lieux de la butte Saint-Roch. — Ce qu'en dit Colletet. — La *brèche Saint-Roch*. — Ce que c'est. — La butte aplanie. — Les rues nouvelles. — Un mot sur M. Villedot. — Départ des moulins. — Où vont-ils. — Cl. Le Petit; son apostrophe à la pauvre butte. — Les maisons de Lulli. — Ce qu'elles lui coûtent. — Son feu d'artifice. — Ce qu'il lui rapporte. — Les bureaux d'esprit de la butte Saint-Roch. — Débauches à l'hôtel La Farc. — Le cabaret de la Guerbois. — Lainez à l'hôtel de Lyonne. — J.-J. Rousseau *rue Neuve-des-Petits-Champs*. — Thérèse et le cadran de l'hôtel Pontchartrain. — Voltaire *rue Traversière*. — Le théâtre de son grenier. — Lekain. — Une tragédie grecque au grenier. — Piron *rue des Moulins*. — La vie qu'il y mène.

— Sa nièce et Capron. — L'abbé de l'Épée dans la même rue. — La cabaretière du *Port-Mahon*. — Les *Lorettes* de la butte Saint-Roch, il y a cent ans. — Le corps de ballet *rue Sainte-Anne*. — Le pain bénit de la Comédie italienne à Saint-Roch. — Un procès pour un pain bénit. — Louis Racine. — Helvétius *rue Sainte-Anne*. — La mansarde de Panard *rue du Hazard*. — Le cordonnier tragédien. — Une émeute en 1750. — Le 13 vendémiaire, etc., etc.

Dans le vaste déblaiement qui s'opère à l'heure qu'il est à travers l'ancien Paris, on ne s'en tiendra pas, dit-on, à perforer d'outre en outre la vieille ville de Philippe-Auguste, depuis le Louvre jusqu'à la Grève; à remanier devers les halles jusqu'à la rue du Cadran, le Paris de Louis IX et de Charles V : on menace aussi le Paris de Louis XIV, du côté de la butte Saint-Roch. Tout à l'entour de l'église, assise, comme on sait, à la base même de cette butte, on va disposer un square verdoyant qui prendra la place du passage fangeux et des ruelles malsaines qui forment au saint lieu un si étrange voisinage; puis on abaissera la butte voisine, déjà presque aplanie quand, au XVIIe siècle, on la découronna de ses moulins; ensuite la rue Sainte-Anne, qui est la longue tangente du double monticule, sera dans tout son parcours, un peu tortueux, redressée et nivelée.

Ce vaste quartier, dont les principales constructions datent de 1650 environ, n'aura donc subsisté que deux siècles dans toute son intégrité. C'est peu pour la durée, mais c'est déjà beaucoup pour l'histoire, qui abonde en effet ici en souvenirs de toute sorte. Consignons en premier lieu ceux des époques antérieures à la construction des rues et de l'église. Parlons de la butte des Moulins et de sa voisine, au temps où l'on y voyait des moulins.

D'abord, comment se sont formées ces deux buttes jumelles; sont-elles, comme Montmartre, des monticules naturels, ou bien — c'est l'avis de Delamarre — ne sont-elles, comme la butte ou *copeau* du Jardin des Plantes, que le produit d'une agglomération successive de boues et de gravois? Enfin, faut-il plutôt en croire Germain Brice qui veut qu'elles aient été formées « de quantité de décombres et de terres rapportées... pendant la captivité du roi François Ier à Madrid, après la fameuse défaite de Pavie? »

De ces trois opinions, la première est soutenable; mais la dernière, qui n'est presque qu'une variante de la seconde, est très certainement erronée, comme nous le ferons voir tout à l'heure. Pour notre compte, nous opterons volontiers pour une quatrième, moins connue, mais beaucoup plus probable, qui tend à prouver que la butte Saint-Roch n'est qu'un magnifique *tumulus* gaulois[1].

Rien, ni dans la forme de la butte, ni dans la nature de son terrain, ne dément, que je sache, cette conjecture sur son origine, tandis qu'au contraire tout contribue à faire accuser d'erreur ceux qui ne font remonter qu'au XVIe siècle l'époque de sa formation.

Un seul fait montrera combien leur opinion est impossible à défendre. Quand Jeanne d'Arc tenta son assaut contre Paris, c'est de ce côté. Tous les historiens du temps qui font le récit de cette attaque parlent de la butte; quelques-uns même, exagérant son importance, nous la donnent comme une espèce de montagne, et cela, près de cent ans avant l'époque qui, selon Germain Brice et Félibien — qu'il copie — aurait vu s'élever seulement le monticule artificiel!

La butte alors s'appelait le *Marché-aux-Pourceaux*. C'était là, en effet, sur ces pentes humides et dans les bas-fonds marécageux creusés au pied de la double colline, que les porchers, expulsés de Paris

---

[1]. C'est l'opinion adoptée par M. Paulin Paris dans un article sur la *Butte Saint-Roch*, paru dans le *Musée des familles* (mars 1835, page 190).

par un édit royal de 1360, avaient ordre de faire parquer leur fangeux bétail. Tout l'espace leur était abandonné ; ils pouvaient même laisser errer leurs porcs jusque sur les terres voisines, dans ce *Champ-Pourry*[1] tout proche des Quinze-Vingts, qui, après avoir été le Montfaucon du XIVe siècle, va devenir au XIXe la magnifique place du Carrousel.

Qu'on se figure, d'après cela, l'aspect de la butte et de ses environs : sur le sommet, quelques maigres moulins, ailes déployées et attendant la brise ; sur les versants et dans la plaine avoisinante, des porcs fouillant dans les immondices ; du reste, presque point de verdure, sinon une végétation parasite, des ronces et des *orties,* qui ont laissé leur nom à l'une des rues jetées sur la pente orientale. Un peu plus haut, du même côté, quelques vignes aussi, dont le cépage assez maigre a été apporté des vignobles de Gergeau dans l'Orléanais, et dont la rue du *Clos-Georgeau* tient la place et rappelle encore le souvenir. On se croirait presque dans un désert. Personne ne

---

1. La haute voirie, qui était une dépendance de ce *Champ-Pourry*, s'étendait sur la butte même, qu'elle tendait à augmenter par de continuelles agglomérations d'immondices. Elle appartenait à l'évêché de Paris, aussi la rue qui la remplace prit-elle, au XVIIe siècle, le nom de *rue l'Evêque,* qu'elle a gardé.

s'aventure dans ces boueux parages, sinon les meuniers et leurs mulets.

A certains jours pourtant, la foule sortant par flots de la porte Saint-Honoré, située alors à peu près à la hauteur du *café de la Régence,* vient envahir les buttes, et s'échelonne sur leurs pentes en groupes pressés et curieux; c'est quand il s'agit de l'exécution d'un faux monnayeur. L'espace compris entre les deux monticules est réservé pour ces sortes de supplices. On dresse sur un bûcher une chaudière énorme remplie d'eau; on met le feu au bûcher, et, quand l'eau de la chaudière est bouillante, on y plonge le coupable.

En 1459, suivant un des *comptes de la prévôté* recueillis par Sauval, la badauderie cruelle des Parisiens venait encore se repaître de cet horrible spectacle, à la butte Saint-Roch, près du *Marché-aux-Pourceaux* [1]. Plus tard, le lieu de ces supplices fut transféré aux halles, comme si l'on eût voulu leur donner plus de publicité. Ainsi, L'Estoile nous parle des faux monnayeurs qu'on y exécuta en janvier 1587, et il ajoute : « Le samedy, dernier du moys,

---

[1]. En 1503, d'après la *Récollection* de P. Grognet, un écolier, coupable de sacrilège, fut encore brûlé au *Marché-aux-pourciaus.* (V. *Bulletin du Bibliophile* (1842), page 402.)

fut bouilly aux halles celuy qui estoit comme le maistre de ces ouvriers d'iniquité [1]. »

Vous savez maintenant ce qu'était la butte Saint-Roch ou plutôt le *Marché-aux-Pourceaux*, quand Jeanne d'Arc, menant l'armée royale, vint s'y établir pour battre en brèche les murailles de Paris, et donner l'assaut aux Anglais. Elle arrivait de Montceaux [2], comme nous l'apprend Martial d'Auvergne, dans ces lignes rimées :

> Le lendemain, grant compagnie
> De l'ost des François â Monceaulx
> S'envindrent faire une assaillie
> Jusques au marché aux pourceaux,
> Sous la montagne s'embuchèrent.....

La position était bonne. Le gros de l'armée s'abritait derrière les buttes, et l'artillerie braquée au

---

[1]. Voy. *Mém. de l'Estoile*, édit. de Langlet Du Fresnoy, in-12, tom. II, pag. 5. — Au XVIIIe siècle, c'était encore dans les Pays-Bas, le supplice des faux-monnayeurs.

[2]. Un chemin conduisait directement de la butte à Monceaux. Il fut remplacé par une rue qui d'abord, en 1635, prit le nom de *rue de Monceau* (sic), comme sa voisine avait pris le nom d'*Argenteuil*, à cause du village où conduisait l'ancien chemin dont elle prenait la place. C'est cette même rue *de Monceau* qui, soit à cause d'une enseigne, soit par suite d'une simple altération dans son premier nom, s'appela plus tard rue *des Moineaux*.

sommet pouvait jeter force boulets dans la ville.

En dépit de ces dispositions, l'attaque ne réussit pas ; après plusieurs jours d'assauts inutiles, dans l'un desquels Jeanne fut grièvement blessée, les troupes royales durent se retirer.

Mais laissons parler un témoin dont Buchon a recueilli l'intéressante chronique [1].

Il vient de nous nommer Jehanne la Pucelle et quelques-uns de ses plus hardis compagnons : le duc d'Alençon, le duc de Bourbon, le comte de Vendôme, le comte de Laval, et il ajoute : «... Vindrent lesdits seigneurs aux champs, vers la porte Saint-Honoré, sur une manière de butte ou de montagne qu'on nommoit le Marché-aux-Pourceaux, et firent assortir plusieurs canons et couleuvrines pour jeter dedans la ville de Paris, dont il y eut plusieurs coups de jetés...

» Les François, sur ces entrefaites, eurent imagination et crainte que les Anglois ne vinssent par la porte Saint-Denys frapper sur eux, parquoy les

---

1. Documents ajoutés à la *Jeanne d'Arc* de M. A. Dumas, par Buchon, pag. 320. — Dulaure doute que la butte Saint-Roch ait été le Marché-aux-Pourceaux. C'est qu'il n'avait pas lu ce passage d'Alain Chartier, où le lieu occupé par l'armée assiégeante est ainsi désigné : « Une grande butte qu'on nomme le marché aux pourciaus. »

ducs d'Alençon et de Bourbon avoient assemblé leurs gens et s'étoient mis, comme par manière d'embuscade, derrière ladite butte ou montagne ; et ne pouvoient bonnement approcher de plus près, pour doubte des coups de canon, vuglaires et couleuvrines, qui venoient de laditte ville et qu'on tiroit sans cesse. La susdite Jehanne dit là-dessus qu'elle vouloit assaillir la ville ; mais elle n'estoit pas bien informée de la grande eau qui estoit ès-fossés... Neantmoins elle vint à grande puissance de gens d'armes, entre lesquels estoit le seigneur de Rays, maréchal de France ; et descendirent en l'arrière-fossé avec grand nombre de gens de guerre ; puis, avec une lance, elle monta jusque sur le *dos d'asne*, d'où elle tenta et sonda l'eau, qui estoit bien profonde ; quoy faisant, elle eust d'un trait les deux cuisses percées, ou au moins l'une ; mais ce nonobstant, elle ne vouloit en partir, et faisoit toute diligence de faire apporter et jeter des fagots et du bois en l'autre fossé, dans l'espoir de pouvoir passer jusques au mur, laquelle chose n'étoit possible, veu la grande eau qui y estoit... Fallut que le duc d'Alençon l'allast quérir, et la ramenast lui-même. Puis, toute la susdite compagnie se retira audit lieu de la Chapelle-Saint-Denys, où ils avoient logé la nuit du devant. »

C'est en souvenir de cet assaut, héroïque quoique infructueux, que, vers 1835, je crois, un architecte, M. Gauthier, proposa d'élever une statue à Jeanne d'Arc, sur l'emplacement même de cette rue du *Rempart*, dont le nom rappelle la muraille assaillie par la Pucelle : or, aujourd'hui, l'occasion est très favorable à la reprise de ce projet, puisque, pour compléter les plans d'embellissement mentionnés tout à l'heure, il s'agit de faire table rase du gros pâté de maisons jeté entre la rue de Richelieu et la rue Jeannisson. Celle-ci, le passage Saint-Guillaume et la rue du Rempart disparaîtraient complètement, et l'on aurait, en face du **Théâtre-Français**, un gracieux *square* triangulaire, au centre duquel la statue de l'héroïne ferait certes bonne figure. Ceci soit dit en passant, et surtout pour qu'à l'occasion on fasse honneur de l'idée à celui qui l'eut le premier.

Au XVIe siècle, la butte Saint-Roch changea de rôle. Nous venons de voir qu'elle servit de retranchement aux Français assiégeant Paris, devenu ville anglaise; sous François Ier, au contraire, elle lui servira de défense [1]. On songera à en faire une

---

[1]. V. pour ces fortifications de Paris du côté de la Picardie, Félibien, tome II, page 350, et le *Journal d'un Bourgeois de Paris, sous le règne de François Ier*, publié par M. Ludov. Lalanne, page 179. Ce furent des rebelles amenés de

sorte de bastion avancé. C'est même ce qui a jeté Félibien et Germain Brice dans l'erreur que nous leur reprochions en commençant. Parce qu'on eut l'idée de tirer parti de la position de la butte, ils se sont imaginé qu'elle fut alors formée tout entière. On sait maintenant combien ils se trompaient. Ce qu'ajoute Germain Brice sur le projet de fortification de la butte Saint-Roch, en 1525, n'en est pas moins très bon à savoir : « On avoit, dit-il, dessein d'y placer de l'artillerie, en cas que les ennemis approchassent pour surprendre la première et la plus importante place du royaume, dans ces temps de trouble et de consternation générale; ce qui n'arriva pas par bonheur. »

A cette époque-là, les environs du monticule avaient un peu changé d'aspect. Peu à peu, ils s'étaient assainis, des maisons s'y étaient élevées; enfin, au lieu d'un désert [1], on avait eu un fau-

---

Troyes, qui, « prins comme vagabonds... enchesnez deux à deux, » durent curer et nettoyer « les fossez de la Porte-Saint-Honoré, par ordonnance de la cour. » *Ibid.*, page 200.

1. Il y avait en 1618 affluence de populaire à la butte Saint-Roch, et par conséquent fréquentes occasions de tromperie pour les charlatans. Dans une pièce très curieuse publiée cette année-là, *le Tocsin des filles d'Amour*, in-8º, page 9, on trouve racontée l'aventure d'un marchand affronté par un charlatan, « un frippon d'advocat, » au marché aux pourceaux.

bourg assez peuplé qui se serait fort mal trouvé de l'invasion étrangère, contre laquelle on se prémunissait en érigeant la butte en bastion. Il fallait une église pour cette banlieue nouvelle, car les deux petites chapelles de *Sainte-Suzanne-de-Gaillon* et des *Cinq-Plaies*, dont l'une, construite au xive siècle, était due à la dévotion d'un riche marchand de porcs, ne pouvaient plus suffire. En 1582, on les remplaça par une véritable église, qui fut mise tout d'abord sous l'invocation de Saint-Roch, mais qui était loin de ressembler à celle que nous connaissons aujourd'hui.

Les paroissiens se recrutaient dans une population assez triviale de marchands de porcs restés fidèles à ces quartiers, de maraîchers, d'aubergistes et surtout de cabaretiers. La butte Saint-Roch, en se peuplant, était avant tout devenue une sorte de Courtille.

Parmi ces tavernes agrestes se remarquait celle des *Trois-Pigeons*, qui faisait face au portail de l'église. Peu de jours avant son horrible attentat, Ravaillac y vint loger. Il avait vainement cherché un gîte dans la ville, tout obstruée alors par la foule des étrangers qu'attiraient les fêtes du sacre de la reine. De guerre lasse, il s'était mis à errer, cherchant toujours, des environs de la porte Saint-

Jacques jusqu'aux environs de la porte Saint-Honoré. Près des Quinze-Vingts, il entra dans une hôtellerie, où l'on ne put le recevoir encore. Un seul couteau à lame large et pointue était sur la table; il s'en saisit, au moment où la servante qui venait de lui parler se retournait, et il sortit. Plus tard, son crime étant commis avec le même couteau, il avoua cyniquement qu'il l'avait volé, « non pour se venger du refus qu'on lui faisait, mais qu'il lui avait semblé tout à fait propre à tuer le roi. » Pressant l'arme homicide sous son vêtement, il avait continué son chemin à travers le faubourg; arrivé devant Saint-Roch, il avait heurté aux *Trois-Pigeons*; on l'y avait reçu, et le 14 mai au matin il en sortait pour aller se poster rue de la Ferronnerie. On sait le reste [1].

Il y a toujours quelque chose de sinistre et de san-

---

1. Voy. *Mém. de Pontchartrain*, Coll. Petitot, 2ᵉ série, tom. XVI, pag. 412; *Mém. de Richelieu*, ibid, tom. XXI bis, pag. 47, etc. — L'espèce de coutelas à manche noir qu'on montre au musée d'artillerie, sous le nᵒ 859, comme étant le couteau de Ravaillac, est loin d'être authentique. Malherbe en effet, dans sa *lettre* à Peiresc du 19 mai 1610, décrit ainsi le véritable : « Son couteau étoit une espèce de baïonnette qu'il dit avoir pris dans un cabaret, le manche en est blanc, il n'a qu'environ deux doigts de dos, le reste est tranchant des deux côtés. »

glant dans les souvenirs de ce quartier. Ainsi, les troubles de la Fronde vont éclater bientôt, et dans aucun endroit de Paris ils n'auront de plus étranges péripéties.

D'abord, de qui les Frondeurs tenaient-ils leur nom, qui n'est pas la moindre singularité de leur histoire? Ils le tenaient des petits garçons de Paris qui venaient par bandes s'exercer à la fronde dans les fossés de la ville, au bas de la butte Saint-Roch, et qui ont laissé une autre trace de leur jeu dans le nom d'une rue bien connue de ce quartier.

Les gens de la police poursuivaient à outrance ces petits frondeurs; aussi à peine apercevait-on sur la butte l'ombre d'un archer ou d'un sergent, que toutes les bandes disparaissaient comme des volées d'hirondelles. L'homme de police une fois éloigné, les troupes se reformaient et frondaient de plus belle.

Or, c'était le temps où la brouille commençait entre Mazarin et le Parlement. Chaque fois que l'illustre corps tenait ses assemblées, on n'y marchandait pas les plus amères satires au ministre détesté. La présence d'un prince pouvait seule arrêter dans leur verve les magistrats mécontents. Un jour le duc d'Orléans assistait aux délibérations, et les plaintes contre Mazarin en avaient pris un ton moins vif et moins amer. Tout le monde retenait les traits si librement décochés d'ordinaire. Bachaumont, fils du président Le Coigneux, et l'un des plus jeunes conseillers, le remarqua : cette retenue des parlementaires, si disposés au silence par la seule présence d'un prince, le fit penser alors à ces bandes de petits frondeurs rendus si prompts à la fuite par la seule apparition d'un sergent. Songeant aussi à la belle tempête d'invectives qui éclaterait aussitôt après le départ du prince, et qui compléterait pour lui la comparaison entre messieurs du parlement et les gamins redevenus téméraires après le départ de l'archer, il se mit, riant sous cape, à dire à son voisin : « On se tait à présent; mais quand il sera parti, on *frondera* de plus belle. »

La phrase circula, et fit fortune; du parlement, elle se répandit dans la ville, et la grande émeute, dont ces bavardages amers étaient le prélude, la Fronde, qui éclata bientôt, y trouva son baptême.

Elle avait commencé par un jeu à la butte Saint-Roch, elle y finit par un bien triste combat.

Au pied du versant occidental, dans un espace de terrain occupé aujourd'hui par les rues d'Antin et de Gaillon, et par une partie des rues Neuve-des-Petits-Champs et de Louis-le-Grand, on avait transporté, vers 1605, le marché aux chevaux. Il se trouvait auparavant sur le terrain laissé vide par la démolition du grand palais des Tournelles, mais la construction de la place Royale en ce même endroit avait nécessité son déplacement. Il resta dans le quartier dont nous parlons de 1605 à 1687, s'étendant du pied de la butte Saint-Roch jusque derrière le grand hôtel de Vendôme. C'était un endroit fort désert, et, partant, un champ clos fort commode pour les duels si nombreux en ce temps-là. Le duc de Nemours et le duc de Beaufort n'en voulurent point d'autre pour le combat de cinq contre cinq dont la cause fut une rixe au cabaret de Renard, dans le jardin des Tuileries, et dont M. de Nemours tomba la victime.

Ce fut le 30 juillet 1652 : « Chacun, lisons-nous dans les *Mémoires* de Conrart [1], chacun alla de son côté vers l'hôtel de Vendôme, et ils se battirent cinq contre cinq : le duc de Nemours, Villars et trois gentilshommes ; le comte de Bury, fils du marquis de Rostaing et trois gentilshommes. Le duc de Nemours avoit fait porter dans son carosse deux pistolets chargés de cinq balles chacun. Il en donna un au duc de Beaufort, et retint l'autre qu'il tira d'abord avec précipitation. Il donna dans les che-

---

1. *Coll. Petitot*, 2ᵉ série, tome XLVIII, pag. 173-175.

veux du duc de Beaufort, lequel, voyant qu'il avoit évité le coup, dit au duc de Nemours qu'il se devoit contenter et qu'il lui donneroit la vie s'il la lui demandoit. Le duc de Nemours répondit qu'il ne la luy demanderoit jamais; et ayant mis l'épée à la main, à l'instant qu'il eut tiré son pistolet, il se mit en devoir de porter un coup à M. le duc de Beaufort, qui en eut la main un peu blessée, et, à l'instant même, il tira son pistolet, dont il donna droit dans l'estomac du duc de Nemours, et lui perça le cœur au-dessous de la mamelle droite. Villars et Bury se blessèrent tous deux, et ayant vu tomber le duc de Nemours, ils y accoururent, et les six autres gentilshommes aussi. Dés que le combat commença, madame de Rambouillet, religieuse qui se promenoit avec l'abbé de Saint-Spire dans le jardin de l'hôtel de Vendôme, sortit par une porte de derrière et ils y coururent, mais ils ne purent arriver assez à temps pour les empêcher. Tous deux approchèrent du duc de Nemours pour l'exhorter à penser à Dieu, et l'abbé de Saint-Spire lui donna l'absolution, mais on croit qu'il n'entendoit déjà plus. Car il serra étrangement la main de madame de Rambouillet sans donner aucun signe d'entendre ce qu'on lui disoit; on le mit dans un carosse et il y expira incontinent. »

Il n'avait pas tenu à Richelieu que ce vaste terrain du *Marché-aux-Chevaux,* tour à tour envahi par les maquignons et les duellistes, n'eût une destination et moins vile et plus paisible. Il avait rêvé là une belle place qui eût été la rivale de la place Royale, comme son palais Cardinal était le rival des Tuileries. Il l'aurait appelée la place Ducale, et dans les magnifiques bâtiments dont il l'aurait bordée il aurait établi son académie. Sa mort fit avorter ce beau dessein dans son germe, et comme s'il était dit que l'Académie française ne devait tenir sa demeure que de la main de son fondateur, celle-ci lui faisant défaut, elle erra deux siècles sans pouvoir obtenir une habitation qui lui fût propre. Pelisson et Félibien nous ont tous deux parlé de cette place Ducale, de ce grand *square* académique, l'un des derniers rêves de Richelieu. « Ayant projeté depuis longtemps, dit le premier, de faire dans le Marché-aux-Chevaux, proche la porte Saint-Honoré, une grande place qu'il eût appelée *Ducale,* à l'imitation de la *Royale,* qui est à l'autre extrémité de la ville, il y vouloit marquer quelque logement commode pour l'Académie ; mais ce dessein et plusieurs autres, qu'il réservoit pour un temps meilleur, furent interrompus par sa mort. » Les détails sur cette place, laissés par Félibien, sont plus complets : « Elle auroit, dit-il, été dans le Marché-aux-Chevaux, près de la porte Saint-Roch et de celle de Richelieu. Sa figure eût été carrée et sa grandeur de cinquante-huit toises. Elle auroit été environnée de pavillons doubles, uniformes et profonds de dix toises. L'Académie française y auroit été placée, et les académiciens devoient y être logés. Desmarets, qui étoit du nombre, en avoit jeté le plan, et le cardinal traitoit déjà avec les propriétaires des maisons, lorsque la mort l'enleva [1]. »

Si la butte Saint-Roch n'eut pas le suprême honneur de voir l'Académie s'établir dans son voisinage, du moins lui fut-il donné de posséder à son sommet la première gloire de l'illustre corps, le grand Corneille.

On sait que, tandis que son frère Thomas habitait tout près, rue du Clos-Georgeau, il logeait lui-même rue d'Argenteuil, au point culminant de la montée, dans une maison toute neuve alors, reconstruite depuis sous le n° 18, et que, lors des prochaines démolitions, nous verrons disparaître sans beaucoup de peine, si le plus modeste monument vient la remplacer et nous dire : là vécut et mourut P. Corneille [2].

1. Félibien, tome II, page 575.
2. Corneille mourut en effet dans cette maison. Il fut

L'occasion serait bonne de rebâtir, avec sa physionomie du xviie siècle, cette maison aujourd'hui dépourvue de tout caractère, et, sauf un buste de plâtre, au fond de la cour étroite, et une inscription, à moitié effacée, au-dessus de la porte, n'ayant rien qui rappelle encore l'auteur de *Cinna* : oui, le moment serait bien pris pour lui donner, en dépit de son prosaïsme actuel, prosaïsme de plâtre et de badigeon, la vie de l'histoire que son passé lui mérite; mais cela nous mènerait trop loin, à travers trop de redites et de choses déjà connues : il nous faudrait refaire en prose, à propos du ménage patriarcal des deux Corneille, certaine épître charmante de Ducis : *les Deux bonnes Femmes ;* retrouver un à un tous les détails de cet intérieur plus bourgeois que poétique ; décrire pièce à pièce tous les meubles, pauvres et vieux, sur l'un desquels, le secrétaire, aussi boîteux, aussi vermoulu que les autres, on lisait, écrit au

enterré à Saint-Roch, où son médaillon de marbre se voit encore. Bon paroissien, il avait composé, pour un tableau de cette église, quatre vers que nous n'avons trouvés que dans l'ouvrage de P. Villiers : *Manuel du voyageur à Paris.* Paris, 1807, in-12, page 261 :

> Pécheur, tu vois ici le Dieu qui t'a fait naître,
> Sa mort est ton ouvrage et devient ton appui.
> Dans cet excès d'amour, tu dois au moins connaître
> Que s'il est mort pour toi, tu dois vivre pour lui.

milieu du principal tiroir : *argent de Cinna*. Il faudrait enfin tout faire revivre, tout ranimer dans sa vraie couleur, et nous reculons non seulement devant les longueurs où cela nous jetterait, mais aussi devant les difficultés de la tâche.

Nous nous en tiendrons, pour cette vie intime de P. Corneille, à un fait moins connu que tout le reste, presque inédit même, et de plus, ce qui n'arrive pas toujours aux inédits, tout à fait intéressant. Il s'agit d'une citation faite au grand Corneille pour qu'il eût à *comparoir* devant le commissaire de son quartier, afin de répondre de certain amas de paille laissé devant sa porte. L'histoire de la citation et de l'audience, même l'histoire de la paille, se trouvent au long dans la *Gazette rimée* de Robinet, et comme elles y sont agréablement contées, nous nous garderons bien d'en refaire le récit :

Vous connaissez assez l'aîné des deux Corneilles
Qui, pour vos chers plaisirs, produit tant de merveilles.
Eh bien ! cet homme-là, malgré son Apollon,
Fut naguère cité devant cette police
    Ainsi qu'un petit violon,
Et réduit, en un mot, à se trouver en lice,
    Pour quelques pailles seulement
    Qu'un trop vigilant commissaire
    Rencontra fortuitement
    Tout devant sa porte cochère.
    Or, jugez un peu quel affront !

Corneille et son cothurne étoient au double mônt
 Quand il fut cité de la sorte :
Et de peur qu'une amende honnît tous ses lauriers,
 Prenant sa muse pour escorte,
Il vint, comme le vent, au lieu des plaidoyers.
 Mais il plaida si bien sa cause,
 Soit en beaux vers, ou franche prose,
Qu'en termes gracieux, la police lui dit :
 « La paille tourne à votre gloire,
 Allez, grand Corneille, il suffit. »
Mais de la paille il faut vous raconter l'histoire,
 Afin que vous sachiez comment
Elle étoit à sa gloire, en cet événement.
Sachez donc qu'un des fils de ce grand personnage,
Se mêla, comme lui, de cueillir des lauriers,
 Mais de ceux qu'aiment les guerriers,
Et qu'on va moissonner au milieu du carnage.
Or, ce jeune cadet, à Douai faisant voir
Qu'il sait au mieux remplir son belliqueux devoir,
D'un mousquet espagnol au talon reçut niche,
Et niche qui le fit aller à cloche-pié;
Si bien qu'à ce moment, étant estropié,
Il fallut, quoi qu'il dît, sur ce cas cent fois *briche*
 Toute sa bravoure cesser,
Et venir à Paris pour se faire panser.
Or, ce fut un brancard qui, dans cette aventure,
 Lui servit de voiture
 De paille bien garni :
 Et, comme il entra chez son père,
 Il s'en fit un peu de litière.
 Voilà tout le récit fini.

Le commissaire de la rue d'Argenteuil, si prompt à la citation, devait avoir rude besogne dans ce quartier de la butte Saint-Roch. C'était l'un des plus mal famés de Paris. La population plus que galante qui ne l'a pas encore déserté avait envahi déjà jusqu'à ses moindres ruelles; joignez-y les bandes de mendiants et de voleurs qui achevaient de peupler ce labyrinthe d'échoppes et dont le principal repaire, vraie cour des miracles, était sur l'emplacement occupé aujourd'hui par le *passage du Marché-Saint-Honoré*, et vous conviendrez que la contravention commise par ce pauvre Corneille était le moindre des délits dont la police eût à y faire justice.

Dans ses *Tracas de Paris,* épopée burlesque que M. Ch. Asselineau a, depuis peu, très finement analysée, Fr. Colletet nous a peint ces scandales avec des couleurs vraies jusqu'à la crudité. M. Ch. Asselineau n'a osé rien en citer, et nous n'aurons pas plus de hardiesse. Nous ne nous égarerons donc pas davantage, à la suite de Colletet, dans ce dédale d'ordures et d'infamies; nous le laisserons guettant, au coin de la rue du Clos-Georgeau, le rendez-vous d'une belle qui soupire à la fenêtre et d'un galant qui tousse à la porte; et nous nous hâterons vite vers les parties plus recommandables de ce quartier de la butte Saint-Roch.

Nous n'aurons pour cela qu'à descendre la longue

rue dont on a commencé le percement vers 1633, et qui, après avoir eu quelque temps pour limite ce même coin de la rue du *Clos-Georgeau*, a enfin été prolongée jusqu'à la rue *Neuve-des-Petits-Champs*, puis jusqu'à la rue *Neuve-Saint-Augustin*, et même jusqu'à cette partie du rempart que la couleur du terrain de ses fossés avait fait appeler le *boulevard Jaune*. D'abord, avant d'avoir été ainsi prolongée, cette rue s'était nommée rue du *Terrain-aux-Moulins*, puis on l'appela rue *Sainte-Anne*, du nom de la patronne de la reine Anne d'Autriche. Elle aboutissait sur le rempart *Jaune*, à une tranchée pratiquée dans la muraille même de la ville, et dont on eut longtemps l'intention de faire une nouvelle porte qu'on aurait nommée *porte Sainte-Anne*; ce projet n'eut pas de suite. Au commencement de la Fronde, la tranchée, que le petit peuple appelait la *brèche Saint-Roch*, était pourtant encore béante, et Messieurs de l'hôtel de ville s'inquiétaient fort de la manière dont on pourrait la garder. On prit le meilleur parti, ce fut de la combler : « L'on se plaignit, lisons-nous dans le *Registre de l'Hôtel de Ville*[1], sous

---

[1]. Tome I, page 47. — C'est plus loin (page 71), sous la date du 7 janvier 1649, que cette ouverture est appelée la *Brèche Saint-Roch*. M. de Tubœuf, colonel du quartier, s'y tient avec deux compagnies.

la date du 24 septembre 1648, de ce que la ville estoit tout ouverte à l'endroit où l'on avoit résolu de faire la porte Sainte-Anne ; que ce monument estoit demeuré imparfait : c'est pourquoy il seroit à propos d'en fermer tout à fait la venue, afin d'empescher qu'on ne pust aller ni venir par l'endroict où ladite porte doit estre bastie. »

C'est de ce côté, sur le versant septentrional des deux buttes, et, mieux encore, sur cette lisière assez étendue de jardins et de potagers, qu'on appelait les *Petits-Champs*, que les belles demeures commencèrent à s'élever à partir du XVIIe siècle. On laissa la population déshonnête, dont nous avons tout à l'heure signalé les désordres, s'établir dans les ruelles qui serpentaient sur les autres pentes, et, peu inquiet d'un dangereux voisinage, on ne songea qu'à bâtir un quartier tout seigneurial auprès de ce cloaque de vices et de misères.

Voyant que la mode des riches constructions était de ce côté, les entrepreneurs y accoururent, achetèrent des terrains et bâtirent jusqu'à des rues entières [1]. M. Villedot, l'un des plus riches maçons

---

[1]. Un des premiers venus fut un certain Langlade, gros marchand de cartes du quartier Saint-Jacques-la-Boucherie, qui, en 1639, acheta auprès du champ de la *Voierie-l'Évêque*, encore mal nettoyé, et sur la ruelle du *Chemin*

de ce temps-là, ne fit pas moins : sans compter beaucoup de maisons qu'il possédait rue Richelieu et rue Traversière, il était propriétaire en totalité de la rue qui a gardé son nom. Nous vous ferons peut-être un jour l'histoire de ce parvenu de la bâtisse et de M. Chariot, son émule. Pour aujourd'hui nous devons être tout à la butte Saint-Roch.

Dès 1667, quatre grands entrepreneurs de terrassements et de constructions s'en étaient emparés et la travaillaient en tous sens. Leur premier soin avait été de la découronner et de l'aplanir. Un arrêt du conseil en date du 15 septembre leur en avait octroyé la permission, mais il fallut dix ans pour que cette grande besogne d'aplanissement et de construction fût menée à sa fin : « L'ouvrage, dit Félibien, ne fut achevé qu'en 1677, et il a donné douze nouvelles rues au quartier Saint-Honoré. L'abbé de Saint-Victor aliéna une partie des fonds qu'il avoit au mesme lieu où l'on bâtit des hôtels assez magnifiques pour le temps [1]. »

Gilbert, un petit vignoble avec courtille et *maison de bouteille*. Il n'en jouit pas longtemps. En 1645, on lui avoit déjà pris son terrain pour joindre ensemble la rue Sainte-Anne et celle des Moulins, qui commençaient à se construire parallèlement le long de la butte. Le nom de *Langlade* est resté à la petite rue servant de trait d'union.

1. Tome II, page 1494.

Les moulins[1], que le flot montant de la grande ville venait enfin trouver sur leur sommet solitaire, durent prendre le parti de déguerpir. Descendant cahin-caha la butte Saint-Roch, ceux-ci furent portés à Montmartre, ceux-là s'en allèrent à la montagne Sainte-Geneviève, d'où ils ne tardèrent pas à être délogés par de nouveaux envahissements ; alors force leur fut d'aller plus loin. Un de ces moulins existe encore à Crouy : il est deux fois centenaire, et porte toujours au-dessus de sa porte la grossière image du saint patron sous l'invocation duquel il avait été baptisé à la butte Saint-Roch. Le meunier, son propriétaire, vous dira, si vous voulez l'écouter, son âge et ses pérégrinations.

C'est de 1668 à 1672 que ces derniers moulins disparurent les uns après les autres. Un burlesque du temps, Cl. Le Petit, qui écrivait alors son *Paris ridicule*, voyant que la pauvre butte perdait à ce départ tout ce qui faisait son ancienne physionomie, ne put s'empêcher de l'apostropher ainsi dans un couplet ironiquement grotesque :

1. Ces moulins avaient été épargnés, pendant les guerres de la Fronde, par une condescendance de Mazarin pour le peuple de Paris. « Il deffendit, écrit Cyrano dans sa *lettre* XXI (*contre les Frondeurs*) d'abattre les moulins qui sont autour de la ville, quoy qu'il sceut que, par leur moyen, elle recevoit continuellement force bleds. »

>   Dieu vous garde de malencontre,
>   Gentille butte de Saint-Roch.
>   Montagne de célèbre estoc,
>   Comme votre croupe le montre,
>   Oui, vous arrivez jusqu'aux cieux,
>   Et tous les géants seroient dieux
>   S'ils eussent mieux connu la carte
>   Et mis, dans leur rébellion,
>   Cette butte-ci sur Montmarte (*sic*)
>   Au lieu d'Ossa sur Pélion.

C'était être bien cruel pour la malheureuse colline, qui justement alors disparaissait écrasée sous les constructions nouvelles. Il semble pourtant qu'en dépit de celles-ci, trop lentes sans doute à sortir de terre, ce quartier ne perdit pas vite son aspect champêtre, et surtout ne se débarrassa pas aisément de ses mauvais chemins. Cl. Le Petit, en effet, gagnant le large après sa belle apostrophe à la butte Saint-Roch, et se garant de la boue le long des murailles fraîchement bâties du palais Mazarin, s'écrie, dans un second couplet, du même style que le premier :

>   Mais nous nous enfonçons trop vite
>   Et dans la fable et dans les champs,
>   Quoique les chemins soient méchants
>   Regagnons l'histoire et le gîte.
>   Ne nous rebutons pas si tôt,
>   Courage, nous voilà tantôt

> Auprès du galetas de Jule
> Qui, las du nom de cardinal,
> A force de ferrer la mule,
> A pris le nom de maréchal.

A défaut de belles maisons pour les border, les rues de la butte Saint-Roch et de la butte des Moulins avaient commencé par prendre de beaux noms. Celle qui part de la rue des Petits-Champs, et gagne, en grimpant le long de la pente septentrionale, jusqu'à la rue des Orties, s'appela d'abord rue Royale, à partir de la rue des Petits-Champs jusqu'à la rue Thérèse ; c'est la même qui, débaptisée, après deux siècles, par la Révolution, se nomme aujourd'hui rue des Moulins dans toute sa longueur. La fontaine dont les eaux vives commençaient à baigner le carrefour placé à son extrémité, prit tout d'abord le joli nom de *fontaine d'Amour*, peut-être par allusion aux dames trop galantes qui en faisaient le centre de leurs rendez-vous.

Une rue voisine, en revanche, était placée sous une invocation plus chaste : c'est la rue *Thérèse*. Son nom est l'un de ceux de la pudique reine Marie-Thérèse, femme de Louis XIV, qui avait bien voulu être sa marraine. Le nom ici encore était venu avant les maisons. La rue le portait déjà en 1667, et je ne pense pas que, sauf quelques échoppes, il y eût alors beaucoup d'habitations en cet endroit.

Trois ans après, en 1670, tout commença à changer de face. C'est cette année-là que Lulli vint à la butte Saint-Roch et s'y installa en magnifique propriétaire. Il n'acheta pas moins de 108 toises de terrain qu'il paya à raison de 210 livres la toise, ce qui faisait une somme totale de 22,680 livres ; et c'était beaucoup d'argent alors. Il ne s'en tint pas là : en outre de ce premier terrain, qui était placé à l'angle de la rue Sainte-Anne et de la rue des Petits-Champs, il en acquit un autre d'une contenance de 72 toises, qui s'étendait au coin de la nouvelle rue Royale. Sur ces deux emplacements s'élevèrent bientôt deux superbes maisons. Celle qui fut bâtie au coin de la rue Sainte-Anne était surtout fort belle. On peut d'ailleurs en admirer encore la magnifique ordonnance, les riches pilastres d'ordre composite, qui donnent un air tout à fait monumental à la façade ; et les neuf hautes croisées qui s'ouvrent sur la rue Sainte-Anne, tandis que cinq autres prennent jour sur la rue Neuve-des-Petits-Champs. Au-dessus de celle qui occupe le milieu de la principale façade, se voient encore sculptés dans la pierre plusieurs attributs qui rappellent le premier propriétaire. Ce sont des instruments de musique, une timbale, des trompettes, des cornets, une guitare, etc. Des masques de théâtre servent de clefs de voûte aux cintres du rez-de-chaussée, et sont une allusion à l'origine de la fortune de celui qui fit bâtir cette belle demeure. Qu'on remarque pourtant que ce sont des masques de bacchantes et de satyres, et l'on verra que ses mœurs dépravées ont là aussi leur vivante enseigne.

C'est là que Lulli vint habiter avec toute sa famille; mais la maison était si vaste, que lui et les siens étant commodément logés, il y trouvait encore à louer pour plus de 3,000 livres. Son autre maison du coin de la rue des Moulins, dont la construction fut achevée en avril 1682, était beaucoup moins considérable. Il ne retirait que 1,600 livres de sa location totale.

Lulli habita jusqu'à sa mort dans la maison de la rue Sainte-Anne, et, quand il mourut, il laissa au musicien Lambert, son beau-père, la survivance de son magnifique appartement.

Cette maison ou plutôt cet hôtel de Lulli était compté parmi les plus remarquables du quartier. Germain Brice le cite comme tel. Il vient de parler avec admiration de l'hôtel de Saint-Pouange, qui se voyait presque en face, sur l'emplacement où l'on a percé la rue Chabanais, et il ajoute : « On distinguera, de l'autre côté de la rue, la maison que J.-B. Lulli a fait bâtir; elle est ornée par le dehors de grands pilastres d'ordre composite et de quelques sculptures qui ne sont pas mal imaginées. Gittard a donné les dessins de cette maison. »

La partie de la rue Sainte-Anne qui fait face à la maison de Lulli fut, à ce qu'il paraît, lente à se construire; il y eut longtemps un espace vide devant cette belle façade aux neuf croisées. Elle y gagnait beaucoup, ainsi que l'hôtel Saint-Pouange, qui bordait d'un autre côté cette espèce de place. Lulli s'avisa un jour d'y faire acte de grand seigneur, et surtout de bon courtisan.

C'était en 1674, Louis XIV venait de signer une paix glorieuse. Chacun en faisait des réjouissances; notre magnifique musicien voulut que les siennes pussent surpasser toutes les autres en éclat. Il fit tirer un feu d'artifice devant sa maison. Le peuple vint le regarder brûler sa poudre et se moqua de lui. H. Guichard, associé dépossédé de Lulli, et son plus mortel ennemi, saisit au vol quelques-unes des railleries qu'on lui décochait, et dans un factum [1] qu'il

---

[1]. *Requête servant de factum contre Bapt. Lully et Sébastien Aubry*, Paris, 1671. — *Mémoires de Guichard contre Lully et de Lully contre Guichard*, Paris, 1675.

publia bientôt, il ne manqua pas de lui en renvoyer les éclaboussures. Revenant sur le compte de ce malheureux feu d'artifice, il en parle ainsi : « Il l'avoit exposé à la risée publique, et il avoit donné sujet à tous les spectateurs de dire hautement que, s'il n'avoit pas bien réussi dans le feu qu'il avoit entrepris vis-à-vis de sa maison, on réussiroit mieux à celui qu'il avoit mérité en Grève. »

Avec Lulli, les arts ont pris pied à la butte Saint-Roch ; la poésie y est aussi venue avec Corneille, c'est donc presque un Parnasse. Encore un peu de temps, et l'esprit y tiendra boutique. C'est chez le marquis de La Fare, l'ami de Chaulieu, que s'y ouvrira le premier bureau de vers, chansons et satires; d'autres s'établiront auprès, et la renommée de ces cercles, de ces congrès de la gaieté française à la butte Saint-Roch, sera telle bientôt, que nul ne sera reconnu homme de bon esprit, s'il n'y a ses libres entrées : « Personne ne jouit pendant sa vie d'une réputation générale dans le monde ; elle se distribue par nations, et dans les villes par quartiers. Tel est regardé comme un héros dans une île, qui passe pour un fat en terre ferme; et à Paris, où l'on se pique aujourd'hui plus que jamais de décider souverainement des choses, tel est brave au faubourg Saint-Germain qui n'est qu'un poltron au Marais, et telle brille dans les ruelles de l'île, qui n'est qu'un sot dans les cercles fameux de la butte Saint-Roch. »

Voilà ce que disait Momus dans la farce d'*Arlequin Phaéton*, jouée en 1692, et l'auteur qui le faisait parler ainsi était Palaprat, un autre des amis de Chaulieu, comme lui commensal du duc de Vendôme au Temple, et de M. de La Fare à la butte Saint-Roch.

Dans cette dernière maison, on aurait dû se connaître assez aux choses du plaisir et du bien-vivre pour ne pas aller jusqu'à l'excès et tomber dans la débauche ; c'est pourtant ce qu'on n'évita pas. La Fare, vieillissant, sut bien se garder des licences du faux esprit, mais non point, par malheur, de celles de la bonne chère et du bon vin. Il s'y perdit ; écoutez un peu le chevalier de Bouillon qui le vit dans une de ses journées de débauche, j'allais presque dire de crapule, et plaignez avec nous un grand siècle qui mêla de pareils excès à ses grandeurs et vit quelques-uns de ses esprits les meilleurs s'abîmer en de telles orgies.

Voici donc ce qu'en 1711 le chevalier de Bouillon écrivait à l'abbé de Chaulieu : « Je fus voir hier, à quatre heures après-midi, M. le marquis de La Fare, en son nom de guerre M. de la Cochonnière, croyant que c'étoit une heure propre à rendre une visite sérieuse, mais je fus bien étonné d'entendre dès la cour des cris immodérés et toutes les marques d'une bacchanale complète. Je poussai jusqu'à son cabinet, et je le trouvai en chemise, sans bonnet, entre son *remora* et une autre personne de quinze ans, son fils l'abbé, versant des rasades à deux inconnus, des verres cassés, plusieurs cervelas sur la table, et lui assez chaud de vin. Je voulus, comme son serviteur, lui en faire quelque remontrance; je n'en tirai d'autre réponse que : « Ou buvez avec nous, ou allez vous promener. » Il ne parla pas tout à fait si modestement. J'acceptai le premier parti et en sortis à six heures du soir, quasi ivre-mort. Si vous l'aimez, vous reviendrez incessamment voir s'il n'y a pas moyen d'y mettre quelque ordre. Entre vous et moi, je le crois totalement perdu. »

Peut-être pensez-vous que, sur cette lettre, l'abbé de Chaulieu va s'émouvoir, quitter son cher Fontenay et venir à Paris gourmander le marquis de ses débauches; point du tout. Il les sait trop bien passées dans les habitudes de son ami, et d'ailleurs il les a trop souvent partagées avec lui! Dans la réponse qu'il fait au chevalier de Bouillon, il n'en dit pas un mot. Il trouve seulement que le chevalier lui a envoyé là un beau tableau de Téniers, bien peint et bien vrai, voilà tout; puis là-dessus, cherchant à changer de propos, même sans transition, il se met à entretenir le chevalier d'un projet qu'il a, de demander à M. d'Argenson la permission d'établir dans les divers quartiers de Paris, bureaux de vers et boutiques de chansons, à l'effet de corriger le vice. Le moment était certes bien pris! l'un de ces bureaux serait à l'hôtel de Bouillon, chez le chevalier lui-même, et chez sa mère, la spirituelle duchesse; il y en aurait d'autres au Marais, au Temple; mais le principal serait butte Saint-Roch, chez La Fare, où chaque vaudeville bien aiguisé devrait être, dit-il, de la même force que certains couplets, dont certaine dame, avec laquelle le marquis avait eu maille à partir, s'était trouvée fort mal :

> Le second bureau se tiendra
> Butte Saint-Roch, dans une rue
> Que maint vaudeville a rendue
> Très fameuse sur ce point-là.
> C'est dans cette aimable boutique
> Que revient l'esprit qui pinça
> La Fare, et qui rendit publique
> L'aventure tragi-comique
> De la belle qu'il écrasa.
> Là toujours cet esprit viendra,
> Et toujours avec lui sera
> Muse goguenarde et caustique,
> Qui, tandis que sot il sera,
> Sans cesse les chansonnera.

Pendant que l'hôtel de La Fare se transformait en taverne, à certains jours de crapule, un cabaret voisin prenait à tâche de ne réunir à ses tables que des compagnies de choix, et passer, lui aussi, pour un bureau d'esprit ; c'était le cabaret de madame Guerbois, situé tout près de Saint-Roch. On n'y voyait que gens de lettres ou gens de finance, ceux-ci se frottant à l'esprit de ceux-là pour tâcher de s'en munir un peu :

> Est-il un financier, noble depuis un mois,
> Qui n'ait son dîner sûr chez madame Guerbois ?

dit Boursault dans sa comédie des *Mots à la mode,* à certain passage où il nous donne à entendre que si, dans ce cabaret d'honneur, nos traitants hantaient les lettrés pour s'enluminer d'esprit, ils se glissaient de même près des comtes et des marquis, afin de se donner un air de noblesse.

Les parties d'amour se liaient aussi avec succès chez madame Guerbois. Écoutez plutôt ce passage de la comédie de Dancourt, *L'Été des Coquettes.* — DES SOUPIRS (*chante*) :

> Vous qui faites tous vos plaisirs
> De régner dans le cœur des belles,
> Il faut pour vous faire aimer d'elles,
> Autres choses que des soupirs.

> Sans cadeaux et sans promenades
> L'Amour les tient peu sous ses lois,
> Et sans Crenet et la Guerbois
> Ce dieu n'a que des plaisirs fades.

On faisait de si bons repas chez madame Guerbois, que plus d'un poète gourmand désertait pour sa taverne les tables ducales ou princières. La renommée même des cuisines de M. de Lyonne pâlissait devant celle de l'illustre cabaretière. Lainez le poète, les comparant, devenait pour les premières ingrat et presque dédaigneux. Pendant un carnaval surtout, où le cuisinier du marquis s'était tout à fait oublié, et eut mérité de se pendre, s'il eût été Vatel, Lainez ne put retenir un quatrain, que lui mit au ventre la mauvaise digestion de ce repas de trappiste :

> Le mardi gras fut aux abois,
> Quand au dîner d'un grand satrape,
> A quatre pas de la Guerbois
> Il vit renouveler La Trappe.

Il ne faudrait pas confondre cet hôtel de Lyonne, situé près de Saint-Roch, avec celui plus fameux encore qui se trouvait dans la rue des Petits-Champs, et qui était l'une des plus belles maisons de ces nouveaux quartiers. Il occupait presque tout l'espace compris entre la rue de Gaillon et la rue Sainte-Anne; cette dernière, sur laquelle donnait une des entrées de l'hôtel, en avait même pris, pour la partie qui va de la rue des Petits-Champs jusqu'à la rue Neuve-Saint-Augustin, le nom de rue de Lyonne qui lui resta longtemps. A l'époque où Lainez hantait l'hôtel voisin de Saint-Roch, celui de la rue Neuve-des-Petits-Champs avait, il est vrai, déjà changé de nom; on l'appelait l'hôtel Pontchartrain, et, par sa magnificence, il était trouvé digne d'être la demeure des ambassadeurs extraordinaires de passage à Paris.

Sa principale entrée s'ouvrait à peu près à la hauteur de notre rue Méhul, et ses bâtiments ainsi que ses jardins s'étendaient sur les terrains envahis depuis par le théâtre Ventadour, le passage Choiseul, les rues Monsigny, Marsolier, etc. Au fronton de la principale façade se voyait un vaste cadran dont il ne faut pas oublier de parler, car il y a là un souvenir de J.-J. Rousseau et de son inepte Thérèse. On sait que, dans les premiers temps de sa liaison avec cette fille, il vint loger rue Neuve-des-Petits-Champs; or, c'était à l'étage supérieur d'une maison faisant l'angle de la rue Ventadour[1], tout

---

1. C'est dans cette rue que mourut, dans la gêne, cette

vis-à-vis de l'hôtel Ponchartrain. Le cadran était juste devant ses fenêtres. Il en profita pour donner à Thérèse des leçons dont elle avait grand besoin, mais qui n'eurent pas grand succès : « Pendant plus d'un mois, dit-il dans ses *Confessions,* je m'efforçai de lui faire connaître les heures. A peine les sait-elle à présent. »

Voltaire et Piron, à peu près vers le même temps, avaient habité aussi, l'un sur la butte des Moulins, l'autre dans ses environs ; mais tous les deux, ils y avaient vécu en moins sotte compagnie que ce pauvre Rousseau.

La maison où logeait Voltaire se voit encore au coin de la rue du Clos-Georgeau et la rue Fontaine-Molière, dont elle porte le n° 25. Son aspect est quelque peu changé ; son locataire, un marchand de vin, est bien différent de celui qui l'illustra il y a un siècle. Toutefois, elle n'est pas déchue tout à fait de la tradition littéraire qui y vit par le souvenir du poète philosophe ; cette tradition s'y perpétue par son propriétaire actuel, M. de Ponger-ville, l'un des esprits les plus distingués de l'Aca-

---

madame de la Poplinière que l'amour avait élevée à la plus haute fortune et que l'amour en fit tomber. Voy. *Journal de Barbier,* tome III, page 48.

démie française, et l'un de ceux peut-être qui se rattachent le mieux au côté éminemment spirituel de l'épicuréisme voltairien ; le poème de *Lucrèce,* dont M. de Pongerville est l'excellent traducteur, servant de point de contact[1].

Voltaire, quand il s'installa dans ce logis de la rue Traversière — on sait que c'était son ancien nom, — était fort en humeur de philosopher. Il vivait avec madame du Châtelet, la *sublime Émilie;* et en cette compagnie un peu pédante, il avait déjà, tant à Cirey qu'à Bruxelles et à la Haye, extrait, à force d'études sérieuses, quoique fort vagabondes, la quintessence des œuvres de Newton.

Il revenait pourtant à Paris, moins pour cause de philosophie que pour affaire de tragédie. L'intérêt de ses pièces à faire jouer ou à faire reprendre l'y rappelait. D'abord, il avait songé à retourner dans cet appartement de l'hôtel Lambert, où il invoquait son Apollon face à face de celui de Lesueur. En janvier 1743, il était encore bien décidé à ne pas prendre à Paris d'autre logement que celui qui l'attendait dans cet hôtel inspirateur. Il écrivait en effet de Cambrai à madame de Champbonin,

---

1. Le comédien Fleury habita plus tard cette maison, au premier étage.

qu'après un court séjour à Cirey il reviendrait « habiter le palais de la pointe de l'île ». Mais tout à coup, je ne sais comment, sa résolution change, et nous le voyons rue Traversière.

Le 27 juin de la même année, il y est déjà et s'y trouve si bien, qu'il écrit à Cideville que rien ne l'en ferait sortir, même une invitation du roi de Prusse pour aller à Potsdam. Son humble habitation dans un faubourg — tout ce qui était au delà de la rue Richelieu passait pour tel — lui est plus chère cent fois que ne serait la plus belle des demeures royales. Il préfère, dit-il, « sa petite demeure du faubourg Saint-Honoré aux palais de Berlin et de Charlottenbourg, » et il est heureux que Cideville le félicite de cette préférence. Bientôt pourtant, autre volte-face, il sera à la Haye, à Utrecht, à Berlin, jouant à l'envoyé secret, ombre d'ambassadeur, par les ordres de cette ombre de ministre qui avait nom M. Amelot.

A toutes ces courses vaines, il perd le bonheur qu'il se promettait à Paris dans sa petite retraite. Il n'y revient qu'en 1745, épuisé et malade : « S'il est possible, écrit-il à Maupertuis le 31 juillet, que vous passiez par la rue Traversière, où je suis actuellement souffrant, vous verrez un des hommes qui ont toujours eu de l'admiration pour vous et à qui vous laissez les plus tendres regrets. » Cette maison, dont il voulait faire son poétique pied-à-terre n'était donc que son infirmerie. Encore quelques années, et ce sera le refuge de son deuil.

La mort lui enlève madame du Châtelet, à Lunéville, dans les premiers jours de septembre 1749; désespéré, il part pour Cirey, puis pour Paris, où il veut seulement se distraire un peu, sinon se consoler. Les souvenirs qu'il retrouve dans la maison où il a vécu avec madame du Châtelet lui font pourtant une peine nouvelle, mais de celles où l'âme en deuil se complaît. Il persiste donc à rester rue Traversière.

Il y fait venir sa nièce, madame Denis, et pour avoir maison complète, tout ce qui peut ressembler à la solitude lui faisant peur maintenant, il écrit à son ami, M. d'Aigueberre, conseiller au parlement de Toulouse, pour lui dire qu'il y a quelques chambres vacantes et toutes prêtes à le recevoir. Voltaire, désolé, sera content de se donner ce bon voisinage; Voltaire, principal locataire, ne sera pas fâché de louer ses chambres : « J'ai été obligé, dit-il à son Toulousain, de prendre à moi seul la maison que je partageais avec madame du Châtelet. Les lieux qu'elle a habités nourrissent une douleur qui m'est chère et me parleront continuellement d'elle. Je loge ma nièce, madame Denis, qui pense aussi philosophiquement que celle que nous regrettons, qui cultive les belles-lettres, qui a beaucoup de goût, et qui, par-dessus tout cela, a beaucoup d'amis et est dans le monde sur un fort bon ton. Vous pourriez prendre le second appartement, où vous seriez très à votre aise ; vous pourriez vivre avec nous, et vous seriez le maître des arrangements. Je vous avertis que nous tiendrons une assez bonne maison. »

Il ne semble pas que M. d'Aigueberre ait accepté ; mais Voltaire n'en eut pas moins son pensionnaire. Ce ne fut pas un homme de robe ; mais, ce qui lui allait mieux, ce fut un homme de théâtre, un homme capable de lui jouer ses vers à mesure qu'il les faisait, et même de les lui jouer à miracle, car cet homme-là, c'était Lekain.

Il était tout jeune encore. Voltaire lui avait vu jouer *Athalie*, à je ne sais quelle solennité du collége Mazarin, et il lui avait fait fête comme à l'epoir de la tragédie. Il lui avait offert ses conseils ; puis, afin de les lui donner plus assidûment, il lui avait ouvert sa maison, et, enfin, pour que la pratique de l'art suivît de près sa théorie, il avait établi un théâtre pour lui dans son grenier [1].

---

1. Voy. *Memoires de Préville*, page 187.

Lekain a raconté lui-même ces faits de sa première liaison avec l'auteur de *Zaïre,* et c'est avec attendrissement qu'il a rappelé tous les détails de cette hospitalité qui le dédommageait de ses précédentes déceptions et des dépenses qu'un premier théâtre bourgeois, établi par lui à l'hôtel Jabach, lui avait fait faire.

Voltaire était surtout heureux de ce que, chez lui, ce pauvre Lekain et ses camarades pussent s'évertuer à être tragédiens sans rien payer : « Après les plus vives instances de ma part, dit Lekain, il consentit à me recueillir chez lui comme son pensionnaire, et à faire bâtir au-dessus de son logement un petit théâtre, où il eut la bonté de me faire jouer avec ses nièces et toute ma société ; il ne voyait qu'avec un déplaisir horrible qu'il nous en avait coûté jusqu'alors beaucoup d'argent pour amuser le public et nos amis. La dépense que cet établissement momentané occasionna à M. de Voltaire, et surtout l'offre désintéressée qu'il m'avait faite quelques jours auparavant, me prouva d'une manière bien sensible qu'il était aussi généreux et aussi noble dans ses procédés que ses ennemis étaient injustes en lui prêtant le vice de la sordide économie. Ce sont, ajoute encore Lekain, des faits dont j'ai été le témoin. Je dois encore un autre aveu à la vérité : c'est que

M. de Voltaire m'a non seulement aidé de ses conseils, pendant plus de six mois que je suis resté chez lui, mais qu'il m'a encore défrayé de tout dans ce même temps. »

Voltaire était ainsi fait ; quand son goût était intéressé pour quelque chose, son esprit éveillé pour quelqu'un, son cœur suivait du même élan : il devenait bon et généreux.

Ces petites récréations théâtrales, qui donnèrent pendant quelques mois la vie à sa maison et achevèrent de le distraire de sa peine, lui tinrent longtemps au cœur. Chez Frédéric[1] c'est ce qu'il regrettait le plus. Aux représentations de ses pièces par les comédiens du roi, il n'y pense pas ; mais à sa *Rome sauvée*, jouée par les comédiens de son grenier, il y pense et avec force regrets.

La lettre qu'il écrivit de Potsdam, le 13 octobre 1750, à madame Denis, se termine par un souvenir à sa petite scène sous les toits, et par une espérance de la revoir : « Qui m'aurait dit, écrit-il, il y a sept ou huit mois, quand j'arrangeais ma maison avec vous à Paris, que je m'établirais à trois cents lieues

---

1. Marmontel a raconté très au long et d'une façon charmante dans ses *Mémoires* (tome III, *ad finem*) la scène burlesque où Voltaire, indigné de ce que Frédéric l'appelait un astre à son déclin, se décida à partir pour Berlin.

dans la maison d'un autre? Et cet autre est un maître! » Voilà la plainte déjà amère ; maintenant, voici l'espérance malheureusement plus vaine : « Préparez-vous à voir encore *Rome sauvée* sur notre petit théâtre du grenier. Je me soucie fort peu de celui du faubourg Saint-Germain. »

Madame Denis gardait aussi quelque espoir que son oncle reviendrait à Paris, et que le petit théâtre rouvrirait. Elle le conservait donc intact dans le grenier.

Parfois, pour y réveiller quelques échos de tragédie, elle le prêtait à des sociétés bourgeoises, même à des compagnies d'écoliers qui venaient là jouer en grec et en latin. Voltaire s'en amusait beaucoup au fond de la Prusse. « Voilà, écrit-il à sa nièce, le 22 avril 1752, voilà une plaisante idée qu'a Dumolard de faire jouer *Philoctète* en grec par des écoliers de l'Université sur le théâtre de mon grenier ! La pièce réussira sûrement, car personne ne l'entendra. Les gens qui font les cabales à Paris n'entendent point le grec. » Ainsi dans le logis de Voltaire, même lui absent, la poésie trouvait à se glisser par quelque fissure et à vivre en quelque coin.

Et c'était de même pour beaucoup de maisons de la butte Saint-Roch et de la butte des Moulins, le double mont poétique en ce temps-là.

Nous en avons vu bon nombre déjà; une nous reste, celle de Piron, en la rue même des Moulins. Voyons comment il y vivait : par quelques lignes d'une lettre du 6 août 1763, dont j'ai vu l'autographe, et que je crois inédite, il va nous l'expliquer lui-même : « Je travaille, dit-il : le matin que je suis triste et à jeûn, je chausse le cothurne. L'après-dîner, que je ne suis plus ni l'un ni l'autre, je prends mon manteau de Sganarelle, qui, comme le dit très noblement un de nos quarante illustres, nommé Duclos, vaut bien un manteau ducal... Mon Dieu ! veillez sur nos vignes ! je n'ai plus que douze tonneaux de vin dans ma cave. Personne que moi n'en boit, et si ce temps-là dure (la canicule) et que je vive encore six mois, je suis un homme mort de soif au printemps. Comptez combien de coups j'aurais bus d'ici là à votre santé. »

Voilà ce qui s'appelle vivre en poëte et en Bourguignon, faire honneur à la muse et à la terre natale ! Eh bien ! il en alla toujours de ce train chez maître Alexis, même quand il fut devenu vieux et aveugle; il y eut toujours esprit et bonne humeur dans son petit logis, toujours franchise et joyeuse philosophie, car Piron, je l'ai déjà dit quelque part, était le meilleur des hommes; c'était, quand il fut vieillard, un cynique doublé d'un patriarche, mais qui, rentrant chez lui, laissait toujours le cynique à la porte, de peur d'effaroucher sa nièce. Bonne fille! elle ne voulut le tromper qu'une fois, et c'est lui qui la joua.

Elle aimait un petit musicien de l'Opéra, nommé Capron[1]. Il n'avait que son violon pour fortune, et c'était trop peu pour que Piron consentît à faire de lui le mari de sa nièce. On se passa du consentement, le mariage se fit à la sourdine. La nièce, devenue madame Capron, crut qu'il était facile de continuer le jeu et de tromper éternellement le bonhomme aveugle. Mais Piron était de ceux qui savent toujours y voir clair. Capron venait à journée faite dans la maison. « C'est le frotteur, disait la nièce, c'est le porteur d'eau... » et Capron endossait tous ces métiers, dont Piron, riant sous cape, s'amusait à lui faire supporter toutes les rudes besognes. Il avait su la vérité dès le premier jour, et la pauvre nièce pensait qu'il ne la connaîtrait jamais. Quand il fut mort pourtant, et quand on en fut à la lecture de son testament, elle vit bien qu'elle s'était trompée; mais ce fut pour le bénir davantage.

[1]. Grétry, qui avait connu Capron, l'appelle un « excellent professeur de violon. » Il tenait de lui des détails sur la plus étrange des habitudes de Piron, pour lesquels nous renvoyons à son livre *La Vérité*, tome III, page 278.

En tête de l'acte on lisait : « Je donne à ma nièce, femme de Capron, etc. » Lorsque Piron avait dicté cette ligne au notaire, il s'était dit : « Comme je m'amuserai après ma mort[1] ! »

Voilà une de ces bonnes histoires qui délassent et qui vous feraient prendre en amitié le petit logis et la rue où elles se sont passées. Que sera-ce donc et quelle vénération n'aura-t-on pas pour la patriarcale rue des Moulins, quand on saura que dans la maison qui porte le n° 14 habitait l'abbé de l'Épée, et que c'est là, après de longues études, qu'il commença à répandre les bienfaits de son enseignement? Pauvre vieille maison, d'apparence si modeste jadis, avec ses trois humbles fenêtres, avec les deux perrons usés qui flanquaient son vieux portail, peut-être, sous sa forme nouvelle, va-t-elle bientôt disparaître, et cela avant que les sourds-muets en aient appris le chemin et y aient fait peut-être leur premier pèlerinage.

Il ne fallait rien moins que ce séjour de l'abbé de l'Épée à la butte Saint-Roch, pour la sanctifier un peu, car sans compter Piron et Voltaire, ces grands

---

[1]. Il mourut dans la rue des Moulins, et l'on peut lire dans les *Mémoires secrets*, VI, 308, la manière assez peu édifiante dont il malmena son curé et fut impie *in extremis*.

profanes, la population qui y pullulait n'était pas de nature très édifiante. Comme dans tous les quartiers neufs, les filles entretenues y avaient tout d'abord afflué, donnant ainsi un digne voisinage aux filles plus éhontées encore et plus perdues dont les bouges infestaient une autre partie de ce quartier. Les entremetteuses même s'y étaient glissées assez effrontément. Celle dont se servait M. de Fronsac habitait la rue Sainte-Anne. Elle s'appelait la femme Masse, et tenait là un cabaret, véritable mauvais lieu, auquel, sous prétexte qu'elle avait été femme de charge et sans doute aussi pourvoyeuse du vieux maréchal de Richelieu, elle avait donné le *Port Mahon* pour enseigne. Nous savons par le *Journal de la police* dont Labouïsse-Rochefort a publié de nombreux fragments au tome II de ses *Souvenirs et Mélanges*, qu'en octobre 1763, M. de Fronsac, fort affolé et fort jaloux de madame de Boulainvilliers, lui avait donné pour espionne et surveillante secrète cette même femme Masse. Elle la gardait à vue pendant les absences du jeune duc, ou la suivait à pas de louve, chaque fois qu'elle allait le joindre à sa petite maison de *Pincourt* (Popincourt).

Le même *Journal* nous renseigne sur d'autres personnes de ces quartiers, à mœurs plus ou moins tarées, entre autres sur une demoiselle Olympia, qui avait au moins pour qualité d'être assez économe de l'argent qu'elle recevait de ses amants, et de faire, pourrait-on dire, de l'ordre avec du désordre. « *23 septembre 1763*. — M. Berthier de Savigny, intendant de la généralité de Paris, est lié, depuis six mois, avec une jeune personne très aimable, qu'on dit être italienne et s'appeler Olympia. Elle demeure rue du Haut-Moulin *(sic)*, à la butte Saint-Roch, dans un appartement très honnête. M. l'intendant va la voir tous les jours, et toujours sans domestique et à pied. J'ignore encore le bien qu'il lui fait, parce qu'il n'y a que peu de jours que j'ai découvert cette intrigue ; mais sa maison paroît aller assez rondement, et avec beaucoup de décence. Elle n'est même point regardée par ses voisins, comme femme entretenue; on la croit vivant de son bien, ou tout au moins de ses talents, car on assure qu'elle est bonne musicienne, ayant une belle voix et jouant très bien de la harpe et de la guitare. J'espère avant peu être instruit à fond de cette intrigue. » Notre espion rédacteur tient parole, il suit pas à pas cette affaire, et moins d'un an après, il nous en dit le dénoûment : « *6 avril 1764*. — M. Berthier de Savigny, intendant de Paris, depuis le mariage de M. son fils, a quitté la demoiselle Olympia, avec laquelle il vivoit depuis plusieurs années. Il lui a donné pour retraite 12,000 francs qu'elle a placés en rente viagère, ce qui lui fait 2,400 francs de revenu, parce qu'elle avoit déjà 1,200 francs de rente. Il paroît que cette demoiselle est décidée à ne point faire d'autre inclination ; cependant elle est encore fort aimable, remplie de talent, âgée tout au plus de trente à trente-deux ans. Mais elle dit qu'elle aime la vie tranquille. »

C'est ce que n'aimait guère au contraire mademoiselle Joinville, chanteuse de l'Académie royale, qui, selon l'*Almanach des spectacles* de 1782, habitait aussi la rue des Moulins. A celle-ci, il ne fallait pas moins de deux ou trois amours, sans compter le *casuel,* comme disaient ces dames. « Mademoiselle Joinville, lisons-nous encore dans notre *Journal,* qui vit avec le marquis de Villette, a aussi un mousquetaire noir. Celui-ci a passé huit jours à Villette, où il faisoit semblant d'être amoureux de mademoiselle Legrand. Elle a de plus le baron d'Escars. »

En parcourant l'*Almanach des spectacles* de 1750 à 1787, on est tout surpris de voir combien d'artistes de l'Opéra, hommes ou femmes, chanteurs ou danseurs, choristes ou musiciens de l'orchestre, logeaient en ce temps-là à la butte Saint-Roch ; mais en réfléchissant un peu que ces gens à mœurs faciles s'y trouvaient dans le quartier de leurs habitudes, qu'ils y étaient d'ailleurs à proximité de l'Opéra, alors au Palais-Royal, et tout aussi près de l'hôtel de l'administration de leur théâtre, alors rue de la Feuillade, on comprend la raison de cette préférence d'habitation. Mademoiselle Allard, la célèbre danseuse, ne quitta jamais la rue Sainte-Anne ; c'est là qu'elle fila, avec le grand Vestris, ce long amour d'où naquit le très illustre Vestris II ou Vestr-Allard. Le corps de ballet s'était groupé presque tout entier dans cette rue, autour de sa reine. Mademoiselle Allard avait pour voisins, en 1780, ses rivales mesdemoiselles Vernier et Garnier ; Laurent, le danseur, etc., sans compter les deux jolies figurantes, mesdemoiselles Jonveau et Rose. — Les fauvettes de l'Académie royale s'étaient aussi donné pour volières les petites maisons de la colline à la mode. Nous venons d'y trouver déjà mademoiselle Joinville ; en 1783, nous y voyons mademoiselle Gavaudan, première du nom ; en 1764, mademoiselle Chevalier ; celle-ci habitait rue Sainte-Anne, auprès de Méon le baryton *(la taille)*. Mais mademoiselle Gavaudan logeait dans cette partie plus large de la rue des Moulins, et voisine des Petits-Champs, qui s'appelait encore rue Royale. Lainez, son illustre camarade, habitait la même rue, peut-être la même maison, et voyez quelle suite de rencontres, peut-être cette maison était-elle celle-là même que Lulli avait fait bâtir au coin de cette rue et pour laquelle il ne s'était certes pas rêvé de plus dignes locataires. Un peu plus avant en remontant la pente, on trouvait la maison qu'habitait Gossec, alors sous-directeur ; plus haut encore, rue l'Évêque, celle où logeait Legros, *le premier sujet ;* en revenant rue Sainte-Anne, on passait devant le logis de Gardel ; enfin, on le voit, tout l'Opéra était là.

La Comédie-Italienne s'y groupa de même tout entière, quand de la rue Mauconseil elle eut transféré ses pénates lyriques à la salle Favart. Elle fut alors de la paroisse de Saint-Roch, et, ma foi, elle fut bonne paroissienne. Guilbert de Pixérécourt possédait, dans sa précieuse collection d'autographes, un *contract* (sic), passé entre le curé et les comédiens, par lequel ceux-ci s'engageaient à faire la dépense nécessaire pour les pains à bénir le jour de la Fête-Dieu à l'église Saint-Roch.

N'est-ce pas édifiant, quand on pense surtout aux difficultés que faisaient certains nobles personnages pour se conformer, dans cette même paroisse, au pieux devoir rempli de si bonne grâce par ces impies de comédiens ? En 1750, il y avait eu pour pareille affaire, entre le curé de Saint-Roch et un sieur de Beaumanoir, un très curieux procès, pour lequel on aurait pu refaire le fameux poème rimé de Marigny contre les marguilliers de Saint-Louis. M. Monmerqué en possédait le dossier composé : 1º *d'un Mémoire pour le sieur de Beaumanoir contre les marguilliers de Saint-Roch qui exerçoient contre lui des poursuites, tendantes à ce qu'il fût condamné à payer la dépense du pain bénit suivant la taxe;* — 2º *d'une sentence du Châtelet du 29 mai 1750, qui déboute la fabrique de sa demande et ordonne que, suivant ses offres, le sieur de Beaumanoir rendra le pain bénit, au jour indiqué, et qu'à faute de le faire, la fabrique le fera rendre pour lui, sans que les frais de cette offrande puissent excéder 15 francs.*

On voit par tout ce qui précède que le curé de Saint-Roch était loin de régir une dévote paroisse et qu'il avait besoin, comme compensation, de compter dans le ressort de sa cure quelques bonnes âmes comme les *Nouvelles Catholiques*, dont le couvent était rue Sainte-Anne, et comme Louis Racine, qui fut longtemps leur voisin. C'est là qu'il écrivit ses deux poèmes de la *Religion* et de la *Grâce*. Or, vu le quartier, c'était autant de pieuses rimes perdues, autant de vers prêchés dans le désert.

Si du moins il n'y eût eu dans cette paroisse que des comédiens et des filles, monsieur le curé, tout en se scandalisant, aurait encore pu se consoler un peu : les uns, on l'a vu tout à l'heure, avaient parfois de beaux élans de dévotion, et quant aux autres, ma foi ! le Sauveur ayant pardonné à la Madeleine, on pouvait bien leur accorder quelque indulgence ; mais le plus grand mal, c'est qu'il y avait des philosophes, affreuse engeance ! dans le ressort de la pauvre cure : Voltaire d'abord, nous l'avons vu ; Rousseau aussi, pendant quelque temps ; enfin, l'un des plus à craindre de tous, l'auteur du livre de l'*Esprit*, Helvétius. C'était pourtant un honnête homme ; s'il faisait scandale, ce n'était que par ses livres. Pour sa vie, elle était d'une moralité et d'une simplicité inattaquables. Bon mari, quoique fermier général, pas coureur de filles, presque bourgeois, enfin, sauf la philosophie et l'athéisme, il menait dans son modeste hôtel de la rue Sainte-Anne une existence tranquille et rangée où les plus impitoyables dévots n'eussent pu trouver à mordre. « Après avoir passé sept ou huit mois dans ses terres, lisons-nous dans la préface-notice mise en avant de son poème du *Bonheur*, publié en 1781, il ramenait sa famille à Paris et y vivait dans une assez grande retraite, avec quelques amis de tous les états, qui lui convenaient par leurs lumières ou par leurs mœurs. Seulement, il donnait un jour par semaine aux simples connaissances. Ce jour-là sa maison était le rendez-vous de la plupart des hommes de mérite de la nation et de beaucoup d'étrangers; princes, ministres, philosophes, grands seigneurs, littérateurs, s'étaient empressés de connaîte M. Helvétius. »

Ces assemblées philosophiques de l'hôtel Helvétius, ces sortes de clubs anticipés, où tonnait Diderot, où dogmatisait d'Holback rendirent cette maison fameuse. Quoique la mort de l'hôte charmant, arrivée en 1771, eût mis fin de bonne heure à ces fougueuses réunions, le retentissement n'en était pas éteint en 1793, et, quand il s'agit de donner à la rue où s'étaient tenues ces séances un nom moins dévot que celui de *Sainte-Anne,* on choisit celui d'*Helvétius*[1]. Elle le porta jusqu'au jour où cette caillette de madame de Genlis, étant venue y prendre un appartement, lui fit restituer l'ancien nom, qui convenait mieux à la dévotion de fraîche date de la nouvelle venue. C'est elle-même qui s'en vante à la fin du cinquième volume de ses *Mémoires.*

Les gens qui, par leurs œuvres, ont fait le plus de mal à la morale, sont quelquefois ceux qui, vivant d'une existence honnête et sans scandale, l'ont

---

1. *Réimpression du Moniteur,* tome XIV, pages 30, 147.

offensée le moins par l'exemple de leur conduite quotidienne. Piron avec sa vie patriarcale vous l'a prouvé déjà, Helvétius aussi ; Panard, ce chaste auteur de vers légèrement débauchés, achèvera de vous convaincre. Il est de notre sujet puisqu'il habitait au bas de notre butte, dans une maison de la rue du Hazard. Un certain abbé Pinchenot, qui l'avait connu, nous a fait de son genre de vie le tableau le plus fidèle. Nous en reproduirons les traits les plus vifs d'après la lettre écrite par l'abbé, dans l'hiver de 1808, au directeur des *Saisons du Parnasse* : « ... J'allai le voir, dit-il, rue du Hazard, chez M. de Lorme, receveur des finances, à ce que je crois, qui le logeait sous le toit de sa maison, logement digne d'un poète. En effet, il consistait en une petite chambre vitrée sur un corridor, sans cheminée, mais près de la cuisine où le bonhomme pouvait se chauffer et causer avec une vieille domestique qui se permettait de le gronder quand il venait tard. Pour tout ameublement un lit sans rideaux, deux chaises, une méchante table, et une espèce de coffre où il renfermait ses manuscrits. Des livres, il n'en avait point, son génie y suppléait. Quant à sa garde-robe, comme il la portait tout entière le jour, ses deux chaises étaient plus que suffisantes pour la soutenir la nuit. Ce trou satisfaisait notre moderne

Anacréon. Il y dormait sans inquiétude; rien ne lui manquait du nécessaire, grâce au soin de M. de Lorme et de M. Le Magnant, ses bons amis, qui lui donnaient des habits et du linge, qu'il ne se serait pas donné lui-même...

» Panard, après avoir passé la nuit dans son grenier, en sortait le matin, sans entrer chez M. de Lorme. Il le voyait peu et mangeait peu chez lui, quoiqu'il y pût manger tous les jours. M. de Lorme ne s'en offensait point : il le laissait entièrement libre, et ne le recevait pas moins bien quand il le voyait.

» Où allait Panard ? au cabaret, déjeuner avec un demi-setier de vin, et un petit pain qu'il achetait. Ce déjeuner se faisait sur le comptoir pendant qu'il s'entretenait avec le cabaretier...

» Du caractère dont j'ai connu Panard, j'affirmerais volontiers qu'il n'a jamais eu de maîtresse; il n'était pas capable de se donner les soins qu'il faut pour en avoir. »

Voilà bien des souvenirs évoqués, à propos de la butte Saint-Roch, les uns sacrés, les autres profanes; nous finirons par un dernier, qui tient des deux genres, et qui, de plus, est assez comique. C'est l'histoire d'un cordonnier enrichi dans ce quartier où, grâce aux comédiens et aux filles entretenues, excellente clientèle, les gens de métier et de menu commerce faisaient assez vite leur fortune. Nous avons parlé dans le chapitre de l'*Almanach des adresses*, d'un sieur Desnoyers qui, en 1692, vendait, rue Sainte-Anne, des souliers de femme à un louis d'or la paire. Il avait dû à ce prix-là s'enrichir en peu de temps. Carpentier fit comme lui, soixante ans plus tard; mais quand il se fut gagné un bel avoir en chaussant les jolis pieds des comédiennes, il lui prit une envie singulière. Il voulut faire comme ses illustres pratiques, devenir comédien. D'abord il s'en tint aux scènes bourgeoises, qui pullulaient alors dans les arrière-boutiques, aussi bien que dans les salons des nobles et dans les greniers des poètes, mais de là, notre cordonnier se fût sans doute émancipé jusqu'aux scènes publiques, si la petite aventure qu'il nous reste à vous conter ne fût venue à temps, et ne lui eût fait comprendre, par un argument *ad hominem*, toute la justesse de l'adage latin, *ne sutor ultra crepidam*. M. de Crespy le Prince dans son aimable ouvrage, *Chroniques sur les cours de France*, s'est amusé, comme nous, de sa déconvenue, et voici comment il la raconte, dans une note, d'après les mémoires du temps :

« Le cordonnier Carpentier avait été milicien dans les dragons, et en avait conservé le casque, qu'il ornait, outre mesure, quand il jouait Achille. Un jour qu'il avait emprunté à son ami le bedeau de Saint-Roch, plusieurs plumes et une aigrette du dais de cette église, le curé s'en aperçut, et voulant que ce sacrilège profitât aux pauvres de la paroisse, il se rendit, le lendemain de la représentation, chez l'*amant d'Iphigénie;* il était accompagné du commissaire du quartier. Ces messieurs se firent présenter le casque, encore tout empanaché. On verbalisa, on parla de prison, on feignit que l'archevêque et le lieutenant de police voulaient un exemple pour ce scandale ; madame Carpentier vint tout en pleurs faire ses adieux à son mari, et dans un négligé si peu gazé que le curé détourna la tête, et demanda dans cette posture 100 francs, en assurant qu'il arrangerait l'affaire. La somme fut comptée sur-le-champ par le comédien amateur. Les plumes du dais furent reportées à la sacristie. — Cette anecdote défraya le petit lever du roi. »

Il nous coûte d'en finir avec ces aventures bourgeoises, qu'on pourrait multiplier à l'infini, mais le bruit qui se fait dans une autre région plus turbulente de la butte Saint-Roch, nous appelle et va nous distraire malgré nous.

Nous sommes en mai 1750, et il vient d'éclater dans ces quartiers la plus terrible émeute qui ait agité Paris depuis la Fronde. Le bruit a couru qu'on enlevait des enfants dans les rues, pour les envoyer aux îles; la populace s'est émue. Un enfant a disparu, rue de la Calandre, et c'est là que les troubles éclatent d'abord; à quelques jours de là, ils ont gagné le centre, les environs du Palais-Royal : « Samedi 23, lisons-nous dans le *Journal de Barbier*, la sédition a été plus forte. L'affaire a commencé à la butte Saint-Roch, où l'on dit que l'on a voulu prendre un enfant. » La populace y est accourue et s'est rassemblée en grand nombre. Un exempt est aperçu, on le poursuit jusque chez le commissaire qui logeait rue Saint-Honoré, en face Saint-Roch [1]. La maison est assiégée. Un archer qui était en sentinelle met l'épée à la main et éventre un homme. L'agitation est à son comble, toutes les vitres de la maison sont brisées et la porte enfin enfoncée. L'exempt, qui s'appelait Parisien, est saisi et assommé. On le traîne par les pieds, la tête dans le ruisseau, jusqu'à la maison du lieutenant de police Berryer, qui habitait un peu plus loin, à peu près à la hauteur de la rue d'Alger actuelle. On brise ses vitres, on menace de lui faire subir le même sort qu'à l'exempt; il par-

---

1. On peut voir dans le *Journal* de Collé, tome I, pages 210-218, d'autres détails sur cette émeute.

vient heureusement à se sauver. Plusieurs brigades du guet à pied et à cheval arrivent enfin, et dissipent l'émeute. Barbier, après un récit que nous avons dû beaucoup abréger, conclut par cette phrase qui paraîtra bien étonnante : « Cet événement est d'autant plus singulier, que *le peuple de Paris en général est doux et assez tranquille*, et l'on convient que depuis quarante ans, on n'a pas vu de pareille sédition [1]. » C'est en 1750, il y a un peu plus d'un siècle, que cela était écrit à propos du peuple de Paris. *Quantum mutatus !* mais il n'avait pas fallu attendre si longtemps pour en arriver à cette exclamation. Entre cette émeute et le temps où nous sommes, est venue la Révolution [2], tourmente bien

1. *Journal* de Barbier, tome III, page 127-136.
2. Pendant la Terreur, le président du comité révolutionnaire de la butte Saint-Roch, était un cordonnier nommé François Bonbon, natif d'Orléans. « On assure, dit Beffroy de Reigny dans son *Dictionnaire néologique*, que le citoyen Bonbon a démenti son nom en mainte occasion. Il fit dire un jour au marquis de Champignelle, âgé de quatre-vingts ans et goutteux, de venir lui parler. Il le força de revenir plusieurs fois chez lui, à pied, et de monter ainsi un quatrième étage. » — Bonbon qui avait failli suivre Robespierre à l'échafaud, et qui n'avait dû la liberté qu'à l'amnistie du 13 vendémiaire an IV, eut l'imprudence, après quelques mois passés dans les travaux de son premier métier, de se mettre au nombre des conjurés du camp de Grenelle. Il partagea leur sort. La commission militaire du Temple

autrement terrible, dont la butte Saint-Roch a connu les héros sinistres [1] et vu de près les péripéties sanglantes. Ne racontons que la dernière, la journée du 13 vendémiaire.

La Convention était menacée par toutes les sections armées, le général Bonaparte se chargea de la sauver. Les Tuileries, où siégeait l'Assemblée, étaient surtout menacées; c'est là, dans leurs environs, qu'il concentra sa défense. Son poste principal fut auprès de Saint-Roch dont le portail était occupé par une troupe de sectionnaires. Le 13, à quatre heures, le feu commence sur ce point et sur la

---

le condamna à mort avec les autres. Désespéré, il se jeta du haut de l'une des tours ; son cadavre fut relevé et porté à l'échafaud. (*Réimpression du Moniteur*, tome XXVIII, page 454. — 18 vendémiaire an v.) — Nous avons connu à Orléans les filles de ce terroriste énergumène. Vouées à l'éducation des jeunes filles de la classe bourgeoise, elles expiaient et rachetaient ses erreurs par la vie la plus pieuse et la plus dévouée.

2. Saint-Just demeurait rue des Moulins. G. Duval qui l'y connut, donne de curieux détails sur son intérieur. (*Souvenirs thermidoriens*, tome Ier, page 72.) — Une femme dont Robespierre aima, dit-on, la fille, et chez qui, dans une nuit d'ivresse il commit une indiscrétion qu'expièrent par le supplice tous ceux qui l'avaient entendue, la fameuse Mme de Sainte-Amaranthe occupait, pendant la Terreur, l'hôtel d'Helvétius, rue Sainte-Anne. Elle y tenait une sorte de table d'hôte compliquée d'un tripot. *Ibid.*, page 181.

place du Carrousel, où d'autres sectionnaires, qui se sont logés dans l'hôtel de Noailles, criblent de balles tous les abords des Tuileries. Une colonne d'insurgés que commande un nommé Lafond, menace en même temps de déboucher sur le Pont-Royal. Le moment est venu de repousser énergiquement toutes ces attaques.

« Alors, dit Napoléon, dans une relation de cette journée, qu'il dicta lui-même à M. de Las-Cases, on donna l'ordre aux batteries de tirer : une pièce de huit au cul-de-sac Dauphin commença le feu et servit de signal pour tous les postes [1]. Après plusieurs décharges, Saint-Roch fut enlevé. La colonne Lafond, prise en tête et en écharpe par l'artillerie placée sur le quai à la hauteur du guichet

---

1. Cette première décharge tua, entre autres victimes inoffensives, le libraire Cazin : « Le 13 vendémiaire, dit M. Chaalon d'Argé, son parent, dans un fragment de notice publié par le *Bulletin de l'Alliance des arts* (10 juin 1846, page 409), il était à déjeuner dans un café de la rue du Dauphin. On vint le prévenir que des troubles se préparaient. Devenu un peu sourd, il n'entendit pas bien ce qu'on lui disait, ou ne crut pas le danger si pressant. Il termina son déjeuner ; mais au moment où il ouvrait la porte du café pour se retirer, la première décharge des canons que Bonaparte avait fait placer devant Saint-Roch, eut lieu. M. Cazin fut atteint d'un éclat de mitraille dans le ventre et tomba. Quand on le rapporta chez lui, il était mort. »

du Louvre et à la tête du Pont-Royal, fut mise en déroute.

» La rue Saint-Honoré, celle de Saint-Florentin et les lieux adjacents furent balayés. Une centaine d'hommes essayèrent de résister au théâtre de la République ; quelques obus les délogèrent en un instant. A 6 heures tout était fini. Si l'on entendait dans la nuit, de loin en loin, quelques coups de canon, c'était pour empêcher les barricades, que quelques habitants avaient cherché à établir avec des tonneaux.

» Il y eut environ deux cents tués ou blessés du côté des sectionnaires et presque autant du côté des conventionnels, la plus grande partie de ceux-ci aux portes de Saint-Roch[1]. »

Ainsi se termine par la plus sanglante émeute l'histoire si accidentée de cette butte Saint-Roch dont un louable désir d'embellissement, d'assainissement et peut-être aussi la crainte d'autres émeutes, va faire remanier et éclaircir le dangereux dédale.

---

1. On peut voir encore sur le mur faisant l'angle de l'église et de la rue Neuve-Saint-Roch, la trace de la mitraille du 13 vendémiaire.

LA GRANGE-BATELIÈRE

I

Ce qu'on voyait du rempart et de la porte Montmartre, il y a cinquante ans. — Les laitues et les champignons de la Grange-Batelière. — Ce qu'en dit Regnard. — Le Tasse à Paris, en 1570. — Son admiration pour les moulins de Montmartre. — Aspect de la banlieue de Paris à cette époque, depuis le *parc aux oies* à Chaillot, jusqu'à la Grange-Batelière. — La *culture l'Évêque*. — Quand et comment morcelée. — Les courtilles de la Grange-Batelière. — Histoire du *sueur* Geoffroi et de sa femme Marie. — Une double vente. — Comment ce qui est acheté 4,000 francs peut être revendu trois millions et plus. — Le Champ de Mars de la *Grange-Bataillée*. — Pourquoi ce dernier mot change et devient *Batelière*. — Les parties fines chez le fermier de la Grange et chez le *gastelier*. — Comment cette ferme devient un domaine presque royal. — Si Richelieu en a été seigneur. — Pourquoi la rue de Richelieu fut percée. — Dernier coup d'œil sur la Grange et ses environs, au XVIIe siècle. — Aventure de Turenne, arrêté tout près de là par des bandits. — Les voleurs disparaissent. — Les fermiers généraux arrivent.

Rien ne me plaît autant, me trouvant dans les quartiers neufs, et j'appelle ainsi tous ceux qui sont au delà du boulevard, que de les démolir par la pensée, de faire table rase de leurs belles demeures, de leurs hôtels magnifiques, pour retrouver au-dessous la vieille terre primitive, le vieux tuf parisien. Il n'entre en cela aucun instinct de vandale, croyez-le, mais seulement au contraire un vif amour du contraste, une ardente passion de curiosité, un désir incessant de chercher ce qui fut sous ce qui est, de fouiller enfin le passé sous le présent, toutes choses qui sont les infatigables aiguillons du chercheur d'origine, et qui parfois lui font de son métier, plus qu'une passion : une manie.

C'est surtout quand je suis aux abords de la rue de Richelieu et du boulevard que je me sens pris de ces velléités de destruction du présent et de résurrection du passé, le tout, bien entendu, au seul profit de l'histoire. Je suis là sur l'extrême lisière qui, au XVIIIe siècle encore, bordait d'un côté la grande ville, à sa dernière limite et de l'autre la campagne, déjà en pleine fange, à deux pas plus loin, en plein marais. Je me revois au balcon de la maison de Regnard, qui, soit dit en passant, sans faire tort à ce que nous devrons en dire peut-être, se trouvait à peu près sur l'emplacement même où fut un siècle plus tard le fameux Frascati ; lieu prédestiné, comme vous voyez, puisque, commençant par l'auteur du *Joueur*, il finit par le grand tripot !

Je suis donc là, accoudé à cette poétique fenêtre, et voyant tourner les moulins qui alors ne se sont pas seulement établis sur la crête de Montmartre, mais bien plus près, sur le bastion même dont le pied s'embourbe dans le marais de la Grange-Batelière ; regardant l'herbe qui verdoie, le petit ruisseau qui serpente jusqu'au delà de la porte du Temple, et les légumes qui pointent sollicités par cette vive fraîcheur, je me redis les vers que cette vue agreste inspira au poète dans une de ses épîtres :

> L'œil voit d'abord ce mont, dont les antres profonds
> Fournissent à Paris l'honneur de ses plafonds,
> Où de trente moulins les ailes étendues
> M'apprennent chaque jour quel vent chasse les nues ;
> . . . . Les yeux satisfaits
> S'y promènent au loin sur de vastes marais.
> C'est là qu'en mille endroits laissant errer ma vue,
> Je vois croître à plaisir l'oseille et la laitue ;
> C'est là que, dans son temps, des moissons d'artichauts
> Du jardinier actif fécondent les travaux,
> Et que de champignons une couche voisine
> Ne fait quand il me plaît qu'un saut dans ma cuisine.

Ces vers où Montmartre et le potager, le plâtre et les laitues, matières fort peu poétiques, sont heureusement poétisés, me mettent aussitôt en humeur de réminiscence, et voilà que sans quitter ce coin inspirateur de la maison de Regnard, je laisse ma mémoire me parler du Tasse, qui lui aussi, on ne s'en douterait guère, s'est occupé un jour de Montmartre et de ses moulins.

Il était venu à Paris en 1570, à la suite du cardinal Louis d'Este ambassadeur près de Charles IX, et il transmettait à ses amis de Ferrare, notamment au comte Hercule de Contrari, ses impressions sur ce qu'il avait vu. Disons-le tout de suite, sans vanité, il n'avait pas beaucoup admiré. Nos campagnes lui avaient semblé d'une monotonie de teinte désespérante, aussi bien celles de la Normandie que celles des environs de Paris. Un jour qu'il avait peut-être jeté les yeux du haut du rempart sur le paysage célébré tout à l'heure par Regnard, et qu'il l'avait entendu vanter sans doute par quelque Parisien trop enthousiaste, il rentra tout morose et écrivit ces lignes peu flatteuses pour nos campagnes parisiennes : « Ceux qui les louent préféreraient sans doute aux peintures de Michel-Ange ou de Raphaël celles qui n'offriraient qu'une plus grande surface de pourpre ou d'azur d'outre-mer [1] ». C'est

1. Nous empruntons la traduction de Valery dans son

bien là un anathème de poète et de coloriste à l'italienne !

Nos maisons ne trouvent pas non plus grâce devant lui. Il regarde comme fort mesquines leurs façades de bois et de moellons ; il maudit ces étroites échelles qu'on y décore du nom d'escaliers ; en escaladant leur spirale étranglée, il étouffe, il trébuche ou la tête lui tourne. Les chambres d'ailleurs, selon lui, sont toutes tristes et sombres, et puis, défaut non moins grand aux yeux d'un artiste qui vient d'Italie et qui veut partout de l'air, de l'étendue, de la perspective, même dans un appartement, elles ne sont pas de plain-pied, elles ne se suivent pas. Pour qu'elles soient tout à fait comme il le voudrait, il faudra attendre un siècle encore ; le système des chambres en enfilade, selon la mode italienne, ne datant que de l'hôtel Rambouillet qui fut distribué à la florentine par la grande Arthénice, d'après les conseils de M. de Pisani.

Le Tasse n'aurait pas demandé mieux que de s'extasier devant nos monuments gothiques, mais si leur masse l'étonnait, en revanche leur architecture lui semblait barbare, et répugnait à son goût

---

curieux travail *le Tasse en France* (*Curiosités et anecdotes italiennes*, Paris, 1842, in-8, page 251).

délicat. Il admire toutefois les vitraux de nos cathédrales ; ceux de Notre-Dame l'émerveillent par leur étincelant coloris, le dessin même ne lui en déplaît pas, car peut-être a-t-il trouvé déjà, entre ces pieuses images et plus d'une de celles que peignit Raphaël au sortir de l'école du Pérugin, certaine parenté qu'on a constatée depuis ; enfin ce genre de peinture, qu'il n'avait encore vu nulle part se déployer avec cet éclat et cette perfection, lui agrée singulièrement. Elle lui inspire même cette remarque imprévue : En Italie, le verre n'est travaillé que pour les besoins de la coquetterie, — il pensait aux miroirs de Venise, — et pour les orgies des buveurs ; la France, plus pieuse, le consacre à l'ornement des églises et au culte religieux. C'est là, du reste, tout ce qu'il trouve à admirer sans réserve dans la vieille basilique : elle lui semble en somme fort inférieure au Dôme de Milan. Pour lui cet unique clocher et ces deux tours massives ne valent pas, à beaucoup près, les mille clochetons de marbre de la coquette église. Les clochers, en effet, sont ce qu'il aime le plus. Rien en France ne lui a souri davantage, rien ne lui a semblé d'un effet plus charmant, si ce n'est pourtant, et l'occasion est bonne pour y revenir, les moulins de Montmartre.

Notre climat changeant faisait grelotter sa muse frileuse et l'indignait, tout enrhumé, contre ces journées incertaines, qui, empruntant leur matinée à l'hiver, leur midi à l'été le plus chand, et leur soir à l'automne, ne doivent rien à la seule vraie saison, le printemps. C'est là qu'il trouvait la cause des éternelles incertitudes qui tiennent flottantes, agitées, actives les natures françaises : « Les Français, dit-il dans le Traité qu'il écrivait plus tard sous le titre de : *Discorso intorno alla sedizione nata nel regno di Francia l'anno* 1585, etc.[1], sont faits de telle sorte qu'ils ne sauraient demeurer tranquilles. Ils veulent toujours être en exercice, et dès que l'occasion leur manque, ils dépérissent aussitôt, comme il arrive d'un palefroi habitué à la fatigue et qu'on laisserait oisif à l'écurie, ou des roues d'une horloge qui se rouillent si elles ne marchent plus. » Une seule chose dédommage le Tasse de cette inconstance du vent qui, pour girouette expressive, trouve, avant tout, les têtes parisiennes, c'est la multitude de ces moulins dont son haleine est

---

[1]. On n'a de ce mémoire qu'un fragment, mentionné par Serassi, publié pour la première fois dans la *Bibliotheca italiana* (mai 1817) et réimprimé à Milan, avec des corrections, d'après un manuscrit de la Bibliothèque ambroisienne, par l'abbé Pierre Mazzuchelli.

l'âme, et qui tournent et virent si joliment sur les hauteurs de Montmartre. C'est là le spectacle qui lui plaît davantage; il semble que son *farniente* de poète n'a jamais été mieux bercé que par ce mouvement des ailes dont il suit le branle aérien au delà des marais de la Grange-Batelière. C'est assez étrange, n'est-ce pas; mais l'extase d'un ambassadeur vénitien, le révérend Bonaventure Calatagirone, devant les broches toujours en mouvement des rôtisseries de la rue de la Huchette, l'est bien davantage encore : « *Veramente,* disait-il au retour et comme humant encore à ce souvenir, le seul qu'il eût gardé de Paris, *queste rotiserie sono cosa stupenda.* »

Au temps où le Tasse visitait Paris, tout l'espace compris entre Montmartre et la porte de la ville qui lui devait son nom, était si vague et si désert; d'un autre côté, cette porte étant située à peu près à la hauteur de la rue du *Cadran,* qui, alors, s'appelait pour cela rue *du Bout du monde,* le quartier qui la séparait du Louvre avait si peu d'étendue et était couvert d'habitations si peu élevées, deux étages tout au plus, qu'on pouvait presque du Louvre même, où notre poète allait souvent, voir tourner les moulins de Montmartre. Cela est si vrai qu'un jour de l'année 1559, je crois, le feu ayant pris dans le dortoir de l'abbaye qui couronnait le monticule, le roi Henri II, qui, à ce moment-là, se promenait dans sa galerie du Louvre, fut un des premiers à apercevoir l'incendie[1]. Et ce fut un heureux hasard ; grâce à la compagnie de Suisses qu'il y envoya aussitôt pour porter secours, le monastère ne fut pas dévoré entièrement. Aujourd'hui tout Montmartre brûlerait, jusqu'à la dernière maison, qu'on n'en verrait rien dans le quartier du Louvre.

Quel était donc pourtant l'aspect qu'offrait la vaste étendue de terrain dont la porte Montmartre d'un côté, et de l'autre la butte aux célèbres moulins étaient les limites? C'était, je l'ai dit déjà, un immense marécage, entrecoupé de cultures ou de parcs pour les bestiaux. Ici, vers la butte Saint-Roch[2], était le *Marché-aux-Pourceaux*, espace immonde que les bourreaux seuls disputaient aux porchers, quand il y avait à faire quelque exécution de faux monnayeurs. — Plus tard, en se rapprochant de la porte Saint-Honoré, et toujours en dehors des murs, sur un terrain que la rue Louis-le-Grand et la rue de la Paix occupent aujourd'hui, on trouverait le marché aux chevaux.

1. Cheronnet, *Histoire de Montmartre*, 1843; in-12, page 114.
2. V. plus haut le chapitre sur ce quartier.

Vers l'hôtel de Bretagne, dans le voisinage des Quinze-Vingts, dont la rue de Rohan a pris la place, au lieu même où la place du Carrousel se prépare à étaler son immensité et ses magnificences, était une voirie, le *Champ-pourry,* comme on l'appelait, parce qu'en effet, c'est là seulement qu'il était permis aux maquignons d'abattre leurs chevaux malades, aux chirurgiens et aux barbiers de venir vider leur palette. Enfin, d'espace en espace, on voyait, depuis le Louvre jusqu'à Chaillot, depuis la porte Saint-Honoré jusqu'au Roule, de vastes parcs de volailles. Les marchands d'oies n'avaient pas d'autres marchés. « Que nul, est-il dit dans le *Livre des métiers* d'Étienne Boileau, n'achate oez que en la place et ez champs qui sont entre le ponceau du Roule, le pont de Chailloueau, jusques aus fauxbourgs de Paris, aus costés d'entre Saint-Honoré et le Louvre. »

Voilà, j'en conviens, une banlieue d'un aspect assez peu noble; ici des bandes de porcs, là des chevaux à vendre, plus loin des chevaux à tuer, çà et là des parcs d'oisons. Paris, quel qu'il fût alors, méritait mieux que de tels voisinage. La Grange-Batelière et ses frais environs le dédommageaient un peu.

Cette Grange ou plutôt cette métairie formait,

avec ses vastes dépendances, une partie de l'immense culture dont l'enclos de la *Ville-l'Évêque* était le principal centre, et qui, comme ce nom le donne à penser, avait pour seigneurs les évêques de Paris. Quand je dis seigneurs, je ne dis pas propriétaires. L'épiscopat parisien n'avait, en effet, sur la Grange-Batelière que le droit de suzeraineté, non pas celui de propriété. Ce dernier appartenait aux chanoines de Sainte-Opportune, qui, une fois l'hommage rendu, l'impôt payé à l'évêque de Paris, étaient vraiment seuls maîtres dans ce domaine. De qui le tenaient-ils? je ne sais. Peut-être n'étaient-ils possesseurs qu'en vertu de ce droit du premier occupant, que s'arrogeaient volontiers les chapitres sur toutes terres vagues dépendant de leur paroisse, et dont ils faisaient les pâtis de leur bétail. Le fait est que, non seulement depuis la Grange-Batelière jusqu'aux Champeaux, aujourd'hui l'emplacement des halles, et la propriété la plus voisine du chapitre; mais encore depuis Chaillot jusqu'au faubourg de Saint-Antoine, tout le terrain, inculte ou cultivé, appartenait aux opulents chanoines de Sainte-Opportune.

C'eût été trop pour le propriétaire le plus actif, pour l'agriculteur le plus ardent au défrichement des terres, au desséchement des marais; à plus forte raison pour ces prêtres, toujours désireux de la propriété, jamais du travail; toujours se prélassant dans la jouissance d'être riches, et ne s'occupant jamais des ressources à tirer de leurs richesses. Les rois avisèrent heureusement à les débarrasser de l'excès qu'ils en avaient ici. Invitation leur fut faite par Louis le Jeune, puis par Philippe-Auguste, pour qu'ils eussent à vendre par lots une partie de ces vastes terrains. Les chanoines n'attendirent pas que l'invitation devînt un ordre : de 1153 à 1176, les terres désignées furent partagées, morcelées, vendues, et les acheteurs, car c'était encore là un désir royal, s'engagèrent à ne les prendre qu'à la condition de bien cultiver les parties arables, de dessécher et d'assainir les parties marécageuses. N'y avait-il pas dans cette dernière clause, que l'invitation du roi forçait les chanoines de formuler eux-mêmes, un reproche direct à leur paresse et à leur négligence de propriétaires?

Au lieu d'être un seul domaine, l'immense terrain s'entrecoupa donc de mille petits héritages. Il ne forma plus, pour qui le regardait du haut des buttes ou du rempart, qu'un vaste réseau de petites cultures, un damier de petits enclos. Tout bourgeois aisé y voulait sa *courtille,* comme on disait en ce temps-là, sa *maison de bouteille,* comme on devait dire plus tard, avec son potager derrière la haie d'épine ou la verte claire-voie, et tout auprès sa petite vigne, plantureuse en feuilles et maigre en fruits, d'une *belle montre* enfin *et de peu de rapport*, comme était toute vigne de courtille, selon un proverbe qui courait alors dans Paris et dans sa banlieue.

Nous savons par Sauval[1] le nom de quelques-uns des petits propriétaires qui s'étaient abattus par milliers sur ce sol mis en morceaux; ici, par exemple, c'était Adam Cochetar, nommé dans un acte en 1240; ailleurs, devers Saint-Laurent, c'était Raoul Farcy, qu'un autre acte mentionne sous la date de 1252[2].

Au même temps, mais cette fois sans le secours de Sauval, nous pouvons vous faire connaître encore un autre de ces humbles possesseurs. Il se nomme Geoffroy, il vit avec sa femme Marie du peu qu'il a pu amasser, en travaillant bien fort et de

1. *Antiquités de Paris*, liv. 1, page 67.
2. Nous savons aussi par le *Cartulaire de Notre-Dame*, tome III, page 58, que le 12 janvier 1309, Ymbert *le feurnier* et Adeline sa femme, demeurant à Paris, hors la porte Saint-Denis, devant la Trinité, prirent à cens de Guillaume, évêque de Paris, 30 arpents de terre labourable, en une pièce, sis entre Paris et le Roule, au terroir de la Villette-l'Évêque; tenant d'une part au chemin du Roule à Paris, de l'autre aux terres de la *Grange-Bataillée*.

longues années de son métier de *sueur* (*sutor*) ou *couturier en cuir*. Le meilleur de son petit avoir, c'est une pièce de terre d'une contenance de huit arpents environ, qu'il a acquise de ses deniers. Elle est justement située tout près de la porte Montmartre, et en face de cette *Grange-Batelière* dont nous voulons vous faire ici l'histoire et dont pourtant nous tardons toujours à vous parler.

Quoique laborieusement cultivés, les huit arpents de ce petit héritage suffisent à peine à faire vivre de leurs produits le ménage du pauvre *sueur*; d'ailleurs, Geoffroy se fait vieux, et, peu à peu, il en vient à se dire qu'il vaudrait mieux pour sa femme et pour lui avoir leur subsistance assurée, comme à de bons pauvres, par l'Hôtel-Dieu de Paris, que de la demander toujours à un sol souvent rebelle. Une donation du peu qu'ils possèdent, ce qu'ils peuvent faire en toute liberté, puisqu'ils n'ont pas d'enfants, serait le seul moyen d'obtenir cette nourriture viagère et cet asile qu'ils désirent. Le pauvre ménage, bien qu'il doive lui en coûter d'abandonner son petit domaine, finit pourtant par s'y résoudre; la donation est faite[1], et par

---

1. Elle consistait, dit l'acte, en « une pièce de terre de la contenance de 8 arpents, située en face de la Grange,

acte du 1er août 1260, les frères de l'Hôtel-Dieu de Paris l'acceptent à la condition, ce sont les termes textuels du contrat, « de donner et fournir... auxd. Geoffroy et Marie, pendant leur vie et au survivant d'eux, tout ce qui leur sera nécessaire en vêtement et nourriture à l'usage desdits frères et sœurs, de la même manière et suivant le même régime que lesd. frères et sœurs ont l'habitude de se vêtir et nourrir. » Comme autre charge de son acceptation, l'Hôtel-Dieu s'engageait à payer huit livres parisis de sursens annuel dont la terre était grevée[1].

Nous ignorons combien de temps vécurent ainsi Geoffroy et Marie sous le toit morne de l'hospice, sous ses grossiers habits et de son pain amer ; nous savons seulement que la rente des huit livres de

---

dite *Grange de la Bataille,* hors des murs de Paris, près de la porte du Mont-des-Martyrs. »

[1]. L'Hôtel-Dieu acceptait d'autant plus volontiers qu'il possédait d'autres biens dans ces parages, entre autres une grande ferme, à laquelle conduisait la longue voie nommée aujourd'hui *Chaussée-d'Antin,* et qu'on appelait alors *chemin de l'Hôtel-Dieu.* En 1841, les hospices vendirent encore pour 1,250,000 francs un reste des terres de cette ferme. C'était un terrain portant le n° 45 de la rue de la Chaussée-d'Antin, et qui pendant longtemps, à partir de 1767, avait été loué, moyennant 400 livres tournois, à M. François Sandrié, le même qui a donné son nom au passage, et qui, charpentier du roi et de la ville, avait établi là ses chantiers. (V. le *Moniteur,* 31 août 1841.)

sursens ne fut pas payée par les frères pendant plus de vingt ans. En 1280, une demoiselle de Meulant, qui en était propriétaire, leur en fit la remise. Ainsi, à calculer les sommes payées selon notre monnaie actuelle, c'est, en sus de l'entretien viager du pauvre vieux ménage, quatre mille francs environ que l'Hôtel-Dieu aurait donnés pour l'acquisition de huit arpents. Or, savez-vous, grâce aux accroissements de la grande ville, flot toujours montant, toujours envahissant, ce qu'est devenu l'humble et maigre terrain, si humblement offert, si pauvrement payé au XIIIe siècle ? Il est devenu ce vaste terrain de la Boule-Rouge, que les hospices de Paris, restés ses propriétaires, ont vendu, le 30 septembre 1840, aux sieurs Pène et Maufra pour la somme énorme de trois millions soixante-quinze mille six cents francs[1]. Pauvre Geoffroy ! pauvre Marie ! que diraient-ils de cette belle moisson, poussée dans leurs maigres guérets ? Mais il avait fallu plus de cinq siècles pour cela, et les incessants besoins de s'agrandir dont est possédée la grande ville. En 1260, elle n'était que l'ambitieuse voisine de la petite métairie ; maintenant celle-ci, avec ses huit arpents, se perd inaperçue dans une des mille alvéoles

---

1. *Moniteur*, 27 janvier 1840.

de l'immense fourmilière ! Comme dernier souvenir du passé, on a pourtant voulu donner à la rue qui s'est frayée à travers le terrain de l'agreste enclos, un nom qui rappelât le couple donateur. On l'appelle la rue *Geoffroy-Marie,* et dans ce touchant hommage est l'un des seuls vestiges que le moyen âge ait laissés au sein de ces quartiers tout modernes, et partant, sans histoire.

La *Grange-Batelière* y a seule un nom contemporain de celui-là. Il est parlé d'elle, en effet, dans l'acte de donation, et d'après les mots latins qui la désignent : *Granchia præliata* ou *Grangia batailliæ,* on devine qu'elle se nommait alors, non pas comme anjourd'hui *Grange-Batelière,* ce qui n'est qu'un nom altéré, mais *Grange bataillière.* Une lettre royale de 1377 l'appelle même *Grangia bataillata* (bataillée)[1]. Pourquoi ? Faut-il chercher dans cette appellation la trace de quelque combat livré par les Parisiens, soit aux légions de Labienus, quand elles vinrent s'embourber dans les marais qui formaient la ceinture fangeuse de Lutèce[2]; soit aux Normands,

---

1. *Ex litt. regiis,* 112, *Chartoph. reg.,* ch. 211.
2. V., sur le lieu où se donna ce combat, un très savant travail de M. J. Quicherat, dans les *Mémoires de la Société des antiquaires de France,* nouvelle série, tome XXI, pages 384-431.

alors que, soutenus par le comte Eudes, dont les troupes, grossies de celles de Charles le Gros, descendaient comme un torrent les pentes de Montmartre, les gens de Paris firent un si grand massacre des hommes du Nord et jonchèrent de cadavres tout le terrain qui s'étend de la montagne à la Seine ? Faut-il plutôt encore n'y voir qu'un souvenir de ce Champ de Mars qui, au IXe siècle, selon le moine Abbon[1], occupait tout l'espace compris entre Montmartre et la ville[2] ? Ce sont là des questions que nous ne déciderons pas, bien que nous penchions plus volontiers pour la dernière, fort bien soutenue par l'abbé Lebeuf[3], et mal combattue par Jaillot[4].

1. Lib. II, v. 196.
2. Dans le roman des *Quatre fils Aymon*, que le tome XXII de l'*Histoire littéraire de France* analyse si complétement, il est parlé d'une course de chevaux faite devant Charlemagne et dont le fameux coursier Bayard sortit vainqueur (V. le volume cité, page 625). Or, d'après la description des lieux, il est certain que le vieux poëte, plaçant cette course entre les murs de Paris et Montmartre, a voulu parler du champ de la *Grange-Bataillée* qui, de son temps, au XIIIe siècle, servait encore aux joutes. — Il est curieux de faire remarquer que le *Jockey-Club*, en s'installant au coin de la rue Grange-Batelière, s'est mis ainsi sur son vrai terrain, le champ des courses... au temps de Charlemagne.
3. *Hist. du diocèse de Paris*, tome I, part. 1, page 119.
4. *Recherches... sur la ville de Paris*, tome II, pages 25-26.

L'altération de ce premier nom, *Grange bataillière*, date du temps où tout vestige du *Champ des joutes,* comme dit l'abbé Lebeuf, ayant disparu, on ne sut plus ce que ce nom voulait dire. En créer un nouveau, trouver celui qui existe encore, n'était pas chose difficile ; la position même de la Grange y invitait. N'était-elle pas, en effet, au milieu d'un champ tout entrecoupé de petites sources qui découlaient par ruisselets d'eaux vives du plateau des Prés-Saint-Gervais, et dont la plus considérable formait une sorte de petite rivière perdue plus tard dans les immondices du grand égout et aujourd'hui sous le pavé de la rue de Provence ? Par des infiltrations trop abondantes, ce cours d'eau avait fait des terrains qui étaient à sa droite un vrai marécage, une sorte de grenouillère dont le nom de la rue *Chante-Raine* (chante-grenouille) rappelle encore l'existence ; mais du côté de la Grange-Batelière, soit que le sol fût plus élevé ou les eaux mieux maintenues dans leur lit, c'était différent ; on n'avait que les avantages et point du tout les inconvénients de ce frais voisinage. Qu'on en juge par le tableau riant, et, je crois, fort exact, qu'un écrivain du *Mercure*[1] a tracé de la fameuse Grange et de ses abords dans

1. Août 1811, page 225.

un charmant article : *Sur les noms de quelques rues de Paris.*

« Le ruisseau, y est-il dit, accru de quelques autres sources, arrivant à un terrain plus uni, rencontrait un château féodal élevé sur un tertre qu'on avait formé à la hollandaise en y rejetant la terre des fossés. C'était la *Grange-Batelière.*

» Le fermier, adoucissant la pente extérieure de ces fossés, en fit un petit lac, au milieu duquel il vendait dans son île, à sa Grange, du pain, du beurre, des œufs, du lait, des poulets, des petits pains et du jambon. On ne pouvait y parvenir qu'en bateau. Il fallait appeler sa jolie fille, qui amenait le bateau peint en vert. Les parties à la Grange-Batelière étaient délicieuses pour les Parisiens, même d'un assez bon ton. »

Cette description ne serait pas plus vraie si elle eût été faite par un contemporain, par un commensal de le ferme-guinguette. Nous l'avons relue ayant sous les yeux les plans les plus anciens de la banlieue parisienne, et son exactitude ne nous a semblé que plus évidente. Sur le plan de la Tapisserie, par exemple, aussi bien que sur celui donné par Fr. Quesnel en 1608, nous avons retrouvé le cours d'eau ambiant qui fait de l'enclos de la Grange, sinon une île complète, au moins une vraie péninsule. Un petit pont, qui vient faire pécher notre description en un seul détail, celui du batelet, nécessaire toutefois pour l'étymologie, est jeté sur le bras de la rivière qui vient du faubourg Montmartre, tandis qu'un autre, enjambant la partie de ce même cours d'eau dont ce faubourg occupe le lit, rattache aux terrains de la Boule-Rouge ceux de la Grange-Batelière.

Ce que dit l'écrivain du *Mercure* des fines parties de plaisir bourgeois qu'on faisait chez l'hôte de la Grange est dans sa description une vérité de plus ; nous n'en avons point le détail certain, il faut en convenir, mais nous savons pourtant que dans ces bombances champêtres il devait se faire une grande consommation de pâtisseries, aiguillonnant la soif pour le petit vin du cru. Ce qui nous le prouve, c'est la troisième transformation que subit, pour cela, le nom de la fameuse courtille. Au XIVe siècle, on ne l'appela plus la *Grange-Batelière,* mais la *Grange au Gastelier.* Or, ce dernier mot signifiait alors *faiseur de gâteaux* (gastels)*, pâtissier.*

Par tout ce qui précède, et bien qu'il n'y soit parlé que de petites gens, d'ébats champêtres et roturiers, il ne faudrait pas être amené à croire que les gens de noblesse n'avaient rien à faire à la Grange-Batelière. Loin de là ; car c'était avant tout une seigneurie, un fief. Lors du morcellement rappelé plus haut, les sires du Laval l'avaient acquise, avec toutes ses dépendances, des chanoines de Sainte-Opportune : « Les comtes de Laval, lisons-nous dans Felibien [1], avoient plusieurs maisons à Paris : l'une étoit vers les Porcherons, appelée la *Grange Bastelière* ou *Gastelier*, qui estoit composée de terres et de marais, tenue à foy et hommage de l'évesque de Paris. » Pour que ce fût un fief complet, il y avait un vaste hôtel avec colombier féodal, cour et immenses jardins dont l'enclos circulaire se voit grossièrement tracé sur le plan de la Tapisserie [2]. Les dépendances étaient considérables ; elles ne s'arrêtaient pas à cette ceinture de guinguettes où l'on venait manger les lourdes friandises du *gastelier*, elles s'étendaient, en cultures diverses, jusqu'au terrain alors suburbain que la rue du Mail occupe aujourd'hui et qui alors se trouvait hors des murs. Lorsqu'en 1628, les Augustins Déchaussés [3] ou *Petits-Pères*

1. Livre xx, *Ad finem.*
2. Bonardot, *Études archéol. sur les anciens plans de Paris*, in-4°, page 50. — La Grange eut aussi sa chapelle. On en voit les ruines sur le plan de Mérian. (1615). *Idid.*, page 91.
3. « Septembre 1628, les Augustins acheptent de différentes personnes plusieurs morceaux de terres sises sur le fief qu'on appeloit la Grange-Batelière, qu'on reconnoît,

voulurent fonder, tout proche du *palmail*, le couvent dont l'église seule subsiste encore, c'est une petite partie de ce terrain qu'ils achetèrent. Sur cent vingt arpents formant les dépendances de la Grange-Batelière, ils en prirent sept[1].

Il y avait longtemps alors que ce fief n'appartenait plus aux comtes de Laval. Il avait changé de maître trois fois au moins. En 1424 nous le trouvons aux mains de Jean de Malestroit, évêque de Nantes et chancelier de Bretagne, qui, comme s'il eût voulu lui rendre son ancien titre de fief monastique, le donne avec toutes ses dépendances aux religieux des Blancs-Manteaux. Ceux-ci ne le gardent pas longtemps. Dégoûtés peut-être par des procès semblables à celui qu'ils eurent à soutenir en 1435 contre quelques propriétaires riverains et dont

---

dès le temps de Philippe-Auguste, qui consistoient en des fossés, marais et autres cultures et situées entre les faubourgs Montmartre et Saint-Honoré... Tout ce terrain étoit de six arpents quarante perches, valant, tant pour le principal que pour les droits, la somme de 12918 liv. 2 sols 6 den. dont ils vendirent ensuite une partie au Sieur L. Barbier, conseiller secrétaire du roy, etc. » *Mém. histor. de N.-D. des Victoires*, etc., par le P. Isid. de Sainte-Madelaine (1718), in-4°, page 81. Ms. du cabinet de M. L. de Lincy.

1. Piganiol, *Description de Paris*, tome III, page 83.

M. de Joursanvault possédait les pièces [1], ils se dessaisissent de ce bien trop contesté. En le vendant au comte de Vendôme, ils lui donnent un maître plus capable qu'eux de tenir tête aux réclamants. Un seigneur plus haut encore va bientôt, c'est-à-dire en 1473, l'enclaver dans son apanage déjà presque royal; c'est Jean de Bourbon, le trisaïeul de Henri IV [2]. Il a épousé Catherine de Vendôme, dernière héritière des nobles comtes, et ce riche mariage a fait entrer dans son domaine les trois hôtels que les comtes de Vendôme possédaient à Paris, savoir : le premier, situé rue Saint-Thomas-du-Louvre et acquis en 1309; le second, qui se trouvait vis-à-vis l'hôtel de Rouen et qui était dans cette famille depuis 1409; enfin le troisième, qui n'était autre chose que notre *Grange-Batelière* : « Comme c'est un fief qui relève de l'archevêché, dit Sauval [3], Jean Perot, licencié en droit, avocat au Parlement et procureur de Jean de Bourbon, en fit foi et hommage pour lui à Louis de Bellamonte ou Beaumont, fils du Sieur de la Forest, pour les Evesques de Paris. »

1. *Archives* du baron de Joursanvault, n° 1089.
2. En 1481, le cens lui est payé pour une maison à la Grange-Batelière, *Archives Joursanvault*, n° 1095.
3. Liv. VII, page 68.

Voici donc notre Grange-Batelière devenue un très noble apanage; encore un peu, elle serait un domaine royal; par malheur, quand le trône commença d'appartenir aux descendants de Jean de Bourbon, elle n'était déjà plus leur propriété. En quelles mains était-elle passée ? c'est ce que nous tâcherons de dire un peu plus tard.

On a prétendu que Richelieu avait été seigneur de ce fief, on a même écrit quelque part : « Il fit percer la rue qui a pris son nom pour conduire directement de son palais à sa ferme de la *Grange-Batelière* située au bas de la colline Montmartre. » Mais ces faits, que nous aurions eu plaisir à consigner puisqu'ils donneraient à notre Grange un illustre propriétaire de plus, ne reposant sur aucune preuve certaine, nous n'hésiterons pas à les déclarer erronés. C'est tout simplement, comme l'a fort bien établi M. Vitet[1], c'est pour s'indemniser des dépenses de son palais Cardinal, que Richelieu, propriétaire des terrains vagues qui l'avoisinaient et qui s'étendaient jusqu'au rempart, fit percer, au travers, cette rue bientôt bordée de magnifiques hôtels.

Eût-il été en effet seigneur du fief de la Grange-

---

1. *Études sur les beaux-arts*, tome I, pages 340-341.

Batelière, le cardinal n'aurait pas fait mieux pour son avantage, et c'est peut-être ce qui a fait imaginer la version citée tout à l'heure et qui est si peu vraie en paraissant si vraisemblable. La pauvre Grange cessera donc d'être isolée, une large et belle voie y mènera directement, enfin il semble qu'on pressent de là que, grâce à cette communication, tout Paris va venir la trouver ; et c'est ce qui est arrivé, en effet, la grande ville ayant bientôt débordé vers le petit fief, de manière à l'envahir et à l'absorber tout entier. Mais dans tout ceci, je le répète, la volonté de Richelieu n'a été pour rien. On songeait alors si peu à la Grange-Batelière, qu'elle n'est pas même nommée dans le projet qui fut fait en 1634 pour la *closture et adjonction à la ville de Paris des faubourgs Saint-Honoré, Montmartre et Villeneuve*[1]. Ici pourtant il s'agit des quartiers qui sont les plus proches de notre fief, il s'agit surtout de cette porte Richelieu qu'il faut construire, et qui doit ouvrir la communication de ce côté. On parle bien de je ne sais quel chemin qui mène au derrière de la Ville-l'Evesque et qui sans doute longe la Grange, mais d'elle pas un mot. « Pour la décoration de ladite ville et commodité publique, y est-il dit, sera

---

1. *Archives curieuses*, 2º série, tome VI, page 314.

faict deux portes en la nouvelle enceinte, l'une au bout du faubourg Montmartre, l'autre qui sera nommée de Richelieu, au bout de la rue de Richelieu, au bout de la rue des Petits-Champs, au travers des anciens remparts, fossez et autres escarpes, pour s'aller rendre en un chemin qui conduit au derrière du chemin de la Ville-l'Evesque. »

Il ne faudrait pas croire pourtant que par le seul fait de cette rue dirigée vers la Grange-Batelière, et de cette porte ouverte sur ses marais, tout ce qu'il y a de trop désert, de malsain, de dangereux même dans ses abords, va tout d'un coup disparaître ; on se tromperait. Sous Louis XIV c'est encore un lieu d'un assez vilain aspect, et, quand vient la nuit, d'une fréquentation fort périlleuse. Le grand égout qui se prolonge derrière la Grange, à la hauteur de notre rue de Provence, et qui a substitué ses émanations malfaisantes à la fraîcheur du ruisselet d'eau courante dont nous avons parlé ; une sorte d'immense cloaque qui s'est formé par l'agglomération des boues et qui a creusé « un grand trou sur une place vague entre le cours et la Grange-Batelière[1], » comme il est dit textuellement dans l'arrêt du conseil du 18 octobre 1704 [2] ; tout cela ne fait pas alors, de ce

1. Felibien, tome II, part. 2 (preuves), pages 416 à 500.
2. C'est pour détruire ce cloaque, qu'alors, ainsi qu'il

quartier si brillant aujourd'hui, un lieu bien attrayant et même tout à fait habitable.

La nuit c'est pis encore; les ivrognes qui, en descendant des Porcherons ou des cabarets établis déjà à la courtille *Coquenard*, ont l'imprudence de traverser ces marais pour retourner chez eux, rencontrent au passage le grand égout, et le moindre danger pour eux, c'est de ne pas s'y noyer dans la fange et d'y passer seulement la nuit, ayant de la boue jusqu'au cou. « L'ouverture de l'égout le long de la rue du Faubourg-Montmartre, est-il dit naïvement dans l'édit de mars 1721, expose journellement à périr le peuple qui vient de Montmartre et des Porcherons, lorsque plusieurs particuliers étant pris de vin tombent dans cet égout, et d'où ils ne peuvent se retirer ayant perdu la raison, et y restent souvent toute la nuit faute de secours. »

appert de ce même arrêt, on projette la rue destinée à continuer celle de Richelieu au delà du rempart, « jusqu'à la rencontre du chemin des Marais. » Elle doit se prolonger, en retour, le long du mur de clôture de la Grange-Batelière, et, dans cette partie, s'appeler *rue des Marais*. Une conduite d'eau doit être faite, jusqu'à la rencontre du grand égout, pour l'écoulement des fanges du cloaque alimenté par les ruisseaux de la rue Richelieu. C'est un grand assainissement pour tout ce quartier; les habitants doivent donc en faire les frais, « comme aussi le propriétaire de ladite maison de la Grange-Batelière. »

Les grands seigneurs qui s'attardent dans ces parages, sur les hauteurs du faubourg Montmartre, devers la voirie de la *Croix-Cadet* ou bien encore sur cette grande chaussée *Sainte-Anne* ou de *la Nouvelle-France* que le Faubourg-Poissonnière a remplacée, y courent de bien autres risques. Au premier bruit d'une voiture, et c'est chose assez rare dans ce désert fangeux, le chemin est tout à coup occupé par une bande de ces voleurs qui font leur repaire des carrières de Montmartre et qui en descendent avec le soir.

C'est par une pareille bande que, peu de temps après la Fronde, Turenne fut attaqué la nuit sur le rempart même, entre la porte Richelieu et la Grange-Batelière. On connaît l'aventure : le grand capitaine fut obligé de donner sa bourse, aussi bien que s'il n'eût été qu'un robin poltron; les voleurs ne la prirent même que comme un acompte. Turenne, rançonné sur parole, reçut le lendemain à son hôtel la visite du chef des bandits qui venait le prier de tenir sa promesse, argent comptant. Le grand homme s'exécuta et tout se passa dans les meilleurs termes, car les voleurs de la Grange-Batelière avaient cela de bon, que, dignes voisins de la grande ville, ils savaient toujours détrousser leur homme avec la plus parfaite courtoisie.

Le temps des bonnes prises va bientôt passer pour eux. On commence à bâtir sur leur terrain ; d'assez grands privilèges, exemption de certains impôts, du logement des gens de guerre, sont accordés à quiconque viendra s'établir à la Grange-Batelière. La finance va venir s'y installer en de splendides hôtels; au lieu des voleurs nous aurons les fermiers généraux. En bonne morale, ce sera peut-être à peu près la même chose, mais Paris y gagnera de belles demeures, d'admirables jardins qui assainiront ces quartiers trop longtemps inhabitables ; une ville nouvelle se groupera alentour, ville de plaisir surtout, car le monde des financiers et des danseuses y pullulera déjà, plus qu'aucun autre ; mais ville d'intelligence aussi, car la jeunesse forte et pensante y saura se faire un gîte dans quelque recoin perdu. Ainsi sera justifié enfin ce nom de *Nouvelle-France* que, dès le temps de la Fronde, nous en avons mille preuves par les édits[1], on donnait déjà à toute cette triste banlieue qui allait du chemin Sainte-Anne jus-

---

1. D'après *l'arrêt de la cour du Parlement,* « pour la décharge entière des loyers des maisons du quartier de Pâques en la ville et faubourgs de Paris, etc... » du 14 avril 1649. On trouve des détails curieux sur la *Ville-Neuve-sur-gravois* et sur la *Nouvelle-France,* qui était entre la porte Montmartre et la porte Richelieu, dans Moreau, *Bibliographie des Mazarinades,* tome I, page 96, n° 264.

qu'à celui des Porcherons, et du grand clos Saint-Lazare jusqu'à notre Grange-Batelière.

II

Retour au xvie siècle. — Montfaucon vu du rempart. — Quand et pourquoi les boulevards sont élevés. — L'hôtel Crozat et son *tunnel*. — La maison rue de Richelieu et le jardin à la Grange-Batelière. — L'hôtel de Grancey. — Comment Crozat lui vole sa perspective. — Coup d'œil sur les hôtels qui bordent le rempart. — *La maison du boulevard*, proverbe de Carmontelle. — Commencement de la rue et de la ruellette de la *Grange-Batelière*. — Les premiers habitants. — Comment ils décampent à moitié empestés. — Bouret et l'égout de la rue Montmartre. — Ce qu'il en fait. — Le Normand d'Etioles à la Grange-Batelière. — Ses amours avec mademoiselle Raime. — Il la préfère à une ambassade. — Un mot sur les fermiers généraux, leur luxe et leurs hôtels. — Daugny. — L'hôtel qu'il fait bâtir pour Gogo. — Sa magnificence. — Roman de Gogo parvenue et ingrate. — Triste fin de Gogo et de son roman. — M. de Blaire et sa prophétie sur l'*Emile*. — Gauthier de Montd'orge et madame de Belvo. — Qui il épouse, quelle femme et quels livres.

Notre premier chapitre, à travers le labyrinthe ténébreux des origines et des étymologies de toutes sortes, ne nous a amenés qu'à des temps encore assez éloignés. Nous n'en sommes guère arrivés qu'à l'époque où, chroniqueur moins curieux du passé, nous aurions pu commencer cette histoire.

Où en sommes-nous en effet? Le XVIe siècle finit à peine, Paris resserré entre ses bastions n'a pas encore de faubourgs au nord, une vaste campagne sans ombrages, presque sans maisons, mais non pas certes sans fange et sans marécages, s'ouvre toujours au pied de ses remparts, qui seront deux siècles encore avant d'être des boulevards; depuis François Ier enfin, la grande ville n'a pas fait un pas en avant. Cette plaine qui s'étend devant elle, maigre, boueuse et s'obstinant à ne rien produire, comme si elle attendait des hommes, des maisons, des pavés, les seules choses qu'elle puisse porter; cette plaine qu'il lui suffirait d'enjamber pour toucher à Montmartre et à Ménilmontant, elle n'a presque rien fait pour s'en saisir. Il en est encore comme au temps du jeune de Thou[1], qui peu de jours après la Saint-Barthélemy, étant venu voir son second frère « qui logeait près de la porte Montmartre, » et conduit par lui sur une hauteur

---

1. *Mémoire de la vie de M. de Thou*, liv. I, Amsterdam, MDCCIV, in-12, page 17.

voisine — sans doute la butte *Bonne-Nouvelle* — put apercevoir de là Montfaucon, et toute la populace catholique dansant en rond autour du cadavre de Coligny pendu au gibet; Paris ne s'est point encore enlevé, par un rideau de hautes maisons, la vue du mont patibulaire, non plus que celle des collines moins fatales qui bornent d'un autre côté son horizon. Regnard, sur la fin du XVIIe siècle, prenant un beau soir l'air à sa fenêtre, pourra, vous le savez, s'inspirer des moulins de Montmartre et des laitues du maraîcher son voisin, pour rimer les jolis vers que nos préliminaires vous ont redits, et, dans le même temps, Mme de Coulanges, logeant au Temple, pourra vanter avec bonheur à Mme de Sévigné la campagne qui s'étend à perte de vue et qui prolonge indéfiniment son jardin.

La ville semble donc éternellement circonscrite dans les limites qu'elle s'est données le jour où la peur des bandes de Lansquenets et de Reitres, qui ravageaient déjà la Champagne, lui a fait en hâte élever ses remparts, avec bastions et contrescarpes. C'était sous Henri II. Au temps où nous sommes arrivés, il y a donc de cela plus d'un siècle et demi. Ce qui devait être sa défense ne sert plus qu'à la garrotter. Devenue grande fille, elle est encore dans les langes de son enfance, elle s'y trouve à la gêne, elle y étouffe, *œstuat*, comme disait Juvénal à propos d'Alexandre, et pourtant elle n'ose briser l'entrave.

C'est un riche traitant, c'est Crozat qui le tenta l'un des premiers ; voici comment : il s'était fait construire, vers 1704, à l'extrémité de la rue de Richelieu, un peu au delà de la porte du même nom, récemment abattue, un très magnifique hôtel — nous vous ferons son histoire en détail, lorsqu'il en sera temps ; — j'ai dit un hôtel, j'aurais dû dire un palais.

Celui que Richelieu s'était donné à l'autre extrémité, celui que Mazarin s'était aussi fait construire au centre de la même rue, égalaient à peine l'hôtel Crozat, surtout pour l'immense étendue des terrains. Avec ses bâtiments, ses jardins, ses terrasses, il occupait une superficie de neuf arpents au moins. Placé à droite, en venant du rempart, comme l'hôtel de Thomas Rivié, secrétaire du roi, l'était à gauche, tout vis-à-vis, il avait la plus admirable vue qu'on pût envier pour une demeure parisienne.

L'hôtel de Grancey, devenu plus tard l'hôtel de Ménars, en avait joui auparavant, c'est-à-dire jusqu'en 1701, alors que la porte Richelieu, se trouvant à peu près à la hauteur de la rue Saint-Marc ou de la rue Feydeau, le rempart rapproché venait longer ses hautes terrasses. C'était un des grands attraits de cet hôtel de Grancey, qui du reste avait aussi tout ce qui faisait alors les nobles demeures : somptueux appartements, riches collections, et surtout vastes jardins. Belles choses! dit Sauval émerveillé[1], fort belles choses! « terminées par un grand canal, par les murs de la ville, par des campagnes et par des montagnes voisines. La pente de ces collines, ajoute-t-il, est du reste si molle et si imperceptible, que de là les yeux prennent plaisir à les monter et à les descendre. La moins petite de toutes, savoir Montmartre, coiffée qu'elle est d'un gros groupe de moulins à vent, de ses deux églises et de son dôme, forme un objet si agréable, que c'est une perspective qui n'a pas sa pareille, surtout près d'une ville si grande et si peuplée qui est Paris. » N'est-ce pas en prose, et même assez mauvaise, le même tableau que nous a fait Regnard? Le poète, en effet, logeait vis-à-vis de M. de Grancey. — Or, c'est cette vue tant vantée que M. Crozat, profitant de l'espace laissé entre la porte Richelieu démolie et les boulevards reculés jusqu'à la place où ils sont aujourd'hui, vint tout à coup enlever au trop heureux hôtel.

Audacieux comme un traitant savait l'être alors,

---

1. V. tome II, page 224.

Crozat se plante au beau milieu de sa perspective, et lui donne son mur mitoyen pour tout horizon. A lui, dès lors, pour bien terminer son jardin, la belle terrasse, où l'on monte par une pente douce et qui domine le rempart; à lui, la belle grille à festons dorés s'ouvrant sur la campagne, etc. Encore n'est-ce pas assez pour Crozat.

La ville a le rempart pour limite, mais il ne voudrait pas que ce fût aussi la limite de ses jardins. Il lui fâche de voir les terrains de la Grange-Batelière s'étendre frais et verdoyants à deux pas de son mur, sans pouvoir les y enclore. Que fait-il? il achète une part de ces terrains, dont il fait son fruitier et son potager, et pour les réunir au reste de son jardin, ce que le boulevard, placé là comme une barrière, semble rendre impossible, il se fraye en pleine terre un chemin souterrain, — nous dirions aujourd'hui un *tunnel,* — et il passe ainsi de l'autre côté du rempart. Il est donc tout à la fois à la ville et aux champs. D'un côté il a pour noble voisinage l'hôtel de ce bon M. de Grancey, qu'il a si prestement dépouillé de sa perspective, l'hôtel de Rivié, etc., enfin toutes les belles demeures de la rue de Richelieu; de l'autre il touche à la Grange-Batelière et à ses verts enclos. Il a ici toutes les magnificences d'un palais, là toutes les délices des petites maisons agrestes, même le jeu de boule [1] qui longe son mur, et où viennent s'ébattre, comme à celui du quai Saint-Bernard, comme à celui des Petits-Carreaux [2], les procureurs en vacances [3]. C. Le Petit, s'il avait à faire encore sa *Chronique scandaleuse* ou *Paris ridicule,* pourrait dire de cet hôtel mi-partie champêtre et mi-partie citadin ce qu'il disait des Tuileries au temps où une rue séparait le palais de son parc :

> Allons faire un tour de jardin,
> Dépêchons, sans cérémonie !
> Qu'il est beau, qu'il est bien muré !
> Mais d'où vient qu'il est séparé
> Par tant de pas du domicile?
> Est-ce la mode, en ce séjour,
> D'avoir le palais à la ville
> Et le jardin dans les faubourgs?

1. Jusqu'en 1643, ces Jeux de boule que nous trouvons maintenant à la Grange-Batelière, s'étaient vus près de l'ancienne porte Montmartre, dont la fontaine, faisant face au carrefour des rues Feydeau et Saint-Marc, indique fort bien l'emplacement. Ces jeux, qui remplaçaient eux-mêmes ceux, plus anciens, qui longeaient l'enceinte de François Ier à la hauteur de la rue du *Mail*, s'appelaient les *Jeux-Neufs.* La rue qui occupe aujourd'hui leur terrain porta longtemps ce nom. Il n'y a guère plus de soixante ans, qu'elle se nomme, par une altération singulière, rue des *Jeûneurs.*

2. Regnard, *le Divorce*, prologue.

3. V. la Satire de Furetières, le *Jeu de boule des Procureurs*, à la suite du *Roman Bourgeois.*

Pour compléter le tableau, et donner une preuve à chacun de ces détails, nous allons laisser le bon Germain Brice[1] vous décrire en quelques lignes les jardins de l'hôtel Crozat. Il vient de parler du gros pavillon carré qui forme le corps de l'habitation et dont l'une des faces occupe le fond de la cour, il ajoute : « Les trois autres faces donnent sur un jardin d'une belle étendue, et dont les vues qui s'étendent sur la campagne sont extrêmement variées. La terrasse, au-dessus de l'orangerie, qui borde le nouveau cours planté sur les remparts de la ville fournit, elle seule, une promenade des plus agréables. Le jardin fruitier, qui est grand et régulier, est au delà du cours, et l'on y arrive par un passage souterrain percé, avec beaucoup de dépenses, dans le terre-plein du rempart. »

Germain Brice dit ici un mot « du nouveau cours planté sur les remparts de la ville, » et dont nous-même nous aurions déjà dû vous parler. Il nous intéresse fort en effet; c'est par lui que l'assainissement de ces quartiers a commencé, d'octobre 1703 à juillet 1704, lorsque, après la démolition de la porte Richelieu, toute cette partie du rempart a été

---

[1]. *Description de Paris*, tome I, page 378.

amoindrie dans sa marge, remaniée, nivelée, enfin plantée d'arbres.

L'ancien boulevard, élevé en terrasse, dominait de plusieurs mètres ses bas-côtés, de sorte que les rues percées auprès n'étaient que des rues basses et, par suite des pluies, de véritables cloaques[1]. Pour le nouveau cours, on avait égalisé les niveaux et fait disparaître ces inconvénients. Tout le voisinage était ainsi devenu habitable, surtout dans la partie touchant à la rue de Richelieu. Il n'y avait jamais eu là, comme du côté de la Villeneuve et de la butte Saint-Roch, le moindre monticule naturel, le moindre pli de terrain, le nivellement avait donc été on ne peut plus facile.

Le boulevard achevé, les habitations n'avaient pas tardé à sortir de terre, pour commencer à le border de chaque côté. L'hôtel Crozat avait été l'une des premières et l'une des plus magnifiques. D'autres avaient suivi, faisant ligne de belles fa-

---

[1]. M. A. Vitu, dans une note du premier de ses deux articles sur la Grange-Batelière, articles curieux mais trop courts, publiés par la *Patrie* (4 et 5 juillet 1851), a parlé ainsi de l'état fangeux de quelques-unes des rues basses avoisinant le boulevard vers la Chaussée-d'Antin : « Avant le percement moderne de la *rue Neuve-d'Antin*, la *rue d'Antin* joignait le boulevard; mais les eaux repoussées par le talus y avaient formé un cloaque; on fut obligé de

çades, de terrasses, d'ombrages. Crozat, avec ses terrains immenses, allait jusqu'à l'endroit à peu près où s'ouvre notre rue de Grammont. Là, commençait l'hôtel de Tresmes, qui n'avait pas moins de profondeur que la rue de Choiseul actuelle n'a de longueur; puis, en suivant toujours, on trouvait les jardins du petit hôtel de Conti, qui disparut vers 1777 pour faire place à la rue dont M. de la Michodière, alors prévôt des marchands, avait désiré d'être le parrain; enfin, sur un terrain immense on voyait s'étendre le splendide hôtel Richelieu.

Le maréchal qui donnait dans toutes les modes, fussent-elles ruineuses, s'était jeté, avec plus de dépense que personne, dans cette vogue des maisons sur le boulevard neuf. Il avait quitté, pour cela, le vieil hôtel patrimonial de la place Royale, et bien que tout d'abord il n'eût trouvé à acheter que l'hôtel immense et fort délabré du duc d'Antin [1]

---

la boucher pour éviter l'infection, et cette portion de la voie publique disparut sous les constructions. Les exemples ne sont pas rares de ces rues supprimées et rétablies après un siècle ou deux. Pour en revenir au détail qui nous occupe, on peut constater encore aujourd'hui, que plusieurs maisons du boulevard des Italiens, notamment en face du *Café de Paris*, possèdent des cours intérieures qui ont une pente en contre-bas du sol. »

1. Cet hôtel avait été bâti par un financier connu

dans la rue Neuve-Saint-Augustin, il avait si bien fait, à force d'argent, que cet hôtel était devenu l'un des plus grands, et des plus somptueux de Paris; bien mieux, il était parvenu à lui faire prendre jour par un petit coin sur le boulevard; ce petit coin, c'est le pavillon de Hanovre, dont un jour peut-être nous vous dirons l'histoire.

Voir sur le rempart, c'était là le point important; c'était même pour ce seul avantage que toutes ces belles maisons s'étaient alignées dans cet endroit. Carmontelle, à la scène première de son proverbe, *la Maison du boulevard*, nous parlant aussi de cet engouement de tout le monde, le justifie par ces quelques mots qu'il prête au chevalier : « Je trouve le rempart charmant! on n'a pas besoin de sortir

---

sous le nom baroque de M. De la Cour-Deschiens. Le duc de Toulouse l'avait acquis en 1712, mais ne le trouvant pas assez vaste, il l'avait revendu un an après au duc d'Antin qui le céda lui-même au maréchal, en 1757, mais non pas sans l'avoir augmenté et sans avoir surtout rendu ses abords praticables du côté du rempart, grâce à la chaussée qu'il fit jeter à ses frais sur le marais de l'Hôtel-Dieu, qui s'appela dès lors *Chaussée-d'Antin*. — L'hôtel de *Richelieu* nous intéresse d'autant plus, qu'une partie des terrains sur lesquels il s'étendait était dans la censive du seigneur de la *Grange-Batelière*. Piganiol, III, 131. — Sur un plan du faubourg Saint-Honoré de 1700, se voit indiquée cette censive. *Arch. de l'Emp.*, 3ᵉ cl., nº 57.

pour voir tout Paris, il vient passer tous les jours sous vos fenêtres. » La comtesse qui se trouve là, est tout à fait de l'avis du chevalier; pour elle il n'y a qu'une chose à reprendre : elle est comme le rustre poitevin qui se plaignait à Paris de ce que les maisons l'empêchaient de voir la ville, les arbres l'empêchent de voir la promenade. Heureusement, ajoute-t-elle, que ses valets lui ont promis une sorte d'eau pour faire mourir ces vilains arbres : « Oh! oh! réplique le chevalier; cependant si tout le monde en faisait autant, le rempart ne serait bientôt plus qu'une rue. » Or, c'est ce qu'il est devenu, non point par l'effet de l'eau pernicieuse que désirait Mme la comtesse, mais grâce aux révolutions, qui n'ont jamais laissé ces pauvres arbres languir plus de cinq ou six ans, sans les raser en coupe réglée.

Il ne faudrait pas croire que tous les beaux hôtels, obstinément dédaigneux des faubourgs, n'ont étendu leurs façades et leurs jardins que sur ce seul côté du rempart. L'autre partie, qui commence à la Grange-Batelière et s'étend jusqu'au chemin des Porcherons — la Chaussée-d'Antin — a de même eu sa belle part de la vogue. Les environs de la Grange-Batelière ont été surtout préférés. On a tout fait, il est vrai, pour les rendre accessibles. En

1704, nous l'avons dit déjà, l'espèce d'abîme fangeux qui s'était creusé à l'extrémité de la rue de Richelieu, et dont les fanges débordaient jusque sur les terrains du petit fief, a été comblé. Sur son emplacement aplani et pavé, on a ouvert une rue qui prolonge au delà du cours la grande rue de Richelieu, et qui est continuée elle-même par une ruellette en retour d'équerre, suivant la direction de la rue Rossini actuelle et allant gagner le chemin *Batelier* ou des *Marais*. La rue s'appela tout d'abord rue *Grange-Batelière,* et la ruellette, *cul-de-sac de la Grange-Batelière.* En effet, elle n'avait pu être terminée. Après plusieurs détours affectant la forme d'un Z parfait, elle avait dû s'arrêter au mur d'un jardin, placé à peu près à la hauteur de notre rue Laffitte. L'ensemble du quartier, jusqu'au faubourg Montmartre, avait pris le nom de faubourg Richelieu.

Le chemin était ouvert, la place était faite, la population n'avait plus qu'à arriver : elle tarda encore un peu. Les choux et les pommiers de M. Crozat restèrent quelque temps seuls dans ces parages, n'ayant d'autres voisins que les habitants de la Grange et les joueurs du jeu de boule. Paris ne pouvait se décider à enjamber son rempart, et à jeter de l'autre côté le trop plein de sa fourmilière.

En 1721, il fallut un nouvel édit royal pour encourager les habitants à franchir le boulevard et à venir s'installer de l'autre côté. Ce fut même encore une exhortation en pure perte, bien que l'édit eût promis à quiconque lui obéirait « exemption à perpétuité du logement des gardes françaises, suisses et autres gens de guerre. » Il n'y eut que quelques rares habitants qui se hasardèrent à vouloir jouir de l'immunité, et, surtout sans doute, du bon marché des terrains. Le malheur voulut qu'ils eussent bientôt à s'en repentir. L'horrible égout dont nous avons déjà trop parlé, était toujours à découvert, désolant de ses émanations fétides tous ses alentours. Pas d'habitation tenable dans son voisinage ; ceux qu'il ne tuait point par la fièvre et l'infection délogeaient au bout de quelques mois. Quelques-uns tinrent bon pourtant, mais à la condition de se plaindre, ce qu'ils firent en assez bons termes, dans une requête datée du 3 juillet 1734. M. Pinon, conseiller au parlement et seigneur de la Grange-Batelière, était à la tête des suppliants, au nombre desquels on comptait encore un Lamarque, un Maclou d'Hauteville, etc.[1]

---

[1]. Felibien, *Preuves*, tome II, pages 410, 785 ; 409, 787-789.

L'État n'eût pas mieux demandé que de faire droit à cette requête, il n'en connaissait que trop bien la justesse, et même il avait prouvé à l'occasion combien l'assainissement de ce quartier lui tenait au cœur; seulement de nouvelles dépenses l'effrayaient. Pour les folies et les débauches des favorites, le trésor ne s'épuisait jamais; pour les entreprises d'utilité ou bien mieux encore, de salubrité publique, il était toujours à sec. Et il fallait là beaucoup d'argent. Ne pouvant en trouver dans les coffres royaux, on s'avisa de recourir, d'une façon tout indirecte, à la fortune de quelque financier.

Bouret de Vezelay, de fils de laquais devenu commis, et de commis fermier général, était alors le plus riche et le plus prodigue des traitants. On était en grandes affaires avec lui : un jour, à la couclusion d'un marché, comme pour lui faire une agréable gratification à titre de pot de vin, on lui concéda d'un seul coup : « la superficie du grand égout en toute sa largeur, depuis le ponceau de la Chaussée-d'Antin et la partie déjà voûtée du faubourg Montmartre[1] ».

Bouret crut le cadeau superbe, et il ne rêva plus

---

1. Ce sont les termes de l'ordonnance du 15 décembre 1770 qui rappelle cette concession.

que marais à dessécher, hôtel à bâtir; etc; ce fut sa manie pour deux ou trois mois, comme celle du fameux pavillon de Croix-Fontaine devait l'être plus tard pour deux ou trois ans. Bouret aurait pu se ruiner tout aussi bien à la Grange-Batelière, qu'il se ruina à Croix-Fontaine : point du tout, il était en veine alors, il faillit s'y enrichir encore. On se moquait volontiers de lui, on le mangeait, c'est le mot, plus volontiers encore, eh bien, malgré cela, il était à la mode : c'était un ridicule, mais tout doré et bon homme. Partout où il se trouvait, il attirait; bien mieux, il attachait. Dès qu'il fut dans les parages de la Grange-Batelière, tout le monde l'y suivit. Nul n'avait voulu de ces terrains, alors qu'ils appartenaient à l'État; c'est à qui en voudra maintenant qu'ils sont à Bouret; et le bonhomme, tout en riant à cœur joie de cette fortune imprévue, dont le pauvre quartier lui doit le bienfait, laisse prendre à toutes mains plutôt qu'il ne vend. En effet, un homme qu'il avait secouru, et qui, chose rare, savait s'en souvenir, Marmontel l'a dit : « Il était reconnu pour le plus obligeant des hommes et le plus magnifique, on ne parlait que de la grâce qu'il savait mettre dans sa manière d'obliger. »

Mettre le quartier à la mode, donner pour rien, mais à gens toutefois bien capables de s'y ruiner en belles constructions, la meilleure partie des terrains enviés ; voilà, du reste, tout ce que fit Bouret à la Grange-Batelière. Il n'avait pas tardé à s'en dégoûter pour cette autre manie dont nous parlions, et qui devait mettre sa fortune tout à fait à néant : il s'était lancé dans les fabuleuses prodigalités des réceptions préparées pour Louis XV, dans son ruineux Croix-Fontaine. Jeté à bas sans un écu, laissé à la merci, presque à l'aumône de ses créanciers, il se releva pourtant une dernière fois aussi magnifique, plus prodigue qu'auparavant.

La folie des constructions le reprend, on peut croire qu'il va revenir à la Grange-Batelière; non, ce sont les Champs-Élysées qui ont ses préférences, il croit flatter par là Mme de Pompadour, logée, comme on sait, à l'hôtel d'Évreux, aujourd'hui l'Élysée, et dont les maisons qu'il veut bâtir vont embellir le voisinage; il fait encore de cette façon sa cour au frère de la favorite, à M. de Marigny, qui, lui aussi, a fort à cœur l'embellissement des Champs-Élysées. Bouret bâtit cinq ou six maisons à la fois, tout ce qu'il a regagné de fortune s'y épuise, il va retomber dans son néant, mais il compte sur le roi, qui lui a promis aide et secours et qui doit tenir sa parole. Il attend quelques années, se faisant un dernier crédit de la promesse royale; le roi meurt. Que fait Bouret, ainsi mis à bout d'espérance? Il se tue. Marmontel du moins croit à son suicide, et consacre alors à Bouret cette phrase d'oraison funèbre : « Il fut, pour son malheur, imprudent jusqu'à la folie, il ne fut jamais malhonnête [1]. » L'épitaphe, en somme, est fort belle pour un fermier général.

De tous les créanciers, à la merci desquels Bouret s'était trouvé tout à l'heure, La Borde était le plus habile. Il était collègue de Bouret dans les fermes, et il lui avait fait de fortes avances, sachant bien où, à l'occasion, il pouvait prendre son gage. Cette occasion, c'est-à-dire la ruine de Bouret, ne s'étant pas fait attendre, il mit la main sur tout ce que le traitant déconfit avait de biens au soleil. Il se paya ainsi, paya même les autres, et, avec le reste, fit à Bouret une pension de 15,000 livres [2]; chétive portion congrue, direz-vous, et vrai pain sec de repentance pour un pareil millionnaire! Aussi, comme on l'a vu, Bouret ne s'en contenta-t-il pas.

Pendant qu'il refaisait à bas bruit sa fortune, pour la dilapider ensuite à grands fracas, La Borde, subrogé dans la propriété de toutes les terres qui

---

1. *Mémoires de Marmontel*, liv. ix.
2. Bachaumont, tome IV, page 72.

lui étaient restées à la Grange-Batelière, s'occupait de s'y bâtir un joli hôtel au meilleur endroit, et d'avoir pour le reste de bons et solides acquéreurs. Il les trouva parmi ses collègues de la ferme.

Le Normand d'Étioles s'était établi déjà à l'angle du boulevard dans un assez chétif hôtel, qu'il ne demandait qu'à agrandir. Il menait en effet un grand train, par goût pour le luxe d'abord, puis par bravade contre Mme de Pompadour, qui avait été sa femme; enfin et surtout, par amour pour les filles d'Opéra, dont il avait la tendre et coûteuse passion. Pour elles, il avait refusé même une ambassade à Constantinople, dont on lui avait fait l'offre, moins pour l'honorer certainement que pour débarrasser la marquise. « On avoit donné à Madame un fort bon conseil, dit Mme du Hausset : c'étoit de faire envoyer à Constantinople, en qualité d'ambassadeur, M. Le Normand, son mari. Cela auroit diminué uue partie du scandale qu'il y avoit à voir Madame avec le titre de marquise à la cour, et son mari fermier général à Paris. Mais il étoit tellement attaché à la vie de Paris, à ses habitudes, à l'Opéra, qu'on ne put jamais le déterminer à accepter cette mission. Madame chargea un M. d'Arboulin, qui avoit été de sa société avant qu'elle fût à la cour, de négocier cette affaire. Il s'adressa à une mademoiselle Raime, qui avoit été danseuse à l'Opéra, et qui étoit la maîtresse de M. Le Normand. Il lui fit les plus belles promesses; mais elle étoit comme lui, et préféroit la vie de Paris. Elle ne voulut point s'en mêler. »

Mademoiselle Raime aimait mieux rester joyeuse fille à Paris, qu'être ambassadrice anonyme à Constantinople. Elle s'en trouva bien. M. Le Normand la fit sa marquise de Pompadour. Il ne fut pas plus fidèle que ne l'était Louis XV ; mademoiselle Raime le fut beaucoup moins que ne l'était la marquise; mais tout s'arrangea : on avait fait l'hôtel d'Étioles assez grand pour que Monsieur et Madame eussent le loisir de vaquer sans encombre à leurs infidélités respectives.

A force de prendre sur son voisinage, cet hôtel, si petit d'abord, était devenu une fort belle demeure. Il avait commencé par s'arrondir avec le vaste terrain où M. Crozat avait autrefois établi son potager *extra muros;* ce n'était même pas sans peine que la cession s'en était faite par les nouveaux possesseurs de l'hôtel Crozat [1] et de ses dépen-

---

[1]. La portion du terrain de l'hôtel Crozat qui touchait à la Grange-Batelière fut vendue à Le Normand d'Etioles par le duc de Gontaut, agissant pour sa femme, fille de Crozat

dances. « M. Le Normand, dit Piganiol[1], l'avoit acheté un prix excessif à cause de la convenance. » D'un autre côté, il s'était agrandi par les terrains que lui avait cédés La Borde. Mademoiselle Raime avait donc ainsi un hôtel qui, pour l'étendue aussi bien que pour le luxe, aurait satisfait une princesse; mais, en ce temps-là, il ne fallait pas moins à une danseuse maîtresse et future épouse d'un fermier général. — Le Normand épousa mademoiselle Raime en 1765, aussitôt après la mort de la marquise[2]. — Ces filles si bien pourvues avaient droit d'exiger plus et mieux que ne le pouvaient des altesses. Le fermier général n'était-il pas la meilleure vache à traire, le meilleur oison à plumer qui se pût trouver dans le monde taillable et corvéable des amants opulents? Qu'était-ce qu'un duc et pair auprès d'un fermier général? Celles qui tenaient

---

et sœur de la duchesse de Choiseul, qui hérita de l'autre partie de l'hôtel.

1. *Description de Paris*, tome III, page 152.
2. Bachaumont, tome II, pages 177-178. — C'est alors que courut cette épigramme :

> Pour réparer *miseriam*
> Que Pompadour cause à la France,
> Son mari, plein de confiance,
> Vient d'épouser *Rem publicam*.

une proie pareille en étaient si vaines, que Barthe, dans ses *Statuts pour l'Académie royale de musique*, satire ingénieuse parue en 1767[1], crut devoir faire un article spécial pour rappeler ces orgueilleuses à des sentiments plus modestes.

> Fières de vider une caisse,
> Que celles qu'entretient un fermier général
> N'insultent pas, dans leur ivresse,
> Celles qui n'ont qu'un duc : l'orgueil sied toujours mal
> Et la modestie intéresse.

Nos messieurs de la ferme s'entendaient, il est vrai, à merveille aux dépenses somptueusement faites; ils se ruinaient, mais avec une intelligence et avec une grâce! D'ailleurs ils se ruinaient vite, ce qui était encore pour eux une raison de plaire davantage à ces dames de l'Opéra et de la Comédie-Française, que la ruine d'un amant a toujours dégagées de toute fidélité. Avec les fermiers généraux, une passion se menait courte et bonne. Celui-ci mis à néant, un autre se trouvait d'aussi commode composition, aussi riche, aussi prodigue, ayant même des équipages d'une mode plus nouvelle,

---

1. *Poésies satiriques du xviiie siècle,* Londres, 1788, in-12, tome I, page 95.

parfois un hôtel tout neuf. Ces dames ont toujours aimé cela ; si bien que, pour être sûrs d'être mieux agréés, nos messieurs de la ferme ont souvent fait construire un hôtel nouveau pour chaque passion nouvelle.

Dieu sait avec quel luxe ils entendaient l'art de faire construire et d'orner une demeure. Faute d'une maîtresse à mettre en hôtel, pour parler la langue du temps, ne voulaient-ils se donner qu'un tout petit logis pour eux seuls, ils savaient encore y jeter des millions.

Le fils de Gaillard de la Rouexière, autre gros financier, avait ainsi mis des sommes folles dans le petit palais[1] de célibataire qu'il habitait, à l'extrémité de ces mêmes quartiers : « Il s'est fait bâtir un palais, au pied de Montmartre, lisons-nous dans la *Vie privée de Louis XV*[2], au chapitre qui concerne les fermiers généraux. L'édifice est sans goût, mal distribué, les dedans sont d'une richesse immense. Il y a pour 25,000 livres de bras de cheminée et

---

1. Cette villa du financier célibataire, occupant tout le terrain entre les barrières Blanche et Clichy, fut le dernier *Tivoli*, que nous avons tous connu. Le plan s'en trouve figuré dans la *Topographie de Paris*, par Maire (1808), planche 2ᵉ B.
2. Tome I, page 278.

pour 60,000 livres de glaces. Il n'y a que dix pièces ; ce Louvre se réduit à un appartement de garçon. »

Jugez par là de ce que devait être le temple destiné à loger non plus seulement le dieu, mais, avec lui, la déesse. Les hôtels de Paris les plus beaux et les plus admirés n'y suffisaient pas. Si quelque financier daignait y venir abriter son opulence et ses amours, aussitôt, pour les rendre tout à fait dignes, il faisait tout renouveler avec un luxe énorme. L'hôtel Lambert avait plu à de La Haye, le traitant, il l'acheta de Dupin, et vint l'habiter ; mais ce n'était point assez pour lui des galeries bâties par Levau et peintes par Lesueur et Lebrun : une maison ne plaisant à ces hommes d'écus que par l'argent qu'elle faisait dépenser, il trouva moyen de faire au charmant palais « des augmentations prodigieuses ».

Grimod Durfort, le frère de ce Grimod de la Reynière dont nous reparlerons, en fit autant pour l'hôtel Chamillart [1]. Ce qui avait suffi à un ministre de Louis XV ne suffisait pas à un monsieur de la ferme. Tout était trop petit, tout était incom-

---

1. Il était *rue Neuve-Saint-Augustin,* près de l'hôtel de Conti et de l'hôtel de Féréol où s'était élevée la charmante Aïssé, avec d'Argental et Pont de Veyle.

mode. Il y dépensa 200,000 livres. Et tous ces gens-là, pourtant, avaient leurs parents dans les métiers, dans la misère [1]. Si quelque pauvre échoppe venait s'accrocher aux murs de la maison du parvenu, il arrivait souvent que l'habitant de l'échoppe et l'habitant de l'hôtel étaient de la même famille. Le financier Haudry [2], qui alors menait si grand train, avait son frère boulanger vis-à-vis le For-l'Évêque.

C'est, j'en suis sûr, pour s'éloigner en même temps des quartiers populeux où ils se seraient trouvés trop vite en famille, et des quartiers de la noblesse où ils eussent rencontré de trop dédaigneux voisinages, que les parvenus de la finance, se créant un terrain neutre, étaient venus habiter le faubourg Montmartre, et avaient choisi la Grange-Batelière.

Tous les hôtels qui s'y bâtissaient étaient pour eux. L'espace était vaste, et par là n'était que mieux à leur convenance. Il fallait tant de terrain pour l'étalage de leur luxe! Aussi suffit-il de quatre ou

---

1. Voy. *Pluton maltôtier*, Cologne, MDCCVIII, in-12, page 209, *note*.
2. V. sur Haudry, le financier, *Mémoires* de Mme Roland (Edit. Barrière), tome II, page 122.

cinq hôtels de dimension financière, pour remplir tout le nouveau quartier.

La plus splendide de ces demeures était celle du fermier général Daugny; c'est celle aussi qui a laissé les plus magnifiques restes. M. Aguado, qui l'habita longtemps, lui avait rendu tout son premier luxe, et maintenant, bien qu'elle soit devenue un hôtel simplement administratif, — la mairie du 2e arrondissement, — ce n'est pas encore une habitation d'une médiocre beauté.

Daugny était d'une assez bonne famille, il était de robe, comme on disait, et pour un traitant c'était presque la noblesse. Son père tenait au parlement de Metz et avait un frère et deux parents fort avancés dans le service de la cour; il était donc arrivé assez vite. D'abord sous-fermier des aides, puis chef de bureau des comptes des gabelles de l'hôtel des fermes, il avait fini par être fermier général en 1721, tout jeune encore. C'était le plus rond, le mieux accommodant des fermiers généraux; point fat et bon homme, se sentant d'une bonne éducation qu'il avait eue, ayant de jolies maîtresses, donnant de beaux dîners, payant bien, mangeant fort, mais le tout sans passion, ni pour les femmes ni pour le vin.

Son fils fut d'une tout autre nature. Il était né

dans la ferme, et il s'en ressentit toute sa vie. Vrai fermier général, il n'eut d'éclat que celui que donne l'argent plus ou moins bien dépensé. Pour qu'il fût à même de faire bonne figure, il lui fallait une maîtresse; et pour sa maîtresse il lui fallait un bel hôtel : il sut se pourvoir.

La Baumenard, dite *Gogo*[1], était alors assez en renom parmi les dames de la Comédie-Française : il se l'attacha. Quand j'ai dit en renom, je pensais à la femme galante, et point du tout à la comédienne. Gogo, en effet, était une assez jolie fille, mais en revanche aussi une assez mauvaise actrice. Clément, dans ses *Nouvelles littéraires*, va vous dépeindre la femme; Collé, après, vous parlera de la comédienne. Nous aurons ainsi nos deux bonnes autorités et vous pourrez nous en croire pour le reste.

Voici donc ce que dit Clément de mademoiselle Baumenard : « On lui reproche de porter une main un peu longue, au bout d'un bras assez long, mais sa taille est déliée, de petits pieds ronds, un nez

---

1. Ce surnom de *Gogo* était venu à Mlle Baumenard, du personnage de la pièce de Favart, *le Coq de Village*, opéra-comique de la foire Saint-Germain de 1743, qu'elle avait joué pour ses débuts, avec un assez grand succès.

carré, une lèvre relevée et une mine charmante ; voilà ce qui fait les grandes passions. » Maintenant Collé peut parler, l'éloge est fait, bien qu'un peu ironique, le correctif peut venir : « Le 17 (avril 1749) je vis débuter à la Comédie-Françoise mademoiselle de Baumenard, dans les rôles de soubrettes du *Tartuffe* et du *Galant jardinier*. C'est une petite créature de dix-huit à dix-neuf ans, qui étoit à l'Opéra-Comique, il y a six ou huit ans, sous le nom de *Gogo*. Depuis, elle a fait ses caravanes dans des troupes de province, et surtout à l'armée, où elle a été du sérail du maréchal de Saxe. C'est une bien mauvaise actrice à mon gré, sans feu et sans agrément; une voix désagréable et un accent disgracieux [1]. »

Ce portrait, à deux crayons, pourrait passer volontiers pour complet; je veux pourtant laisser ce médisant de Chevrier vous l'achever par quelques traits de plume. Mademoiselle Baumenard n'y gagnera rien comme actrice, mais elle n'y perdra rien non plus comme beauté et comme galanterie, au contraire; or, à quoi tenait-elle si ce n'est à cela? Ce que nous allons extraire du *Colporteur* nous édifiera d'ailleurs beaucoup mieux que tout le

---

[1]. *Journal de Collé*, tome I, page 82.

reste sur les habitudes de ces dames, et principalement sur leur façon de passer par le théâtre pour aller à la galanterie. Vieilles coutumes, mais qui durent encore, et grâce auxquelles tant de scènes ont des actrices si peu coûteuses, tant d'étrangers, des maîtresses si ruineuses : « Une jeune personne qui veut *monter sur les planches,* disait Chevrier [1], dès l'an de vérité 1774, et qui veut se faire voir aux Américains, aux Anglois, aux Hollandois et même aux pesants Allemands, tous gens ruinables, sacrifie quelque chose, et demande d'abord à s'essayer gratis. Le directeur fait alors valoir les prérogatives singulières attachées aux filles de spectacles qui, n'étant plus sujettes à la correction paternelle, ni à la rigueur de la police, peuvent être dénaturées et libertines avec impunité. Ces abominables priviléges, qui ne sont que trop réels, déterminent les débutantes à faire un petit sacrifice sur le produit de leurs appas, et elles s'engagent dès lors à donner une certaine somme par mois pour être mises en possession de l'*indécence privilégiée.* La Baumenard fut dans ce cas, mais ses charmes et sa jeunesse la rendirent célèbre de bonne heure. L'Ovide du

---

[1]. *Le Colporteur,* histoire morale et critique, pages 120-123.

siècle, M. Favart, la peignit dans un opéra-comique intitulé *la Coquette sans le savoir*... Cette nouveauté donna la vogue à Gogo, qui quitta Paris l'année suivante, pour aller suivre la troupe des comédiens attachés au prince de Saxe... La Baumenard arrivée à l'armée eut le sort des Anglois, elle fut attaquée et vaincue; les braves ennemis de la France attribuèrent leur défaite à la supériorité du nombre qui les combattoit; l'actrice imputa sa chute à la même cause, mais elle sut, en fille habile, tirer avantage des victoires multipliées qu'on remporta sur elle, et elle sortit toujours du combat chargée des dépouilles de ses vainqueurs; le maréchal de Saxe, qui ne dédaignoit aucune victoire..., attaqua la Baumenard qui, fière d'avoir lutté contre un guerrier aussi redoutable, éloigna dès lors l'officier subalterne... La paix ne fut pas plus tôt signée que la Baumenard alla à Lyon pour y mettre à contribution les négociants de cette ville fameuse : c'est là qu'elle se fit ses premières rentes viagères. Le désir d'étendre sa réputation et sa fortune l'engagea de retourner à Paris, sur la fin de 1749. Sa figure plut au gentilhomme de la chambre qui étoit d'année pour diriger les théâtres, et moyennant une petite complaisance, elle obtint le lendemain un ordre pour débuter aux François dans les rôles de soubrette. Je ne vous parlerai point ici de son mérite théâtral, j'observerai seulement que sa beauté et un air de vivacité qui pique plus encore que les charmes, subjuguèrent tout Paris. Les conquêtes les plus flatteuses et les plus respectables vinrent couronner ses espérances. Reçue au spectacle, sa réputation et sa fortune en prirent un nouvel éclat; chacun voulut la voir et chacun se dérangea pour elle. Les *rivières* de diamants parurent alors, et vinrent inonder sa gorge; les meubles les plus précieux ornèrent ses appartements, et sa garde-robe le disputa à celle des femmes les plus magnifiques de la cour. »

Daugny était au premier rang de ces admirateurs prodigues; bientôt même, tant il sut déployer de magnificence — c'était la tendresse de ces gens-là — il parvint à être seul dans les préférences ostensibles de Gogo; pour les clandestines, c'est peut-être différent. Collé, qui lui garde rancune je ne sais pourquoi, laisse entendre qu'elle eut toujours plus d'un amant. « Mauvaise et très mauvaise actrice, dit-il, de laquelle il n'y a rien à espérer pour le théâtre, et dont les amants ont tout à craindre à tous égards [1]. »

1. *Journal de Collé*, mars 1750.

Daugny ne s'en inquiétait point; il était en titre, et il agissait comme tel, dépensant et se ruinant d'une façon royale. Il désirait surtout que son hôtel ne le cédât en rien à ceux du voisinage, et même les éclipsât. Il en fit faire les dessins par le vieux Briseux, le plus habile des architectes qui nous fussent restés du dernier siècle. Il le savait expert dans l'art de bâtir les maisons de ville, comme dans celui de disposer les maisons de campagne [1]; aussi voulut-il que, véritable Trianon en miniature, son hôtel eût à la fois l'éclat des palais et le charme des demeures agrestes. Briseux, bien payé, fit ce qu'on lui demandait. M. Daugny et mademoiselle Gogo eurent leurs petits appartements. « C'était comme chez le roi. » Ils eurent aussi, dans le vaste enclos qui s'étendait derrière l'hôtel jusqu'au faubourg Montmartre, un manège couvert, des bains de marbre, une basse-cour, une laiterie, etc. C'était toujours comme à Versailles, ou plutôt comme à Trianon.

Pour compléter l'œuvre de Briseux, sa dernière, car le vieil artiste mourut peu après, en 1754, M. Daugny avait fait venir les meilleurs sculpteurs,

1. On a de Briseux deux ouvrages importants : *l'Architecture moderne*, 1728, 2 vol. in-4°; et *l'Art de bâtir les maisons de campagne*, 1743, 2 vol. in-4°, fig.

les meilleurs peintres. Pineau fit les sculptures de ses salons; les plafonds, les dessus de porte, les trumeaux furent peints par Huilliot, Boucher, Pierre et Le Lorrain [1].

C'était enfin une véritable demeure de prince; la tête y tourna à mademoiselle Gogo. Une fois sous ces beaux lambris, sous ces belles dorures, elle s'oublia et se mit à avoir des manies de princesse, même des passions. Daugny ne fut plus pour elle un homme assez considérable; elle voulut donner dans les amours de marquis ou de duc, non par tendresse certainement, mais par vanité pure. Elle y perdit tout. L'amant titré qu'elle se donna n'avait pour lui que son blason. Gogo le fit vivre quelque temps en secret aux dépens de Daugny, mais ces belles manœuvres finirent par se découvrir, et, furieux d'avoir été dupe, le financier chassa la dame et son *guerluchon*, — on nommait ainsi ces espèces de gens. — Cela fit du scandale; les riches aspirants, qu'une ombre d'espoir avait toujours retenus autour de Gogo, se retirèrent à la file [2]. Elle resta seule avec son malencontreux amant.

Il n'avait rien que des dettes; un jour ses créan-

---

1. *Voyage pittoresque de Paris*, 1765, page 169.
2. *Le Colporteur*, page 123.

ciers le firent arrêter, et Gogo, pour le faire sortir, dut sacrifier ses dernières ressources. Elle tenait bon; au théâtre, on la criblait d'épigrammes; elle demanda sa retraite, l'obtint sans pension, et ne se retira pas moins [1]. Si un amour vrai eût soutenu ce dépit, il eût pu durer longtemps; mais il n'y avait dans tout cela que vanité et colère. Mademoiselle Baumenard ne bouda donc pas longtemps contre le théâtre. Elle finit par quitter son marquis, et c'est par la porte du mariage qu'elle rentra à la Comédie-Française. Elle épousa son camarade Bellecourt [2]. C'était pour être, la malheureuse, en butte à des ennuis d'une autre sorte. Après deux ou trois ans de vie commune, Bellecourt quitta sa femme

1. Sa résolution semblait si irrévocable que Favart, resté de ses amis, écrivait, le 4 juillet 1760, à M. de Durazzo : « Elle paroît avoir renoncé au théâtre pour toujours, puisqu'elle a résisté à toutes les sollicitations que l'on a employées pour la faire rentrer aux François. »

2. Chevrier, dans son *Almanach des gens d'esprit, etc.*, 1762, petit livre beaucoup plus rare encore que le *Colporteur*, s'explique ainsi (p. 35) sur *Gogo* mariée : « Mademoiselle Baumenard, retirée *sans pension* pour afficher la tendresse en s'attachant avec obstination à un homme de nom qu'elle n'aimoit pas; ayant repris depuis le train de son état, mariée à Bellecourt... et rentrée enfin au théâtre, où elle a joué avec beaucoup de gaieté le rôle de Zerbinette dans *les Fourberies de Scapin*, et de Nicole dans *le Bourgeois gentilhomme*. »

pour sa fille de chambre. Il est vrai que cette fille de chambre était la propre sœur de Gogo. Elle prenait ainsi vengeance de l'abjection où l'orgueilleuse l'avait tenue jusque-là. Peu s'en fallut même que, de par les mépris de Bellecourt, Gogo ne devînt à son tour la servante de cette sœur; mais elle était femme de tête, elle sut s'y prendre à temps. Elle se sépara avec éclat, en sachant mettre tout le monde du côté de sa douleur. Le scandale alla si loin, que la Comédie indignée donna congé à Bellecourt. C'était en 1769, l'époque de la première vogue de Molé; Bellecourt ne tarda donc point à être éclipsé, qui pis est, oublié : « Il perd à la fois, dit Bachaumont, sa femme, son opulence et sa gloire. » Fut-il remplacé auprès de Gogo comme dans ses rôles? Nous pourrions le croire, sans trop de méchanceté; et, pourtant, nous devons dire qu'en 1780 elle habitait, assez triste et assez solitaire, un petit logis de la rue de Bellefonds [1]. Elle était devenue vieille, et si elle recherchait les quartiers éloignés, c'était plutôt en recluse qu'en femme de plaisir.

Le dépit avait aussi mené Daugny au mariage. Pour jouer un meilleur tour à Gogo, et, s'il était

---

1. *Almanach des spectacles*, 1780, page 61.

possible, lui faire verser quelques pleurs de regrets, c'est parmi ses pareilles, parmi ses rivales, qu'il avait voulu prendre sa femme. Il avait épousé la petite Liacourt, enfant naturel de la petite Duval de l'Opéra. C'était une fille avisée, et qui sut porter haut sa nouvelle fortune. Elle en imposa aux plus fins qui n'étaient point dans le secret de son origine. L'abbé Morellet, qui la connut, la prit bonnement pour une femme de naissance et la donne comme telle dans ses *Mémoires*. Daugny se mit de son côté à avoir des goûts de grand seigneur, presque d'artiste. Il se fit amateur. Il eut un cabinet d'histoire naturelle, un médailler [1], une galerie de tableaux, et grâce à tout cela, grâce surtout aux grands airs de sa femme, il put se faire passer pour un homme de qualité.

On est donc, de ce côté de la Grange-Batelière, tout à fait rentré dans le calme plat de la vie casanière. Le voisinage n'est pas beaucoup plus en gaieté et en humeur d'aventures. Nous avons tout près de là M. de Blaire, un homme grave, conseiller au parlement et père de l'intendant de Strasbourg. Il

---

1. La collection Daugny est très célèbre pour les médailles, les émaux, les pierres gravées; il en est parlé dans le *Dutensiana*, page 174, et M. L. de Laborde la cite souvent dans son *Catalogue des émaux du Louvre*.

mène une vie austère, et ne lit que des œuvres sérieuses sur lesquelles il prononce des jugements sans appel, comme s'il siégeait encore. Il fut un des premiers qui lut l'*Émile*, et cette fois il jugea bien. Il tenait de Mathas, ami de J.-J. Rousseau, un des rares exemplaires qu'on avait fait circuler avant la mise en vente : il donna toute son attention à ce livre considérable, puis, le rendant à celui qui le lui avait prêté : « Monsieur Mathas, lui dit-il, voilà un fort beau livre, mais dont il sera parlé dans peu, beaucoup plus qu'il ne serait à désirer pour l'auteur. » Rousseau, à qui Mathas rapporta les paroles de M. de Blaire, ne fit que rire de cette condamnation préventive. « Je n'y vis, écrit-il lui-même, que l'importance d'un homme de robe qui met du mystère à tout [1] ». Il sut trop tôt qui avait raison de lui ou de M. de Blaire.

Si dans ce coin de la Grange-Batelière, on faisait avec tant de profondeur et de sagacité la lecture de l'*Émile,* on était d'un autre côté en état de commenter tout aussi finement *la Nouvelle Héloïse.* C'est dans le voisinage de l'hôtel où nous avons laissé M. Le Normand d'Étioles avec mademoiselle Raime, sa nouvelle épouse. Un financier, aux instincts mé-

1. *Confessions*, liv. XI.

lomanes et romanesques, est venu se loger tout près. Il a nom Antoine Gauthier de Montd'orge, il est maître de la chambre aux deniers du Roi, et dans ses loisirs, il a déjà commis maintes œuvres lyriques d'une désespérante platitude. Une seule, *les Fêtes d'Hébé*, a pu survivre, grâce à Rameau, qui en a fait la musique. Il s'était bien vanté de mettre en partition l'algèbre ou la grammaire latine! Réussir avec des vers de Montd'orge n'était peut-être pas d'une difficulté moindre. Un jour pourtant, notre trésorier fausse compagnie à l'Opéra; il se jette dans le roman, et fait paraître, en deux ou trois volumes, les *Lettres du chevalier de Luzaincourt à une jeune veuve*. Le pauvre livre n'est lancé que pour tomber de tout son poids, sans un lecteur qui le ramasse. Les précédents ouvrages de Montd'orge avaient mis en défiance. Quelqu'un, plus ami de l'auteur, se hasarde pourtant et lit les premières pages, puis les suivantes, puis le reste, jusqu'au dernier volume, qu'il referme en disant : « C'est charmant! c'est délicieux! » L'éloge se répète, se propage; on lit l'ouvrage, et tout le monde reste d'accord que c'est en effet un fort joli roman. Marmontel est des premiers à le proclamer; Grimm, entraîné, lit comme les autres, et, comme les autres, avec beaucoup moins d'enthousiasme pourtant, il convient que le livre est agréable [1]. Mais d'où vient, se demande-t-il, que ce soit là l'ouvrage de ce Montd'orge, dont il a vu, hélas! tant de mauvaises pièces, qu'il a connu si lourd et si apoplectique? Le temps se chargea d'apporter une réponse à la question défiante.

Dans un appartement de l'hôtel d'Étioles, habitaient, chaque fois qu'elles venaient à Paris, une dame de Moulins, madame de Belvo et ses deux filles; les relations d'amitié, les mauvaises langues disaient un autre mot, qui existaient entre M. Le Normand et madame Ducrest de Saint-Aubin, cousine de madame de Belvo, avaient fait accorder ce petit avantage à nos trois provinciales. Elles étaient du meilleur ton; les deux filles avaient même été faites chanoinesses, et elles avaient de nombreux admirateurs, quand, le soir, elles allaient se promener aux Tuileries avec leur cordon bleu. Montd'orge les vit comme tout le monde et s'éprit très fort de l'une d'elles. Il vint donc tout exprès, quittant son hôtel de la rue de Richelieu, au coin de la rue Neuve-Saint-Augustin, s'établir à la Grange-Batelière auprès de Le Normand d'Étioles.

---

1. *Correspondance* de Grimm, etc., édit. Taschereau. Tome VI, page 152.

Il fut très assidu chez son voisin, le fermier général, chaque fois que les trois dames séjournaient à Paris. Elles finirent par y rester. On avait compris les intentions de Montd'orge : elles étaient honnêtes, il était fort riche, on l'agréa. C'est la plus vive, la plus spirituelle des deux que notre apoplectique épousa, et le roman de tout à l'heure parut peu de temps après le mariage.

Montd'orge avait épousé la demoiselle et ses œuvres complètes [1].

[1]. Montd'orge mourut à la fin d'octobre 1768, laissant à sa femme un usufruit de cent mille livres de rente. Elle en était digne; sa conduite d'épouse trouve grâce même devant les *Mémoires secrets* : « Quoiqu'elle n'eût trouvé aucun agrément dans l'hymen de M. de Montd'orge, absolument hypothéqué, paralysé sur tous les sens, elle s'est *ménagé* avec lui, avec toute la noblesse, toute la reconnoissance qu'il avoit plus de droit que de raison d'en attendre. Elle ne l'a point quitté dans toutes ses infirmités, elle ne s'est montrée nulle part, n'a participé à aucun plaisir, et, dans la plus grande jeunesse, s'est conduite avec la prudence de la femme la plus raisonnable. » (Tome IV, page 146-147.)

III

Les fortifications en 1536. — Les *Fossés jaunes*. — Les terrains de la Grange pris et non payés. — Un procès en restitution. — Les frères Vivien. — Le parrain de la *rue Vivienne*. — Ce qu'elle était pendant la Fronde, le jour des *Barricades*. — Le président seigneur et le prélat suzerain. — Procès gagné par M. Pinon. — Un voyage de long cours du Marais à la Grange-Batelière. — La *rue Pinon*. — L'hôtel Laborde et l'hôtel Choiseul. — Disgrâce et ruine d'un ministre. — Trois rues et un théâtre pour un hôtel. — Origine des rues de Provence, d'Artois, le Pelletier, etc. — Grimod de la Reynière à l'hôtel Choiseul. — Le ministre déchu à la Grange-Batelière. — La noblesse et la finance dans ce quartier. — La révolution à l'hôtel Choiseul. — Le tripot de l'hôtel Daugny. — L'Empire, — Louis-Philippe à l'hôtel garni de la Grange-Batelière, etc.

Pendant que tout se métamorphosait, se bâtissait, prenait forme de ville dans ses alentours, que devenait notre vieille Grange, menacée, au train dont tout marchait pour l'envahir, de n'être bientôt plus qu'une ferme oubliée au coin d'une rue, une métairie *intra muros*? Elle avait fait contre fortune bon cœur et s'était, ma foi! accommodée de son mieux de ces bouleversements. Ses propriétaires mêmes avaient tâché d'en tirer profit. Ils n'avaient pas tardé à s'apercevoir que la grande ville leur voisine, tendant à s'étendre et à toujours envahir, surtout de leur côté, il y aurait pour eux tout avantage à lui céder, moyennant un bon prix, les parties de terre qui lui étaient mitoyennes et qui rentraient par là dans le cadre de ses plus immédiats agrandissements. Ne valait-il pas mieux lui laisser prendre ces terrains sur lesquels elle allait faire pousser toute une ville nouvelle, que de les ensemencer et les féconder à grand'peine, en vue d'une maigre récolte de fruits et de laitues? C'était sage de ne pas lui faire résistance; d'ailleurs, il faut le dire, c'était nécessaire aussi, et il eût été inutile, imprudent même de vouloir en agir autrement avec elle. La ville eût pris de force ce qu'on n'eût pas voulu lui céder de bon gré.

C'est même un peu par la violence qu'on procéda d'abord, en son nom, avec les seigneurs de notre fief qui, dès lors, se trouvant avertis, se garderont bien à l'avenir de ne pas prendre l'avance pour la cession des terrains enviés par l'impérieuse voisine.

Dans l'année 1536, l'un des moments critiques du règne de François Ier, l'ennemi menaçant d'arriver jusqu'à Paris en faisant une trouée à travers la Champagne, on se hâte d'improviser une défense à la pauvre ville ouverte de toutes parts. Dans toute la partie qui peut donner prise à un coup de main, c'est-à-dire celle qui s'étend vers le nord, de la porte Saint-Antoine à la porte Saint-Honoré, on creuse des fossés, on élève des remparts de terre. Les terrains de la Grange-Batelière se trouvaient sur la ligne tracée ; sans dire gare, on en prend vingt-six arpents, et l'on passe outre, sans payer même d'un grand merci le propriétaire stupéfait. On n'était pas accoutumé encore aux expropriations pour cause d'utilité publique.

En creusant, à la place du verdoyant potager de la Grange, ces fossés qui, Dieu merci ! ne servirent à rien, on avait mis à découvert un sable légèrement bistré, qui contrastait avec la teinte crayeuse des terrains gypseux qui montaient vers Montmartre. On les appela les *Fossés jaunes*, nom qu'ils gardèrent jusque vers la fin du XVIIe siècle, époque où on les combla pour reporter l'enceinte à quelques cents toises au delà. Quand ce terrain ainsi aplani eut repris sa face première et fut devenu tout à fait propre à la construction de quelques-unes des belles demeures qu'on bâtissait alors sur toute cette ligne, il s'éleva, au sujet de sa propriété, un assez vif débat. Les entrepreneurs de la nouvelle enceinte soutenaient que les vieux fossés leur appartenaient. C'était bien le moins, disaient-ils, qu'on les payât par cette propriété de la peine qu'ils avaient prise pour tout combler, tout aplanir et mettre enfin cette surface bouleversée en bon état.

M. Bourgoing, alors propriétaire de la Grange, soutenait le contraire.

Quand les remparts avaient été élevés, au détriment du fief entamé dans le plus vif de ses terres, ceux qui en étaient seigneurs alors n'avaient pris « aucune récompense » de la cession qu'ils avaient été contraints de faire, et pourtant c'étaient vingt-six bons arpents qu'ils avaient perdus là, réduction forcée qui avait limité l'étendue des terrains de la Grange à cent soixante-huit arpents soixante-six perches et demie, ainsi qu'il résultait d'un aveu fait, le 28 juillet 1575, par Pierre-Louis et Michel Vivien, co-propriétaires du fief avec Anne Vivien, leur sœur. Cent soixante-huit arpents, etc.!... c'était sans doute encore un assez joli lot de terre, M. Bourgoing en convenait; mais enfin, puisque la partie aliénée par force, au profit du roi et de la défense de la ville, redevenait bonne à prendre, il était juste qu'elle fût reprise par celui-là seulement qui représentait, comme successeur, les droits des propriétaires dépossédés en 1536. Voilà ce que disait M. Bourgoing, et il parlait si bien qu'on lui donna raison. Les entrepreneurs durent s'en tenir aux très gros profits qu'ils tiraient de leurs travaux d'enceinte, et le seigneur de la Grange-Batelière put dès lors rattacher, sans conteste, aux terres les plus proches de son fief, celles qu'avait absorbées la construction du premier rempart et celles aussi qu'il n'avait pas cessé de posséder par delà. Il ne lui en coûta qu'une concession nouvelle, qu'il fit en 1687, de quatre arpents et demi « pour les remparts et cours entre les portes Saint-Honoré et Montmartre. »

Ce procès en contestation de propriété ne fut pas le seul que les seigneurs de la Grange-Batelière eurent à soutenir dans les dernières siècles. Un plus important encore, et qui roulait sur une question de code féodal très difficile à élucider, leur fut intenté par l'archevêque de Paris. Il était suzerain, seigneur dominant du fief, et à ce titre il croyait avoir le droit de s'immiscer dans toutes les aliénations de terre que pouvait faire le seigneur de la Grange, et si ces ventes successives devenaient trop fréquentes, trop considérables et tendaient par là à trop morceler le droit de suzeraineté, il pensait qu'il pouvait en demander compte au seigneur. Or, en effet, ces morcellements avaient été nombreux et considérables.

Du temps que les frères Vivien et leur sœur étaient propriétaires, une grande partie des terres dépendantes du fief en avaient été détachées. Nous avons dit déjà que les six arpents sur lesquels avait été établi le couvent des Petits-Pères n'avaient pas une autre origine; mais ce n'était là qu'un très faible morcellement, et d'ailleurs, pour cette cession faite à des moines, l'archevêque avait dû donner son assentiment. En 1622, Louis Vivien, sommé de faire « un nouvel aveu et dénombrement » des terres cédées et *données à cens*, déclare que le total s'en élève à trente et un arpents environ. C'était beaucoup, mais je ne sais pourquoi on ne s'en émeut pas encore à l'archevêché; on approuve même en ne disant rien. Louis Vivien enhardi ne continue que de plus belle ses aliénations.

En 1631, comme la ville tend plus que jamais à s'agrandir, il cède d'un seul lot la plus grande partie des terres qui lui restent au delà des *fossés jaunes*. Il retire de là non seulement de fort belles sommes, mais aussi beaucoup d'honneur. Une des rues que l'on bâtit sur l'espace laissé disponible entre le Palais-Cardinal et le nouveau couvent des Filles-

Saint-Thomas prend en souvenir de lui le nom de *rue Vivien* [1]. Depuis, comme s'il était nécessaire que le nom d'une rue fût toujours du féminin, nous avons dit et nous disons encore *rue Vivienne* [2].

On ne s'émeut toujours pas à l'archevêché de Paris ; il est vrai que lorsque tout cela se menait à bonne fin et s'achevait, on commençait à être en pleine Fronde, et qu'au palais archiépiscopal on avait par conséquent à se préoccuper de toute autre chose que de revendication de suzeraineté. Je ne sache qu'une occasion où l'abbé de Gondi, le guerroyant coadjuteur, dut penser alors à la rue Vivien : c'est en 1652, lorsqu'il s'agit d'y construire, au coin de l'hôtel de Bouillon, l'une des trois barricades qui devaient serrer de près le Palais-Royal.

Pendant près d'un siècle encore, tout en surveillant les actes des seigneurs de la Grange-Batelière, l'archevêché ne prit pas d'initiative pour les inquiéter. L'état des quartiers bâtis sur les terrains qu'ils avaient cédés n'était pas très prospère. « Le quartier *Saint-Honoré* et *Vivienne*, dit le P. Berthod [3],

[1]. Sauval, *Antiquités de Paris*, tome II, pages 202, 204.
[2]. V. pour les commencements de cette rue, de celle des *Petits-Champs* et du *Palais-Royal*, un article de M. Paulin Paris, dans la *France littéraire*, d'octobre 1841.
[3]. *Mémoires*, Coll. Petitot, 2ᵉ série, tome XLVIII, page 256.

n'étoit rempli dès lors que de couvents et n'avoit qu'un petit endroit peuplé. » Les droits de censive ne devaient pas être assez considérables pour qu'on en dût envier la perception au seigneur de la Grange. On lui en laissait donc volontiers le maigre bénéfice. Mais ce fut bien différent quand, le rempart ayant été rejeté dans les terres en marais, la marge des terrains à bâtir se fut considérablement étendue, et se fut aussi couverte bientôt de beaux et vastes hôtels, payant, pour chaque arpent de superficie, le cens alors considérable de onze livres cinq sols. C'était le moment ou jamais de se montrer et de réclamer sa part dans cette dîme. L'archevêque de Paris n'y manqua pas.

C'est en 1718, le cardinal de Noailles occupant le siège, que la première réclamation semble avoir été tentée. M. Bourgoing se faisait vieux, et partant, n'était plus dans l'âge de la résistance, il céda. La part qu'il fit à l'archevêché fut assez belle; ayant établi l'état exact des censives et rentes qu'il percevait, il paya d'abord un droit de relief, puis abandonna tout le casuel d'une année. Le prélat satisfait lui donna quittance, sans prétendre en rien à la jouissance du revenu des portions aliénées.

Il ne s'éleva pas de nouveau conflit jusqu'à l'année 1730; mais alors les réclamations éclatèrent de plus belle. Le siège de Paris était occupé par M. de Vintimille, et, depuis quelques années, M. Bourgoing étant mort, la Grange-Batelière avait pour seigneur M. Pinon, dans la famille duquel elle devait rester désormais. C'est du chef de sa femme, Henriette Bourgoing, fille de celui que nous connaissons déjà, qu'il tenait cet héritage. M. Pinon était de robe; de père en fils on était fort émoulu aux affaires dans sa famille, et lui-même devint plus tard président au parlement [1]. L'archevêque de Paris trouvait donc à parler à forte partie, et il n'avait qu'à se bien tenir.

Le procès s'engagea par une sommation faite à M. Pinon, pour qu'il eût à dresser, par « aveu et dénombrement », l'état de son fief; ce que M. Pinon fit en effet de bonne grâce. Il déclara humblement « que tous lesdits héritages, marais, hôtel, maisons, emplacements et autres bâtiments, circonstances et dépendances, pouvoient valoir aux seigneurs avouants, par chacun an, la quantité de vingt-deux septiers douze litrons et demi de seigle, et de cent quatre-vingt-huit livres cinq sols trois deniers en

---

[1]. On cultivait aussi les lettres françaises et latines dans la famille Pinon. La Monnoye cite avec éloge, comme bon poète, un Jacques Pinon, conseiller au parlement, le père sans doute de celui dont nous parlons, et un autre

argent. » Par cette piteuse déclaration de pauvreté, M. Pinon, en matois de haute cour, croyait se sauver. Que demander à si pauvre homme, qui tire si maigre profit de quatorze pauvres arpents soixante et douze perches de terre, seuls et derniers débris du grand héritage féodal? C'est justement à ce chiffre de quatorze arpents que l'attendaient les légistes de l'archevêché. Qu'est-ce que lui et ceux auxquels il succède ont fait du reste ? Ils l'ont vendu, et il en est résulté « des censives et rentes foncières qu'il se sont réservées. » Là est le mal. Mais, réplique M. Pinon, ces aliénations n'ont pas été volontaires, « elles ont été faites en vertu d'ordres supérieurs et pour des causes d'utilité publique.» Cette réponse ne convainc et surtout ne satisfait personne à l'archevêché. M. de Vintimille fait donc signifier à M. Pinon « un blâme formel », soutenant que les seigneurs ont excédé de beaucoup, par leurs aliénations, le *jeu de fief* que permet la coutume, et conséquemment, autant par châtiment pour eux que par indemnité pour le prélat, les portions aliénées doivent dès lors « être déclarées de la

---

Jacques Pinon, « abbé de Condé, grand théologien, prédicateur, mathématicien, humaniste, qui aimoit aussi la poésie. » *Œuvres choisies de feu monsieur de La Monnoye*, etc., 1770, in-8°, tome III, page 309.

mouvance féodale et immédiate de l'archevêché, seigneur dominant. »

La proie était belle à saisir, et c'est ce qui rendait l'archevêque si âpre dans sa logique. Dans un coin de son factum, dont nous devons l'obligeante communication à M. le vicomte Gascon de Louvigny, arrière-petit-fils de M. Pinon, il laisse percer le motif de son action, son désir de percevoir l'impôt sur ces riches propriétés. S'il poursuit M. Pinon, « c'est que, dit-il, presque tout le terrain du fief est couvert de maisons situées dans le meilleur quartier de Paris, dans les rues de Richelieu, Montmartre, Notre-Dame-des-Victoires, Feydeau, Saint-Marc, des Filles-Saint-Thomas, Colbert et Vivienne, dans la rue des Petits-Pères, dans la place des Victoires, la rue Neuve-des-Petits-Champs, la rue Neuve-Saint-Augustin, etc. » La transformation de ces terres assez maigres en rues magnifiques est certes des plus heureuses, il l'avoue; mais il s'en plaint pourtant, parce qu'elle a été faite sans son aveu, à lui, seigneur dominant. C'est bien là un raisonnement de suzerain.

Il semble pourtant que l'affaire finit par s'arranger à la satisfaction des parties. En 1774, en effet, nous trouvons M. Pinon d'accord avec l'archevêché. Il a recueilli, en 1770, l'héritage de sa tante Mme d'Ormesson du Cherray, qui l'a fait son légataire universel, et par là, il a été mis en possession d'une grande partie du fief qui n'était pas encore dans ses mains[1]. Sauf quelques lots de terre qui appartiennent à la famille du marquis de Vatan, la seigneurie est maintenant à lui tout entière. Il doit, pour ses nouvelles terres, foi et hommage à l'archevêché, et il s'y soumet de bonne grâce. Subissant toutes les obligations que la loi féodale impose, il offre de payer comme droit de relief le revenu d'un an de la portion dont il vient d'hériter, ou bien de donner une somme de 10,000 francs, le tout « au choix et à l'élection de l'archevêque. » Je ne sais ce qui fut accepté, mais le fait est que, jusqu'à la Révolution, M. Pinon ou les siens continuèrent de toucher les droits de censive que l'archevêché leur avait si vertement contestés. C'était toujours le plus clair du

---

[1]. La famille Pinon ne dut jamais en avoir la propriété entière, si j'en crois une note que me communique M. de Louvigny sur les divers possesseurs des terrains de la Grange en 1747. C'étaient : 1° M. Anne-Louis Pinon, seigneur de Quincy et autres lieux; 2° M. Paul Lefebvre d'Ormesson; 3° M. Maximilien Bertin; 4° M. Joachim Le Mairat; 5° les enfants mineurs du marquis de Vatan et de la dame Marie Le Mairat, son épouse. Ainsi, même la part des d'Ormesson étant jointe à celle de M. Pinon par suite du legs de 1770, il n'en reste pas moins quatre autres indivises, hors de ses mains.

revenu du fief, surtout depuis qu'il s'était accru du cens perçu sur les maisons qui peu à peu s'élevaient de chaque côté du boulevard avoisinant. Cette source de richesse pour le président Pinon était connue de tout le monde. On savait que son droit féodal lui rapportait plus que ses récoltes. Prudhomme lui-même en parle dans son *Miroir historique de Paris* [1]. « Originairement, dit-il, le fief de la Grange-Batelière n'était pas d'un très grand rapport; mais toutes les maisons qui ont été construites sur le boulevard Italien ont produit une redevance considérable au président Pinon. »

Quand vint la Révolution, le fils du président, président lui-même et héritier de la seigneurie de la Grange, se vit enlever tous ses avantages féodaux ; plus de fief, donc plus de redevances, plus de censives, etc. Le sol pourtant lui resta, et c'était encore quelque chose ; il était en effet d'une vaste étendue, et les bâtiments qui en couvraient une partie étaient en fort bon état. « Les bâtiments et le jardin, dit encore Prudhomme, sont immenses, les appartements de l'hôtel sont vastes et beaux. C'est, ajoute-t-il, un hôtel garni fait pour loger des souverains qui auraient des suites de deux ou trois cents valets. »

1. Tome VI, page 195.

Prudhomme dit un « hôtel garni », et, en effet, le pauvre vieux manoir n'était plus autre chose. D'abord, dans la première joie de la possession, le premier occupant de la famille Pinon était venu l'habiter avec grand fracas. C'était un jeune et fringant robin qui, se trouvant là dans le monde futile et brillant des financiers et des filles de l'Opéra, avait suivi l'élan donné et oublié sur cette pente jusqu'à sa femme, la future présidente. Il avait, lui, si l'on en croit ces médisantes *Nouvelles à la main*, charge de président... à l'Opéra, en attendant l'autre présidence. Elle lui vient, et aussitôt il se prend au sérieux ; afin de le prouver, il échange pour un logement grave son habitation du quartier neuf. Il va s'enfouir dans une triste maison de la rue Culture-Sainte-Catherine, où il meurt, vers 1782, en pleine contrition de ses fautes à la Grange-Batelière. Quelquefois il revenait vers cette terre de perdition, mais en famille, avec madame la présidente et ses enfants, et ainsi, par conséquent, bien gardé contre lui-même. Ces jours-là, nous disait avec autant d'esprit que d'obligeance M. G. de Louvigny, on attelait la vieille carriole, on dînait une heure plus tôt, et l'on se préparait enfin comme pour un voyage de long cours; on aurait presque fait son testament. Le rempart, qu'il fallait suivre depuis les Filles-du-Calvaire jusqu'à la porte Richelieu, était, il est vrai, une route assez peu sûre, très fangeuse du reste, et pleine de raboteux. La nuit, on ne s'en serait pas tiré ; aussi la passait-on à la Grange, dont on ne repartait que le matin après s'être rafraîchi et parfumé du laitage obligé.

Aux lieux mêmes où d'autres, et je dis des plus illustres, étaient heureux d'avoir leurs maisons de ville, M. Pinon, lui, n'avait que sa maison des champs, sa métairie. Son fils rompit avec cette tradition trop patriarcale. Il prit à rebours les habitudes paternelles ; c'est de la maison du Marais qu'il fit sa maison des champs, sa solitude [1], et c'est à la Grange-Batelière qu'il vint habiter. Il y vivait, il y menait grand train du produit de ses redevances féodales, quand, en 1784, Louis XVI lui fit un hon-

---

1. Au XVIII° siècle, on considérait déjà le Marais comme une province, plutôt que comme un quartier de Paris. Dans le dernier couplet d'une chanson qu'ils firent ensemble sous ce titre : *Mauvaise plaisanterie sur le quartier du Marais*, Collé et Sedaine ont dit :

> On n'est plus de Paris quand on est du Marais,
>   Mais aussi n'est-on pas de Vienne.
> La critique a beau dire, on y vient sans relais,
>   Il faut même que l'on convienne
>   Qu'on n'en sauroit être plus près.
>   Vive, vive le quartier du Marais !

neur pareil à celui que Louis Vivien avait obtenu de Louis XIV. L'étroite impasse qui longeait l'enclos muré de la Grange s'étant transformé en une rue commode, par les soins d'un sieur Thévenin, qui lui ouvrit sur son terrain une issue vers la rue d'Artois, le roi voulut que cette voie nouvelle prît le nom du féodal président [1].

C'était un honneur, je le répète, et très grand même, car le quartier, dont une longue rue allait avoir notre président pour parrain, s'embellissait tous les jours alors de beaux hôtels, s'illustrait de noms nouveaux.

A la façade de la plus apparente de ces seigneuriales demeures, on lisait en lettres d'or, sur une plaque de marbre noir, ces mots : *Hôtel Choiseul*; et c'est en effet là qu'habitait celui qui avait porté le plus haut ce nom de Choiseul, auquel on pourrait même dire qu'il avait créé une gloire, sinon tout à fait une noblesse et une considération. De toutes les demeures habitées par le célèbre ministre, à Paris ou à Versailles, celle-ci n'était pas la plus magnifique, mais c'était la plus noble, et celle où l'on devait venir le visiter avec le plus de hâte et de vénération, car c'était, comme Chanteloup, le refuge

[1]. Ordonnance du 2 janvier 1784.

de sa disgrâce. Il n'y était venu qu'après sa chute, ruiné, mais toujours magnifique ; en défaveur flagrante près du roi et de la favorite, mais plus en crédit que jamais près de la noblesse et du peuple.

Il était descendu du pouvoir tête haute, et ce qui l'honorait surtout, il avait dû, sa fortune ministérielle étant ainsi détruite, se hâter, pour vivre dignement, de s'en créer une autre. Il ne sortait de tous ses opulents emplois qu'avec des dettes immenses, qui avaient déjà dévoré la plus belle part de son patrimoine et entamé une portion considérable de celui de sa femme, cette héritière enviée qu'un jour il avait prise, avec sa grâce charmante et ses richesses, dans la famille insolemment opulente des Crozat.

Il lui restait une fort belle galerie de tableaux[1], il la vendit. Sa femme avait un écrin d'impératrice, il le fit vendre de même, mettant une certaine fierté à étaler ainsi ses dépouilles et à les jeter aux enchères de ceux qui, pendant sa faveur, avaient pu crier à l'avidité et à la corruption. Cela fait, il partit pour Chanteloup, s'en allant vivre au jour le jour

---

1. Sur la vente des tableaux du duc de Choiseul, V. *Lettres* de madame du Deffant, tome II, page 246.

des ressources de prodigue qu'il venait de s'improviser, et se confiant à Laborde du soin de lui en créer d'autres.

Laborde était de tous les fermiers généraux l'un des plus intelligents et des plus honnêtes. Ses goûts de lettré et d'artiste, bien qu'il les poussât jusqu'à la manie, disons mieux, jusqu'au ridicule, avaient aidé à le maintenir dans cette voie de probe intelligence. Entre autres qualités, il avait encore celle de la fidélité pour ceux qui l'avaient protégé, et celle aussi d'une imperturbable mémoire pour les bienfaits reçus. Du temps de sa faveur, M. de Choiseul l'en avait comblé [1]; c'est dire que Laborde avait hâte de les lui rendre en bons offices. Tant que son bienfaiteur avait été ministre, il avait donc tout fait pour lui être utile; mais c'était de la reconnaissance en pure perte. La disgrâce de M. de Choiseul lui donna plus beau jeu. Ce fut alors que Laborde et ses offres de services furent les bienvenus. On le savait dévoué, on l'accueillit à bras ouverts; on le savait habile, on se remit sur lui de toutes les embarrassantes affaires dont on allait fuir l'ennui dans les loisirs de Chanteloup.

1. Marmontel dit positivement, dans ses *Mémoires* (liv. IX), que Laborde devait sa fortune à M. de Choiseul.

C'était, on le sait, en 1770 ; or, justement cette année-là, Laborde se trouvait, pour son compte, dans une assez grande gêne. Il n'y avait pas plus d'un an qu'il avait pris en main les affaires très obérées de Bouret, et déjà, s'empêtrant lui-même dans ce dédale financier où le vertige, comme par contagion, prenait le plus habile, il se voyait presque perdu. Partout on criait à sa ruine, et, symptôme plus fâcheux et plus significatif que les autres, sa danseuse, la Guimard, le quittait. « M. de la Borde est ruiné, lit-on dans les *Mémoires secrets*[1], et ne peut plus contribuer aux amusements de cette nymphe que par son goût et sa musique. »

Laborde ne prit point d'ennui de cet abandon, il voulut même y voir sa délivrance. En homme tout a fait dégagé des préoccupations futiles, il se mit à reconstruire du même coup la fortune de son protecteur et la sienne.

Un magnifique hôtel restait à M. de Choiseul ; c'était celui dont nous avons déjà parlé, et qui, par son immense façade, couvrait tout un côté de la rue de Richelieu, depuis la rue Saint-Marc jusqu'au rempart, tandis que, par sa profondeur, il allait toucher aux maisons, alors nouvelles, de la rue

1. Tome IV, page 307.

de Grammont. M. de Choiseul en tenait la propriété du chef de sa femme, fille et héritière unique du Crozat dont nous avons conté les manies de constructeur.

Il y avait des sommes immenses à tirer de cet hôtel, surtout si l'on se décidait à le jeter par terre et à couper de rues nouvelles, ses vastes terrains habilement morcelés. Ce plan qui était d'un vandale peut-être, mais d'un vandale intelligent, fut celui de Laborde. L'hôtel de Choiseul [1] fut démoli et rasé, et l'on commença au plus vite le tracé des rues qui devaient tenir sa place.

Nous en avons vu les premiers dessins, qui sont conservés à la Bibliothèque nationale; ce sont à peu près les mêmes que ceux qui ont été suivis pour la construction du quartier dont l'Opéra-Comique est le centre. Trois rues devaient aboutir à un point principal. L'une, à cause de sa configuration, se serait appelée *rue Tournante;* l'autre, aboutissant à l'endroit du boulevard qu'avaient dominé jusque-là les hauteurs du jardin de l'hôtel de Choiseul, aurait porté le nom de *rue de la Terrasse;* et la troisième enfin, occupant à peu près la place de la rue Marivaux actuelle, aurait

---

1. Voyez, sur la vente de l'hôtel de Choiseul et le prix qu'on en retira, *Lettres* de madame du Deffant, tome II, page 246.

pris, en souvenir de l'une des villes dont M. de Choiseul était seigneur, la dénomination de rue d'Amboise, qu'une autre rue du voisinage et de même origine porte en effet encore. Sur le vaste espace réservé au centre convergent de ces rues, Laborde avait rêvé la construction d'un hôtel monumental pour cette fameuse Caisse d'escompte, qu'un arrêt du Conseil, du mois de janvier 1767, l'avait autorisé à établir[1] et dont il poursuivait le projet en dépit des chansons, en dépit des caricatures, en dépit même des modes moqueuses qui avaient fait donner à je ne sais quelles coiffures sans fond le nom de *chapeaux à la Caisse d'escompte*.

Ainsi, au lieu d'un théâtre, nous aurions eu là une assez triste banque, nous aurions eu la Bourse. Cette Caisse d'escompte n'était pas en effet autre chose, d'après ce que nous dit Mercier de son but et de ses effets. « C'est elle, écrit-il[2], qui nous a produit cette génération mixte d'agioteurs : princes, courtisans, magistrats, militaires, financiers. Cette grande quantité de numéraire fictif qui fut versée dans la capitale fit venir à cette jeunesse imprudente et irréfléchie qui environnait le trône la pensée qu'elle était à la

---

1. *Mémoires secrets*, tome III, page 153.
2. *Nouveau Paris*, tome I, pages 45-46.

tête d'une nation inépuisable et à jamais asservie. » La Bourse n'est-elle pas tous les jours la source d'abus pareils et de pareilles déceptions? Il est donc fort heureux que le projet de Laborde n'ait pas réussi et que le boulevard, qu'infecte trop déjà le voisinage des petites bourses auxiliaires et des spéculations subalternes, n'ait pas ainsi été gâté par quelque lourde façade du temple de l'escompte et de l'agio. Mieux vaut encore, à tout prendre, celle que nous montre le théâtre si impoliment disposé qui, en 1783, s'empara de la place tant enviée par Laborde.

Cette construction à rebours eut aussi ses moqueurs : nous pourrions vous citer plus d'un couplet décoché à l'adresse de ce frontispice monumental qui se cache dans une place chétive et infime[1]; plus d'une caricature sur ce théâtre tournant le dos au passant, qui peut fort bien lui rendre la pareille; mais cela nous mènerait trop loin.

M. de Choiseul, vendeur, par les soins de Laborde, de tous les terrains sur lesquels s'élevaient ces constructions, avait dû toucher de très fortes sommes et se refaire ainsi, sous le nom de sa femme, une for-

---

[1]. V. surtout dans Métra, *Correspond.*, etc., tome XIV, page 286, une épigramme que nous n'osons citer ici.

tune encore assez belle et assez digne; mais il y avait perdu une demeure vraiment princière. Ce qu'il en restait, bien que ce fût encore un assez somptueux débris, faisant bonne figure à l'angle du boulevard, ne pouvait lui suffire ; mieux valait en faire argent comme du reste, et aller chercher logis ailleurs. Laborde y pourvut pour lui.

Sur les terrains qu'il tenait tant de M. Pinon que de Bouret à la Grange-Batelière et dans les environs, jusque vers la Chaussée-d'Antin et les marais de Chantereine, il s'était fait construire lui-même, il y avait quelques vingt ans, c'est-à-dire dans les commencements de sa fortune, un fort magnifique hôtel.

Les jardins en étaient beaux et d'une convenable grandeur, puisqu'ils couvraient tout le terrain envahi depuis par les grandes bâtisses de l'Opéra, et qu'ils empiétaient même sur celui dont la rue d'Artois, d'abord, en 1770, puis la rue dont M. Le Peletier de Morfontaine fut le parrain en 1788 [1], vinrent successivement disjoindre et morceler l'étendue. La façade était d'une belle ordonnance, ainsi qu'on en peut juger encore; car à tous les changements qu'elle a dû subir, cette belle demeure, devenue enfin l'hôtel

---

1. Ce M. Le Peletier, chevalier marquis de Montméliant,

de la direction de l'Opéra, n'a rien perdu de son monumental aspect. Cette maison de Laborde, enfin, tant pour l'étendue de ses dépendances que pour son architecture et le luxe de ses décorations intérieures, comptait parmi les plus remarquables de ce quartier. Elle allait de pair avec sa somptueuse voisine, la maison de Daugny. D'Argenville la cite dans son *Voyage pittoresque de Paris* [1] et en détaille ainsi les beautés artistiques : « Le salon sur le jardin est très bien décoré par M. Lecarpentier qui en est l'architecte. La façade sur la cour présente un fronton, dans le tympan duquel M. Adam le cadet a peint un grand bas-relief. » Ce que d'Argenville oublie, c'est que dans la salle à manger se voyaient quatre des plus beaux ouvrages de Desportes ; mais peut-qu'à l'époque où il le visitait, c'est-à-dire en 1765, l'hôtel ne s'en était pas encore enrichi. Le livre qui

---

seigneur de Morfontaine, dut à son titre de prévôt des marchands, qu'il garda de 1784 à 1789, le privilège de donner son nom à cette belle rue. — Mme Lebrun lui a consacré une intéressante notice dans ses *Souvenirs*. Tome I, pages 155, 292. — Ce n'est pas sans regret qu'on vit cette rue entamer ainsi le vaste enclos de l'hôtel Laborde. *Le Provincial à Paris*, 1788, in-32, quartier du Louvre, 2e partie, p. 43, le constate avec peine : « Le jardin, y lisons-nous, vient encore d'être sacrifié cette année pour ouvrir une nouvelle rue. »

2. Page 169.

nous en parle pour la première fois est en effet de 1788 [1].

A la première de ces dates, Laborde l'habitait encore [2]. Il était dans sa toute-puissance. Amant envié de la Guimard, faisant les plus heureuses spéculations dans les finances, composant pour le théâtre des opéras-ballets presque applaudis, artiste enfin s'amusant à être fermier général, ou le contraire plutôt, si l'on veut; tout lui souriait et il pouvait se croire l'homme du monde le plus imperturbablement heureux. Mais il comptait sans la disgrâce de M. de Choiseul et sans la débâcle de ses propres affaires qui en fut un peu la conséquence. Nous avons vu avec quelle ardeur et quelle intelligence il s'entremit pour le rétablissement de la fortune de son patron; voyons maintenant comment il se dégagea des embarras de la sienne.

Il aurait volontiers sacrifié sa maîtresse, mais la Guimard lui en épargna la peine. Nous savons déjà que ce fut lui qui fut sacrifié par elle. Libre de cette première servitude, il songea à rompre avec celle que lui imposait son luxe de financier, son train de grande maison. Il commença à chercher à

---

1. *Le Provincial à Paris.*
2. *Almanach royal,* 1765, page 407

vendre les terrains qui lui restaient de la subrogation que Bouret lui avait faite à l'époque de sa banqueroute. La Ville, à laquelle il les offrit, refusa de les acheter. Alors il se mit à vouloir les exploiter lui-même. Comme Bouret ruiné, il se jeta dans les constructions, mais il y réussit mieux que lui.

Du premier coup, il supprima le grand égout et, à sa place, depuis la chaussée du duc d'Antin jusqu'à celle du faubourg Montmartre, il ouvrit une large et belle rue dont la fortune fut bientôt faite. Laborde, en bon courtisan, lui donna pour parrain l'aîné des enfants de France, le comte de Provence, ce qui le mit bien en cour. Le second des petits-fils de Louis XV, le comte d'Artois, reçut bientôt de lui le même honneur. La rue que Laborde, en veine de bâtir, jeta sans dire gare tout au travers de son magnifique jardin prit, à cause du jeune prince, le nom qu'elle a porté jusqu'à ce qu'on l'en eût débaptisée, d'abord à la grande gloire du jésuite jacobin Cerutti, puis, une seconde fois, au profit de la popularité de Laffitte.

Cette rue neuve, aussi bien que celle qui lui était parallèle et qui venait entamer de plus près encore l'enclos riant de l'hôtel Laborde, avait tout d'abord été fort en faveur auprès des gens de finance qui cherchaient où se construire des demeures dignes d'eux. Les grands seigneurs ne les dédaignaient pas non plus. Aussi, pendant que l'on construisait dans la rue Lepeletier le joli hôtel d'Eichtal, la rue d'Artois s'embellissait de celui du prince de Monaco. Mais le plus beau, qui fut bâti tout d'abord au centre de cette dernière rue, était destiné à l'habitation de l'un des puissants de la finance, M. Bollioud de Saint-Julien, receveur général du clergé. Il avait longtemps demeuré, rue Neuve-des-Petits-Champs, dans le vaste hôtel Saint-Pouange, dont le marquis de Colbert-Chabannais était propriétaire; « mais, lisons-nous dans le *Supplément aux Essais de Sainte-Foix,* il s'y trouvoit logé mesquinement [1]. » Il le quitta donc, laissant les maçons le perforer dans toute sa longueur pour y percer la rue Chabannais, et c'est alors qu'il vint dans un quartier de son choix se faire bâtir une demeure de son goût. La rue d'Artois, je le répète, n'en eut pas d'abord de plus magnifique que celle dont il ordonna la construction, et pourtant M. de Launoy, qui vint y loger après, sut encore renchérir sur son luxe : « M. de Launoy, qui l'a habitée depuis, lisons-nous dans l'ouvrage cité tout à l'heure, a

---

1. Tome II, page 110.

fait beaucoup d'embellissements dans les jardins, on parle surtout d'un rocher dont la construction a coûté près de 80,000 livres. »

Laborde ne put se défendre du désir de se donner un nouvel hôtel au milieu de toutes ces constructions neuves et pimpantes. Il se réserva un coin de terrain à l'angle de la rue d'Artois et de la rue de Provence [1], et il s'y fit bâtir une gracieuse demeure, à proportions réduites, mais charmantes. Il avait trouvé qu'il était plus économique d'en agir ainsi que de rester dans son hôtel de la rue Grange-Batelière qui, bien qu'amoindri, l'obligeait toujours à un train ruineux. Il le mit à louer. Cela

---

1. C'est cet hôtel qui fut dévasté par le peuple, au 10 août. « J'étais absent de Paris, écrit Laborde à Champein, avec ma femme et mon fils, depuis six semaines, lorsqu'arriva la journée du 10 août. Nous étions tranquilles dans une terre d'une de mes amies, sans imaginer qu'on pût me brûler tout ce qui me restait au monde. Le 12, j'appris qu'on avait mis le feu à ma maison, non par malveillance pour moi, mais pour se frayer un passage, pour entrer dans la cour. Bref, j'ai tout perdu : une bibliothèque charmante, composée de 15,000 volumes des plus belles et des plus rares éditions; c'était mon unique maîtresse et elle a péri entièrement! Plus de 2,000 dessins des grands maîtres, que j'avais rapportés de mes voyages en Italie et en Espagne; plusieurs excellents tableaux, tous mes meubles, mon linge, mes habits, ma vaisselle d'argent, ma cave, où il y avait, comme bien des gens le savent, pour

fit scandale, mais c'est ce que demandait Laborde, les locataires ne se présentèrent qu'en plus grand nombre et ne furent que plus accommodants pour le prix. Le financier Grimod de la Reynière qui venait de se faire une fortune énorme dans les fournitures de l'armée du maréchal de Soubise, pendant la guerre de Sept ans, fut celui qui l'emporta.

Il vint donc en grand équipage s'établir à l'hôtel Laborde; mais, à vrai dire, il ne le prit que comme un campement. Il était trop gros seigneur pour se réduire, quelle que fût la splendeur du logis, à l'état de simple locataire. Il lui fallait une maison à lui, un hôtel disposé selon son gré; on le lui bâtissait à grands frais dans le quartier des Champs-Élysées, et c'est en attendant qu'il venait à la Grange-Batelière. Il y resta plus qu'il ne voulut. Il eut le temps d'y donner pendant plusieurs saisons quelques-uns de ces dîners dont le seul méchant plat était sa maussade personne et qui faisait dire

---

plus de 25,000 livres de vins, enfin tout ce que j'avais au monde, excepté ce que j'avais à la campagne, y a passé; le tout valait plus de 300,000 livres... » Lettre autographe de Laborde, jointe à l'exemplaire de ses *Essais sur la musique* que possédait G. de Pixérécourt et qui se trouve aujourd'hui à la Bibliothèque royale de Bruxelles.

à Grimm : « On le mange, mais on ne le digère pas [1]. » Sa femme aussi, cette prétentieuse savante, enrageant d'être mésalliée, eut tout le loisir de se prélasser dans ces réceptions quelque peu pédantes et solennelles dont Doyen, le peintre, s'en échappant un jour, disait, pensant à la dame du lieu et à ses grands airs : « Elle reçoit fort bien, mais je la crois attaquée de noblesse [2]. » Enfin le fils, ce spirituel éclopé, infirme de corps, mais toujours dispos d'esprit, put déjà s'y livrer à l'aise à ces premières escapades d'excentricités, à ces premières velléités de bonne humeur et de gourmandise qui devaient le rendre si fameux [3].

L'hôtel ou plutôt le palais, que Grimod de la

---

1. V. les *Souvenirs* de Mme Lebrun, tome III.

2. Elle était sœur de M. de Malesherbes. Consulté par La Reynière sur le bonheur qu'il pouvait espérer en ménage, celui-ci répondit : « Cela dépend de quelques circonstances. — Comment, que voulez-vous dire ? — Cela dépend du premier amant qu'elle aura. » C'est Chamfort qui raconte l'anecdote. Elle peint l'époque, quand on songe surtout que le grave et honnête Malesherbes est un de ceux qui parlent.

3. Il se fit d'abord avocat au parlement, ayant vers 1779 son cabinet de consultation dans la *rue Chauchat*, tout nouvellement percée, sur un terrain appartenant à Laborde. On conserve de lui, à la Bibliothèque nationale, une carte de visite curieusement ornée, indiquant sa qualité, et, par une ligne à la main, son adresse.

Reynière se rêvait pour habitation, acheva enfin de se construire et notre financier décampa de la Grange-Batelière. Il était temps. Laborde venait d'en finir aussi avec les terrains de l'hôtel Choiseul et force lui était de trouver une demeure pour le ministre, à qui, de son hôtel, rien ne restait plus qu'une loge à perpétuité dans le théâtre établi sur un coin de ses terrains immenses. On sait que la propriété de cette loge, placée au-dessus de l'avant-scène de droite, est toujours inaliénable dans la famille des héritiers de M. de Choiseul [1].

J'ai dit qu'au moment où l'ex-ministre allait se trouver sans habitation, il était heureux que M. Grimod de la Reynière quittât l'hôtel Laborde, à la Grange-Batelière; en effet, quel meilleur et plus digne asile le protégé pouvait-il offrir à son protecteur? M. de Choiseul l'accepta, il vint loger dans la maison de son fidèle serviteur; mais bientôt, pour ne pas déroger, il désira, lui aussi, n'y pas

---

[1]. Nous lisons au tome II, page 92, des *Mémoires*, récemment publiés et malheureusement remaniés, de la *baronne d'Oberkirch* : « M. le duc de Choiseul, en vendant ce terrain, y avoit mis une condition : c'est que lui et sa postérité auront la propriété d'une loge, avec une entrée séparée, quelle que fût la destination du théâtre. Cette loge est ainsi devenue une propriété de famille, qui passera de génération en génération. »

être en simple locataire. Laborde lui en céda la propriété.

Il paraît que M. de Choiseul se complut volontiers dans cette maison [1]. Loin de songer à la quitter, il attira dans son voisinage madame la comtesse de Grammont, sœur chérie, conseillère des mieux écoutées, mais Égérie un peu acariâtre pourtant, car Walpole, qui savait bien juger, l'a définie ainsi : « Espèce d'amazone d'un caractère fier et hautain, également arbitraire dans son amour et dans sa haine. » Elle vint s'établir dans le petit hôtel qui faisait l'angle du boulevard, et qui n'avait d'autre agrément qu'un assez joli jardin [2]. Qu'on

---

[1]. On peut se faire une idée de la magnificence du nouvel hôtel de Choiseul et surtout de sa galerie, par ce qu'en dit Thiéry, *Guide à Paris*, etc., tome I, page 189, et par plusieurs passages des *Lettres* de madame du Deffant, tome III, pages 130, 177, 338, 339. Dutens, dans ses *Mémoires*, tome II, pages 295-296, parle aussi des dîners et des soupers somptueux qu'on y faisait.

[2]. C'est le même, dont les dernières traces viennent de disparaître par la démolition de sa grande porte et de l'espèce de masure en plâtre avec café au rez-de-chaussée et table d'hôte à l'entre-sol, qui avait remplacé les bâtiments de l'hôtel et qui déshonorait l'un des coins de la rue Grange-Batelière et du boulevard. Cette masure avait été construite lorsque, pour bâtir l'Opéra et ses deux passages, on avait fait table rase de l'hôtel de Grammont devenu alors l'hôtel d'un pair de France, M. Morel de Vindé. Les

joigne au charme que le ministre trouvait toujours dans ce voisinage celui de la compagnie de la duchesse sa femme, cette aimable et douce personne, « si correcte, dit encore Walpole, dans ses expressions, dans ses pensées, d'un caractère si attentif et si bon; » qu'on songe aussi que dans cette retraite, comme dans son exil, tous ceux qui l'aimaient l'avaient suivi et lui faisaient une cour fervente, et l'on comprendra que M. de Choiseul pouvait vraiment se plaire à la Grange-Batelière. Son présent était-il donc si loin de son passé, dans le somptueux hôtel Crozat? Il n'y avait entre eux que la largeur du boulevard.

Il ne faudrait pas croire, d'ailleurs, que M. de Choiseul se trouvât là sur un sol exclusivement roturier, et voué seulement à l'étalage des somptuosités financières; point du tout. La noblesse était peu à peu venue prendre pied sur ce terrain, d'abord dédaigné.

De l'autre côté de la rue, à l'angle du boulevard, était l'hôtel que Delaage avait fait bâtir, et dont le Jockey-Club occupe aujourd'hui le principal appartement. Delaage n'était, comme Daugny, qu'un fermier général, mais il descendait de noble race;

---

deux galeries de l'*Horloge* et du *Baromètre* tiennent la place du jardin. Les ordonnances d'autorisation sont du 31 juillet 1822 et du 16 avril 1823.

il y avait de l'histoire dans sa famille. L'un de ses ancêtres était cet Antoine Delaage, duc de Puylaurens, dont Richelieu, qui l'enviait à Gaston, avait dit longtemps, riant de son propre bon mot : « Avec le temps, je finirai par gagner Delaage. » Mais le fait est qu'il compta moins sur les années que sur la rigueur pour réduire le trop fidèle serviteur de Gaston. Puylaurens mourut dans la geôle où il l'avait fait jeter. Delaage, le fermier général, avait eu quelque temps un très puissant appui, c'était son oncle, le fameux M. de Silhouette, contrôleur général des finances. Il serait même à croire que c'est à lui qu'il devait sa haute position dans la ferme; mais c'est par erreur que dans sa famille, dont nous avons recueilli la tradition, on pense aussi qu'il devait à une faveur de son oncle d'avoir pu faire donner à son hôtel la merveilleuse perspective qu'il a sur les boulevards. M. de Silhouette les aurait, dit-on, fait dévier du plan adopté, et au lieu du coude marqué dans le tracé, leur aurait fait suivre une ligne droite, le tout, je le répète, au seul profit de l'heureux Delaage et de son point de vue. Mais, encore une fois, c'est une erreur; quand, vers 1766, Delaage fit bâtir son hôtel, il y avait quatre-vingt-dix ans au moins que le boulevard suivait cette direction.

Dans la même rue, mais tous avec des avantages de perspective bien moindres, se trouvaient encore les hôtels de quelques autres fermiers généraux : celui de M. Boulogne de Magnanville, trésorier général de l'extraordinaire des guerres, celui de M. de la Lande Magon, trésorier général des États de Bretagne. Tout le reste de la rue, hormis l'hôtel Daugny, appartenait à la noblesse. Les fermiers généraux lui avaient cédé la place pour se rejeter sur la rue Bergère, où, d'après l'*Almanach royal*, il n'en faut pas compter moins de six en 1778.

Cette noblesse de la Grange-Batelière était de la meilleure souche, et M. de Choiseul pouvait s'honorer de son voisinage. Il y avait d'abord le marquis de Coyes, la comtesse de Scepaux, dont le nom retentira si haut dans les guerres de la Vendée; le marquis de Jaucourt, qui eut aussi sa part dans cette renommée de guerre civile, et qui finit par mourir bien vieux sous l'hermine paresseuse de la pairie; le comte et la comtesse de Novilos [1], dont le nom a je ne sais quel parfum de grandesse

---

1. Les *Mémoires* de Bezenval, tome I, page 292, nous ont appris que M. de Novilos fut commandant de Saint-Domingue, pendant le ministère de M. de Choiseul, et y gagna beaucoup de considération. Il est aussi parlé de lui dans *l'Espion Anglois*, tome II, page 211.

et de Toison d'or ; M. de Biéville, M. de Bouilhac et beaucoup d'autres, parmi lesquels, en remontant de quelques années, nous aurions pu nommer aussi d'Argental, l'un des *anges* de Voltaire, qui n'avait pas dédaigné de venir habiter un petit hôtel bâti sur l'un de ces vagues terrains dont Bouret, fils du laquais de son père, M. de Féréol, avait été le prodigue dispensateur.

C'était là le beau temps de la Grange-Batelière, mais les tristes et fatales années allaient bientôt venir. Le deuil commença par la mort de M. de Choiseul, en 1785, et par le départ de la duchesse qui, abandonnant tout son luxe, les quatre cent mille livres de rente qui lui restaient, aux nombreux créanciers de son mari, s'en alla vivre en recluse dans un couvent de la rue du Bac, puis, quand la Révolution l'eut encore chassée de cet asile, dans un modeste entre-sol de la rue de Lille, à l'hôtel de Périgord. Son hôtel de la rue Grange-Batelière fut l'une des dernières propriétés qui lui restèrent. Les acheteurs ne s'étant pas présentés d'abord, la Révolution survint, et la vente en devint encore plus difficile. La République, il est vrai, dispensa bientôt madame de Choiseul de chercher plus longtemps des acquéreurs. Elle s'empara de l'hôtel pour son ministre de la guerre. Pâche fut le premier qui s'y installa, avec la horde de septembriseurs qui l'accompagnait toujours, et qui, partout où elle passait, laissait la trace de ses orgies infectes. « C'était encore un Suisse, dit Mercier, parlant de Pâche... [1]. Il se mit à la tête d'une association monstrueuse qui s'était formée des principaux auteurs des massacres de septembre. Ces hommes, sans aucune espèce de fortune, vivaient cependant dans une sorte de luxe, qui, bien qu'extrêmement crapuleux, exigeait néanmoins de très fortes dépenses. Qui payait ces brigands? Pâche. »

Bouchotte vint après lui; c'était un plus honnête homme, mais un tout aussi mauvais locataire. Il avait transformé en écuries les appartements du rez-de-chaussée, et les laissait impitoyablement dégrader sous les pieds des chevaux [2]. Madame de Choiseul lui écrivit pour le supplier de faire des réparations, il n'en tint pas compte; alors, par une nouvelle lettre, elle le pria de les lui laisser faire à

---

1. *Nouveau Paris*, tome II, pages 5-6.
2. Il en était de même pour la plupart des plus beaux hôtels de Paris : « Partout où les comités révolutionnaires ont pénétré, lisons-nous dans un livre assez rare, publié l'an V, l'on croit reconnaître la trace du passage désastreux d'une armée de Huns ou de Vandales. Il ne faut pas

ses frais. C'est la seule fois qu'elle fit acte de propriétaire. Les fermiers généraux, voisins de son hôtel, étaient encore moins heureux qu'elle. Un premier décret de la Convention avait frappé de confiscation tout ce qu'ils possédaient : « Les biens, immeubles et revenus appartenant aux ci-devant fermiers généraux, disait ce décret, qui est du 23 nivôse an II, sont sous la main de la nation [1] ». On ne leur laissait que la vie, mais c'était pour la leur prendre quatre mois après. Dans la séance du 19 floréal, ils furent condamnés à mort. On leur reprochait, entre autres crimes, « d'être auteurs ou complices d'un complot qui a existé contre le peuple français... en mêlant au tabac de l'eau et des ingrédients nuisibles à la santé des citoyens qui en faisaient usage [2]. » Au nombre des condamnés, était le vieux Delaage. Il avait plus de soixante-dix ans quand sa tête tomba sous le couperet.

oublier non plus ici tous les hôtels culbutés et dévastés par les quatre sections de Paris qui se sont emparées successivement des plus belles maisons qu'ils ont trouvées vides dans leurs quartiers, pour y placer leurs bureaux et leurs corps de garde. » (*Souvenirs de mon dernier voyage à Paris*, vers la fin de 1795, pages 86, 87.)

1. *Réimpress. du Moniteur*, tome XIX, pages 194, 244.
2. *Id.*, XX, page 428. — Mercier, *Nouveau Paris*, tome VI, page 100.

Je ne sais si Daugny, comme ancien fermier général, fut compris dans l'arrêt de confiscation qui dépossédait tous ses confrères, mais, ce qui est certain, c'est qu'à cette même époque son magnifique hôtel n'était plus habité ni par lui ni par les siens[1]. Des entrepreneurs de fêtes publiques, bals, jeux et banquets, l'avaient envahi, et y exploitaient le scandale sous toutes les formes. Pendant que Pâche souillait l'hôtel Choiseul de ses crapuleuses orgies, et qu'à l'hôtel du fief, transformé en maison garnie, quelques représentants montagnards, Christiani, du Haut-Rhin, Ehrmann, du Bas-Rhin, Villars, de la Mayenne, étaient hébergés aux frais du peuple, la maison Daugny se remplissait chaque nuit de plaisirs et de bruit[2]. Ce fut mieux encore sous le Directoire. On y donna quelques-uns de ces

---

1. Peut-être occupait-il alors l'hôtel portant le n° 30 de la rue de Clichy et que nous trouvons indiqué vers ce temps-là sous le nom d'hôtel Daugny.

2. Ce n'était pas le seul hôtel seigneurial qui fût devenu hôtel garni pendant la Révolution et l'Empire. Le *Nouveau Pariseum*, etc., 1811, in-12, cite, page 210, dans la liste des hôtels garnis « les plus élégants, les plus vastes et les plus connus » : l'*Hôtel du prince de Galles*, rue du Faubourg-Saint-Honoré, vis-à-vis l'avenue qui conduit aux Champs-Élysées; l'*Hôtel de l'Infantado*, rue de la Concorde, etc. Ce dernier, on le sait, est devenu depuis l'hôtel Talleyrand.

fameux bals des victimes, où l'on dansait pour les morts, comme on polke aujourd'hui pour les pauvres. Ils finirent par émigrer au pavillon de Hanovre. Le marquis de Livry établit alors à l'hôtel Daugny son bal des étrangers, « où, dit Prudhomme, on ne pouvait être admis que masqué et chargé d'or. Car les pièces d'or y dansent plus que les convives[1] ». Dans six ou huit salons magnifiques, on jouait toute la nuit un jeu d'enfer. Ensuite, on soupait, et ce furent successivement les fameux traiteurs Robert et Lointier qui se chargeaient du menu. Pendant le souper, comme pendant le bal et le jeu, tout le monde restait masqué. C'était un spectacle étrange, mais une confusion effroyable dont les filous profitèrent de façon à ruiner les entrepreneurs de ces fêtes, si ceux-ci ne s'en étaient aperçus à temps, et n'avaient supprimé le souper et défendu les masques : « Les premières fois, est-il dit dans un curieux petit livre du temps, *Paris et ses modes*[2], il y eut une collation magnifique, servie avec profusion et élégance dans des plats d'argent et de vermeil; on n'avait qu'à désirer et l'on était servi. Quelques personnes firent

---

1. *Miroir historique de Paris,* tome V, page 195, et tome II, pages 304-305.
2. 1803, in-12, page 161.

plus que de désirer et prendre des gelées, des glaces, elles trouvèrent les couverts à leur convenance et les emportèrent; le masque et le déguisement les sauvèrent de l'opprobre et de la vindicte générale. Les entrepreneurs supprimèrent le souper, et ne laissèrent plus que les glaces, la danse et le jeu. On ne put même jouer que démasqué; alors, les assemblées furent moins nombreuses. On espéra ramener le monde en faisant de cette réunion des bals parés; on ne réussit pas davantage, et l'assemblée de la mi-carême fut la dernière ». Voilà donc des entrepreneurs ruinés. Rose, le restaurateur, qui avant eux était venu à la Grange-Batelière, avait été beaucoup plus heureux. Il avait tiré profit du voisinage de l'état-major de la place qui, de 1796 à 1804, s'était établi à l'hôtel Choiseul[1]; il avait alléché, par de bons dîners somptueusement servis,

---

1. L'hôtel Choiseul, abandonné par l'État-major, devint quelque temps un vaste entrepôt de meubles, un grand magasin de liqueurs et de chocolat. (*Almanach des Gourmands*, troisième année, pages 101-102.) — L'hôtel de la Grange-Batelière était toujours un hôtel garni (V. p. 386). L'Allemand Meyer, de qui l'on a des *Fragments sur Paris*, in-8°, traduits par Dumouriez (1798), y logea. Il était tenu, dit-il, par un ci-devant tailleur de la Reine. Il en vante le vaste jardin avec parterre, bosquet en labyrinthe, etc., pag. 1-2.

tous les friands de l'armée, et sa fortune avait été faite. Quand tout le monde était ruiné, notre fricoteur se faisait des rentes et s'achetait du patrimoine. Cet homme-là savait tirer de la friandise toute sa quintessence.

> . . . Rose aurait-il des terres
> Si cette ville avait moins de gourmands?

Voilà ce que disait un rimeur de 1797[1]. Ainsi, même à cette triste époque, on mangeait et l'on était gourmand. Pourquoi non? Nous avons bien vu tout à l'heure qu'on dansait pour les victimes. Les temps qui suivirent furent même loin d'être aussi joyeux, du moins à la Grange-Batelière. Je ne parle pas de l'Empire, qui donna encore quelque splendeur à ces quartiers, en installant à l'hôtel Choiseul le gouverneur de Paris[2]; mais je parle de la Restauration, qui attrista la charmante demeure

---

1. *Les Modes* ou *la Soirée d'été*, poème en trois chants, 1797, page 10.
2. Lors des dernières réparations faites à l'Opéra, on a découvert, sous le badigeon qui couvrait les boiseries et le plafond du foyer de la danse, des peintures murales, style de l'Empire, et des ornements dorés surmontés de l'N couronné; c'était là sans doute l'un des vastes salons donnant sur le jardin, qu'on avait fait décorer lors de l'installation du gouverneur de Paris à l'hôtel Choiseul en 1804.

en y logeant le maussade état-major de la garde nationale, et qui, en 1820, après avoir acheté 50,000 francs l'hôtel du président Pinon, ne trouva rien de mieux à y placer que la mairie du deuxième arrondissement. Je l'aimais encore mieux lorsqu'il était hôtel garni, et surtout lorsque les princes venaient s'y installer dans les chambres encore chaudes des orgies terroristes. Le duc d'Orléans, revenant en 1814, ne prit pas d'autre logement, jusqu'à ce que ses appartements au Palais-Royal eussent été mis en bon état [1].

Enfin, le vieux fief vient de disparaître; cette malencontreuse mairie lui a porté malheur. Puisse-t-elle ne pas être aussi fatale à l'hôtel Daugny, où elle est installée aujourd'hui, et qui, grâce à M. Aguado, survivant intacte auprès de l'hôtel Choiseul, amoindri et décapité, auprès de l'hôtel Morel de Vindé [2], devenu un passage, auprès de

---

1. Il descendit à l'hôtel de la Grange-Batelière, le 25 mai 1814. (Le *Palais-Royal*, 1829, in-8º, page 45.)
2. M. Morel de Vindé, qui a laissé son nom à la cité ouverte en 1844, deux ans après sa mort, sur les terrains qu'il possédait boulevard de la Madeleine, étant un savant distingué, et de plus un bibliophile ardent. Oubliant en lui, l'agronome, membre de l'Académie des sciences depuis 1824, et le littérateur-romancier-moraliste qui survécut à ses œuvres, le roman de *Primerose* (1797), *Clémence de*

l'hôtel Delaage, dépossédé de ses jardins, se trouve être le seul qui rappelle encore, avec quelque éclat, les grandes demeures du XVIIIe siècle à la Grange-Batelière.

Lautrec (1798), *Zélomir* (1800) et les 502 *quatrains* à la façon de Pibrac, nous ne parlerons que de l'amateur de beaux livres. Tous ceux qui viennent de sa bibliothèque sont fort recherchés. Quand il les vendit en 1822, époque de la démolition de son hôtel à la Grange-Batelière, on en fit un catalogue qui est lui-même devenu précieux, en voici le titre : *Catalogue des livres rares et précieux, des manuscrits, etc., de la bibliothèque de M. Morel-Vindé; Paris*, 1822, in-8°. — Le quartier de la Grange-Batelière était prédestiné aux belles collections : nous avons dit un mot de celle de Daugny, nous pouvons rappeler aussi celle du docteur Cloquet qui était dans cette même rue de la Grange-Batelière, et celle surtout de M. Bruges-Duménil, dont le catalogue est lui-même un monument, et à propos de laquelle on peut lire un curieux article dans le *Siècle*, du 25 août 1836.

LES LOGIS DE SCARRON

> J'ai beau quitter place pour place,
> Je ne quitte pas mes douleurs,
> Partout je me souhaite ailleurs;
> Et quand j'y suis, au bout d'une heure
> Je songe à changer de demeure.
>
> (SCARRON, *Épître burlesque à madame de Hautefort.*)

Deux mots sur la jeunesse de Scarron. — Sa famille. — Procès que lui lègue son père. — Comment il devient pauvre et infirme. — Il loge rue des *Douze-Portes*. — Scarron et Crébillon sous le même toit à deux siècles de distance. — Les douze couvents de la rue des *Douze-Portes*. — Un neveu à la mode du Marais. — Scarron et son *marquisat de Quinet*. — Il va loger rue des Saints-Pères, à l'hôtel de *Troyes*. — Comment il connaît Françoise d'Aubigné. — Le ménage de Scarron, rue de la *Tixeranderie*. — Ses meubles, ses tableaux. — Repas de *pièces rapportées*. — Une histoire pour un plat. — Mort de Scarron. — Saisie de ses meubles. — Ce que devient madame Scarron.

Je ne vous dirai pas dans quelle rue de Paris Paul Scarron, le burlesque, vint au monde; on l'ignore, bien qu'on sache beaucoup de choses sur sa famille qui était parisienne, et toute dans les affaires ou dans la robe. Sa première jeunesse passée au milieu de cette bourgeoisie n'a pas non plus laissé de trace. La mort de sa mère, le second mariage de son père et les tracasseries quotidiennes d'une marâtre avide et criarde en sont les seuls événements. Tant qu'il vécut dans la maison richement rentée de son père — le conseiller Scarron n'avait pas moins de vingt mille livres de revenu — le jeune Paul se garda bien de rien faire ou de rien écrire; il est donc juste qu'il soit resté inconnu.

Pourvu du petit collet, sans pourtant s'être jamais engagé régulièrement dans les ordres[1], il n'aurait été toute sa vie qu'un de ces galants abbés que l'on commençait à voir se produire dans les ruelles; un fringant coureur d'aventures, dépensant ses belles années sans profit pour aucune sorte d'avenir, sans ambition pour aucune espèce de renommée; un voyage qu'il fit à Rome, où son père fournit encore à la dépense du grand train et de la joyeuse vie qu'il y mena, ne l'aurait pas mis davantage en évidence aux yeux de son siècle et aux nôtres; enfin il serait peut-être entièrement

---

1. On l'appelait toutefois l'abbé Scarron, mais c'est, dit-il, *par grand mensonge* (*Épître à M*^{me} *de Hautefort*).

perdu pour la littérature et pour l'histoire à laquelle il appartient de tant de manières, si, foudroyé par une double disgrâce, il ne fût tout d'un coup devenu pauvre et infirme.

Son père était mort et sa fortune, qu'il devait en grande partie à son titre de conseiller, s'était évanouie presque toute avec lui ; le pauvre Scarron, en outre d'un procès qu'il dut faire à sa belle-mère, «.Anne de Plaix, la plus plaidoyante dame du monde, » comme il l'appelle, n'avait hérité que des charges d'une paternité fort difficile. Il avait deux sœurs, en effet, plus jeunes que lui, fort gaillardes, on le verra, et desquelles, quoique abbé, il avait dû se constituer le protecteur et le père. Il s'y conformait d'assez bonne grâce, quand ce premier malheur vint se compliquer de l'autre et s'en aggraver d'une façon désespérante. Scarron tomba malade et de souffrances en souffrances, de crises en crises, devint le pauvre infirme que vous savez. Nous ne chercherons point les causes de cet étrange et déplorable écloppement ; commentant l'anecdote de Labaumelle[1] et les propos de tous les faiseurs d'*Ana*, nous n'examinerons point si ce sont les drogues des charlatans[2] ou l'eau fraîche de la Sarthe qui firent

---

1. *Mémoires de Maintenon,* tome I, pages 118-119.
2. C'est l'opinion de Tallemant : « ... Il dansoit des

de Scarron un immuable *cul-de-jatte*. Ce qui n'est que trop certain, c'est que le pauvre homme resta tout *circonflexe*, sa taille s'étant peu à peu raccourcie d'un bon pied par les souffrances, en même temps que son corps et ses cuisses, en se rapprochant et se se recoquillant toujours, étaient arrivés à former d'abord un angle obtus, puis un angle droit, puis enfin un angle aigu. Le beau coureur, l'alerte et vif abbé trébuchait, hélas! et à tout jamais par où il avait péché, il s'arrêtait dans son allègre élan; cloué sur sa chaise il restait, comme il l'a dit dans son *Épître à Sarrazin*, un abrégé des souffrances de l'humanité.

> Un pauvret
> Très-maigret
> Au col tors,
> Dont le corps
> Tout tortu,
> Tout bossu,

ballets, dit-il de Scarron, et étoit de la plus belle humeur du monde, quand un charlatan, voulant le guérir d'une maladie de garçon, lui donna une drogue qui le rendit perclus de tous ses membres, à la langue près... » (*Historiettes*, tome IX, page 123.) — Scarron du reste semble ignorer l'origine de son mal, puisque dans sa *Requête au cardinal de Richelieu* il le qualifie ainsi :

> Mal dangereux puisqu'il est inconnu.

Suranné,
Décharné,
Fut réduit,
Jour et nuit,
A souffrir
Sans guérir,
Des tourments
Véhéments.

Pauvre Scarron! c'en est fait; homme le voilà mort, mais du même coup, poète — s'il mérita jamais ce beau titre — poète il va naître. C'est peut-être là ce qu'il y a de plus étrange dans son double malheur : il lui fut bon à quelque chose. La disgrâce de son corps et les revers de sa fortune profitèrent à son esprit, ainsi que l'a fort bien remarqué M. Géruzez dans ses *Essais d'histoire littéraire.* C'est sa déchéance physique et financière qui fit de Scarron un auteur, et même un auteur burlesque; car, autre bizarrerie, la forme de son corps semble avoir déterminé tout à fait celle de son esprit. Il prit en gaieté laideur et difformité; comme pour se venger en riant du mauvais tour que lui jouait la maladie, il s'institua juré parodiste, se donnant désormais pour tâche de faire des œuvres du génie ce que l'ironique nature avait fait de son être chétif.

C'était vouloir rire de tout, même de son mal, c'était chercher à le prendre en patience; car le rire console, il désarme la douleur et empêche les regrets. Scarron cependant en eut quelquefois. Dans les moments de répit que lui laissaient ses souffrances ou sa gaieté, le pauvre homme se surprenait à être mélancolique, à soupirer après le temps qui n'était plus et à parler de ses amours. Oui, tout cul-de-jatte qu'il était, il avait encore souvenir de l'amour, et disait-il à son cher Sarrazin :

> Je puis porter autant et plus qu'un autre,
> Car l'Amour fut jadis le tyran nôtre.
> . . . .
> Mais, las ! c'étoit au temps où je marchois,
> Que je portais chapeau de belle forme,
> Comme on en voit chez Marion Delorme;
> Que je chargeois mes jambes de canons
> Et que j'avois aux pieds souliers trop longs :
> Mais maintenant malheureux je ne bouge :
> Mon couvre-chef n'est plus qu'un bonnet rouge [1].

---

1. Chaulieu, devenu goutteux lui-même, parle aussi par souvenir du bonnet de Scarron et de la façon burlesque dont son infirmité le forçait de saluer ses visiteurs : « J'ai la goutte à ne pouvoir remuer dedans ma chaise, et si cela continue, je n'aurai l'honneur de vous saluer qu'en ôtant mon bonnet de nuit de dessus ma tête avec une poulie comme Scarron. » *Lettre à madame la duchesse de Bouillon*, Œuvres, la Haye, 1767, tome II, page 149. — L'infirmité de

Loin de porter des canons superflus,
Once de chair aux jambes je n'ai plus ;
Loin de chausser comme on se chausse au Louvre,
Mes pieds tortus humble pantoufle couvre ;
Mais maintenant hâve, pâle, défait,
Just' au corps noir est tout mon attifet,
Just' au corps noir est toute ma parure,
Contre le froid, tout garni de fourrrure [1].

Voilà encore une fois où il en était réduit. La nature l'avait perdu, nous l'avons déjà dit, à l'âge où il demandait le plus à vivre et à courir. Et pendant vingt-deux ans il devait ainsi rester cloué sur sa chaise, ne gardant que l'usage de ses doigts, de sa langue et de son estomac ! C'était peu de chose, n'est-ce pas ? mais il en usa de manière à se dédom-

---

Scarron n'est pas exagérée ici, Tallemant n'en dit pas moins : « Il n'a de mouvement libre que celui des doigts, dont il tient un petit bâton pour se gratter. » *Histor.*, *loc cit*.

1. « Quand je songe, écrit-il à Marigny, que j'ai été sain jusqu'à l'âge de vingt-sept ans, pour boire souvent à l'allemande... Que si le ciel m'eût laissé des jambes qui ont bien dansé, des mains qui ont su peindre et jouer du luth et enfin un corps très-adroit, je pouvois mener une vie très-heureuse, quoique peut-être un peu obscure, je vous assure, mon cher ami, que s'il m'étoit permis de me supprimer moi-même, il y a longtemps que je me serois empoisonné. » *Œuvres*, 1737, in-12, tome I, 2ᵉ partie, pages 83-84.

mager autant qu'il put de tout ce qu'il avait perdu ; même, pour se consoler mieux, il en abusa quelquefois. Sa langue souvent ne lui servit qu'à médire, ses doigts à tracer des rimes sans vergogne et plus que burlesques, son estomac à s'indigérer. Il appelait cela faire valoir ce qui lui restait. Pour tout autre, hélas ! c'eût été encore vivre de peu !

La première maison qu'il habita après sa maladie était au Marais, dans la petite rue des *Douze-Portes* où nous pourrons revenir plus tard visiter Crébillon [1]. Le logis de l'auteur d'*Atrée* fut en effet le même que celui du chantre de *Typhon* ; comme si, par une de ces bizarreries qui lui sont ordinaires, le hasard eût voulu rapprocher les deux hommes les plus différents et mettre en présence, là, comme à Saint-Gervais où ils ont tous les deux leur tombeau, Crébillon, le plus grand — par la taille s'entend, — le plus sombre de nos tragiques, et Scar-

---

1. C'était, si je ne me trompe, la maison faisant l'angle, à droite, de la rue des *Douze-Portes* et de la rue Saint-Louis. Peut-être aussi appartenait-elle, comme la plupart des douze maisons composant cette rue, d'où son nom, à M. Nicolas Lejay, qui, de 1640 à 1656, fut premier président au parlement de Paris. A cause du patron, du président propriétaire, la rue s'était même appelée d'abord rue Saint-Nicolas.

ron, le plus chétif et aussi le plus falot de nos comiques[1].

Scarron aimait beaucoup cette rue des *Douze-Portes* tortueuse et circonflexe comme lui. Elle lui plaisait surtout parce qu'elle était au beau milieu du Marais et auprès de cette place Royale dont il fit si souvent l'éloge. C'était peut-être le lieu du monde qui lui faisait regretter le plus de ne pouvoir plus courir. Aussi, ne passait-il jamais, sans soupirer, sous ces arcades *où*, dit-il quelque part,

> L'on ne va si l'on veut qu'à couvert,
> D'où si l'on veut le chemin est ouvert
> Vers le quartier où je fais ma demeure.

Chaque fois qu'il s'éloignait de sa place chérie, il ne manquait pas de lui adresser un adieu. Le plus célèbre est celui qu'il rima, certain jour où, dans le vain espoir d'une guérison impossible, il s'en alla faubourg Saint-Germain tremper, dans un bain de tripes, *son très sec parchemin;* c'est le pauvret qui l'a dit lui-même. Ces adieux-là sont burlesques, comme

---

1. C'est dans cette maison que mourut Crébillon. Amanton, *Révélations historiques*, etc. (*France littéraire*, août 1836, page 315.) — Il y avait vécu dans la société de l'inépuisable romancière madame de Villeneuve. *Biog. Univ.*, tome XLIX, page 39.

tout ce qu'il écrivit; mais n'importe : pour qui sait les lire, pour qui connaît Scarron, là encore le burlesque n'est je crois que dans la forme, la mélancolie est au fond.

Pour conformer son gîte à sa fortune, Scarron, dans la rue des *Douze-Portes*, habitait au deuxième étage, ou, si vous aimez mieux, à la *seconde chambre*, ainsi qu'on disait dans ce temps-là, d'après son propre témoignage et d'après celui de Tallemant des Réaux. Ses deux sœurs demeuraient avec lui, et se conduisaient de façon à scandaliser tout autre voisinage que celui qu'abritait ce coin peu moral du Marais[1]. Pour lui, il ne faisait qu'en rire. « L'une, disait-il, aime le vin et l'autre aime les hommes; quelquefois il ajoutait : « Il y a douze coureuses dans

---

1. Les filles étaient nombreuses alors dans tout ce quartier, comme elles le sont toujours dans les rues neuves et à la mode. Gui Patin en parle, *Lettre du 1ᵉʳ octobre 1666.* — Marigny dans son poème du *Pain bénit*, parlant de maître Vavasseur, commissaire de ce quartier, nous le donne pour

> Des lieux publics grand écumeur,
> Adorateur de ces donzelles
> Qui ne sont ni chastes ni belles,
> Et qui, sans grâce et sans attraits,
> Vivent des péchés du Marais.

la rue des *Douze-Portes* à ne prendre mes deux sœurs que pour une[1]. »

Elles ne se marièrent jamais ni l'une ni l'autre, et Scarron, pourtant, élevait déjà à cette époque un tout jeune enfant qu'il appelait son neveu. « — Par quel endroit êtes-vous donc son oncle ? lui demandait-on souvent. — Ah ! répondait-il, il est mon neveu à la mode du Marais[2]. » Afin de subvenir aux frais de cette grosse famille et surtout aux dépenses de ces demoiselles qui, comme il le disait encore, mais pour médire plutôt que pour se plaindre, ne se faisaient pas bien payer de leurs locataires[3], le pauvre Scarron faisait argent de tout[4]. Devenu *auteur à la douzaine*, il travaillait et recevait des deux mains. Pour ses livres il faisait affaire avec Toussaint Quinet, libraire de la galerie du Palais, qui le payait

---

1. *Segraisiana*, page 88.
2. *Ibid.*, page 157. — Ce neveu épousa plus tard une demoiselle Anne de Thibout et fut écuyer de madame de Maintenon.
3. Dans son *Factum, ou requête, ou tout ce qu'il vous plaira*, il désigne ainsi une de ses sœurs : « Françoise Scarron, mal payée de son locataire... » Vous devinez ce que locataire veut dire ici. Celui de Françoise était le duc de Tresmes.
4. « Il fait des comédies, des nouvelles, des gazettes burlesques, enfin tout ce dont il croit tirer de l'argent. » Tallemant, *Histor.*, page 127.

en beaux écus; mais ce n'était pas assez; puis en outre de cette première ressource, qu'il appelait son *marquisat de Quinet,* il avait celle du théâtre; il débitait pour les comédiens, en scènes plus ou moins burlesques, tout ce que son cerveau pouvait imaginer de comique et d'étrange. Il inventait *Jodelet,* il créait *Don Japhet;* bien plus, un jour d'inspiration, de prescience scénique, il faisait paraître sur le théâtre le premier *oncle d'Amérique* connu. Quelle découverte! quel trésor! c'est le plus riche qui nous soit venu de pays-là; messieurs du Vaudeville en conviendront et voueront je pense un beau cierge à Scarron qui l'a trouvé et l'a exploité le premier dans son *Héritier ridicule.* Pour faire valoir cette belle trouvaille de son génie, il en fit une dernière non moins belle mais plus inépuisable encore : il inventa la réclame *personnelle.* Après chacune de ses pièces il dressait en bon style d'éloge, pour lui d'abord et pour les comédiens, ce qu'il appelait une *affiche,* sorte de louange courante où, sans modestie, sans vergogne, il donnait à tous son encens, aux acteurs, à sa pièce, à lui-même. On n'est jamais si bien servi que par ses mains; le bonhomme l'avait compris, c'est pourquoi, renchérissant par avance sur ce temps-ci, il n'avait pas voulu admettre de collaboration même pour l'éloge de ses œuvres.

Scarron était donc l'auteur le plus expert en l'art du gagne-pain poétique; si son cerveau n'était jamais à court en ressources de comédie, il l'était moins encore en rubriques d'industrie. Malheureusement notre homme aimait trop la dépense, surtout quand il s'agissait de friandise. Chez lui, ses deux sœurs y aidant, le ventre absorbait la tête, la digestion dévorait les fruits de l'imagination; quelque agile qu'elle fût, sa plume n'aurait donc pu suffire, si des amis généreux n'étaient venus secourir cette misère, réelle au fond, mais décuplée par des besoins factices.

L'évêque du Mans, M. de Lavardin, fit d'abord avoir à Scarron un bénéfice tel qu'il en avait longtemps souhaité un, c'est-à-dire si simple que, bien loin d'exiger résidence, il ne fallait que croire en Dieu pour le posséder. Il eut, en outre, une pension singulière, le brevet d'un emploi que lui seul pouvait tenir et que les infirmités avaient droit de rendre viager dans sa seule personne. Il obtint, avec 1,500 livres par an [1], le titre de Malade de la Reine

---

[1]. Il touchait sa pension sur l'ordonnancement de M. de Lionne et sur la signature de M. de Tubœuf, au bureau de M. de Berthillat, qui avait son hôtel rue du *Grand-Chantier*. On connaît la scène de Jean Bart avec lui. C'est aussi le même à qui Boileau joua le tour raconté plus haut.

et la permission de s'intituler ainsi par la *grâce de Dieu*. Ces secours, le dernier surtout, le mirent à l'aise; il put supporter plus gaiement

> Plusieurs maux très-embarrassants,
> Qui chez lui venoient en gendarmes,
> Comme faim, soif, froid, peur, soin, larmes.
> . . . .
> Cette reine qu'on doit bénir,
> M'a quinze cents livres données, etc...
> Il peut hausser son ordinaire
> De deux médecines par mois
> Ou si vous le voulez de trois.

Il tenait à remplir, en malade de confiance, son office auprès de la reine, aussi, dit-il dans une requête à sa bienveillante Majesté :

> .... *Votre* malade exerce
> Sa charge avec intégrité :
> Pour servir Votre Majesté,
> Depuis peu, l'os la peau lui perce :
> Tous les jours s'accroît son tourment;
> Mais il le souffre gaiement;
> Il fait sa gloire de sa peine,
> Et l'on peut jurer sûrement
> Qu'aucun officier de la reine
> Ne la sert si fidèlement.

Par malheur le malade se brouilla avec la reine au sujet du Mazarin. Quoiqu'il y eût droit chaque jour davantage, il perdit ainsi charge et pension. Un petit logement qu'on lui avait promis lui échappa de même avec la faveur de la cour [1]. Sûr de l'obtenir, il avait déjà donné congé de son appartement de la rue des *Douze-Portes*, si bien que le jour où la disgrâce de la cour vint le frapper, il ne sut vraiment où il trouverait un gîte. Son parti fut bientôt pris pourtant ; il entendait depuis longtemps parler de certains bains gélatineux, où les écloppés de sa façon allaient s'immerger, et d'où ils sortaient guéris. C'était dans le faubourg Saint-Germain, devers la Charité [2] ; il s'y fit porter, loua un petit logis auprès, rue des Saints-Pères, et, à peu de temps de là, nous l'y

---

[1]. Il avait demandé ce logement en termes plaintifs à la reine :

> Sachez que la bonté suprême
> Vous guerdonnera largement
> Pour m'avoir donné logement,
> Car, en ma petite personne,
> O reine aussi belle que bonne,
> Vous fonderez en la logeant,
> Un hôpital pour peu d'argent.

[2]. Reprochant à Sarrazin de n'être pas venu le voir, il lui rappelle ainsi son adresse nouvelle :

> Soit en allant ou venant de la foire,
> Te détournant de cent pas à côté,
> En disant droit de vers la Charité,
> Tu pouvais bien me rendre une visite.

trouvons tout installé, se médicamentant à outrance, mais triste toutefois, car il est loin de son cher Marais, loin de la place Royale, et les adieux qu'il a rimés n'ont pas soulagé son cœur. Pourquoi se mettait-il aussi l'esprit de parti en tête ? pourquoi même, cette seule fois, s'était-il permis une velléité politique ? Il paie bien cher les pots cassés de son escapade. Ainsi, pour avoir voulu se venger du Mazarin, pour avoir étourdiment déserté sa cause, parce que le cardinal a dédaigné la dédicace et la lecture de son *Typhon;* pour avoir transformé un instant sa chambre et le bureau d'esprit qu'il y tenait en cercle séditieux ; pour y avoir admis le cardinal de Retz et les gens du parti de Condé, l'élite de la Fronde et des *Petits maîtres*, voilà que Scarron perd une protection toute royale et toute bienveillante, et pour surcroît le voisinage de sa place chérie.

Une fois cependant

> Qu'hôpital allant et venant
> Des jambes d'autrui cheminant,

il se fut bien établi rue des Saints-Pères[1], les com-

---

1. Je croirais volontiers qu'il était là en hôtel garni, et que, par conséquent, ce logis n'est autre que *l'hôtel de Troie* (sic) d'où il date son *Épître burlesque* à mademoiselle

pensations ne lui manquèrent pas. Il se trouva là dans le voisinage, d'autres disent sous le toit même[1], de la vieille baronne de Neuillant qui, vers ce temps-là, s'était faite la tutrice de la jeune et jolie Anne-Françoise d'Aubigné, fille de Constant et petite-fille de Théodore Agrippa ; or, vous savez ce que ce seul nom nous promet ici.

Quoiqu'elle fût presque enfant encore — elle n'avait que quinze ans — Françoise d'Aubigné semblait, à ne compter que ses malheurs, avoir accompli déjà l'existence la plus longue et la plus éprouvée. Depuis le jour où elle était née dans une prison de Niort, ayant le geôlier pour parrain et pour baptême le sang des huguenots ses frères, la persécution l'avait con-

---

de Neuillant, abbesse de Notre-Dame de Poitiers, et fille de celle dont nous allons parler.

[1]. C'est l'avis de Tallemant, *Historiettes*, tome IX, page 126. Le P. Laguille, au contraire, dans le fragment de ses *Mémoires* qui traite de madame de Maintenon et le seul qui ait été publié par Chardon de la Rochette dans les *Archives littéraires de l'Europe* (n° XXXVI, p. 370), où M. Walcknaer ne le retrouva que dans ces derniers temps ; le jésuite Laguille, dis-je, pense que madame de Noiaille (*sic*), comme il appelle madame de Neuillant, n'était que voisine de Scarron, dans la rue des Saints-Pères, que par erreur aussi il appelle les *Petits-Pères*. — Segrais dit aussi que mademoiselle d'Aubigné, « revenue nouvellement d'Amérique... demeuroit vis-à-vis de la maison de Scarron. » *Segraisiana*, page 126.

duite à travers les vicissitudes les plus douloureuses de l'indigence et de l'exil.

Dès l'âge de trois ans elle avait été emmenée en Amérique; et quand Scarron vint demeurer auprès de madame de Neuillant, il y avait quelques mois à peine qu'elle avait quitté cette terre étrangère, cette première patrie de ses épreuves, qu'elle avait pour ainsi dire connue avant la France, où elle était arrivée avec son père et avec sa mère, mais d'où elle revenait orpheline. Par une rencontre singulière, Scarron, toujours aventureux et d'humeur voyageuse, ses infirmités donnant à tout ce qui était mouvement et voyage je ne sais quel attrait de fruit défendu, avait, lui aussi, formé justement alors le projet d'aller en Amérique[1]. Sitôt qu'il apprit que

---

1. Auparavant il avait voulu aller en Hollande, quand sa pension lui avait été retirée.

> Ma charge est peu s'en faut cassée,
> Dont ma muse est fort offensée,
> Et toute prête à se fâcher.
> Si l'on ne tâche à l'empêcher,
> Je lui ferai voir la Hollande,
> La belle impression d'Elzevire
> Fera que ma façon d'écrire
> Reprendra nouvelle vigueur...

C'est sur les promesses d'une compagnie, fondée en 1651, pour la colonisation des terres voisines de l'Orénoque, et

mademoiselle d'Aubigné, revenue tout nouvellement des îles, c'est ainsi qu'on disait, logeait dans son voisinage, il désira la connaître et fit instamment prier madame de Neuillant de la laisser venir chez lui. Une première visite suivit bientôt cette invitation.

sur le bruit de guérisons miraculeuses accomplies dans ce pays-là, que Scarron avait résolu de s'embarquer pour l'Amérique. Ainsi il dit dans son *Épitre chagrine* à M. Rosteau :

> Il faut porter en Amérique
> Un chagrin si mélancolique,
> Et voir si sous un autre ciel
> Son absinthe deviendra miel :
> Là nulle fluxion, ni goutte,
> Là nul froid que tant je redoute,
> La nuit seulement, un vent frais
> Y semble être fait tout exprès
> Contre le chaud de la journée ;
> Là le printemps toute l'année
> Y conserve sa gaieté,
> L'automne, sa maturité,
> Et l'été sans brûler les herbes
> Chaque mois y donne des gerbes.

L'affaire manqua, l'abbé de Marivau qui menait tout se noya dans la Seine, sur le port auprès du Cours-la-Reine, en voulant sauter dans le bateau qui devait l'emmener. L'entreprise ne s'en sauva pas. Ternaux Compans, *Notice hist. sur la Guyane française*, in-8°, p. 50-59. — Scarron en fut pour la somme qu'il y avait mise, et qui n'allait pas à moins de mille écus. *Œuvres de Scarron*, 1737, tome I, page 38. — Loret, *Muse historique*, 31 décembre 1651.

La jolie enfant vint voir le pauvre écloppé. Elle était bien timide, bien émue, elle n'osait avancer, elle était prête à pleurer. Le souvenir de ses malheurs la rendait toute tremblante, et puis, pauvre fille! elle était presque honteuse de ses chétifs atours et de sa jupe trop courte [1]. La vieille baronne était si avare! Scarron, qui fit un effort pour la bien regarder [2], la trouva jolie et l'encouragea d'un sourire. Bien qu'il eût tout vu, le sournois, il eut l'air de remarquer seulement sa figure charmante, où pétillait l'esprit sous la décence et la naïveté. L'entretien commença, et comme Scarron était bonhomme autant que la pauvre Francine était timide et simple, la confiance ne tarda pas à s'établir entre eux. Après quelques nouvelles visites, l'intimité s'ensuivit. Mademoiselle d'Aubigné racontait toutes ses peines et toutes ses aventures au vieil infirme. Elle contait bien, il les lui fit répéter, et chaque fois il laissait tomber de grosses larmes que ses doigts perclus ne pouvaient arrêter. Il était surtout

---

1. *Lettre* de Scarron à mademoiselle d'Aubigné. *Œuvres*, tome II, 2ᵉ partie.
2. « Pour le voir, il fallut qu'elle se baissât jusqu'à se mettre à genoux. » Tallemant, *Hist.*, tome IX, page 124. Le P. Laguille en dit autant.

attendri quand elle reprenait le recit de son départ de France.

Elle était tout enfant alors et tellement malade, qu'après quelques jours de traversée elle ne sembla plus donner aucun signe de vie. Sa mère la tenait entre ses bras, et, tout en pleurs, cherchait à la réchauffer dans son sein. Le baron d'Aubigné, croyant sa fille morte et convaincu que la vue de son corps inanimé redoublé encore le désespoir de sa femme, l'arrache de ses bras et l'abandonne au matelot qui jette les morts à la mer. Il va l'y précipiter. Le canon qui annonce les morts va faire entendre son bruit funèbre, quand madame d'Aubigné demande qu'on lui laisse au moins déposer un dernier baiser sur le front de sa fille, elle l'obtient. Par un mouvement instinctif et désespéré, elle veut encore porter sa main sur le cœur de l'enfant et le sent battre. Sa fille est vivante! par un cri d'indicible joie sa mère le proclame et la sauve!

La pauvre fille était tout émue en achevant ce récit; Scarron ne l'était pas moins, puis, secouant la tête : « Mademoiselle, lui dit-il, on ne revient pas de si loin pour peu de chose. » Mot profond et plein de présages, que l'évêque Metz redit plus tard à Françoise d'Aubigné, devenue marquise de Maintenon, un jour qu'elle racontait cette histoire à

Marly. Alors la prophétie du vieux malade était accomplie !

Sans s'inquiéter davantage avec Scarron de ce que gardait l'avenir, mademoiselle d'Aubigné ne lui parlait que du présent, et ce n'était pas un moyen de se consoler du passé : précaire comme lui, il ne renfermait guère d'espérances pour la malheureuse orpheline.

Madame de Neuillant était une protectrice marâtre, qui lui faisait acheter par des privations sans nombre les soins d'une tutelle, que partout cependant elle proclamait désintéressée et bienveillante. Francine[1] était sa pupille d'adoption, et, à ce titre, la baronne aurait dû l'élever comme sa fille. Loin de là, elle la nourrissait et la vêtissait mal ; pendant l'hiver, elle poussait l'avarice jusqu'à la laisser dans une grande chambre avec un maigre brasier le plus souvent éteint[2]. Scarron, à qui elle disait toutes ses peines présentes avec autant de franchise qu'elle en avait mise à lui conter ses malheurs d'autrefois, s'apitoyait en bonne âme sur toute cette misère. Sa pitié allait presque jusqu'aux larmes quand, faisant retour sur lui-même, il comparait en idée toutes ces

---

1. Le P. Laguille l'appelle toujours ainsi.
2. Tallemand, *Hist.*, page :26.

privations à l'aisance dont il aimait à s'entourer. Le chapitre de la mauvaise nourriture et du froid le touchait surtout, lui, si friand qu'il était peut-être, après Montmaur et Du Broussin, l'homme de son temps le plus expert en cuisine; et si frileux, que, dans la crainte de manquer de bois, il fit deux requêtes en vers, et à la seule intention de son chauffage, l'une au surintendant Fouquet, et l'autre à Pélisson.

Les plaintes de la pauvre jeune fille ne pouvaient donc s'adresser à une âme plus compatissante; Scarron résolut d'y mettre fin n'importe à quel prix. Il pensa d'abord au couvent, et il proposa à mademoiselle d'Aubigné de la doter d'une somme de mille écus. C'était à peu près le quart de son bien. La jeune fille accepta avec effusion. Scarron vit cependant, ou bien voulut voir un peu d'hésitation à travers sa reconnaissance, et toujours brave homme, c'en fut assez pour lui faire croire que le cloître ne convenait pas tout à fait à Francine. Il se mit donc à chercher autre chose, réfléchit bien, et, comme suprême voie de salut, ne trouva que le mariage. « Mais avec qui la marier? se dit-il. Parbleu avec moi-même ! Je suis bien vieux, est-ce tant pis? Je suis bien infirme, c'est presque tant mieux encore ; si je l'étais moins, je ne serais pas aussi bien le fait d'une pauvre fille qui veut entrer en religion, et qui, en m'épousant, pourra, comme au cloître, demeurer toute en Dieu. »

Quand mademoiselle d'Aubigné revint le voir, Scarron brusqua la déclaration et la fit à sa manière : « Mademoiselle, lui dit-il, je ne veux plus rien vous donner pour vous cloîtrer. » Elle fit un grand cri : « Attendez, c'est que je veux vous épouser[1]. » La jeune fille ne cria plus, qu'un peu de surprise, et soit qu'elle eût vraiment le cloître en horreur, soit que d'un autre côté elle prévît bien que Scarron ne serait jamais qu'un père pour elle et un ami, elle se contenta de lui demander un jour de réflexion[2].

Peu de temps après[3], mademoiselle Françoise

---

[1]. C'est du moins ce que raconte Tallemant.
Ce n'était pas la première velléité de Scarron pour le mariage. Il avait failli épouser une certaine Céleste Palaiseau qu'il avait aimée autrefois. « Il la logea, dit Tallemant, jusqu'à ce qu'elle se fut retirée dans un couvent. » Il lui fit encore avoir le prieuré d'Argenteuil.

[2]. « Madame Scarron a dit à ceux qui lui demandoient pourquoi elle avoit pris cet homme : « J'ai mieux aimé « l'épouser qu'un couvent. » Tallemant, *Hist.*, page 126.

[3]. Le mariage fut retardé à cause des parents de Scarron, et tenu secret en raison des obstacles qu'ils auraient pû faire naître. En attendant, selon le P. Laguille, on mit mademoiselle d'Aubigné en pension chez les religieuses

d'Aubigné devint madame Scarron. On était en 1649[1]. Le poète malade avait quarante et un ans passés, et sa très jeune femme en avait quinze à peine. On prétend que lorsqu'il fut question de dresser le contrat, Scarron fit cette déclaration bur-

Ursulines de la rue Saint-Jacques : « Elle pouvait, écrit-il, avoir quinze ou seize ans, m'ont dit quelques-unes de celles qui l'ont vue dans ce monastère, entre autres la mère Le Pilleur, de laquelle j'ai appris ce qui précède et en particulier ce qui suit : C'est que ladite demoiselle ayant obtenu permission de sortir de temps en temps, elle ne put si bien cacher les visites qu'elle rendoit au sieur Scarron, qu'on n'en eût connoissance dans le monastère, et du mariage qui se pratiquoit. Sur tout cela les religieuses résolurent de la mettre hors de leur maison, ne leur convenant pas de garder une fille dans ces circonstances. On l'auroit en effet chassée si un Père jésuite, fort connu dans la maison, auquel on donna connoissance de ce qui se passoit de la part de la demoiselle, n'eût empêché l'affront qu'on étoit sur le point de lui faire, assurant que la demoiselle étoit sage et qu'on n'avoit rien à craindre. » — C'est après cela que se fit le mariage.

1. Le P. Laguille dit positivement : « Le mariage fut conclu et déclaré environ l'an 1649 et 1650. »
Si le mariage eut lieu de 1649 à 1650, il faut que le projet de Scarron d'aller en Amérique l'ait suivi et non pas précédé, comme je l'ai fait entendre à tort pages 405, 406, puisqu'en effet l'expédition dont il devait faire partie n'avorta qu'en 1651. Du reste, son mariage avec une jeune fille qui connaissait l'Amérique, et qui sans doute désirait y retourner, pouvait être lui-même pour Scarron une raison déterminante de ce voyage. Il parla beaucoup de l'intention

lesque : « Je reconnais à l'accordée deux grands yeux fort mutins, un très beau corsage, une paire de belles mains et beaucoup d'esprit. — Mais quel douaire lui assurez-vous? ajouta le notaire. — L'immortalité, reprit Scarron, pourvu, ajouta-t-il sans doute, qu'elle soit de communauté et que nous la partagions ensemble. »

C'est vers le temps de son mariage, plutôt auparavant qu'après, que Scarron dut quitter la rue des Saints-Pères où il n'était que campé, et venir prendre un gîte définitif dans la maison de la rue de la Tixeranderie, où il devait mourir.

Elle était encore debout, il y a quelques mois, à deux pas de la poterne qni donnait ouverture dans l'infecte rue des Deux-Portes, disparue tout entière ;

qu'il avait de le faire, ne cacha rien de ses préparatifs, et par là prêta fort à rire aux moqueurs. La 32e *Epigramme* de Furetières n'a pas d'autre objet :

>   Donc ce fameux paralytique
>   Qui ne marchoit qu'avec ahan,
>   Va voyager en Amérique
>   Comme Vespuce ou Magellan.
>   Il veut faire des découvertes
>   De mers et de plaines désertes
>   Et va peupler de nouveaux ports
>   Avec marchands, gueux et manœuvres.
>   Je meurs s'il ne fait pas alors
>   La plus burlesque de ses œuvres.
>   (Note de la 2e édition.)

tout près de la rue du Coq, et non loin de cet hôtel des Coquilles[1], qu'habitait le président Jacques Louvet en 1519, et que le tracé de la rue de Rivoli a fait démolir comme le reste du quartier[2].

La maison où logea Scarron portait le n° 27. En

1. On a eu le bon esprit de rétablir sur la façade de la maison neuve qui a remplacé l'ancienne, au coin de la rue du Temple et de la rue de la Tixeranderie, les coquilles auxquelles ce logis du XVI° siècle devait son nom.

2. En revenant habiter cette rue pleine de tisserands malingreux et comme tels rangés pour la plupart dans la race maudite des *cagots* (V. Francisque Michel, *Histoire des Races maudites*, tome I, pages 12, 84, 108, 111), Scarron l'infirme se donnait un digne voisinage. Il logeait justement tout près de cette grande maison de tisseranderie, qui, selon Sauval (liv. VIII, page 149) : « régnait depuis la rue des Deux-Portes jusqu'à la rue Violette (le cul-de-sac Saint-Farron). » C'est à cette maison et à l'industrie qu'on y exerçait que la rue devait son nom. La maison elle-même, dépendance de l'hôtel d'Anjou, s'appelait hôtel de la Maque. Il en est parlé dans le vieux roman de *Francion* (liv. VII, édit. de Rouen, 1635, in-8°, pages 442. 443). Il paraît, d'après ce que dit encore Sauval (tome II, page 76), qu'en outre des tisserands, il s'y trouvait des ateliers de soieries et de fil d'or, vers 1603 (Fr. Michel, *Recherches sur le commerce, la fabrication, etc., des étoffes de soie*, t. II, pages 291, 292, note). — D'un autre côté, Scarron, le trop réel cul-de-jatte, avait pour voisine toute la population de faux infirmes qui pullulait des rues du *Martroy* et des *Mauvais-Garçons*, jusqu'à celle du *Pet-au-Diable*; et dont tout près de là encore, la cour *Gentien*, rue des Coquilles, et la cour *Brisset*, rue de la Mortellerie, étaient les infectes fourmilières.

dépit du badigeon, elle conservait encore le caractère de l'époque où elle avait été construite. Sous la couche blafarde, on devinait la brique et les cordons de pierres saillantes qui l'encadraient, à la manière des façades de la place Royale. Sur la porte aux lourdes ferrures, se voyaient quelques fleurs de lis, insignes sans doute involontaires, souvenirs certainement fortuits du séjour que l'épouse future de Louis XIV avait fait dans cette demeure. La cour était étroite; l'escalier était éclairé, à la hauteur du premier palier, par une de ces hautes fenêtres sans appui que le marquis de Pisani avait mises à la mode en France, vers le milieu du règne de Louis XIII, lors de la construction de son hôtel de la rue Saint-Thomas-du-Louvre. Vingt-quatre marches séparaient le rez-de-chaussée du second étage où habitait Scarron. Quand nous avons visité cette maison, il y a dix ans à peu près, l'appartement du poète, bien qu'encombré par la marchandise d'un marchand de lanternes qui en avait fait son magasin, se retrouvait entier, et tout à fait, quant à la distribution, tel que Sainte-Foix, renseigné lui-même par la tradition, l'a décrit dans ses *Essais sur Paris*[1].

---

1. Tome I, page 303.

Il se composait, sur le devant, de deux chambres que l'escalier séparait; à droite logeait Scarron, à gauche était la chambre de sa femme; tout près de la cuisine, donnant sur la cour, se trouvait le cabinet où logeait Mangin, factotum du logis, valet de chambre, laquais et secrétaire [1].

L'hôpital Saint-Gervais faisait face et se voyait en plein des fenêtres de Scarron. La disposition des lieux suffirait pour nous l'apprendre, si lui-même n'avait pris la peine de nous le dire, dans ces vers qui terminent son cartel pour les Jobelins et qui peuvent lui servir d'adresse :

> Je m'appelle Scarron,
> Je loge en la seconde chambre,
> Tout vis-à-vis l'hôpital Saint-Gervais [2].

2. Mangin ne resta pas toujours au service de Scarron. Nous savons par les vers qui suivent comment ce flegmatique secrétaire prit son congé :

> Et ce valet que je faisois écrire,
> Autre démon qu'on ne vit jamais rire,
> Et dont l'esprit indifférent et froid
> Eut fait jurer un chartreux tout à droit,
> Cessant enfin d'être mon domestique,
> M'a délivré d'un fou mélancolique.

On ne doute point que Mangin ne fût ce valet *indifférent et froid*, si l'on se rappelle certaine anecdote racontée dans le *Segraisiana*, p. 156.

2. Dans son *Épitre* à M. Desbordes Payen, il donne

Chaque fois donc qu'on le traînait jusqu'à sa fenêtre, il pouvait voir se dessinant sur le portail les deux statues votives de Nicolas Flamel et de sa femme Pétrenelle bienfaiteurs de l'hospice. Pour peu qu'il les reconnût, il devait bien rire, lui pauvre, chétif, et si peu ingambe, de se voir en présence de ces bonnes gens qui eurent tant de richesses et firent de si longs pèlerinages.

C'est en effet là un contraste singulier qui doit presque valoir pour nous celui que nous avons déjà trouvé, rue des *Douze-Portes* dans la rencontre fortuite de Scarron et de Crébillon, logés à cent ans de

encore son adresse, et cela sans doute, non par facétie, comme tout à l'heure, mais pour renseigner cet ami qui était de ses visiteurs et de ses correspondants. Il fallait donc qu'il y eût peu de temps qu'il logeât rue de la Tixeranderie quand il fit cette épître. Or, la date se trouve dans la même mention. Il l'écrivit en 1649. Ce que nous disions tout à l'heure de l'installation de Scarron, qui coïncida avec son mariage, se trouve ainsi justifié. Pour surcroît, Scarron nous apprend le nom de son propriétaire :

> ... De notre chaise
> Deux jours après que notre roi revint,
> L'an mil six cent soixante neuf moins vingt,
> Logé bien haut, chez mon ami Busine,
> A quatre-vingts degrés de la cuisine,
> Tout vis-à-vis l'hôpital Saint-Gervais,
> Où le Seigneur me maintienne en sa paix.

distance dans le même logis. Digne voisin d'un hôpital, quand le pauvre Scarron se fut installé devant celui de Saint-Gervais et eut fait transporter dans l'appartement que nous venons de décrire, ses tableaux qui étaient de haut prix [1], ses meubles, plus magnifiques qu'on ne croirait [2], son petit lit de damas jaune, sur lequel le cardinal de Retz s'était tant de fois assis pour causer avec lui; et sa longue chaise grise aussi, sur laquelle la douleur le clouait tout le jour et la même qui, munie d'une planchette soutenue par deux bras de fer, lui servait de table de travail; il recommença à tenir bureau d'esprit ainsi qu'il avait fait rue des Douze-Portes et rue des Saint-Pères. Les carrosses des ducs d'Albret et de Vivonne, des comtes du Lude et de Villarceaux s'arrêtèrent encore devant la maison du pau-

---

1. Il en possédait deux au moins, un sujet bachique et une *Exaltation de saint Paul*, celle peut-être qui est au Louvre, que le Poussin avait faite pour lui, à Rome, moins par estime pour son talent dont il faisait très peu de cas que par suite de ses obsessions. *Lettres du Poussin*, 7 février 1649 et 29 mai 1650.

2. « Quoique Scarron ne fût pas riche, néanmoins il étoit logé fort proprement et il avoit un ameublement de damas jaune qui pouvoit bien valoir cinq à six mille livres avec ce qui l'accompagnoit. » *Segraisiana*, pages 126, 127 et 128. Ainsi Scarron ne logeait pas autant qu'il le dit à l'hôtel de l'*Impécuniosité*.

vre malade et la rendirent vénérable à tous les habitants du voisinage de la Grève comme ils avaient autrefois tenu en respect devant sa petite porte tous les bourgeois du Marais. « Ces grands seigneurs, dit-il lui-même, venoient me voir, comme on alloit voir l'éléphant, et passoient l'après-dîner dans ma chambre, quand ils avoient manqué leurs visites ou qu'ils n'avoient rien à faire. »

A la suite de ces hauts personnages, venait, mais à pied, la foule déjà nombreuse des lettrés, Sarrazin, Ségrais, Maynard, mademoiselle de Scudéry, qui logeait tout près, rue des Oiseaux, et Ninon de Lenclos, qui venait de la rue des Tournelles en compagnie de Mignard alors son voisin[1]. Tous étaient

---

1. Ce n'est que plus tard qu'il vint rue de Richelieu, dans cette maison dont il fut propriétaire et où notre chapitre de l'*Almanach des adresses* vous l'a fait voir. Scarron, amateur des belles peintures, lui fit faire en 1659 le portrait de sa femme, qui avait alors vingt-cinq ans environ. Mignard la peignit dans la chambre même de Scarron, et, comme il tardait à l'achever, l'impatient *cul-de-jatte* lui écrivit :

> Viens, viens donc demain chez moi
> Finir cet ouvrage rare,
> Pour te ramener chez toi
> Un convoi je te prépare.

L'abbé de Monville, dans la *Vie de Mignard*, page 72, parle de ce portrait de madame Scarron, modeste et

amis de Scarron, tous ses commensaux assidus. Pour eux sa petite chambre se transformait souvent en joyeux réfectoire. La gourmandise envahissait le cercle, mais n'en bannissait pas l'esprit, car dans ces pique-nique impromptus, chacun apportait son contingent de saillies et de bonne chère; les unes s'aiguillonnaient pour ainsi dire et se réconfortaient par l'autre. Scarron appelait cela des *repas de pièces rapportées* [1].

simple, et partant si différent de celui que le même peintre dut faire plus tard de madame de Maintenon, reine anonyme alors, représentée en sainte Françoise, avec manteau fleurdelisé.

1. *Lettre à M. de Vivonne.* — Tallemant parle aussi de ces repas chez Scarron; mais, d'après ce qu'il dit, il paraît que par dignité sa femme ne s'en accommodait guère et souvent dédaignait d'y paraître : « Scarron a souffert que beaucoup de gens aient porté chez lui de quoi faire bonne chère. Une fois le comte de Lude, un peu brusquement, en voulut faire de même. Il mangea bien avec le mari, mais la femme se tint dans sa chambre. » Ceci est tout à fait d'accord avec ce que nous disons plus loin d'après madame de Caylus. Si cette façon de faire bonne chère répugnait à madame Scarron, elle lui agréait assez pourtant par l'économie qu'elle apportait dans son ménage. Sans cela, elle n'aurait peut-être pas pu se donner si bien en exemple à sa belle-sœur, dans la *lettre du 15 mars 1678*, où elle lui prêche l'épargne pour la dépense de chaque jour : « J'ai vu de près tant de ménages, lui dit-elle, que je crois pouvoir parler du vôtre. M. Scarron ne me donnoit que cinq cents francs... »

On sait par Scarron lui-même, comment se menaient chez lui la gourmandise et la gaillardise en ces jours de gala et de cotisation. Voici, par exemple, un des alléchants billets d'invitation qu'il écrivait en pareil cas :

>Vous êtes conviés jeudi
>Dedans ma chambre après-midi,
>De venir célébrer l'orgie.
>D'Artige, le père conscrit,
>Dont les chansons ont tant d'esprit,
>Qu'on les croit faites par magie,
>Et le bon Desbordes Payen,
>Qui jure et qui dégaîne bien,
>Honoreront la tabagie.
>Dame Picard y brillera,
>Et le grand Flotte y chantera [1]
>Des chansons avec énergie ;
>Moi-même aussi, j'y chanterai
>Et les autres réjouirai,
>Nonobstant ma triste effigie.
>Enfin dans ma chambre on rira,
>Boira, mangera, causera,
>Mon Dieu, que n'est-elle élargie !

1. Ce Flotte ou de Flotte était l'un des plus fameux gourmands de cette époque. Quand il mourut en 1649, Colletet lui fit une épitaphe où se trouvent ces deux vers :

>Les plus riches enfants de la joie et des ris
>M'avoient nommé le roi des goinfres de Paris.

Une autre fois il invite ainsi Mignard et pour l'encourager mieux lui donne en rimes friandes le menu du repas :

> Dimanche, Mignard, si tu veux,
> Nous mangerons un bon potage,
> Suivi d'un ragoût ou de deux,
> De rôti, dessert et fromage.
> Nous boirons un vin excellent,
> Et contre le froid violent,
> Nous aurons grand feu dans ma chambre ;
> Nous aurons des vins, des liqueurs,
> Des compotes avec de l'ambre,
> Et je serai de bonne humeur.

Les absents eux-mêmes, craignant d'avoir tort, voulaient prendre part à ces pique-nique célèbres. MM. de Lude et de Villarceaux envoyaient leur souper quand ils ne pouvaient venir eux-mêmes. Ils l'accompagnaient toujours de quelque billet galamment stylé, tenant ainsi à ne pas paraître en reste de bonne chère et d'esprit avec ce qui pouvait se manger de délicat et se dire d'aimable dans cette chambre, qui loin d'être, de par les infirmités du maître, la succursale de l'hôpital voisin était bien plutôt, par la façon dont il en faisait les honneurs, le salon le mieux hanté et le plus gai de Paris.

Scarron gourmand sans scrupule, amphitryon friand sans fausse honte, savait, pour dresser ses menus et garnir sa table, prendre ou recevoir de toutes mains ; tantôt c'étaient des fromages et un excellent pâté qu'envoyait le maréchal d'Albret, tantôt des pastilles et d'excellent vin muscat de la *part du beau, grand et bon comte de Selles*, et pour tout cela l'heureux malade n'avait qu'à digérer, puis à répondre après dégustation ; tâche peu difficile, pour lui surtout, toujours si bien en fonds d'appétit et d'épîtres flatteuses. Jamais sa plume congratulante n'était en retard de remerciements pour ses nobles pourvoyeurs ; il leur rendait compte, avec une minutie experte, de toutes les émotions, de toutes les jubilations de son estomac satisfait. Quelquefois il écrivait mangeant encore ; ainsi ayant à répondre à cette bonne comtesse de Schomberg, il finit son remerciement par ce distique d'heureuse digestion :

> Fait à Paris, en avalant
> Un de vos melons excellents.

Madame Scarron prenait rarement sa part de cette bonne chère [1] ; dans tous ces pique-nique, elle se

---

1. Je ne sais où l'auteur d'une épître très singulière et très rare dont je citerai quelques vers, pour la bizarrerie du fait, a pris ce qu'il dit sur la gourmandise de madame Scarron, sur son goût pour le vin d'Espagne :

> Que je serois un fanfaron,
> Si j'avois de l'abbé Scarron (*sic*)

montrait extrêmement discrète et sobre : « On l'a vue, dit madame de Caylus, sa nièce, passer ses carêmes à manger un hareng au bout de la table et se retirer aussitôt dans sa chambre [1]. »

C'était l'abondance seule, et non pas la société dont elle aimait l'esprit, qui l'effrayait et qui la faisait fuir. Cela est si vrai que, lorsqu'il y avait disette de bons plats elle restait à table; sa présence alors

>Non sa taille ni son alleure,
>. . . . .
>Non, dame chienne Guillemette,
>Quoiqu'elle soit assez bien faite,
>. . . . .
>Non son corps ni sa maigre eschine
>Ni cette plaisante machine,
>Qu'il fit pour se guinder en haut
>Et pour sauter tout d'un plein saut
>Dans la chambre de sa compagne,
>Craignant que la liqueur d'Espagne,
>Dont elle buvoit un petit
>Ne lui excitast l'appestit,
>Et qu'après un trop long caresme
>Prenant dispense d'elle-mesme,
>Avecque son propre voisin
>De manger elle n'eust envie
>Du fruict qu'on appelle de vie
>Cueilly dans un plaisant verger
>Quand on a l'heure du berger.

Lettre à M. le marquis d'A., (4 juin 1660) *extraite d'un recueil prose et vers, imprimé à Rouen, par Jean Lucas, et par lui dédié au duc de Montausier*, 1667.

1. *Souvenirs de madame de Caylus*, collect. Petitot, 2ᵉ série, tome LXVI, page 365.

avait son influence, elle ramenait la décence[1], qui trop souvent s'exilait avec elle de la chambre du poète burlesque.

En ces jours de maigre chère, madame Scarron animait elle-même l'entretien. Elle y faisait, plus que personne, dépense d'esprit, et du meilleur. Alors, quoi qu'en dise le proverbe, le ventre avait des oreilles. Mangin, qui connaissait cette ressource, donnait le mot à sa maîtresse, sitôt qu'il en était besoin : « Madame, lui disait-il tout bas, une histoire à ces messieurs, de grâce, le rôt nous manque aujourd'hui. » Et une anecdote des mieux assaisonnées arrivait vite à la place du mets desiré.

C'était peut-être pour de pareils services que Scarron avait voulu une femme d'esprit dans son ménage[2], et qu'il en avait tant reconnu à mademoi-

---

[1]. Les habitudes de Scarron lui-même se ressentirent du voisinage décent de sa femme : « Au bout de trois ans de mariage, dit Segrais, elle l'avoit corrigé de bien des choses. » *Segraisiana*, page 159. — En échange, l'esprit de l'épouse avait gagné au contact de celui du mari et des gens distingués qui le fréquentaient : « Madame de Maintenon, dit encore Segrais, est redevable de son esprit à Scarron, elle le connoît bien. » *Ibid.*, page 99.

[2]. « Il disoit qu'il s'étoit marié pour avoir une compagnie, qu'autrement on ne viendroit point le voir. » Tallemant, *Hist.*, page 125.

selle d'Aubigné sur son contrat de mariage. Quels qu'ils fussent toutefois, ces spirituels expédients n'eussent pu suppléer à tout et faire de tout point face à la misère [1]; madame Scarron songea donc à en créer de plus réels. Pour cela, usant de sa faveur auprès de la femme du surintendant Fouquet, elle fit accorder à son mari le droit singulier d'organiser en corporation les déchargeurs qui rançonnaient les rouliers et les voyageurs aux barrières [2]. Le poète invalide, l'ex-malade de la reine, devenant par ordre suprême le chef de ces gens de travail, de ces portefaix robustes! N'est-ce pas un contraste et une parodie de plus dans cette existence toute de parodies et de contrastes? Cet emploi contre nature, sinécure par

---

1. Très souvent les créanciers venaient faire tapage au logis de la rue de la Tixeranderie. Trois mille francs, qu'envoya Fouquet par l'entremise de Pélisson, furent un jour fort nécesaires pour les calmer, pour

> Faire lever le siége ou le blocus
> Dont créanciers, gens de mauvais visage,
> D'esprit mauvais et de mauvais langage,
> Sourds à la plainte, ainsi qu'à la raison,
> Troubloient souvent la paix de la maison.
> (*Épître à Pélisson*, tome VIII, page 408.)

2. *Lettre au surintendant*, Œuvres, tome I, 2ᵉ partie, page 116.

nécessité, rapporta de deux à trois mille livres à Scarron. Sa femme ne demanda rien pour elle, son titre d'épouse lui suffisait, elle se devait toute au vieux malade. C'était une rude gêne, un maussade devoir, mais aux yeux du monde, tant était grande son envie de se faire un nom, elle affectait d'y tenir, comme à un culte. Il est vrai qu'à cela sa vertu trouvait une sûreté, et que sa réputation de sagesse s'en augmentait.

Pour tous, épouse recommandable et dévouée, elle tenait en respect même les plus libertins du cercle de Scarron. Villarceaux disait : « Je ferais plutôt une proposition impertinente à la reine qu'à cette femme-là [1]; » et mademoiselle de Scudéry dans son jargon précieux : « L'air qu'on respire autour d'elle semble inspirer la vertu. » Elle faisait encore plus d'impression sur l'esprit des gens vulgaires. Quand ils se trouvaient devant elle, il semblait vraiment qu'elle les dominât de son seul regard et les réduisît au respect.

---

[1]. Une lettre autographe de Ninon, qui se trouve dans la magnifique collection de M. Feuillet de Conches, prêterait moins d'innocence aux rapports de Mme Scarron avec Villarceaux : « Scarron étoit mon ami, écrit-elle à Saint-Évremont; sa femme m'a donné mille plaisirs par sa conversation, et dans le temps je l'ai trouvée trop

Un maçon du quartier, nommé Barbé, qui, au dire de Segrais, allait souvent chez Scarron par familiarité de bon voisinage, la regardait toujours avec une révérencieuse admiration. Comme il se mêlait d'astrologie et se disait très habile dans cette pratique, il ne manquait jamais d'assurer à madame Scarron qu'elle parviendrait un jour à un haut degré d'élévation; même qu'elle était née pour être reine[1].

« — Reine! répliquait Scarron en riant, je vous passe votre présage, mon cher Barbé, à condition que le roi son époux aura une chaise longue pour trône et une béquille pour sceptre. » Malgré cette plai-

gauche pour l'amour. Quant aux détails, je ne sais rien, je n'ai rien vu, mais je lui ai prêté souvent ma chambre jaune à elle et à Villarceaux. »

1. Ce n'était pas la première fois que Françoise d'Aubigné se voyait l'objet de ces présages flatteurs. Le P. Laguille, racontant par exemple comment elle fut appelée à séjourner à Angoulême, chez M. d'Alens, gentilhomme huguenot, ajoute ceci : « C'est chez lui que lui arriva une petite aventure que l'on a apprise de madame de Gabaret, qui la sut immédiatement d'une vieille servante qui étoit présente à l'aventure. M. d'Alens demeuroit à la campagne, et recevoit souvent compagnie des gentilshommes ses voisins. Entre ceux-ci, il en venoit un de temps en temps qui se mêloit de dire la bonne fortune. Y étant un jour, il dit à quelques demoiselles ce qu'il jugea à propos. La petite Francine, curieuse comme les autres, se présenta pour savoir son aventure. Le gentilhomme, voyant

santerie, Scarron songea peut-être plus d'une fois à la prophétie du maçon astrologue, et qui sait? c'est peut-être ce qui le détermina à léguer à sa femme, par testament, le droit formel de se remarier.

Pour Barbé et pour tous les croyants en astrologie, c'était en effet lui léguer un trône. Madame de Maintenon, comme on sait, n'eut garde de démentir leurs présages et de laisser tomber le legs en déshérence.

Le temps où le pauvre Scarron dut laisser à sa veuve la pleine liberté de faire valoir ce droit posthume, ne se fit guère attendre. Chaque jour, ses maux s'aggravaient, et leurs douleurs se compliquaient encore d'une insomnie invincible.

C'est inutilement qu'il se couche tard, à minuit sonné, heure fort indue à cette époque :

> Tous mes valets se vont fâcher
> Et plus d'un au diable se donne
> D'être si tard à me coucher :
> J'entends déjà minuit qui sonne
> Et non-seulement aux cloches
> De Saint-Gervais, mais à bien d'autres;...

sa main, fait l'étonné, il la considère une seconde fois, et plus il la considère, plus il admire ce qu'il prétend voir. On le presse de parler. *Voilà,* dit-il, *des signes d'une grande fortune, je n'ose dire qu'elle approchera de la couronne.* On en rit et ce fut tout. »

vainement aussi il se bourre d'opium, au risque de se perclure l'esprit comme le corps :

> .... L'opium m'a hébêté,
> Dont j'use l'hiver et l'été
> Afin que dessus ma carcasse
> Le sommeil parfois séjour fasse ;

rien ne lui réussit, le sommeil ne vient pas. Pour qu'il repose, le pauvre infirme, il lui faut la mort : son épitaphe, charmante et fameuse, n'est en cela que trop vraie :

> Celuy qui cy maintenant dort
> Fist plus de pitié que d'envie
> Et souffrit mille fois la mort
> Avant que de perdre la vie.
> Passants, ne faites aucun bruit
> Et gardez bien qu'il ne s'éveille,
> Car voicy la première nuit
> Que le pauvre Scarron sommeille.

Au commencement de l'automne de 1660 — il était marié depuis plus de dix ans — il fut pris d'un violent hoquet, qui acheva d'ébranler par ses secousses son pauvre corps endolori. « Si jamais je reviens de ce hoquet, dit-il toujours riant, je ferai une belle satire contre lui. » Il n'en revint pas, le hoquet intercepta menace et satire et emporta le malade [1].

Cette mort, qui vient en riant encore et qui met fin à tant de longues souffrances, n'est pas ce qu'il y a de plus triste dans la vie de Scarron [2]. Ce qui la suivit le fut davantage.

De tout temps, malgré les ressources que lui créait sa plume et en dépit des secours que lui avait fait obtenir sa femme, Scarron avait été dans la gêne. Il en était quelquefois à manquer du nécessaire. Sa garde-robe, par exemple, était des plus dénuées. On connaît le sonnet qu'il adressa à son *pourpoint troué par le coude*, ce n'était pas une fiction

---

[1]. Scarron ne mourut pas rue de la Tixeranderie, comme on l'a toujours cru, d'après ce qu'avait dit Sainte-Foix, et comme j'ai eu tort de le dire moi-même, pag. 413. Les registres de la paroisse Saint-Gervais, dont M. J. Ravenel a eu l'obligeance de me communiquer un extrait, font foi, sous la date du 7 février 1660, qu'il mourut rue Neuve-Saint-Louis, sans doute dans la petite maison où nos recherches nous avaient déjà fait découvrir que sa veuve logeait encore en 1667. V. plus loin, pag. 441, 442, note 1. Voici l'extrait des registres cités tout à l'heure : « 7 octobre 1660. *Le d. jour a esté inhumé dans l'église deffunct messire Paul Scarron, chevalier, décédé en sa maison rue neufve Saint-Louis, marais du Temple.* » (Note de la 2ᵉ édition. »

[2]. Loret annonce la mort de Scarron dans son nᵒ du 16 octobre 1660.

poétique ; une autre fois, en effet, dans une lettre fort sérieuse à M. de Nublé, il lui dit : « J'ay une extrême envie de vous voir, mais je ne puis sortir, faulte d'un habit d'été [1]. »

Quand il fut mort, on alla bien mieux encore au fond de cette détresse réelle qu'une aisance factice et flottante n'avait fait que pallier par instant. Madame Scarron devait tout avoir d'après les dispositions testamentaires de son mari : « L'on dit, écrit l'une des sœurs du défunt [2], que tout ira en déconfiture, et par conséquent tout à la veuve. » Mais les créanciers arrivèrent, et ce tout ne fut rien. Il fallut mettre en vente les meubles du pauvre homme, dont pas un ne put être gardé [3]. Segrais, qui avait suivi la cour pour le mariage du roi, s'était trouvé loin de Paris, lors de la mort de Scarron, et n'en avait rien su. De retour, sa première visite fut pour le pauvre homme ; c'est ce jour-là qu'on vendait ses meubles. « Quand j'arrivai devant sa porte, dit-il, je vis qu'on emportoit de chez lui la chaise

---

1. Biblioth. Imp. de Vienne, *Mss. Hohendorf,* 135, 2, lettre 303, et Matter, *Lettres et pièces rares ou inédites,* 1846, in-8°, page 330.
2. *Ibid.*
3. Le P. Laguille dit que Scarron « n'ayant pu subsister sans contracter quelques dettes, les meubles furent incontinent saisis par les créanciers. »

sur laquelle il étoit toujours assis, et qu'on venoit de vendre à son inventaire[1]. »

Et la veuve, que devenait-elle ? où cherchait-elle un refuge ? quelles étaient ses pensées au milieu de ce deuil et de ce désastre ? La sœur de Scarron va nous le dire encore dans la même lettre à M. de Nublé : « Ma belle-sœur s'est mise à la petite charité, fort affligée de la mort de son mari[2]. » Pour que mademoiselle Scarron en convienne, il fallait que l'affliction de la jeune veuve fût bien vive et bien sincère. Elle l'était en effet. Nous n'en avons pas d'autres preuves certaines, mais en outre de ce témoignage, qui était si bien intéressé à n'être pas favorable, il nous suffit des marques d'estime que madame Scarron ne cessa de donner à la mémoire de son mari et par lesquelles survivent ses regrets. Il est surtout une lettre d'elle, écrite à Ninon le 8 mars 1666, qui peut être considérée comme l'*oraison funèbre* de Scarron, faite par sa femme. Ninon a voulu donner un second époux à madame Scarron, et celle-ci, après mûre réflexion sur le caractère et les habitudes de l'homme qu'on lui propose et qu'elle connaît, répond à son amie par ce

---

1. *Segraisiana*, page 150.
2. Mss. Hohendorf, *ibid*. — Matter, *ibid*. page 333.

parallèle si flatteur pour celui qui n'est plus. Il y a je ne sais quoi d'ému et de reconnaissant dans cette lettre de Françoise d'Aubigné ; quand on l'a lue, on n'ose plus autant douter de son cœur : « Sans fortune, sans plaisirs, dit-elle de Scarron, il savoit attirer chez lui la bonne compagnie, celui-ci l'auroit haïe et éloignée. M. Scarron avoit cet enjouement que tout le monde sait, et cette bonté d'esprit que presque personne ne lui a connue : celui-ci ne l'a ni brillant, ni badin, ni solide : s'il parle il est ridicule. Mon mari avoit le fond excellent, je l'avois corrigé de ses licences : il n'étoit ni fou ni vicieux par le cœur : d'une probité reconnue, d'un désintéressement sans exemple, etc. »

Pour être si franche dans son regret du passé, si nette dans le refus que justifie ce parallèle à la louange de Scarron, la jeune veuve était-elle donc alors dans une position de fortune qui lui permît cette indépendance de volonté et ce libre arbitre à propos de mariage? Point du tout, sa position en 1666 était encore des plus précaires. Lisez la lettre qui suit celle-ci dans le recueil donné par La Baumelle, et qui est adressée à madame de Chanteloup sous la date du 28 avril, vous verrez que ses affaires, si fâcheuses à la mort de Scarron, ne se sont guère améliorées. Elle demande le rétablissement d'une pension qu'on lui avait d'abord conservée quelque temps; mais rien n'arrive, les promesses sur lesquelles se fondait son espérance n'étaient que des promesses de politesse ou des promesses menteuses. « Madame de Chalais, dit-elle, m'a offert sa protection mais du bout des lèvres; madame de Lyonne m'a dit je *verrai*, je *parlerai*, du ton dont on dit le contraire; tout le monde m'a offert ses services et personne ne m'en a rendu. »

Quand pour comble de désanchantement elle revient sur elle-même, et songe par échappée à ce qu'elle était et mieux encore à ce qu'elle devait être, car bien qu'elle eût l'âme forte, les prophéties qu'on lui avait faites n'avaient pas laissé que de l'émouvoir et de lui rester dans l'esprit, elle en arrive à se désespérer tout à fait : « Me voilà bien loin de la grandeur prédite, dit-elle en commençant cette même lettre à madame de Chanteloup; » puis, comme si la foi en sa destinée l'abandonnait complètement, elle se met à désirer de quitter ce monde de la cour par lequel seul cependant elle pouvait avoir quelque espérance de monter à la grandeur promise. Elle songe à la retraite, au cloître : « Je crois, dit-elle, que Dien m'appelle à lui par ces épreuves ; il appelle ses enfants par les adversités : qu'il m'appelle, je le suivrai dans la règle la plus austère : je suis aussi lasse du monde que les gens de cour le sont de moi[1]. »

Quand on sait, et ce n'est ni par elle, ni par madame de Caylus, ni par madame de Sévigné même, mais par Saint-Simon seul et un peu par Tallemant des Réaux, quelle position pour ainsi dire infime et domestique on lui avait faite dans les grandes familles où l'on voulait bien l'admettre, on comprend que madame Scarron dût être lasse de ce grand monde, et par avance on la justifie presque de sa sécheresse pour lui, quand elle pourra se venger de son humiliante hospitalité, de sa dédaigneuse bienfaisance.

« Dans les maisons d'Albret[2] et de Richelieu, dit

---

1. Son dégoût du monde fut plus grand encore quand elle fut au rang suprême. Les mots qu'on lui prête à ce sujet doivent être vrais ; voilà encore pour preuve, le passage d'une lettre qu'elle écrivit à l'une de ses anciennes pensionnaires de Saint-Cyr ; elle est *inédite :* « Sy vous estes en paix dans vostre famille et que vous serviés Dieu, je vous trouve très-heureuse... vos mauvais repas, vos vieux habits, me paroissent préférables à tout ce que je voys icy. »
2. L'hôtel d'Albret, le même qui s'appela d'abord, au xvie siècle, l'hôtel de Thoré et plus tard, à partir de 1742, l'hôtel du Tillet, se voit encore sous le nº 7 de la rue des *Francs-Bourgeois,* au Marais, en face de celle des *Trois-Pavillons.* On trouve sur cette belle demeure de longs détails

Saint-Simon, madame Scarron n'étoit rien moins que sur le pied de compagnie. Elle y étoit à tout faire, tantôt à demander du bois, tantôt si l'on serviroit bientôt, une autre fois si le carosse de celui-ci ou de celui-là étoit revenu ; et ainsi de mille petites commissions, dont l'usage des sonnettes, introduit depuis longtemps, a ôté l'importunité[1]. »

Au commencement de son veuvage, quand, par dénûment, elle s'était mise « à la petite charité, » comme dit mademoiselle Scarron sa belle-sœur : « A la charité des femmes, près la place Royale, » comme écrit Tallemant, c'est-à-dire lorsqu'elle avait pris une chambre chez les dames *Hospitalières*[2] de la Chaussée des Minimes, chaque fois qu'elle avait été aidée d'un secours, il lui avait fallu être

---

dans les *Recherches* de Jaillot sur Paris, *Quartier Saint-Antoine*, pages 76, 77.

1. Saint-Simon, dans ses notes sur le *Journal* de Dangeau, publiées par M. Feuillet de Couches avec l'édition de MM. de Chennevières, Soulié, Dussieux, P. Mantz et Anatole de Montaiglon, donne d'autres détails sur l'espèce de domesticité de madame Scarron à l'hôtel d'Albret. V. tom. I, pag. 19 (mardi 30 mai 1684).

2. Ces religieuses s'étaient établies, dès 1629, dans le cul-de-sac qui était autrefois la prolongation de la rue du Foin au Marais, et qui porte aujourd'hui leur nom. — Madame de Caylus dit à tort que c'est aux Hospitalières du faubourg Saint-Marceau que se retira madame Scarron.

humiliée du grand bruit que ses bienfaiteurs faisaient partout de leur aumône. C'était surtout le tort de madame la maréchale d'Albret, bonne âme et sot esprit, dont l'angélique bêtise faisait dire à la patiente Françoise d'Aubigné : « qu'il valait encore mieux s'ennuyer avec de telles femmes que se divertir avec d'autres. »

La chambre de madame Scarron aux *Hospitalières* était celle que la maréchale y avait pour ses retraites. Elle la lui avait prêtée toute meublée, et même ne s'en était pas tenue là ; malheureusement, l'indiscrétion avait gâté le bienfait : « La maréchale, dit Tallemant, lui envoya au commencement tout ce dont elle avoit besoin, jusqu'à des habits, mais elle le fit savoir à tant de gens, qu'enfin la veuve s'en lassa, et un jour, elle lui envoya par une charrette le bois que la maréchale avoit fait décharger dans la cour du couvent[1]. »

Madame Scarron était toutefois restée aux Hospitalières. Tallemant ajoute : « Sa pension fut réglée et elle paya. » Cette pension, qui est celle qu'on reprit bientôt, venait d'Anne d'Autriche, selon madame de Caylus, dont nous aimons mieux croire ici le témoignage que celui de Tallemant,

---

1. Tallemant. *Historiettes.*

tout plein de médisantes insinuations[1]. Ce fut une aisance, bien mieux une fortune pour madame Scarron. Jamais elle ne fut plus heureuse. C'est alors qu'elle ne comprenait plus, dit encore sa nièce, « qu'on pût appeler cette vie une vallée de larmes. » Elle possédait l'*aurea mediocritas* de la vie modeste et bourgeoise.

« Avec cette modeste pension, dit encore la nièce, on la vit toujours honnêtement et simplement vêtue. Ses habits n'étoient que d'étamine du Lude, du linge uni, mais bien chaussée et de beaux jupons; et sa pension avec celle de sa femme de chambre[2] et ses gages suffisoient à sa dépense;

2. Madame de Caylus dit que c'est l'entremise de M. de la Garde qui fit rendre à madame Scarron sa pension; le P. Laguille parle au contraire du marquis de Pequilin, qui raconta à la reine, de façon à la toucher, « comment il avoit vu exécuter les meubles d'une jeune dame qui lui avoit fait pitié. »

1. Cette femme de chambre était Nanon Babbien, que Françoise d'Aubigné avait toujours gardée, et qui, au temps de sa plus haute puissance, ne cessa jamais de la gouverner un peu. Quand elle gâtait quelque chose, elle ne craignait rien tant que la colère de Nanon : « Il est arrivé de grands accidents au manteau feuille-morte, écrit-elle le 22 juillet 1680; j'en demanderois un autre à Nanon, mais je crains d'être grondée. » Nanon avait sa confiance au point que pour certaines choses il était indifférent qu'on lui écrivît à elle-même ou à sa servante. « Mandés-moy

elle avoit même encore de l'argent de reste et n'a jamais passé de temps si heureux. »

Malheureusement, l'existence de madame Scarron, fort régulière pour une bourgeoise, ne l'était pas tout à fait assez pour une religieuse; elle recevait beaucoup de monde, et on s'en plaignait chez les *Hospitalières*. « Les religieuses, écrit Tallemant, disent

ou à Nanon, dit-elle, dans une lettre inédite, quelle est votre situation ou le plan de votre vie. » — Lémontey s'explique ainsi à propos de l'influence de Nanon sur l'esprit de sa maîtresse, et des singuliers ricochets de pouvoir qui en résultaient : « C'est, dit-il, madame de Maintenon qui régnait par le ministère de Voisin, son homme d'affaires, qu'elle avait fait chancelier et secrétaire d'État de la guerre... Mais la favorite qui gouvernait alors si despotiquement la France et le monarque, était alors assez rudement gouvernée par Nanon Babbien, vieille servante qu'elle avait conservée du ménage de Scarron, et qui, par la force de l'habitude et des soins domestiques, avait pris sur elle un irrésistible ascendant. Cette fille grossière, avide, inabordable, était recherchée par les plus grands seigneurs. On a su que la nomination de la duchesse de Lude à la place de dame d'honneur de la Dauphine, qui viola tant de promesses et surprit si fort la cour, avait été négociée avec elle, par l'entremise d'une autre vieille servante, moyennant 60,000 francs. J'ai bien cherché, ajoute ironiquement Lémontey, si à cette époque du grand règne, il n'avait pas existé en France d'autre pouvoir encore supérieur, mais j'avoue qu'il ne m'a pas été possible de monter plus haut que Nanon Babbien. » (*Monarchie de Louis XIV*, etc. 1 vol. in-8°, page 423-424, note.)

qu'elle voit furieusement de gens et que cela ne les accommode pas. » De plus, ses visites à l'hôtel d'Albret étaient d'une fréquence et d'une longueur démesurées. Elle aurait mieux fait d'y demeurer tout à fait, ainsi qu'on le lui avait offert, et ce qu'elle avait refusé. « Mais, dit madame de Caylus, elle y alloit souvent dîner, et on l'y retenoit quelquefois à coucher. »

Pour avoir l'indépendance de son entier bien-être et de ses amitiés, il fallait donc qu'elle quittât le cloître. C'est ce qu'elle fit. Vers 1663, elle n'était plus aux Hospitalières; on le sait encore par Tallemant qui, amendant un peu ses médisances anticipées à propos de cette pension qu'il croyait d'abord un don d'amour de M. de Villarceaux ou de M. d'Albret, ajoute en marge de son manuscrit : « On a trouvé moyen de lui faire avoir une pension de la reine-mère... Elle vit de cela, a une petite maison et s'habille modestement. »

Cette petite maison, nous avons fini par le savoir, était rue Saint-Louis-au-Marais, qu'on appelait alors *rue Neuve-Saint-Louis*[1]. C'est là qu'elle est

---

1. D'après ce que dit le P. Laguille, il paraît que par suite de la perte de sa pension, « la dame Scarron se voyant dénuée de toute commodité, et ayant peine à subsister, étoit souvent obligée de changer de logement. » Il

encore en 1666, même en 1667 ; c'est là que la mort de la reine, survenue alors, lui ayant fait perdre sa pension, elle subit les dernières épreuves, dont sa lettre à madame de Chanteloup nous a donné connaissance ; mais c'est là aussi que la faveur va venir la trouver, c'est de là qu'elle s'en ira pour être la gardienne clandestine des bâtards du roi, « dans une grande et belle maison..... au fin fond du faubourg St-Germain, fort au delà de madame de Lafayette, quasi auprès de Vaugirard, dans la campagne[1]. »

Dès lors elle nous échappe, car encore un peu de temps, et elle ne sera plus madame Scarron, elle sera madame la marquise de Maintenon. Elle n'aura pas oublié, nous l'espérons, les bontés de son pre-

ajoute même que M. de Montchevreuil, « qui la regardoit comme sa parente », la retira chez lui quelque temps. Il n'en est pas moins vrai qu'en 1667, madame Scarron logeait *rue Neuve-Saint-Louis,* nous le savons par un acte que nous avons vu autographe. Il est daté du 22 juillet, et il y est dit : « Par-devant les notaires gardes notes du roi, Vallon et Delvon, *dame Françoyse d'Aubigné, veufve de M⁰ Paul Scarron, vivant conseiller du roi, en ses conseils d'État et privé, créancier de la succession dud. defunct sieur son mary, demeurant à Paris rue Neuve-Saint-Louis, paroisse Saint-Paul,* donne pouvoir à M⁰ Jean Vieux, avocat en parlement, de liquider cette succession. »

1. *Lettre* de madame de Sévigné du 4 décembre 1673.

mier mari, de son bienfaiteur, mais elle aura renié son nom. Marquise de Maintenon! ce titre, elle l'aura pris par orgueil, et bientôt aussi par orgueil elle voudra le quitter lui-même pour un autre que pas un n'égale; mais non, c'est le seul qu'elle devra garder désormais. Il est dit qu'ayant récusé le nom de ce pauvre Scarron, elle ne devra point partager, à la face du monde, le titre royal de son autre époux.

Pauvre Scarron! cette immortalité qu'il avait si bien stipulée dans son contrat de mariage, sa veuve, infidèle à son douaire, en a dépossédé son nom; le dédain de notre siècle en a déshérité ses œuvres. Chétive comme lui, sa renommée va disparaître. Sa maison seule restait debout, on vient de la démolir! A présent, il ne reste plus rien de lui.

Je sais pourtant, à Fontenay-aux-Roses, — j'aurais peut-être dû le dire plus tôt, — une petite maison que Scarron habitait à ses jours de plaisance. Il n'y a pas vingt-cinq ans, lorsque Delort la visita[1], le portrait du poète, gravé en médaille, s'y voyait encore, auprès de celui que Mignard avait

---

1. Delort, *Promenades aux environs de Paris*, tome I, page 90.

fait de lui-même, et dont il avait fait présent à madame de Maintenon. Dans un corridor se trouvaient deux cartes de géographie dont le dessin, d'une minutie extrême, était un travail de Scarron lui-même[1].

Dernière relique, dernière bizarrerie! un chef-d'œuvre de patience par le plus pétulant des poètes, deux cartes du monde par l'homme le moins ingambe pour le parcourir!

1. Cette maison de Fontenay, quand Delort la visita, appartenait à M. Ledru, « maire du village ». Il était fils du fameux prestidigitateur Ledru, dit *Comus*. Ce M. Ledru était un fervent amateur, il collectionnait en tous genres. Ainsi il gardait chez lui une partie des ossements royaux, exhumés à Saint-Denis en 1793. Les manies, on le voit, sont quelquefois des profanations (V. *Bulletin de l'Alliance des Arts,* 10 décembre 1840, page 209). Après la mort de M. Ledru, la maison de Fontenay-aux-Roses passa à M. Ledru-Rollin, son neveu, et l'on sait combien, sous le gouvernement provisoire de 1848, la petite villa de Scarron redevint tout d'un coup fameuse.

TABLE DES MATIÈRES

Pages.

Préface. 1

LE CABINET-VERT DE L'HOTEL DE VILLE.
Souvenir du 9 thermidor. — Ce qui s'en va de Paris. — Ce qu'on perd à s'embellir. — Ce que c'était que le *Cabinet-Vert* à l'Hôtel de Ville. — Le dernier asile de Robespierre. — Sa dernière proclamation. — Le gendarme Méda. — Comment il fut le principal acteur de ce grand drame, et comment il le raconte lui-même. — Proposition de raser l'Hôtel de Ville. — Pourquoi ? — Un autographe en témoignage. — Les trois lettres et les gouttes de sang. 1

L'ALMANACH DES ADRESSES DE PARIS sous Louis XIV. — 1691-1692. — Le bureau d'adresses, prévu et demandé par le père de Montaigne. — Une gazette en 1609. — Le premier journal et son *enseigne*. — Les *Cicerone* parisiens Herpin, G. Brice, etc. — Abraham du Pradel et son *Livre commode des adresses*. — Où demeurent les maîtres d'armes en 1691. — Un duel à la *Porte Montmartre*. — Les maîtres à danser. — Les maîtres de langues. — Ce que c'était que M. Vigneron, dit *Vénéroni*. — La *chambre d'instruction* de M. Barême. — Où demeurent Mignard, Rigaud, Perrault, etc. — Largillière, marchand de tableaux. — Les maîtres à chanter. — Il vaut mieux bien jouer du violon que d'avoir fait *Cinna*. — Un ami de Molière. — La maison de Lulli et de Lambert. — Les fameux *curieux*. — M. Jaback, M. de Chanteloup, M. de Gagnière. — L'amour du *bahut* en 1692. — Le marchand Malafer. — Boul. — Un mot de son histoire. — Les marchands de meubles de la rue de Cléry au xviie siècle. — Fagnani. — Le lit de Coulanges. — La rue Quincampoix, quartier des banquiers. — Le quartier des Bourdonnais. — L'enseigne du *Lion d'Argent*. — Gaultier le marchand de soie. — Le sieur Fournerat. — Les marchands de guipures et de rubans. — Le Perdigeon des *Précieuses*. — Les diamants à la rue *Thibault-aux-Dez*. — L'enseigne de l'Y, son origine. — Les marchands de perruques. — Une *binette*, ce que c'était, et ce que c'est. — Martial le parfumeur. — La poudre à la *Maréchale*; qui l'inventa? — Les *baigneurs*. — Les hôtels garnis, les auberges réglées. — Les fameux pâtissiers Fagnault, Flechemer, Mignot, etc.; leur histoire. — Les maisons de santé de Pincourt. — Les apothicaires et leurs réclames. — Les eaux minérales artificielles du sieur Tillesac. — Conclusion. . . 18

LES LOGIS DE L'AMIRAL COLIGNY. — Comment se forma la rue de Béthizy, et d'où lui vient son nom. — Le logis de l'amiral. — Récit de la mort de Coligny par un Allemand. — Origine latine d'une *déclamation* de Voltaire. — Le véritable hôtel Montbazon. — Le conte de la conversion de Rancé. — Ce qui arriva à M. de Candale. — *L'hôtel de Lisieux.* — Erreur de Sainte-Foix, de Nodier, de tout le monde. — Ch. Vanloo et Sophie Arnould dans la chambre de l'amiral. — Un aperçu de l'histoire de Sophie et de son premier amour, etc. 74

LE COLLÉGE MONTAIGU, COLLÉGE ET PRISON DES HARICOTS. — La discipline du jeûne. — Les *Capettes* et leurs premiers maîtres. — La règle inflexible. — Le *carême* toute l'année. — Maître Hortensius et ses victimes. — Erasme au collége Montaigu. — Ce qu'il y apprend et ce qu'il y prend. — Opinion de Rabelais sur cette *pouillerie* scholastique. — Une chanson en l'honneur des haricots. — Transformation du collége en prison. — Une étymologie 88

LES GUICHETS DU LOUVRE. — Les environs du Louvre au XVIIe siècle. — Les voleurs de la cour du Louvre et du Luxembourg. — Le Louvre, lieu d'asile pour les banqueroutiers. — On projette de le démolir sous Louis XV. — Les premiers guichets. — Danger infaillible d'être écrasé à la sortie de l'Opéra. — On demande de nouveaux guichets. — Un article du *Mercure* en 1787. — Un bienfait de M. de Marigny. — D'Alembert, Lauraguais, Fontenelle et les nouveaux guichets. — Histoire de la rue du Dauphin. — L'aveugle du passage des *Feuillants*. — Six vers pour aumône. — Une supplique de Piron pour Fontenelle. — Marie Antoinette sous les guichets, etc. . . 106

Pages.

BOILEAU DESPRÉAUX, maçon du Louvre, en 1665. — Boileau et le commis du trésor royal. — M. Boileau architecte ! — Pourquoi ? — Louis XIV veut achever le Louvre. — Avec quel argent. — Les poètes ruinés, les maçons enrichis. — Epigrammes pour vengeance. — Les années de quinze mois. — Ce qu'en dit P. Corneille. — Six vers inédits de l'auteur du *Cid*. — Rancune de Boileau pour Perrault. — Origine du vers qui nous sert d'épigraphe 128

LES DEMEURES DE BOILEAU A PARIS. I.— MAISON DU QUAI DES ORFÉVRES. — Aspect du quai des Orfèvres au xviiᵉ siècle. — Un logis de la Sainte-Chapelle. — La chambre du chanoine Gillot. — Un *club* de bons esprits au xviᵉ siècle. — Les chansons de Passerat. — La satire dans la rue. — Les frères Tardieu. — Gilles Boileau et sa famille dans la maison du chanoine.— Naissance de Despréaux dans la chambre où fut composée la *Ménippée*. 140

II. — LE LOGIS DE LA COUR DU PALAIS. — Boileau à Crosne dans la maison des *préaux*. — Sa vie au collége. — Il revient dans la maison du quai *des Orfèvres*. — Il est clerc de greffier. — Sa guérite sur les toits dans la cour du Palais. — Le ménage de son frère Jérôme. — Madame Jérôme, sa belle-sœur.— Les types de la satire X.— Gilles Boileau, Chapelain et Cotin. — Les frères ennemis. — Les époux Tardieu. — Un amour de Boileau. 155

TABLE DES MATIÈRES

Pages.

III. — LA CHAMBRE DE LA RUE DU VIEUX-COLOMBIER. — Les soupers chez Boileau. — Ses convives : Racine, Molière, La Fontaine, Chapelle. — Des vers de Chapelain pour pénitence. — Une visite de Boileau chez Chapelain. — Les étrennes de Boileau à Molière. — Comment fut créé le Sganarelle du *Médecin malgré lui*. — Fin des réunions. — Boileau chez le cardinal de Retz et à Bâville. — Un *rébus* inédit. 173

IV. — LA CHAMBRE AU CLOITRE. — LA MAISON D'AUTEUIL. — Despréaux chez Dongois, son *illustre* neveu. — Ce que pense de lui madame Arouet. — Boileau s'enfuit au *Cloître Notre-Dame*. — Pourquoi. — Le *Cloître* et ses souvenirs. — Despréaux à Bourbonne. — Ses infirmités et ses plaintes. — Boileau, propriétaire. — Son jardin à Auteuil. — Ses domestiques. — Ses convives. — M. Leverrier. — La dernière promenade du vieux poète. — Sa mort. 188

LA BUTTE SAINT-ROCH. — Comment la butte Saint-Roch est un *tumulus* gaulois. — Le *Champ-Pourry*, la *Voirie l'Évêque*. — Où se trouve le *Marché-aux-Pourceaux*. — Où et comment on supplicie les faux monnayeurs. — Jeanne d'Arc à la butte Saint-Roch. — Projet de statue pour l'héroïne. — Ravaillac aux *Trois-Pigeons*. — Histoire d'un couteau de cabaret. — La *Fronde* à la butte Saint-Roch. — Les petits et les grands frondeurs. — Origine d'un nom de rue. — Le *Marché-aux-Chevaux*. — Grand duel du 30 juillet 1652. — Projet de la *place Ducale*. — Où Richelieu vou-

Pages

lait-il mettre son académie. — Corneille *rue d'Argenteuil*. — L'auteur du *Cid* devant le commissaire. — Un procès pour un peu de paille.— Les mauvais lieux de la butte Saint-Roch.— Ce qu'en dit Colletet. — La *brèche Saint-Roch*. — Ce que c'est. — La butte aplanie.— Les rues nouvelles. — Un mot sur M. Villedo. — Départ des moulins. — Où vont-ils. — Cl. Le Petit ; son apostrophe à la pauvre butte. — Les maisons de Lulli. — Ce qu'elles lui coûtent. — Son feu d'artifice. — Ce qu'il lui rapporte. — Les bureaux d'esprit de la butte Saint-Roch. — Débauches à l'hôtel La Fare. — Le cabaret de la Guerbois. — Lainez à l'hôtel de Lyonne. — J.-J. Rousseau *rue Neuve-des-Petits-Champs*. — Thérèse et le cadran de l'hôtel Pontchartrain. — Voltaire *rue Traversière*. — Le théâtre de son grenier. — Lekain. — Une tragédie grecque au grenier. — Piron *rue des Moulins*. — La vie qu'il y mène. — Sa nièce et Capron. — L'abbé de l'Épée dans la même rue. — La cabaretière du *Port-Mahon*. — Les *Lorettes* de la butte Saint-Roch, il y a cent ans. — Le corps de ballet *rue Sainte-Anne*. — Le pain bénit de la Comédie Italienne à Saint-Roch. — Un procès pour un pain bénit. — Louis Racine. — Helvétius *rue Sainte-Anne*. — La mansarde de Panard *rue du Hazard*. — Le cordonnier tragédien. — Une émeute en 1750. — Le 13 vendémiaire, etc., etc. 207

LA GRANGE BATELIÈRE. I. — Ce qu'on voyait du rempart et de la porte Montmartre, il y a cinquante ans. — Les laitues et les champignons de la Grange-Batelière. — Ce qu'en dit Regnard. — Le Tasse à Paris, en 1570. — Son admiration pour les moulins de Montmartre. — Aspect de la banlieue de Paris à cette époque, depuis le *parc aux oies* à Chaillot, jusqu'à la Grange-Batelière.— La *culture l'Évêque*. — Quand et comment morcelée. — Les courtilles de la Grange-Batelière. — Histoire du *sueur* Geoffroi et de sa femme Marie. — Une double vente. — Comment ce qui est acheté 4.000 francs peut être revendu trois millions et plus.— Le Champ de Mars de la *Grange-Bataillée*. — Pourquoi ce dernier mot change et devient *Batelière*. — Les parties fines chez le fermier de la Grange et chez le *gastelier*.— Comment cette ferme devient un domaine presque royal. — Si Richelieu en a été seigneur.— Pourquoi la rue de Richelieu fut percée. — Dernier coup d'œil sur la Grange et ses environs, au XVIIe siècle. — Aventure de Turenne, arrêté tout près de là par des bandits. — Les voleurs disparaissent. — Les fermiers généraux arrivent. . . .   274

II. — Retour au XVIe siècle. — Montfaucon vu du rempart. — Quand et pourquoi les boulevards sont élevés. — L'hôtel Crozat et son *tunnel*. — La maison rue de Richelieu et le jardin à la Grange-Batelière. — L'hôtel de Grancey. — Comment Crozat lui vole sa perspective. — Coup d'œil sur les hôtels qui bordent le rempart. — *La maison du boulevard*, proverbe de Carmontelle. — Commencement de la rue et de la ruellette de la *Grange-Batelière*. — Les premiers habitants. — Comment ils décampent à moitié empestés. — Bouret et l'égout de la rue Montmartre. — Ce qu'il en fait. — Le Normand d'Etioles à la Grange-Batelière. — Ses amours avec mademoiselle Raime. — Il la préfère à une ambassade. — Un mot sur les fermiers généraux, leur luxe et leurs hôtels. — Daugny. — L'hôtel qu'il fait bâtir pour Gogo. — Sa magnificence. — Roman de Gogo parvenue et ingrate. — Triste fin de Gogo et de son roman. — M. de Blaire et sa prophétie sur l'*Emile*. — Gauthier de Montd'orge et madame de Belvo. — Qui il épouse, quelle femme et quels livres . . . 304

III. — Les fortifications en 1536. — Les *Fossés jaunes*. — Les terrains de la Grange pris et non payés. — Un procès en restitution. — Les frères Vivien. — Le parrain de la *rue Vivienne*. — Ce qu'elle était pendant la Fronde, le jour des *Barricades*. — Le président seigneur et le prélat suzerain. — Procès gagné par M. Pinon. — Un voyage de long cours du Marais à la Grange-Batelière. — La *rue Pinon*. — L'hôtel Laborde et l'hôtel Choiseul. — Disgrâce et ruine d'un ministre. — Trois rues et un théâtre pour un hôtel. — Origine des rues de Provence, d'Artois, le Pelletier, etc. — Grimod de la Reynière à l'hôtel Choiseul. — Le ministre déchu à la Grange-Batelière. — La noblesse et la finance dans ce quartier. — La révolution à l'hôtel Choiseul. — Le tripot de l'hôtel Daugny. — L'Empire. — Louis-Philippe à l'hôtel garni de la Grange-Batelière, etc. 344

LES LOGIS DE SCARRON. — Deux mots sur la jeunesse de Scarron. — Sa famille. — Procès que lui lègue son père. — Comment il devient pauvre et infirme. — Il loge rue des *Douze-Portes*. — Scarron et Crébillon sous le même toit

Pages

à deux siècles de distance. — Les douze couvents de la rue des *Douze-Portes*.— Un neveu à la mode du Marais. — Scarron et son *marquisat de Quinet*. — Il va loger rue des Saints-Pères, à l'hôtel de *Troie*. — Comment il connaît Françoise d'Aubigné. — Le ménage de Scarron, rue de la *Tixeranderie*. — Ses meubles, ses tableaux. — Repas de *pièces rapportées*. — Une histoire pour un plat. — Mort de Scarron. — Saisie de ses meubles. — Ce que devient madame Scarron. 388

FIN DE LA TABLE

Achevé d'imprimer
le premier janvier mil huit cent quatre-vingt-trois
PAR CH. UNSINGER
POUR
E. DENTU, LIBRAIRE-ÉDITEUR
A PARIS

www.ingramcontent.com/pod-product-compliance
Lightning Source LLC
Chambersburg PA
CBHW071419230426
43669CB00010B/1599